尽览世界战争风云

全彩图说
世界经典战役

张卉妍◎编著

北京联合出版公司
Beijing United Publishing Co.,Ltd.

图书在版编目（CIP）数据

全彩图说世界经典战役 / 张卉妍编著 . -- 北京 : 北京联合出版公司 , 2016.7（2020.10 重印）
ISBN 978-7-5502-8250-6

Ⅰ . ①全… Ⅱ . ①张… Ⅲ . ①战役－史料－世界－图解 Ⅳ . ① E19-64

中国版本图书馆 CIP 数据核字 (2016) 第 168227 号

全彩图说世界经典战役

编　　著：张卉妍

责任编辑：牛炜征

封面设计：冬　凡

责任校对：赵宏波

北京联合出版公司出版

（北京市西城区德外大街83号楼9层　100088）

北京市松源印刷有限公司印刷　新华书店经销

字数650千字　720mm×1020mm　1/16　28印张

2016年7月第1版　2020年10月第6次印刷

ISBN 978-7-5502-8250-6

定价：75.00元

如果将人类文明史比作一幅漫长画卷的话，那么，随着这幅画卷的徐徐展开，扑面而来的，必是遍地的战火硝烟、震天的厮杀呐喊，千载之下，金戈铁马、鼙鼓铜琶犹隐约可闻。可以说，战争是与整个人类历史相伴而生的，自从地球沾上人类鲜活的足迹，战争之火就烧遍了世界的每个角落。

战争的起因各不相同，但归根结底都是为了争夺利益。战争的形式多种多样，基本上都是围绕着掠夺与反掠夺、侵略与反侵略、扩张与反扩张、压迫与反压迫而进行的。毫无疑问，战争是残酷的，对人类社会的破坏和伤害也是巨大的，它使政权更迭、经济凋敝、生灵涂炭。但正所谓不破不立，战争也在客观上促进了人类社会的发展与进步，并以它特有的魅力吸引着人们经久的关注。不管人们多么不希望看到战争的爆发，它仍无法避免地成为人类历史的主旋律之一，整个人类社会的历史，就是由战争与和平相互交织而构成的。

由于战争的存在，人类历史上涌现出了许多耀眼的军事统帅和军事理论家，同时也留下了许许多多的经典战役。马其顿国王亚历山大，20岁起开始指挥战役，东征西讨，直至建立起一个地跨欧、亚、非三洲的庞大帝国；恺撒大帝，权倾一时的古罗马军事和政治领袖，崛起于征服战争，并依靠其影响力和权力大大扩展了统治的疆域，在罗马共和国向罗马帝国的转换中起到了不可替代的作用；拿破仑·波拿巴，指挥兵力60万，指挥战役近60次，仅失败3次，是世界历史上最天才的战术家……另外，像中国古代的孙武、韩信、卫青、岳飞，以及"西方的战略之父"汉尼拔、击败拿破仑的威灵顿公爵、美国南北战争期间的格兰特、"二战"期间的朱可夫等，真是将星闪耀，不胜枚举。

这些人物和事件，对世界历史进程有着举足轻重的作用和深刻的影响力。其中的经典战役，既是战争艺术的结晶，也是现代军事科学的基石。

透过这些经典战役，我们可以看到战争的血与火是如何推动人类社会前进的。

本书汇集了从公元前15世纪至当代近300场经典战役，再现了3500多年中不同时代、不同国家和地区所经历的血与火的洗礼，以时间为顺序，将漫长的世界战争史具象化，帮助读者在短时间内掌握重点、理清思路。对每场战役，都详细叙述爆发的背景，全面讲解战役的过程，重点介绍战争双方在战役中的军队部署、战术运用、指挥得失，并对战役的影响进行分析和总结。希望通过对本书的阅读，能使人们对人类社会所发生过的那些经典战役更为熟知，并加深认识。

当然，不管战争多么被人津津乐道，我们一定要看到，在那些所谓丰功伟业的背后，是数不尽的杀戮、掠夺、死亡和仇恨。不论是在愚昧荒蛮的远古，还是在进步文明得多的当今，这种状况其实一直未曾改变。美国前总统富兰克林·罗斯福曾经说过："相对于战争结束来说，我们更希望所有的战争根本就没有爆发。"但愿人们在回眸这些"灿烂夺目"的经典战役时，多一些沉思和省悟，更加珍惜今日的和平与安宁。

目录

古代世界经典战役

（ —1640 年）

近代世界经典战役
（1641—1919 年）

现代世界经典战役

（1920—1945 年）

当代世界经典战役
（1946—　）

古代世界经典战役

（ —1640 年）

古代埃及经典战役

图特摩斯三世的决定性胜利
美吉多之战

图特摩斯是埃及法老图特摩斯二世与次妃伊西斯所生的儿子，图特摩斯二世在位时并没有留下多少业绩，却留下了一个能干的妻子——哈特谢普苏特。哈特谢普苏特不但把持朝政二十二年，而且还曾正式戴上法老的王冠，是世界上有史可考的第一位女帝王。从小生活在哈特谢普苏特阴影中的图特摩斯是在对嫡母恐惧、敌视而又带有几分崇拜的心境中长大成人的。

公元前1482年，女法老突然死亡，32岁的图特摩斯开始亲政。登位之初，由于权力交替，国内政局混乱，而位于巴勒斯坦的卡迭石王国在米坦尼帝国的支持下，煽动周边的国家反叛埃及，企图在巴勒斯坦和叙利亚地区组织起一个反埃及的联盟。

上埃及国王及他的保护神——神鹰荷鲁斯

图特摩斯迅速稳定了国内的局势后，立即发动了执政后的第一场战争。公元前1479年，他亲率3万埃及大军从尼罗河三角洲东部的萨鲁城出发，向加沙方向开进，去远征巴勒斯坦和叙利亚地区。在埃及的远征大军中，有手持盾牌和青铜长矛的重装步兵，有身背弓箭和投枪的轻装步兵，还有乘马拉木轮战车的战车兵。

埃及大军前去征讨的消息很快就传到了卡迭石国王多菲斯的耳中，多菲斯立即召集巴勒斯坦和叙利亚众多的王公开会，结成了反埃联盟。众王公推举多菲斯为联盟统帅，并将一支3万多人的反埃联军集结在巴勒斯坦北部的军事要冲美吉多城附近，准备迎战前来进犯的埃及大军。

坐落在一个高地上的美吉多城是通商和行军的必经之地，军队和商旅从这儿出发，往北能抵达黎巴嫩，往东可以到达幼发拉底河，这样的地理位置，决定了它自古以来就是世界上最主要的战场之一。甚至在《圣经》中，美吉多城也被描写成上帝的军队与魔鬼的军队最后决战的战场。

埃及大军开到一个叫叶赫木的地方停了下来，讨论进攻美吉多的具体路线。当时通往美吉多的道路有三条，两侧的大道绕远，都有联军重兵把守，而中间有条阿鲁纳通道则情况不明。阿鲁纳通道是一条狭窄的峡谷，要通过这条峡谷，行军时人和马都必须要一个接一个地走，这样的行军方式

埃及法老图特摩斯三世雕像

对军队来说就意味着是一种灾难，他们将毫无抵抗能力地完全暴露在敌人面前。如果中了伏击，这些行进中的人都将遭受灭顶之灾。换了任何人，都只可能选择两旁的大路，而绝不会踏上中间的那条"死亡之路"。

在军事会议上，许多将领都主张走两侧的大道，但图特摩斯力排众议，他认为敌军已经将主力集结在了两条大道的出口处，如果埃及军队从那儿出现，一定会遭到联军的迎头痛击，不如冒险从阿鲁纳通道中穿过，直接向美吉多城进发。他认为只有这样，才有可能出其不意，打联军一个措手不及。图特摩斯随即传令全军，成一路纵队，沿峡谷前进。

埃及军队在通过阿鲁纳通道时，平均的行军速度为每天10公里，行进了11天后，在日落之前，穿出了峡谷，突然出现在美吉多城附近。图特摩斯的赌注下对了，反埃联军万没想到埃及大军会从阿鲁纳通道而来，因此其主力只好惊慌失措地从塔纳阿卡城匆忙赶来应战。

休息了一整晚，第二天太阳还没升起，埃及军队便排好阵势，严阵以待。图特摩斯头戴蓝色王冠，站在他那辆金色的战车上，他的军队分成了三个集团军：北部集团军被布置在美吉多城西北部，他们是后备力量，要在必要时投入反击；南部集团军被布置在琴纳河以南的小山上，而图特摩斯本人则亲自统帅中部集团军，布置在战场的中央，作为战斗的主力。

大战开始前，图特摩斯的内心还是十分紧张的，这是他第一次亲自指挥作战，而且埃及人已经二十多年没打过仗了，面对着漫山遍野的联军，如果作战不利，除

绘有古代埃及战车的石雕

了背后的阿鲁纳通道，他什么都没有！反埃联军的统帅多菲斯此时的处境更糟，连夜仓促赶来的反埃联军还没来得及喘口气，就匆忙地在埃及大军战线前排兵布阵。清晨的白雾还未散尽，在埃及军队进攻的鼓声中，双方的大会战随即展开。

图特摩斯统领的埃及中部集团军率先出击，反埃联军也开始向前推进，双方很快就混战到了一起。反埃联军虽然在人数上略占上风，但毕竟是临时拼凑而成，缺乏有效的统一指挥，并且刚从远道赶来，人困马乏，哪里经得住埃及军队的冲击，不多时便死伤惨重。埃及大军凌厉的攻击，给反埃联军带来了毁灭性的灾难，恐惧像浪潮一样席卷着联军。不久，乱了阵脚的联军便全线溃败，众人抛弃了手中的武器，开始争相逃命。

一名埃及随军的书吏这样记载了当时的情景："国王手持利剑，亲自领军，他犹如燃烧的烈焰横扫敌阵，单枪匹马勇往直前，将阻挡在他面前的敌人砍杀殆尽；国王俘获了敌人的王子们，将他们变成了奴隶；国王夺得了敌人的黄金战车，飞身跳上敌人的战马，让不羁的马儿温顺地臣服于他手中的缰绳。"当然，这其中有着吹捧和赞美的成分，但当时的战况也从中可见一斑。

埃及军队初战获得了大胜，残余的联军逃进了美吉多城内，埃及军队并没有乘胜攻打美吉多城，而只是忙于去抢夺联军丢弃的装备，这给了联军逃脱和重组防御的时间。图特摩斯随后集合起队伍，将美吉多城团团围住。但这时联军已经稳住了阵脚，并顽强地打退了埃及军队的多次进攻。无奈的埃及军队只好掘壕围困，经过近八个月的围攻，最终攻下了美吉多城，卡迭石国王多菲斯被迫投降。自此，这个临时拼凑起来的反埃联盟便烟消云散了。

图特摩斯对美吉多之战很是自豪，此战为埃及带来了2000多匹马，近3万头其他牲畜，1000多辆战车，还有300多副盔甲，其中有2副是美吉多国王和卡迭石国王的铜铠甲。从战略上说，美吉多之战的胜利对整个叙利亚和巴勒斯坦地区起到了绝对的威慑作用，在图特摩斯统治时期，这个地区的小国们从此都显得很安分，再也没有组织什么反埃联盟，这为埃及日后征服整个叙利亚和巴勒斯坦打下了基础。

没有胜利者的埃赫争霸战
卡迭石之战

古代叙利亚地区位于亚非欧三大洲连接要冲，是古代海陆商队贸易枢纽，历来为周边各国必争之地。公元前14世纪，位于小亚细亚的赫梯国趁着埃及国内因宗教改革而陷入混乱的天赐良机，迅速崛起，在其雄才大略的国王苏皮卢利乌马斯的率领下，击溃了强盛的米坦尼王国，并积极向叙利亚推进，逐步控制了南至大马士革的整个叙利亚地区，沉重打击了埃及在这一地区的利益。于是，两大强权国家为了争夺叙利亚地区以及整个西亚的霸权，剑拔弩张地对峙着。

公元前1290年，埃及第19王朝法老拉美西斯二世即位，这位25岁的年轻法老还是王子的时候，就已经参加了其父塞蒂一世的常胜军，他的勇猛令周围的国家都表示称赞。拉美西斯二世决心夺回奥伦特河畔的要塞卡迭石以及整个叙利亚。

公元前1286年，埃及首先出兵占领了南叙利亚，第二年4月底，拉美西斯二世御驾亲征，统率四个军团2万多步兵和3600辆战车，从巴勒斯坦出发，经过13昼夜的行军到达卡迭石地区。由于组织不善，埃军各部队行动脱节，当法老率领的第一军团进抵卡迭石要塞时，其他各军团仍在行进途中。

卡迭石要塞位于奥伦特河上游西岸，那里地势险要、河流湍急，是叙利亚南北

赫梯国王穆瓦塔里在卡迭石附近集结军队2万人和战车2500辆迎击拉美西斯二世，赫梯军队诱使埃及先头部队进入伏击地，致使埃及军损失惨重。埃及后续部队赶到后，以严整的战斗队形攻击对方翼侧。赫梯国王也投入步兵和战车，猛冲埃及中路军。战斗十分激烈，双方势均力敌。

方向的咽喉要道，也是赫梯的军事重镇。控制了卡迭石，就等于控制了整个叙利亚，拉美西斯二世意图一举攻下卡迭石要塞。但他万没想到，就在埃及大军举兵北上之际，赫梯就从派往埃及的间谍那里获悉了埃及即将出兵远征的秘密情报，此时的赫梯国王是穆瓦塔里，他制定了以卡迭石为中心，扼守要点、以逸待劳、诱敌深入、粉碎埃军北进企图的作战计划。为此，赫梯早已集结了 2 万主力和 2600 辆战车，隐蔽在卡迭石城以北，设下了一个伏击圈。

埃及人当夜抓获了两名赫梯军的逃兵，其实他们就是前来引诱埃及军队上钩的赫梯细作，他们说有重要情报要通报给埃及将军，于是这两个人被带到了拉美西斯二世面前，并向他交代说，卡迭石要塞的守军士气低落，力量薄弱，穆瓦塔里的主力部队距离此地很远。拉美西斯二世对那两个人的话信以为真，认为可以轻而易举攻下卡迭石城。结果未等其他各部到达，就立即指挥第一军团从萨布吐纳渡口跨过奥伦特河，孤军深入，直抵卡迭石城下，冲向靠近卡迭石西北的平原地带，并在那里宿营。

穆瓦塔里得到消息后，迅即将赫梯主力秘密转移至奥伦特河的东岸，构成包围圈，将孤军深入的埃及军队团团围住。拉美西斯二世直到这时才发现上了赫梯人的当，急忙派人传令让后继的埃及军队火速赶赴战场支援。

赫梯军队的主力完成了卡迭石以东的翼侧包围后，在卡迭石以南用战车出其不意地击溃了正在行军途中的另一个埃及军团，紧接着赫梯军队又从南面和西面攻入了由埃及国王拉美西斯二世亲自率领的第一军团的营地。营地守军拼死抵抗，损失惨重，拉美西斯二世陷入了危急之中，多亏埃及两个后继军团在接近黄昏时分及时赶到，对赫梯军的后方展开了猛烈突击，才迫使赫梯人撤回了卡迭石要塞。

次日，双方在卡迭石要塞前再次展开大战，穆瓦塔里投入了他全部的步兵和战车，猛冲埃及中军，就连要塞近万人的守军也配合出击，可以说已是不遗余力。当天的战斗十分激烈，但交战各

拉美西斯二世于公元前1304～前1237年在位，他的这4尊雕塑树立在阿布辛贝神庙的前面。这是他建造的表现他的权威的许多纪念物之一。

赫梯士兵
　　赫梯人军事的成功许多来自于他们熟练的战车技术。

方均未取得决定性胜利。傍晚时分，赫梯军队退守要塞，埃及军队也无力夺取要塞，再战无益，拉美西斯二世决定撤军返回埃及。

　　这场卡迭石战役，赫梯军队利用军事计谋诱敌深入，步兵与战车协同作战，要塞守军与野战军配合行动，是一场对后世战争颇有启迪的战役。不过此战双方都损失惨重，而且也都面临着当时另一个强国亚述的威胁，所以，这场打了平手的卡迭石战役实际上也标志着埃及同赫梯之间争霸战争的基本结束。在此后的 16 年中，虽然双方战事不断，但规模都比较小。后来拉美西斯二世吸取了卡迭石之战轻敌冒进的教训，改取稳进战略，一度也曾再次打到奥伦特河畔，但赫梯军队采取了固守城堡、力避会战的策略，埃及军队并没取得什么实质性的胜利。长期的战争消耗，使双方均感到无力再战，公元前 1269 年，新继位的赫梯国王哈图西里三世提议双方握手言和，拉美西斯二世表示同意，两国在孟斐斯缔结了《古埃及—赫梯和约》，这个和约被刻在一块银板之上，因此又叫"银板文书"。

　　"银板文书"上写道："伟大而勇敢的赫梯国王哈图西里和伟大而勇敢的埃及法老拉美西斯共同宣誓：从此互相信任，永不交战。如果一国受其他国家欺凌，另一国应该出兵支援。"这其实是世界上第一个有文字记载的军事条约，埃及和赫梯凭借这一纸和约确定了他们在叙利亚和巴勒斯坦地区的势力范围，使他们对这一地区的占领合法化，而且合约本身又是一个军事同盟条约，双方保证在面临第三国威胁时，在军事上互相支援。

古代希腊经典战役

流传千古的木马屠城计
特洛伊战争

公元前 13 世纪在古希腊的斯巴达，有个叫海伦的女子，她的美貌冠绝希腊，就连阿提卡半岛的英雄忒修斯也曾试图去劫走她。由于求婚者接踵而来，这使得斯巴达的国王廷达瑞俄斯不知怎么处理才好。最后机智的求婚者奥德修斯向廷达瑞俄斯提出了一个解决问题的办法，就是通过掷戒指的方式，决定谁可以娶走海伦，并让所有的前来求婚者共同起誓，他们对海伦的丈夫要永不发动攻击，并且他需要救援时众人要全力帮助他。这个建议得到了所有求婚者的应允。于是各位来求婚的爱琴海各邦的首领们通过掷戒指的方式，选出了阿特柔斯英俊的儿子墨涅拉奥斯迎娶了海伦。廷达瑞俄斯死后，墨涅拉奥斯成了斯巴达国王，海伦则成了斯巴达的王后。

当时与希腊隔海相望的小亚细亚半岛上，有一个名叫特洛伊的城邦王国，由于特洛伊地处东西方交通要道，在当时是一个非常繁荣的城市。特洛伊最著名的是它从东、西方的港口贸易中获取的巨额财富和高大的城墙。公

一个女人——美丽的斯巴达王后海伦，引起了一场战争。这似乎是在人类天真的童年时代的希腊神话里才会有的事情，那时的人们想哭便哭，想笑便笑，活得真实而富有生气。

元前 1193 年，特洛伊国王普里阿摩斯和他的二王子帕里斯前去探访斯巴达国王墨涅拉奥斯，墨涅拉奥斯和他的王后海伦在自己的王宫中盛情款待了前来探访的客人。在宴席上，帕里斯和墨涅拉奥斯美貌的妻子海伦一见钟情。过了几天，墨涅拉奥斯有事要去克里特岛，临行前嘱咐海伦要好好地招待客人。墨涅拉奥斯刚刚离开不久，帕里斯就唆使海伦离开丈夫，跟他同赴特洛伊城。深陷恋情之中的海伦不管不顾地抛弃了一切，其中包括她的女儿赫尔弥奥涅。帕里斯在离开时，还掠走了宫中的许多财物。

墨涅拉奥斯回到斯巴达后，见宫中财宝被劫走，海伦又离他而去，心中怒火万丈，于是连夜赶到迈锡尼城，去找他的哥哥迈锡尼国王阿伽门农帮他复仇。阿伽门农是当时希腊各国的霸主，拥有希腊最庞大的军队和从未战败过的伟大武士——阿喀琉斯。为了给弟弟复仇，阿伽门农建议召集当年起过誓的英雄们一起进攻特洛伊城。

希腊各邦国在阿伽门农的号召下联合起来，决定用武力消灭特洛伊。不久，一支拥有 10 万人马和 1200 多艘战舰的希腊联军在阿伽门农的统领下，驶过赫勒斯滂海峡，浩浩荡荡杀向小亚细亚半岛上的特洛伊城。希腊联军在斯卡曼德罗斯河口登岸，向 20 公里外的特洛伊城挺进。在特洛伊城外，希腊联军与前来迎战的特洛伊军队展开了一场激战，此时的希腊联军来势汹汹，士气正旺，特洛伊的军队抵挡不住希腊联军的猛烈攻势，只好退回城中。

初战得胜的希腊联军把战船拖上岸，并修筑了防御工事，当这一切完成后，就派墨涅拉奥斯及奥德修斯去与特洛伊人谈判，要求他们归还财宝及海伦。特洛伊人自知理亏，打算接受这个要求，但是帕里斯不从，他可舍不得把美女海伦交回去，而他的兄弟中也有好几个都支持他，最终特洛伊人拒绝了和谈。

希腊联军开始攻城，由于特洛伊城池坚固，易守难攻，希腊联军连攻了数次都无功而还，而特洛伊人也不敢贸然出城迎战。阿伽门农决定对特洛伊城进行长时间的围困，于是先派军队攻占了特洛伊城附近的地区，从而把特洛伊城团团围困起来。希腊联军这一围就是 9 年。在这 9 年的攻战中，希腊联军并没有取得他们所希望的胜利，而且还有许多希腊英雄都战死了。由于内讧和疾病，希腊联军越来越难以坚持。到了第十年，希腊联军中足智多谋的将领奥德修斯想出了一条妙计。

一天早晨，希腊联军的士兵烧毁了营帐，登上战船扬帆离开了岸边。平时喧闹的战场变得寂静无声，特洛伊人认为希腊人撤军回国了，于是他们跑到城外，在海滩上发现希腊人留下了一只巨大的木马，特洛伊人好奇地围住木马，议论纷纷，他们不知道希腊人制造这个巨大的木马是用来做什么的，也不知道该如何处置它。

有人要把它作为战利品拉进城里，也有人认为这个木马毫无用处，建议把它烧掉或推到海里去。就在这个时候，特洛伊人捉住了一个希腊商人，他被绑着去见特

表现特洛伊战争的想象图

希腊军队采用了奥德修斯的计策，军士们藏在巨大的木马之中，特洛伊人把木马拖进城，希腊人破马而出，里应外合，攻下了特洛伊城，长达10年之久的特洛伊战争结束。

洛伊国王。这个希腊商人告诉国王，这个木马是希腊人用来祭祀雅典娜女神的，希腊人指望特洛伊人毁掉它，这样就会引起天神的愤怒，但如果特洛伊人把木马拉进城里，就会给特洛伊人带来神的赐福。希腊人之所以要把木马造得这样巨大，目的就是要使特洛伊人无法把它拉进城去。特洛伊国王相信了希腊商人的话，于是下令把木马拉进城中。

当天晚上，特洛伊人欢天喜地地庆祝胜利，狂欢中的特洛伊人又唱又跳，喝光了所有的美酒，直到深夜才散去休息。由于希腊人已经离去，特洛伊在战时所临时组建的军队这时也都回家团聚去了。午夜时分，在一片寂静中，那个劝说特洛伊人把木马拉进城的希腊商人悄悄走到木马边，在马腿上轻轻地敲了三下，这是事先约好的暗号。只见木马的肚皮下面打开了一扇小门，随后，全副武装的希腊勇士便从木马中钻了出来。他们悄悄地摸向城门，杀死了睡梦中的守军，迅速打开了城门，并在城中四处放火。隐蔽在附近的大批希腊军队如潮水般涌入特洛伊城。特洛伊城毫不费力地就落入了希腊人手中，打了10年之久的战争终于结束了。

希腊人把特洛伊城掠夺一空后放起了大火，一夜之间，繁华的特洛伊城化为了废墟，特洛伊城中的男人大多被杀死，妇女和儿童被卖为奴隶，财宝都装上了希腊人的战舰，而那个肇事的美女海伦也被墨涅拉奥斯带回了希腊。从那以后，木马屠城就成了人们熟知的经典战事而流传于世。

以弱胜强的典范
马拉松战役

公元前 5 世纪的波斯帝国，是世界上领土最辽阔的国家，数十万波斯大军控制着 400 万平方公里的土地和几千万的人口，而希腊只有波斯帝国一个省份的规模，而且还分裂为上百个小城邦。

公元前 491 年，波斯国王大流士派出使者，向希腊人索要两样东西——水和土，这是要其臣服的意思。面对着强大的波斯帝国，希腊有两个城邦宁愿一战也要捍卫自由。在雅典，波斯使者被抛入大海；在斯巴达，波斯使者被扔进深井。这些希腊人说："那里有水和土，你自己去取吧！"消息传到波斯，大流士马上派能征善战的达提斯统率 3.2 万大军，乘坐 700 多艘战船，出发远征希腊。

达提斯是个很有心计的统帅，他并没有从海路直接去进攻城池坚固的雅典城，而是命令波斯大军的战船在雅典城东北 40 多公里处的马拉松平原登陆。他这样做无非是想迫使雅典人做出选择：要么据守城池，要么出城应战。如果雅典人坚守不出，则波斯大军的物资和后援就可源源而来，到时就可以从容不迫地兵临城下，雅典人只能坐以待毙；如果雅典人出战，那么他们就不得不跋涉 40 多公里，来到达提斯所选定的战场打一场波斯人擅长的陆地战。波斯的陆军装备精良、所向无敌，他们创造的步兵配合骑兵交替作战的战法，在当时的大陆上也是最先进的，而马拉松平原开阔的地形非常适合波斯骑兵的战术迂回。

雅典的军事体系很奇怪，一个城邦国家还被划成 10 个部族，每个部族每年选举出一个将领，然后这 10 个将领混在一起指挥部队。虽然也有首席将军，但只是名义上的最高指挥，真打起仗来，10 个将领轮流指挥，每人负责一天。面对来势汹汹的波斯大军，对是否迎战，雅典的 10 位将军的意见出现了分歧，主和派认为雅典根本难与波斯匹敌，一旦战败，必将导致城毁人亡，因此主张求和。但曾经参加过反对波斯起义的雅典将军米提亚德却坚决主张迎战波斯军队。当时持

大流士一世雕塑

大流士一世原为阿黑明尼德王族支系的军事贵族。他在位期间（公元前522～前486），对外推行军事扩张政策，对内为了适应庞大帝国的需要和加强奴隶主专制统治，进行了一系列改革。

这幅陶瓶画表现了一个希腊人被击倒后反戈一击，举剑砍向波斯人的情景。

不同意见的双方人数相当，最后雅典的执政官卡里马卡斯倾向于主战派一方，使主战派占了上风。这一次没有采取轮流负责制，坚决主战的米提亚德被任命为此次对波斯作战的全权指挥官。

处境险恶的雅典一面准备应战，一面向斯巴达求助。出乎意料的是，斯巴达人拒绝出兵援助。斯巴达人现在不能出兵，并不是因为需要时间来动员军队，而是在斯巴达有一个古老的禁忌——从卡尔涅亚节到月圆之夜，这段时间内斯巴达不可以出兵国外。对于恪守传统的斯巴达人来说，禁忌就是禁忌，没有什么可商量的。他们答复等到月圆之时，将马上出兵，奔赴雅典。

雅典人听到消息后，知道外援已经没有希望了，只有依靠自己的力量来保卫国家。全体雅典人民都被动员起来，甚至把奴隶也编入了军队。在米提亚德的指挥下，12000人的雅典军队火速赶往马拉松平原，准备和波斯军队决战。

由于两军人数悬殊，雅典军队要想取胜只能智取。米提亚德对于波斯军队的战法非常熟悉，针对波斯军善于平地作战和惯用中央突破的特点，米提亚德采取了正面佯攻、两翼夹击的战术，把实力雄厚的雅典军重甲步兵配置在两翼，中央兵力则较薄弱。作战时，以中央阵线兵力首先出击，引诱波斯军进行反击，然后且战且退，当诱敌深入后，重甲步兵再从两翼进行夹攻，一举击溃敌人。

9月的一天，这场名垂千古的战斗开始了。列阵完毕的双方对峙了2个多小时，由于马拉松平原越往东越宽广，雅典军队如果主动进攻波斯阵营，两翼就会失去地形的保护，米提亚德非常明智地按兵不动。波斯人终于失去了耐心，开始向雅典阵地前进。雅典中间的士兵在接战不久就一路

波斯常备军

这些瓷砖以沙子和石灰为原料制成，有些学者把瓷砖上的弓箭手鉴定为波斯常备军精英1万名不死队的成员。波斯常备军达5万人，在大规模征战期间，还征集当地居民补充。这支军队由步兵、战车和骑兵组成，其中骑兵是主要兵种。

撤退，慢慢将波斯军队引入已埋伏好兵力的斜坡上。不知中计的波斯军队一路追击，当走到山坡时，突然，躲在斜坡山包后面的雅典重甲步兵潮水般涌了出来，从两侧夹击波斯军队，佯装撤退的引诱部队也返身攻击，居高临下向波斯军队冲杀下来。

波斯军队陷入三面受攻的状态中，而且战线又拉得过长，一时首尾难以相顾。原本一心想追赶雅典军队，却被这突如其来的袭击打了个措手不及，几万士兵处于雅典士兵的包围圈中，一时不知该向什么方向出击。乱作一团的波斯军队成了雅典军队弓箭和标枪的攻击目标，不得不一边招架，一边向海边逃窜。

兵败如山倒的波斯军队全线崩溃，主帅达提斯眼看大势已去，只好下令撤退。波斯士兵放弃了阵地，拼命逃向停泊在海边的战舰。雅典军队随后紧追，追到海边后，开始分散开来，攻击那些岸边的战舰，企图将它们付之一炬。波斯士兵在逃生欲望的驱使下，拼命反抗，雅典人在这次战役中的伤亡大多发生在这里，包括雅典军政长官卡利马什，以及十位将军中的两位都在此牺牲了。波斯人在损失 8 艘战舰后，大部队得以安全撤退。此役波斯军队共阵亡 6300 多人，而雅典军队阵亡不到 200 人。

为了把胜利喜讯迅速告诉雅典人，米提亚德将军派士兵斐里庇第斯去报信，当

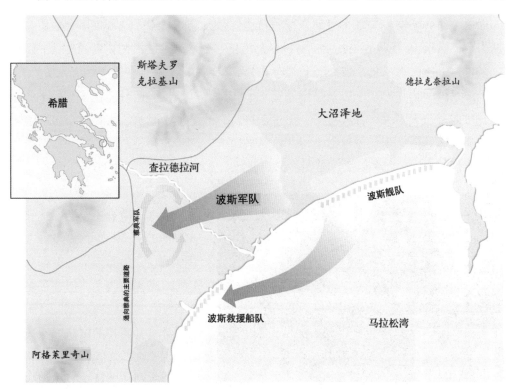

马拉松战役形势示意图

波斯军队横渡爱琴海，于公元前490年9月在雅典东北沿海马拉松登陆，该地有道路直通雅典。雅典急遣约1万重装步兵迎战，盟邦普拉提亚也派出约1000人助战。波斯军远较雅典军多，且有一支约800人的骑兵。

13

斐里庇第斯以最快的速度从马拉松跑到雅典中央广场，对着盼望的人们说了一声"大家欢乐吧，我们胜利了"，之后就倒在地上牺牲了。为了纪念马拉松战役的胜利和斐里庇第斯，在雅典举行的奥林匹克运动会上，增加了马拉松赛跑项目。

这场马拉松之战是西方历史上较早的以少胜多的经典战役，这次胜利提高了希腊人的斗志和士气，使以前臣服于波斯的一些希腊城邦受到鼓舞，也乘机纷纷宣布独立，巴比伦、埃及以及其他一些被波斯军队奴役的地区也同时爆发了起义。这次战役的影响，正如英国著名军事家富勒将军所说的那样——"是欧洲出生时的啼哭声"。

马拉松大战后，雅典在希腊半岛威名远扬，就此成了希腊联盟的盟主。

一曲悲壮的英雄史诗
温泉关战役

马拉松战役失败后，埃及又发生了叛乱，正当波斯国王大流士考虑再次出征希腊还是先平定埃及叛乱时突然死去，他的儿子薛西斯登上了波斯王位。为实现父亲的遗愿，薛西斯发誓要踏平雅典，征服希腊。公元前480年，他亲自率领数十万波斯大军，乘坐1200艘战船，渡过赫勒斯滂海峡，分水陆两路沿色雷斯西进，一路势如破竹，迅速占领了北希腊，南下逼近了中希腊的大门——地势险要的温泉关。

温泉关一边临海，一边是悬崖峭壁，中间只有一条仅能通行一辆马车的羊肠小道，可谓是一夫当关，万夫莫开，出了东关口，就是中希腊平原，希腊众多的名城如雅典、底比斯、麦加拉等都坐落在希腊平原上，这些城邦是希腊的精华，温泉关就是它们的大门，此关若丢，希腊将门户洞开。希腊在此布置有7000余人的军队。

希腊重甲步兵的密集方阵

为抗击波斯军队的再次入侵，希腊人结成了以斯巴达和雅典为首的有40多个城邦参加的军事同盟，共同推举拥有强大陆军的斯巴达为盟主，组建了希腊联军，准备迎战波斯军队。不过此时希腊各城邦的军队要么还在集结，要么还在等待观望，希腊联军的统帅斯巴达国王列奥尼达对此焦急万分。更不巧的是，这时希腊人正在举行奥林匹克运动会，在当时的希腊，奥林匹克运动被看得神圣无比，在运动会期间是禁止一切争战行为的，因此，希腊人布置在温泉关那7000人的军队暂时得不到任何支援。希腊联军统帅列奥尼达不愿意看到温泉关落入波斯人手中，出于无奈，仅带了自己随身的300名斯巴达卫士前去增援。

作为这支先遣部队的统帅，斯巴达的列奥尼达国王深受众人的尊敬，他清醒地认识到这次出征是一次必死的行为，他统领的这支微不足道的小部队，是根本无法取得最后胜利的，因此在出发前，他从军队中挑选了那些已经有儿子的精锐战士，将他们编入出征队伍。出征前列奥尼达的妻子鼓励完她的丈夫后，最后问他还有什么嘱咐，列奥尼达简单地回答道："嫁个好人，养群好孩子。"

率300卫士匆匆赶到温泉关的列奥尼达把驻守在关口的7000名战士分成两拨，其中6000名战士配置在狭窄通道一线，用于把守通道，剩下的1000名战士则用于把守温泉关山后的小道，以防波斯军队从后面偷袭。

面对温泉关的希腊守军，薛西斯并不急于发起进攻，他派人捎信给列奥尼达，说波斯军队的战士多得数不清，射击的箭能把太阳遮住，可列奥尼达并没有被他吓倒，反而嘲笑般地回答："那太好了，我们可以在阴凉里杀个痛快。"

四天后，薛西斯见威慑无法达到目的，于是下令发起进攻。可波斯军队虽然人数众多，但在温泉关下狭窄的通道上根本施展不开，在两天的战斗中，数次进攻都被希腊守军击退，恼羞成怒的波斯王命令自己精锐的近卫军"万人不死军"发起强攻，但依然无法奏效。

正当薛西斯一筹莫展的时候，一个名叫埃彼阿提斯的当地农民前来告密说，有条小路可以通到关口的背后。薛西斯听到此讯，大喜过望，立刻命令这个希腊的叛徒带领"万人不死军"沿着荆棘丛生的小道奔袭温泉关的后山。他们穿过峡谷，渡过溪流，攀上山崖，于第三天的清晨接近了山顶。

列奥尼达在这条小路的山岭上布置的1000余名守军因数日无战事，以为波斯人根本不会知道这条小道，便放松了警惕，直到寂静的黑暗中传来嘈杂的呐喊声时，才慌忙披挂上阵，此时波斯军队已经到了跟前，箭像雨点般射来，守军很快就被击溃了，奇袭成功的波斯军从背后向温泉关直插下去。

在腹背受敌的情况下，温泉关的失守已无法避免，为保存实力，列奥尼达命令希腊联军的主力撤退，他自己则率领300名斯巴达卫士留下来拼死抵抗，另有700多名底比斯城邦的战士也自愿留下来同斯巴达人并肩作战。这时占绝对优势的波斯军队对希腊剩下的1000多名战士展开了前后夹攻。那些希腊战士毫无惧色，奋勇迎战，战至傍晚，温泉关的守军全部牺牲。波斯军以损失2万人的代价攻占了温泉关，斯巴达国王列奥尼达的尸体落到了波斯人的手中，薛西斯下令把列奥尼达的脑袋砍

列奥尼达在温泉关战役中

在温泉关战役中希腊联军被敌人重重包围时，列奥尼达解散了他的部队，只留下300名近卫队员战斗到全军覆没。关于斯巴达人永不投降的传说就来源于他的事迹。

下来，挑在长矛上示众。

战争结束后，希腊人在列奥尼达战死的地方立起了一座狮子形状的纪念碑，碑上镌刻着："异乡的过客啊，请带话给斯巴达人，说我们忠实地履行了诺言，长眠在这里。"事实上，在温泉关战死的希腊武士远不止这300名斯巴达人，还有700多名底比斯人也捐躯于此，但此次战役最大的荣耀却被记在了斯巴达人的名上。希罗多德为此记下一句无人不知的碑铭："去告诉斯巴达人，我们遵从他们的法律长眠于此。"

据说，波斯人在打扫战场时只找到了298具斯巴达战士的尸体。原来，有两个斯巴达人没有参加战斗，一个是因为害眼病，一个是因为奉命外出。战后，他俩回到斯巴达时，家乡的人都非常鄙视他们，其中一个因受不了这种屈辱自杀了，另一个也在后来的战斗中牺牲，但斯巴达人还是拒绝把他安葬在光荣战死者的墓地中。

有史以来最大的桨船海战
萨拉米斯海战

马拉松大战后，雅典人并没有放松对波斯的戒备，雅典首席执政官提米斯托克利认为希腊的未来在大海上，他利用罗马尼亚银矿的收入，建造了160艘三列桨座战舰，并征集水手，日夜操练。这支强大的舰队，使雅典成为爱琴海上第一流的海权强国。

波斯军队攻克温泉关后，长驱直入，直取雅典城。提米斯托克利坚信雅典海军的力量，劝说大家放弃雅典城，在海上同波斯决战。虽然有一些人反对这一主张，但雅典政府最终还是采纳了他的建议，妇女和儿童都坐船到萨拉米斯岛上去躲避，所有的男人都乘着战船，集中到萨拉米斯湾，雅典人唯一的希望只能寄托在海上。

直扑雅典城的波斯军队并未遇到抵抗，当他们进入雅典城时，整个城市已经空空如也。薛西斯大怒，下令放火烧毁了这座希腊最大、最富庶的城市。就在波斯陆军直扑雅典的时候，波斯海军也绕过优卑亚岛，开到雅典的外港比里犹斯，他们水陆呼应，大有气吞山河、踏平希腊之势。

希腊人民并没有屈服，他们把胜利的希望寄托在海上，因为雅典海军是一支强大的力量，事实上就在斯巴达人准备和波斯陆军展开战斗之际，希腊联合舰队就已经和波斯海军交战了。此时的雅典虽然拥有希腊最强大的海军，但提米斯托克利为了联盟的团结，主动提出由斯巴达人出任联合舰队的统帅，不过斯巴达人不善于指挥海军，所以处处要向提米斯托克利请教，因此提米斯托克利实际上掌握了希腊联合舰队的统帅权。

在优卑亚岛北端阿忒米西翁海峡，提米斯托克利指挥希腊海军在第一个回合就成功阻止了波斯海军的进攻，正在这时，温泉关陷落，斯巴达国王阵亡，波斯军正向雅典开进的消息传来。听到消息后，希腊海军无心再战，当晚便南撤到萨拉米斯海峡，波斯舰队随后也尾随而至。

萨拉米斯海峡位于萨拉米斯岛与希腊本土之间，东面海峡出口处有一个小岛，把海峡分为两个出口，出口处海面狭窄，最宽只有1200米。全部希腊联合舰队都集中在萨拉米斯海峡的东端，共有约400艘三列桨座战舰，其中一半是雅典的舰队。

在离萨拉米斯海峡9公里之外的法列隆港，

约公元前480年萨拉米斯战役打响。380艘古希腊舰船（古希腊时有三列桨座的战船）迎战波斯人的1200艘海上军队。更加灵活矫健的古希腊船队使貌似强大的波斯人乱作一团。波斯人在陆地和海域均战败，这直接导致他们撤出古希腊地区。

薛西斯召开了一个御前会议，各国来参战的海军首领都在揣摩薛西斯的心思，显然薛西斯希望毕其功于一役，一举歼灭希腊海军，所以众人都说在萨拉米斯海湾决战是最佳的时机，只有伊奥尼亚城邦的女王阿提米西亚提出了不同的意见。这个女王建议波斯海军不要管希腊舰队，而是直接开赴伯罗奔尼撒，那样萨拉米斯海湾中的希腊联合舰队就会四分五裂，因为伯罗奔尼撒人一定会赶去救援自己的家园而绝不会留在这里为雅典人出力，到时希腊联合舰队将会瓦解而不攻自破。

作为希腊人，阿提米西亚女王确实了解希腊人的心思，她的预测完全准确，可惜的是薛西斯并没听取她的建议。薛西斯认为大多数人的意见才是可靠的，但其实所谓大多数人的意见也正是他自己的主张。

面对波斯军队的水陆夹击，集中在雅典城南萨拉米斯海湾的希腊联合舰队这时也发生了动摇，大家对能否打败波斯大军毫无信心，特别是在听到雅典失陷的消息后，更是军心动摇，惊慌非常。有些城邦的人打算把船驶离海湾，去保卫自己的家乡，希腊舰队面临分崩离析的危险。在这关键的时刻，统帅雅典海军的提米斯托克利挺身而出，建议召开军事会议，商讨作战方略。

针对军心动摇的局面，提米斯托克利指出在狭窄海域作战，联合舰队还能以少胜多，如果撤出萨拉米斯海湾，在宽阔的海面上与强大的波斯舰队决战，那样联合舰队将会覆亡。尽管他所说的都对，但这时的他却是孤立的，面对强大的波斯舰队，

雅典的三列桨座战舰模型
雅典的新式三列桨座战舰长40～45米，速度快，机动性强，吃水浅，170名桨手分别固定在上中下三层甲板上。希腊海军发挥自己船小快速的优势，不断向波斯战船做斜线冲击，利用船头一根长约5米的包铜横杆，先将敌人的长桨划断，然后掉转船头，用镶有铜套的舰首狠狠冲撞波斯战舰的腹部，波斯战舰就这样一艘一艘地被撞沉。

几乎所有的海军将领都主张退保科林斯海湾，以保全伯罗奔尼撒半岛。面对孤掌难鸣的局面，提米斯托克利以退出联合舰队相威胁，这一招还是管用的，因为没有雅典海军的参加，希腊的联合舰队也就等同于解散。

尽管暂时稳住了局面，但人心仍然不稳，提米斯托克利又在暗中使了一个绝招，他派人把消息透露给波斯人，说希腊联军的战舰想要逃跑，于是薛西斯下令波斯舰队封锁了萨拉米斯海峡两端的出口。面对波斯舰队的封锁，那些想要离去的船只不得不留了下来，只好死心塌地地在此和波斯人决战。

这次海战，薛西斯志在必得，他把指挥权交给女王阿提米西亚，自己在萨拉米斯海湾附近的一个山丘上搭起帐篷悠然观战。站在他身边手拿纸笔的史官，也准备如实记录下波斯海军的辉煌胜利。

有史以来最大的桨船海战爆发了，希腊战舰的船头，有一个数米长的巨大尖顶，上面裹着青铜，当战舰全速冲向敌船时，尖顶可以撞破对方的侧舷，一旦进水，敌船就将失去战斗能力。和希腊战船相比，波斯的三列桨座战舰更高、更大、更快，而且数量也多一倍，有近 800 艘。

面对冲进萨拉米斯海峡的波斯舰队，希腊舰队成两队突然发起攻击，发挥其船小灵活、在狭窄海湾运转自如的优势，以接舷战和撞击战反复突击波斯舰队，波斯前锋舰队抵挡不住，被迫后撤。而后面的波斯战舰并不知道战况，它们敲着战鼓，正往前冲。由于正值顺风，鼓成满帆的后援战舰冲入海湾，正好同后撤的前锋舰只迎头相撞，在狭窄的海湾内乱作一团，被希腊战舰乘势攻击，损失惨重。阿提米西亚女王在旗舰上见自己指挥的舰队被切割得七零八落，知道败局已定，只好指挥旗舰从混战中冲了出去。

在山坡上观战的薛西斯看到希腊海军开始占上风时，不可一世的他就开始后悔了，当发现战局越来越对波斯人不利的时候，他开始祈求上帝让战局逆转，当希腊人胜利的欢呼声响彻云霄时，失魂落魄的他感叹道："我手下的男子都变成了妇女，而妇女却变成了男子。"

此次海战，希腊以损失不到 50 艘战舰的代价，击沉了近 300 艘波斯战舰，波斯海军伤亡数万，战舰的残

画家笔下萨拉米斯海战的壮观景象

骸和溺死的士兵被海潮冲到萨拉米斯岛对岸的海湾里，堆满了几公里长的海滩。失败的现实，使薛西斯不得不开始考虑远征军的前途。海军战败，陆军的后勤供给失去了保障，希腊海军可能会乘胜直扑赫勒斯滂海峡，截断他的归路，于是他命令残存的战舰迅速撤到赫勒斯滂海峡。几天后，他留下部分兵力在希腊继续作战，自己则率其余部队退回小亚细亚。

萨拉米斯海战是世界海战史上以少胜多、以弱胜强的典型战例，也是希腊由防守转入进攻的转折点，从此确定了雅典在爱琴海上的强国地位。第二年，以斯巴达为核心的希腊联军又在普拉太亚彻底击败波斯陆军，战争主动权从此完全落入希腊人手中。

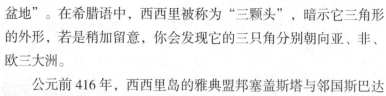

盛极而衰的远征
西西里之战

波斯人被赶走以后，希腊人并没有迎来他们梦寐以求的和平，因为在随后的日子里，以雅典为首的提洛联盟和以斯巴达为首的伯罗奔尼撒联盟又进行了长达 26 年的战争，这就是伯罗奔尼撒战争。战争开始时，斯巴达的陆军力量强于雅典，而雅典拥有 300 多艘战船，海上力量远远强于对手。在战争的前十年中，双方不分胜负。但从西西里之战开始，灾难降临到雅典人的头上，从此厄运一场接着一场。

西西里岛位于亚平宁半岛的西南，是意大利那只伸向地中海皮靴上的绊脚石。它是地中海最大的岛，辽阔而富饶，因盛产柑橘、柠檬和油橄榄，历史上被称为"金盆地"。在希腊语中，西西里被称为"三颗头"，暗示它三角形的外形，若是稍加留意，你会发现它的三只角分别朝向亚、非、欧三大洲。

公元前 416 年，西西里岛的雅典盟邦塞盖斯塔与邻国斯巴达的盟友叙拉古发生战争，这是两个小城邦之间的战争，塞盖斯塔请求雅典出兵支援。对于是否出兵西西里岛，雅典内部有两派不同的意见，以"挥金如土、作战如虎"闻名的雅典年轻的将军亚西比德，为了个人名誉和权力，极力煽动民众的好战情绪和帝国的野心，主张远征。而温和民主派的尼西阿斯将军认为这场战争一旦失败，就会使整个雅典受到重大损失，因此反对出兵。但他无法阻止议案的投票，只能试图通过夸大远征所需资源和人力的投入来吓住民众，没料到狂热的民众居然欢呼着同意出征。结果

斯巴达国王塑像

原本是一次与长远策略毫无关系的殖民远征，突然变成了押上所有身家性命的豪赌。

公元前415年夏，雅典人集结了近160艘战舰的庞大的舰队，以亚西比德、尼西阿斯和拉马卡斯为统帅，远征西西里岛。启程那天，雅典人倾城出动，云集在派里厄斯港为远征的将士送行。这次远征是雅典人离开故土最远、耗资最巨大的一次启航，每个雅典人对这次远征都充满了热情。

关于伯罗奔尼撒战争的美术作品

　几乎所有的希腊城邦都参加了这场战争，其战场涉及了当时整个希腊语世界。这场战争结束了雅典的黄金时代，也结束了希腊的民主时代，强烈地改变了希腊国家。

舰队出海了，全力主战的亚西比德此时心倒不在战斗上了，原来在出海前一天的晚上，有人将各街口指路用的赫尔墨斯神像毁坏了，赫尔墨斯是雅典人经商和航海的保护神，毁坏神像显然是一个有计划的行为。亚西比德被指控参与了此事，但他的政敌知道他在军队中有威信，深得士兵拥戴，不敢事前打击他，直到舰队出发后才开始罗列此事的材料，于是雅典公民大会决议把亚西比德召回受审。

雅典远征舰队在西西里岛东部靠岸后，大军迅速登陆，随即与叙拉古的骑兵交锋。正当亚西比德准备在西西里岛施展自己的才华之际，雅典派来的一艘战舰却带来了公民大会的命令，要亚西比德立即回雅典就赫尔墨斯神像毁坏案受审。亚西比德只得交出指挥权，随舰回国，亚西比德深知回国后凶多吉少，便在中途逃跑了。他先逃到阿尔哥斯，后转赴雅典的劲敌斯巴达。

亚西比德叛逃后，尼西阿斯指挥部队与叙拉古人展开了激战，尼西阿斯在军事指挥上的才能远远不及亚西比德，由于他的优柔寡断，几次战机都没把握住，战争陷入僵持状态。为打破僵局，公元前414年春，尼西阿斯和拉马卡斯指挥远征军发动了一场强大的攻势，先拿下叙拉古城外的制高点埃庇坡莱，然后对叙拉古城实施了围困。因风雨袭击，粮食缺乏，战事难以进展，不得不退到那克索斯和卡塔那过冬。

亚西比德逃到斯巴达，当他听到自己被雅典公民大会缺席判处死刑后，就完全转向了斯巴达，对斯巴达和盘托出雅典人的战略计划，在他的蛊惑下，斯巴达人坚定了进攻雅典的决心。第二年春，吉利普斯率领斯巴达军队突然出现在西西里岛，给雅典远征军造成了纷乱，吉利普斯几次主动发起攻击，终于破坏了雅典人对叙拉古城的包围。

这时拉马卡斯将军已经战死，唯一的统帅尼西阿斯感到形势危急，写信向国内请求："或是立即撤军，或是再派大批援军来。"雅典不愿撤军，派德谟斯提尼和攸利米顿两名将军率领90艘三层战船和近万人的士兵，前往西西里增援。

这时，西西里岛的战局变得对雅典十分不利，斯巴达派出舰队来支援叙拉古，叙拉古军士气大振，从水陆两路对雅典远征军发起了反击。尽管雅典派来了增援的战舰和步兵，但仍不是斯巴达与叙拉古联军的对手，几经交战，尽皆失利，不得不决定撤军回国。公元前413年8月17日夜里，正当他们准备撤军的时候，忽然发生了月食，迷信的尼西阿斯根据预言家的建议，决定推迟一个月后再开始撤军，这使叙拉古获得了训练和改进它的海军的时机，使雅典不再拥有海上的优势。

经过训练后的叙拉古海军采取了先发制人的战略，首先对雅典舰队发起了进攻，还在海港外设置了一排排木栅，用来阻挡雅典军舰出海。叙拉古人只有80艘战船，根据雅典人习惯采用的先冲破敌人的编队、而后环绕敌船行驶伺机撞击的战术，叙拉古人加固了自己的船头，减小了长度，加大厚度，以便向敌人较弱的船头撞击。

为了达到突袭的效果，叙拉古人这天提前吃了早饭，并乘雅典人准备吃早饭时，排着队形向雅典战舰冲了过去，叙拉古人用大船与雅典战舰周旋，用坚固的舰艏撞击敌舰，而大量的小船则紧贴敌舰船舷行驶，向敌舰的划桨手投掷大量的标枪。此时在狭窄的港湾里，集结了双方近300艘的战舰。战舰的互相撞击声，两军的喊杀声连成一片，战斗异常激烈，根本听不清指挥的号令，雅典海军终于没能抵挡住叙拉古舰队竭尽全力的进攻而一败涂地。这一仗雅典舰队损失了60多艘战舰，而叙拉古只损失了不到40艘战舰。

事情至此，尼西阿斯再也顾不得天意了，连夜下令所有军队全部上舰与叙拉古人决战。次日，西西里港湾展开了一场前所未见的激战，双方的战舰混战在一起，

交战中的雅典和斯巴达战士

人们歇斯底里地嘶喊，战舰砰砰相撞，每一舰靠拢和冲撞后，双方士兵就用标枪、石头、羽箭没命地互相进攻。战斗持续了很长时间，雅典人终于未能最后顶住，率先垮了下来。尼西阿斯清点一下，自己还剩下60多艘战船，而对方的战船不过才有50多艘，他建议再组织一次冲锋，在黎明前打破封

锁冲出海湾，可是雅典水兵们已经丧失了斗志，他们不愿上舰，尼西阿斯无奈，只得决定率残部撤离战舰，向内陆退却。

当尼西阿斯把4万人的散乱部队整理好，认为可以转移的时候，已经是海战后两天了，这真是一个悲惨的时刻，将军们尽力安慰着沮丧的士兵，撤退的队伍一路上不时受到阻击，退却的第五天晚上，雅典人的各种必需品都没有了，不少人在同敌人作战中又负了伤。海战是雅典人的特长，而陆战则是斯巴达人的拿手好戏，在叙、斯联军的围追堵截下，雅典人一批批倒下。

第六天早晨，叙、斯联军包围了德谟斯提尼率领的7000多名雅典军队的后卫，迫其投降，然后又追上尼西阿斯，双方主力发生激战。疲惫不堪的雅典军队这时已经不是叙、斯联军的对手，结果尼西阿斯被俘，雅典军全军覆没。战后，叙拉古人和斯巴达人违背诺言，处死了尼西阿斯和德谟斯提尼，被俘的8000多名雅典士兵除极少数外，其余都被卖作奴隶。

雅典城的保护神——雅典娜，发现于盛极一时的雅典卫城遗址。

雅典在西西里岛的失败，使他们丧失了近5万精锐军队，损失战舰近300艘，并付出了巨额的战争费用。战前，雅典陆军虽然没有优势，但拥有强大的舰队，几次交战，雅典海军都取得了胜利，因此基本上可以保持战局的稳定，雅典舰队主力在西西里之战覆灭后，没有了海上优势的雅典从此丧失了战争的主动权而陷入了困境，因此西西里之战成为伯罗奔尼撒战争的转折点。从此以后，雅典海上同盟开始瓦解，称霸希腊的梦想就此灰飞烟灭。

斯巴达的噩梦
留克特拉会战

公元前404年，斯巴达摧毁了雅典的霸权，成为希腊新的霸主。在打击雅典的同时，斯巴达人还干涉希腊各城邦的内政，他们在许多城邦扶植寡头政权，并派兵予以维持，这使得整个希腊对斯巴达的反感变得越来越强烈。公元前383年，斯巴达以武力解散了底比斯的民主政权，并强行扶植了一个依附于斯巴达的寡头政府，

在这幅画面上，雅典方阵的前列士兵正踏着双管长笛的节奏迎战斯巴达方阵的前列士兵。双方的军事力量按其地理环境而各有优势：雅典领导的同盟主要由爱琴海中的岛屿和滨海城市组成，因此他们的强项在于海战；斯巴达的联盟主要由伯罗奔尼撒半岛和希腊中心地区的城市组成（科林斯是一个例外），主要是陆地国家，强项在于他们的长矛兵。

但在雅典的帮助下，底比斯人推翻了斯巴达的傀儡政权，重建了民主政治，此后，底比斯人在民主派领袖伊巴密浓达的领导下，积极准备应对与斯巴达的战争。

公元前 371 年，希腊各城邦召开了一个和平会议，雄心勃勃的底比斯寻求控制整个维奥蒂亚地区的其他希腊城邦，因此在签约时，伊巴密浓达不愿只代表底比斯，而要代表整个维奥蒂亚。但作为希腊霸主，斯巴达国王阿格西劳斯不愿意让底比斯坐大，他坚持维奥蒂亚各城邦必须保持独立，伊巴密浓达则称，如果维奥蒂亚各城邦需要保持独立的话，那么斯巴达所领导的拉科尼亚各城邦也需要照此办理。盛怒之下的阿格西劳斯拂袖而去，结果这次和平会议不欢而散。底比斯军事实力的不断增强，使称霸希腊的斯巴达感到恐慌，为了扼杀底比斯，斯巴达的另一位国王克勒姆布罗托亲率 1 万多人的军队，对不驯服的底比斯发起了征伐。

通过独特的"斯巴达军事教育"训练出来的斯巴达军队战斗力极强，这支军队最擅长的"震慑冲击"战术曾在伯罗奔尼撒战争中大显神威，斯巴达军队运用这种战术打败了以雅典为首的城邦联盟，进而成为希腊的霸主。为了避免大军在经过维奥蒂亚地区的山头时遭到敌人的伏击，克勒姆布罗托由一个令伊巴密浓达意想不到的方向快速进兵至维奥蒂亚境内，并迅速占领了留克特拉，并扎下大营，等待着底比斯军队的到来。

相对于斯巴达来说，底比斯只是一个小城邦，它的军队不到 8000 人。底比斯的统帅伊巴密浓达深知自己的兵力远远少于斯巴达人，但他还是决心与斯巴达人决一雌雄。为了鼓舞士气，伊巴密浓达称赞自己的部队是最勇敢善战的军队，然后带领着斗志昂扬的底比斯士兵奔向了战场。

很快，前来与斯巴达军队抗衡的底比斯军队到达了留克特拉，这里成了双方决定胜负的战场。斯巴达有 1 万多名重甲步兵，其中 700 多人是斯巴达的精锐战士，而底比斯方面只有 7000 多人，不过在骑兵上底比斯军队略占优势。在军队的组成上，伊巴密浓达可谓别出心裁，底比斯军队的核心，是一支由 300 多名同性恋组成的"圣军"，他认为这些人为了情人会拼死决战。

伊巴密浓达知道，斯巴达军队最厉害的"震慑冲击"战术关键在于作战时必须保持完整的队形前进，以保证军队方阵中所有的长矛同时冲入敌人的正面，从而一举冲垮敌阵。针对这个特点，在战役前，伊巴密浓达创造了一种在希腊战争史上从未见过的全新阵式，也就是著名的"斜形战斗队形"。他认为，只要能够阻挡住斯巴达人正面的长矛冲击，并设法让敌人的方阵发生混乱，就必定能够战胜强大的斯巴达军队。

8月5日，双方在留克特拉地区按照各自的战术部署好了阵势，斯巴达军队摆开了屡试不爽的"全正面方阵"，意图实施"震慑冲击"战术。而伊巴密浓达则用他的新战法"斜形战斗队形"迎战。战斗由骑兵开始，底比斯的骑兵取得了胜利，斯巴达的骑兵退回自己方阵时，打乱了步兵的排序，底比斯军队乘机向斯巴达军发起了进攻。

斯巴达武士像

斯巴达军队从来没见过这种"斜形战斗队形"，感到非常奇怪和不知所措，统帅只好命令全军向左旋转队形，企图与底比斯军保持平行状态，然后再实施正面的长矛攻击。可是当斯巴达军队因旋转而无法保持队形时，底比斯军队凶猛的攻击已然临头。斯巴达军队顿时陷于一片混乱之中。这时，伊巴密浓达命令主力全线出击，正在调整部署的斯巴达军顿时被打得首尾难顾、全线崩溃。

虽然忠心的斯巴达战士以自己的身体筑成了一道足以保护国王的防线，但这条防线不一会儿便被底比斯大军的猛烈冲击所击破，战在第一列的斯巴达国王克勒姆布罗托和紧挨着他的500多名斯巴达卫士都在混战中战死了。斯巴达的那些同盟军看到斯巴达军溃败的情形后，很快便退出了战场，底比斯军乘胜追击，歼敌3000余人，而底比斯军则只有400余名士兵阵亡，获得了留克特拉会战的全胜。

留克特拉会战在希腊的历史上具有重要的意义，它宣告了斯巴达霸权的终结和底比斯霸权的兴起。在希腊的军事理论上，它宣告了希腊传统的重装步兵的落伍，对机动性和打击力的追求使得希腊各城邦都开始了各自的军事改革，而"斜形战斗队形"是集中兵力攻其一点这种作战原则的初始。

斯巴达的重装步兵

亚历山大东征经典战役

"战胜恐惧，就能战胜死亡"
格拉尼库斯河战役

俗话说"三十年河东，三十年河西"。波斯帝国的国王大流士、薛西斯等恐怕做梦也想不到，他们在希腊国土上纵横驰骋、恣意妄为百年后，曾经被他们用刀剑施于头颈的希腊人的后代们，却又将明晃晃的刀枪架到了他们后代的脖子之上。格拉尼库斯河战役开始之际，也正是他们的后代们开始惨遭刀锋洗礼之时。

"让我们把战争带给亚洲，把财富带回希腊。"这曾是希腊人的雄心，只可惜当时的希腊由于连年内斗，早已是日薄西山，失去了全盛时期的气势。正当伯罗奔尼撒战争使希腊诸城邦大伤元气的时候，希腊北部一个贫瘠落后、默默无闻的城邦马其顿在国王腓力二世的领导下却逐渐强大起来。腓力二世凭借其强大的军事力量，趁希腊各城邦混乱不堪、无力外御之机，先后夺取了一个个衰落的希腊城邦。公元前338年，马其顿军队大败希腊联军于喀罗尼亚城下，确立了他在希腊的霸主地位，下一个目标，便是东方的波斯。

不过，没等腓力二世施展他的宏图，便在公元前336年被波斯派来的刺客杀死在他女儿的婚礼上。他的儿子亚历山大登上了王位。亚历山大即位时虽然才20岁，但已是一个颇有才能且又野心勃勃的人物，他决心继承父志，实现称霸世界的野心。

腓力二世留给亚历山大的，是一个负债累累、危机四伏的烂摊子。他死后，马其顿内部贵族骚动，北方的

亚历山大头像

亚历山大年轻气盛、才智过人，20岁时便继承了王位，巩固内政，东征波斯，将马其顿建成为一个强大的帝国。

诸部落和南方的底比斯人先后宣布独立。年轻的亚历山大平定内乱后，率军征服了背叛的北方部落，又将底比斯城夷为平地。希腊各邦望风慑服，在科林斯召开的希腊同盟大会上，拥立亚历山大为希腊的盟主，支持他东征波斯。

当时的波斯帝国虽然国土辽阔、军队庞大，但其国王大流士三世优柔寡断，昏庸无能，统治阶级内部贪赃受贿，腐败不堪，地方总督叛乱四起，军队纪律松弛，不得不大量利用外来的雇佣兵去补充军力。

公元前334年春，亚历山大率领马其顿远征军踏上了征服波斯的征途。这支远征军共有3.6万人和180艘战舰，临出发前，亚历山大把自己的所有地产收入、奴隶和牲畜都分赠给了众人。一位将领迷惑不解地问他："请问陛下，您把财产分光，给自己留下什么？""希望！"亚历山大说，"我把希望留给自己，它将给我无穷的财富！"将士们被亚历山大的雄心所激励，决心随着他到东方去掠夺更多的财富。

亚历山大远征波斯，完全是破釜沉舟。腓力二世生前欠下600塔伦的债务，亚历山大为了远征波斯又举债900塔伦，出征时金库里只有70塔伦的资金，只够发两个星期的军饷，携带的粮草也仅够维持一个月。如果不征战，马其顿的财政根本养不起它庞大的常备军。亚历山大在后方极不稳定的情况下远征波斯，希望通过战争获得庞大的战利品。

亚历山大率领的马其顿远征军迅速渡过了赫勒斯滂海峡，进入小亚细亚，那里是波斯的疆域。波斯虽然有数十万军队和500多艘战舰，可竟然未对海峡进行封锁，错过了阻遏马其顿军的最佳时机。亚历山大进占小亚细亚，消灭了那里少量的波斯军队，波斯国王大流士三世闻讯才命小亚细亚诸省总督蒙农为前线指挥，迎击马其

《渡过格拉尼库斯河》

公元前334年，亚历山大东渡今达尼尔海峡，与波斯军队相遇于格拉尼库斯河，双方随即发生了一场激战。最后由于波斯王大流士三世的轻敌导致了波斯骑兵溃退，亚历山大取得了第一战的胜利。

顿军队。

蒙农是波斯帝国最出色的战略家，根据他对亚历山大的了解以及马其顿军队粮草不继的情报，他提出避实击虚、坚壁清野的策略，这个策略如果得以实施，则孤军深入的亚历山大凶多吉少。可惜波斯各省总督不肯接受蒙农的策略，他们认为波斯勇士完全能够对付马其顿远征军。赫拉斯滂总督阿西提表示，不能容忍自己领地上哪怕一座房屋遭到焚毁，波斯联席军事会议最后决定在格拉尼库斯河迎战马其顿远征军。

当亚历山大接近河岸时，蒙农所指挥的波斯军队早已在地势较高的东岸列阵以待。波斯军队大约有2万人的骑兵沿河列阵，在骑兵的后面，还有数万人的步兵，而且都是战斗力比较强的希腊雇佣兵。波斯军队打算凭岸固守，阻敌渡河。马其顿远征军由于长途跋涉，已很疲惫，这时如果投入战斗，还必须越过一条难以通行的河流。马其顿将领帕曼纽建议在河边安营休息，第二天再发起进攻，然而亚历山大回答："难道这条微不足道的小溪能阻挡我们前进？"于是下令立刻出击。

亚历山大命令先头部队佯动，诱使波斯军向左移动，待其队形出现间隙，自己亲自率领一支骁勇善战的骑兵队，不顾波斯军的阻击强行渡河，踏上对岸后与波斯军展开了激烈的战斗。身披金甲的亚历山大成了波斯贵族的主要目标，他们弃战役指挥的责任于不顾，争先恐后地来和亚历山大决斗，波斯王大流士三世的女婿米特里达提向亚历山大猛扑过来，他投掷的一支标枪穿透了亚历山大的铠甲，亚历山大忍痛拔出标枪，将米特里达提刺落马下。另一个波斯贵族罗萨斯从背后用战斧猛砍亚历山大的头部，利斧穿透头盔伤及他的头骨，几乎要了他的命，但没等罗萨斯再砍第二斧，亚历山大转过身来用短剑杀死了他。这场混战中，在亚历山大周围一共倒下了8位波斯贵族。

马其顿远征军右翼主力乘机渡河，猛扑敌阵中央，想把波斯人从河岸推开，赶到平地，波斯人则千方百计阻挡他们登岸，拼命把他们赶回河里。激战中，马其顿军发挥长矛的优势，波斯骑兵阵亡1200余人，其步兵在马其顿远征军的打击之下迅即溃败，共有2100多人被俘，而马其顿远征军阵亡不到200人，亚历山大取得了第一回合的胜利。

亚历山大斗狮图

此战亚历山大用

2000 精锐步骑兵佯攻波斯阵线左翼远端，不仅将波斯左翼钉住，使其无暇向马其顿的右翼迂回包抄，而且调动其他波斯骑兵前来增援，削弱了波斯中央阵线，从而创造了一个绝佳的攻击点。波斯阵线被突破以后，马其顿斜线战术发挥作用，次第跟进攻击的重装步兵将缺口越撕越大，最终导致整个波斯战线的崩溃。不过波斯军队的斩首战术也几乎奏效，亚历山大遭到围攻，身被数创，能够活下来简直是个奇迹——很多古代历史学家认为冥冥中有神灵在保护亚历山大。

首战告捷，摧毁了波斯人的士气，此后，小亚细亚不少城邦不战而降，亚历山大的军队在戈尔狄翁过冬时，当地人请他参观神话中的皇帝戈尔狄翁的著名战车。这辆战车的车辕上有一个用山茱萸树皮绳子缠起来的结子，他们的祖先曾经有过这样的预言：谁要能把这结子解开，谁就可以统治整个亚洲。亚历山大试图解开这个结子，但没有成功，于是他毫不在乎地抽出身边的宝剑，把结子劈成两半，然后，继续挥师东征。

狮子率领的羊群远胜绵羊率领的狮子
伊苏斯会战

波斯帝国末代君主大流士三世是唯一有画像传世的波斯国王，考古学家在发掘古罗马遗址时发现了一幅保存完好的壁画，壁画所表现的是伊苏斯战役中的最后时刻，左边是亚历山大正率领近卫骑兵冲锋，他手中的长矛将一个波斯骑兵刺穿，右侧是高居战车之上的波斯国王大流士三世，以及簇拥在他周围的禁卫军。大流士三世身体前倾，双眼圆睁，满脸是震惊和难以置信的表情，他的车夫拼命挥动马鞭，驱使战车掉头逃命。

公元前 334 年春，亚历山大在格拉尼库斯河击败了波斯帝国小亚细亚总督蒙农的数万军队后，于第二年 8 月南下，进军波斯帝国在小亚细亚最后的据点西里西亚。西里西亚总督阿萨姆采取了诱敌深入的战略，弃守金牛山脉上的险要山口，使得马其顿大军轻易进占了西里西亚的首府伊苏斯。

从亚历山大登陆小亚细亚的那一刻开始，幸运之神就似乎和他朝夕相伴，而沉重的打击一个接一个地落到波斯国王大流士三世的头上。应该说，大流士三世本人还算是一个比较杰出的人物，他登位不久曾努力进行了一些改革，并征服了整个埃及，只可惜他所接手的波斯帝国弊端丛生，积重难返，而且他的时运不佳，偏偏遇到了亚历山大这个天之骄子。

当亚历山大占领了伊苏斯时，大流士三世御驾亲征，率 15 万波斯大军从巴比

在公元前333年的伊苏斯战役中，亚历山大率领着一支小股部队打败了人数众多的大流士三世率领的波斯军队。这是一个辉煌的胜利，为亚历山大打开了通向叙利亚与埃及的大门。

伦出发，于9月初到达阿曼山脉东侧的索克依严阵以待。10月底，亚历山大将伤病员留在伊苏斯的营地里，率领其他的马其顿远征军向南行军65公里来到叙利亚山口，准备在这里利用地形阻击大流士三世的波斯大军。

其实这次行动亚历山大犯了判断上的错误，这个错误可以说是致命的——正当亚历山大向叙利亚山口进军时，大流士三世却从索克依挥师北上，从阿曼山口顺利通过，占领了伊苏斯。因为亚历山大不知道还有这条通道，所以在伊苏斯并没留下部队防守，他所留在伊苏斯的大营因此落入波斯军队的手中。亚历山大不仅失去了所有的伤病员和物资，更要命的是，马其顿远征军被截断了后路，伊苏斯战役就这样以亚历山大陷入绝境拉开了序幕。

伊苏斯战役开局阶段，大流士三世指挥波斯军队进行的战略运动，可谓用兵如神，几乎一举将对手置于死地。被波斯军队断绝后路的消息很快传遍马其顿全军，马其顿将士们的惊惧不安可想而知。此时马其顿远征军面临一个极端凶险的局面，既无粮草又无援军，亚历山大必须在身边所带的粮草耗尽之前率军赶回伊苏斯，以疲惫之师迎战数倍于己的波斯大军。

波斯大军通过阿曼山口占领了伊苏斯，此举实在是出乎亚历山大意料，但亚历山大并没有惊慌，他也没有马上率兵出发，而是先派了一支骑兵部队去侦察通往伊苏斯的道路，在情况进一步弄清后，才将自己的军队折向了伊苏斯。临出发前，亚历山大召集众将领讨论战局，他豪情万丈地激励大家，认为这是同波斯王决战的天赐良机，因为伊苏斯狭窄的海岸地形将使波斯军队的兵力优势无法发挥，而这一年多与波斯军队的征战证明，只要波斯军队接受决战，马其顿远征军总是能够取得胜利的。亚历山大的自信感染了每一个人，本来垂头丧气的马其顿将领们顿时士气高涨，渴望着和波斯人决一死战。

匆匆赶回的马其顿远征军与早已等候多时的波斯大军在皮纳尔河附近的伊苏斯相遇了，此时大流士三世占据着战略上的优势，他可以选择决战或固守。面对着背水一战的马其顿远征军，最明智的选择应该是避其锋芒，掘壕固守，只要坚持几天，马其顿军队就会断粮，到那时将不战自溃。但可惜的是，大流士三世却选择了应战，白白放弃了他的战略优势。大流士三世这样做也是有他不得已的苦衷，当时他的地位并不是很稳固，如果他逃避决战，那么就有可能被波斯军中那些骄横的权贵们认为是胆怯和无能，为了赢得波斯贵族们发自内心的拥戴，他必须光明正大地赢得这场战役的胜利。

当然，这里也有他对自己所拥有力量的自信，毕竟波斯大军数倍于对手，而且有希腊雇佣军、波斯铁甲骑兵和卡尔达克重装步兵这样强悍的部队。于是在皮纳尔河附近，两支大军摆开了阵势，都摩拳擦掌地要决一胜负。人数众多的波斯军队排成长达近5公里的两个横队，大流士三世乘坐着华丽的战车高居波斯阵线中央指挥全局。从战场上的任何位置都能看到他魁梧的身影，在他的身边是几千名骑在马上的近卫军，在他的前面排列着3万多名希腊雇佣军，组成了中央阵营。

马其顿军队的战斗队形由三部分组成，右翼是亚历山大指挥下的重骑兵，中间是重步兵方阵，左翼为色萨利骑兵和伯罗奔尼撒盟军。在接近波斯军队的阵线之后，亚历山大看到波斯骑兵几乎都集中在右翼，就立即从右翼调集一部分骑兵，以增加自己左翼的力量，并派出一部分近卫骑兵、长枪骑兵和弓箭手在右后方的山地沿线展开，防止波斯人从山上对自己进行侧面袭击。

交战开始了，霎时间两军喊声震天，双方士兵都一边呐喊着一边向前猛扑。其间，亚历山大亲率的马其顿军右翼骑兵进展最为神速，以雷霆万钧之势冲到了波斯大军的左翼之中。左翼的波斯军抵挡不住马其顿骑兵的猛烈突击，前面的弓箭手失去效

亚历山大创立了包括步兵、骑兵和海军在内的马其顿常备军，将步兵组成密集、纵深的作战队形，中间是重装步兵，两侧为轻装步兵，号称马其顿方阵，每个方阵还配有由贵族子弟组成的重装骑兵，作为方阵的前锋和护翼。亚历山大通过一系列改革，使马其顿迅速成为军事强国。图为大流士三世的军队溃不成军，亚历山大正骑马追赶大流士三世的马车。

图为与亚历山大生死相随的战马布斯法鲁斯，亚历山大以它的名义建造了一座城市。

用后，慌忙掉头逃跑，而后面的方阵步兵来不及躲开，与弓箭手撞在一起，导致秩序大乱，马其顿骑兵乘机杀入阵中，使波斯军的左翼很快崩溃。

几乎就在亚历山大率领近卫骑兵发动进攻的同时，波斯右翼的铁甲骑兵也向马其顿的左翼发起了进攻，马其顿薄弱的左翼防线岌岌可危，在这关键时刻，亚历山大事前从右翼调来的 2000 名重骑兵发动了反击，从侧面猛攻冲入阵中的波斯骑兵，一举冲散了波斯军的队形，逼迫波斯骑兵后退重新集结，马其顿骑兵乘胜追击，同波斯骑兵的主力部队展开了激战，由于兵力悬殊，战况胶着起来。

此时战场上双方混战在一起，马其顿的战士虽然勇猛，但毕竟人单势孤，如果坚持下去，势必对波斯军队有利。可就在这个关键时刻，又一件奇事发生了，大流士三世的座驾突然受惊，拖着他直向敌军阵线冲去，车夫根本驾驭不住，大流士三世不得不放下波斯国王的架子亲自拉住缰绳，才使战车停了下来，可这时他的战车距离敌阵已是近在咫尺，大流士三世看到有被马其顿人活捉的危险，顿时惊惶失措，他跳上战车后面备用的一匹战马，脱掉身上的王袍，在一个侍卫的保护下落荒而逃，其他的近卫军一看皇帝跑了，都跟随而去，因为他们的职责就是要跟在皇帝的身边。

这个插曲立即改变了战场上的形势，正在激战的波斯骑兵看到大流士三世逃跑了，便停止了进攻并迅速撤退，撤退中，惊恐万状的人马挤在狭窄的路上胡冲乱撞，许多人被践踏而死。这种情况起了连锁反应，不一会儿波斯军中央方阵也不战而退，剩下的希腊雇佣军孤掌难鸣，死伤惨重。马其顿军穷追不舍，许多波斯步兵和骑兵被砍杀，直到夜幕降临，亚历山大才命令停止追击，收兵回营。在这次战役中，亚历山大顺利夺占了波斯大军的营地，俘虏了大流士三世的母亲、妻子和儿女，还有大量的奢侈物品和黄金。

伊苏斯战役中，波斯军队是马其顿的四倍有余，波斯的铁甲骑兵久经沙场，堪称精锐，大流士三世无论排兵布阵还是战场上的指挥也都无可厚非，他首战出奇制胜地夺取伊苏斯，本来已经奠定了胜利的基础，可结果却是马其顿军以 3 万军队战胜了 15 万波斯大军。其中的原因一方面是马其顿军有个神勇无比的统帅亚历山大，他不但善于鼓舞士气，化不利为有利，而且在战场上总是身先士卒，结果使马其顿军队上下一心，变得锐不可当，原本由于自己的错误身陷绝境，却能够因祸得福，反获大胜。而大流士三世在关键时刻战马受惊，临阵脱逃，与亚历山大形成了鲜明的对比。

"宁为命运后悔，勿为胜利羞耻"
高加米拉战役

伊苏斯战役以后，亚历山大没有继续追击大流士三世，而是挥师南下，攻取波斯帝国在西亚和北非的领地，经过一年多的征战，马其顿大军征服了包括黎巴嫩、巴勒斯坦、埃及在内的大片领土，实力越发强大起来。但这也给了大流士三世将近两年的时间去重整旗鼓，大流士三世知道，自己与亚历山大决战的时间不会太久了，于是充分利用这段时间去重建波斯军队。

在这个时期，大流士三世曾经想与亚历山大议和，许诺只要亚历山大休战，就送给亚历山大巨额的金钱和一半的波斯领土以及自己的女儿。而亚历山大拒绝了这些，他答复说："你所说的这些已经属于我了，我又何须与你谈判？你要想保住王位，就得挺身和我一战。"遭到拒绝后，大流士三世只得全力以赴，重新组建新军。他下令在波斯各省强制征兵，组建了一支数量极其庞大的步兵部队，并给这支匆忙组建的军队配了全新的装备，骑兵大部分都配备了鳞片甲，过去惯用的标枪也更换为希腊式样的长矛，而步兵则换上更大、更厚重的盾牌。

对于大流士三世来说，马其顿方阵给他留下了令人畏惧的记忆，他殚精竭虑地寻求一种可以击破马其顿方阵的良策，最后寄希望于一种新发明的"卷镰战车"。据史料记载，波斯的"卷镰战车"由四匹披甲的马拖拽，每辆战车有驭手和士兵各一人，装备长约3米的矛、弓箭以及数支标枪。"卷镰战车"的车辕向前突出数米，顶部装有锋利的冲角，显然是用于突破敌人的盾牌防线，车轮横轴两头还各装有1米长的三棱镰刀，冲进敌军方阵时高速转动的利刃无坚不摧，能够扫杀近旁的敌兵。只是波斯的"卷镰战车"由于车身笨重，速度并不快，但在理论上讲的确是对付马其顿方阵的有力武器。

马其顿军队有两大特点，一个是它著

亚历山大征战场景

名的马其顿方阵，还有一个就是它的骑兵部队。马其顿的骑兵都有一定的装甲防护，有点像后世的重骑兵，但是没有那么重，主要武器是长矛和剑。那些骑兵所使用的长矛长近4.5米，冲锋时矛头向下端在手中，刺中第一个敌人以后，就留在敌人的尸体上，然后拔出剑来砍杀，而它最精锐的骑兵近卫军全部由年轻的贵族组成，作战时常伴在亚历山大左右。古希腊尚右，所以作战时骑兵近卫军总是部署在方阵的右翼，由国王亲自率领投入战斗。

公元前331年春，亚历山大占据了东地中海沿岸和埃及，解除了波斯海军对希腊本土的威胁后，开始从叙利亚向波斯帝国的中心地带进军，在没遇到什么抵抗的情况下渡过了幼发拉底河和底格里斯河，近5万人的马其顿军队挺进了波斯帝国的腹地。

有不少波斯将领建议大流士三世不要和马其顿大军正面交战，因为马其顿军队太擅长作战了，而波斯的军队虽然在数量上占有优势，但毕竟才组建不久，而且完全没有经过实战，其战斗力不得而知。这些将领献计不如避开马其顿大军的锋芒，实施坚壁清野，拖死亚历山大，以此不战而胜。但大流士三世无法接受这个策略，因为当时的传统是要靠战胜对手来显示自己的实力，人们对荣誉看得非常重，如果不是通过战斗而取得的胜利，根本就不算胜利，其他城邦也就不再服气，从而可能导致反叛。

大流士三世决意与亚历山大进行一场决战，他也知道这次大战将决定波斯帝国的存亡，所以做了精心的准备。他先派手下得力的大将在巴比伦以北的高加米拉地区选择了一个有利于波斯军队的战场，决心在这里挡住马其顿的骑兵。

大流士三世的部队有近30万人，其中骑兵约6万，这些人由波斯各城邦召集

在这座腓尼基墓穴的墙饰中，可以辨认出亚历山大军队的一部分。这些墙饰描绘了在与波斯人战斗中被围困的这位征服者的军队。

而来，语言、文化、武器都不一样，彼此之间缺乏协同，除了部分精锐部队外，大部分人都无盔甲。大流士三世先命令一个6000多人的支队前出至幼发拉底河，以掩护自己主力部队在所选战场的布阵。但这6000多人的部队并没挡住敌人，马其顿军队在行进途中消灭了波斯的这支掩护支队，于9月底抵近了高加米拉。

战役前夕，亚历山大的将军帕曼纽提议发动夜袭来对付数量优势的波斯军，亚历山大回答说："偷来的胜利是不光彩的，我宁为命运后悔，勿为胜利羞耻。"亚历山大需要的是荣誉，而不仅仅是胜利，而偷袭被他认为是卑鄙的方式。10月初，双方的军队在高加米拉的空旷场地上呈二线展开，中央是步兵组成的方阵，两翼配置骑兵，波斯军队由于人多，战线要比马其顿的长出一大截，这样就非常有利于波斯军队发挥人海战术，从两翼用骑兵对马其顿军队进行包抄打击。

表面上亚历山大的两张王牌是马其顿方阵和精锐骑兵，但这并不是亚历山大战术的全部，他还有一个秘密武器——掷矛兵，他们使用弓箭、标枪、掷石器，主要用于攻击敌人的军官、骑兵和战车。这些掷矛兵被隐藏在右侧平行移动的骑兵内侧，用骑兵挡住了敌人的视线，使敌人发现不了，起到了奇兵的作用。

战斗即将开始，亚历山大调动军队，以重骑兵对波斯军左翼实施主要突击，但大流士三世利用马其顿军队变换队形的机会，抢先发起了进攻，在震耳欲聋的隆隆声中，两百多辆"卷镰战车"一起启动，向马其顿的方阵猛扑过去，同时，波斯的骑兵也呐喊着，从两翼同时发起了攻击。

亚历山大对波斯的"卷镰战车"早有准备，先是一阵箭雨，使在中路冲锋的波斯战车损失过半，当所剩不多的"卷镰战车"冲到阵前时，亚历山大则利用马不会向长矛林立的阵地里冲而只会向空地走的特点设计了一个陷阱，马其顿方阵让出了

一条通道，把它们放了进去，这时隐藏在骑兵后边的掷矛兵从两侧掷出了密集的短矛，使得那些战车顿时人仰马翻，一败涂地。马其顿方阵随后又恢复了进攻队形，挡住了随之而到的波斯步兵。

大流士三世寄予厚望的"卷镰战车"虽然没有发挥作用，但波斯右翼攻击的骑兵却突破了马其顿军队的后方阵地，并冲向马其顿军队的营地，意图解救被关在那里的重要战俘。但马其顿军队不愧是一支纪律严明、训练有素的队伍，临危不乱的马其顿二线步兵随即阻住波斯的骑兵，与之打斗起来，而波斯军的左翼攻击部队则被马其顿军打退。这时战场上的形势似乎是波斯军队占了上风，毕竟它的骑兵打入敌人的阵地。

这时，亚历山大亲率近卫军和重骑兵对波斯军队的阵地发起了强有力的反突击，亚历山大擒贼先擒王，使用自己的全部精锐攻其一点，一举突破了波斯军左翼防线，并冲向它的后方，那里是波斯近卫军和大流士三世本人所在的地方。大流士三世没想到对方会斜冲过来，他的中军顿时乱成一团，亚历山大在一群近卫骑兵的簇拥下很快冲到与大流士战车相距不到30米的地方，两人同时向对方掷出一支标枪，都没有命中目标，但大流士三世的车夫被亚历山大投出的标枪击毙。惊慌失措的大流士三世跳上一匹战马，被随从们拥着向后逃去，以避开马其顿重骑兵的锋芒。

见皇帝落荒而逃，波斯的许多将领也争先恐后地逃离战场，这大大动摇了波斯军队的士气，从而导致了波斯军队的土崩瓦解。这支波斯大军是由各部族临时组合而成的，这种联合军队虽然数量巨大，却不容易管束和协调，一旦退却就非常容易出现制止不住的大溃败，此时已经没有什么人能够力挽狂澜了，马其顿的轻骑兵乘胜追击了60多公里，波斯军队一败涂地。

这次会战，大流士三世的战役部署扬长避短，将波斯骑兵的优势发挥得淋漓尽致，对于亚历山大来说，此战唯一的取胜机会，在于马其顿防线被波斯骑兵迂回突破、阵营分崩离析之前，抓住大流士指挥的漏洞发动致命一击，这无疑是一场豪赌。亚历山大已经不是第一次将他的将士置于背水一战的绝境了，此战给人印象最深的不是亚历山大的战术安排和战役指挥，而是他孤注一掷、舍我其谁的霸气。这是一场后人无法效仿的胜利，只有受到命运青睐的天之骄子才能取得这样不可思议的胜利。

决定波斯命运的大决战就这样结束了，战役之后，大流士三世再也无力抵抗马其顿军队，亚历山大乘胜挺进，一路上势如破竹。大流士三世逃到了埃克巴坦，他本想纠集东方各省的部队，联合北方部落，再与亚历山大决战，然而却被巴克特里亚的总督贝苏斯所杀，波斯帝国及阿契美尼德王朝遂宣告灭亡。亚历山大则一直打到印度，建立了一个地跨欧、亚、非三洲的庞大帝国，成了亚历山大大帝。

布匿战争经典战役

接舷战的应用
埃克诺穆斯角海战

位于今天突尼斯的迦太基是腓尼基人于公元前 814 年在北非建立的城市，是当时地中海上的一大商业枢纽。腓尼基人在古典时代是公认的航海高手，迦太基的强盛就是建立在海上贸易的基础上。迦太基人在罗马人面前充满优越感，它比罗马共和国的成立早了 300 多年，当罗马还是一个羽毛未丰的城邦时，迦太基已经发展成为一个强大的国家，它统辖大西洋至埃及西面的北非海岸、西班牙的南部，以及西地中海各岛，从西西里直到直布罗陀，全属迦太基的势力范围。迦太基军队拥有庞大的陆军和海军。在罗马兴建海军之前，迦太基的海军在西部地中海是无敌的。

公元前 3 世纪中叶，新崛起的罗马统一了意大利之后，成了西地中海地区最大的国家之一，其经济迅速发展，商人在罗马政治中的作用日益显著，他们开始要求向海外扩张。而粮食丰富、海上贸易居重要地位的西西里岛，便成了他们争夺的目标。西西里和意大利半岛仅隔一道约 3 千米宽的狭窄海峡，当时西西里在迦太基人的手中，那是他们同希腊人经过长期激烈斗争，付出很大的

繁华的迦太基城

迦太基位于今北非突尼斯，原是腓尼基人在公元前8世纪初建立的殖民城市。

37

代价才取得的，迦太基人当然不愿意把它拱手让给罗马人。这样，两国之间就必然要发生冲突。

迦太基帝国是一个海洋强国，控制着地中海上的海洋贸易要道，为了争夺西西里岛，罗马和迦太基这两个帝国之间爆发了旷日持久的全面战争。公元前262年，罗马帝国的军队登陆西西里岛，经过6个月的围攻，攻占了迦太基帝国在西西里岛上的重镇阿格里真托。罗马人虽在陆战中获得全胜，但对封锁西西里和意大利南部海岸的迦太基舰队的报复行动却无能为力。

为了同迦太基帝国争夺地中海的霸权，罗马帝国决心打造一支强大的海军，在意大利南部希腊人的帮助下，罗马建立了一支舰队，它的战船同迦太基人的一样，都是桨式战船。但是，罗马人的战船上多了一种叫作"乌鸦吊"的新装置，这是一种接舷吊桥，是一块长木板，一端带有铁钩，罗马战舰靠近敌舰时放下跳板，牢牢钩住敌舰船舷，然后罗马步兵由跳板冲上敌舰搏斗。

罗马舰队机动性不如迦太基舰队，因此在决战中不用当时广泛采用的撞击战法，而是使用"乌鸦吊"进行接舷战。在海战中，当双方纠缠在一起时，罗马士兵利用这种装置能够轻松地登上敌船，并在敌船上展开白刃战，从而保证了他们在以后的海战中占据了优势。在公元前260年的一次海战中，装有"乌鸦吊"的罗马舰队首次打败了海上强国迦太基的舰队，获得了胜利。初次海战的胜利让罗马人雄心勃勃，准备运送陆军士兵渡海，兵临位于北非的迦太基本土，迫使迦太基人屈服，使罗马彻底成为地中海的霸主。

公元前257年冬，罗马人开始组建远征非洲的舰队，第二年春，罗马执政官雷古卢斯指挥的300多艘战船和装载4.5万名部队的运输船驶往迦太基，实施对迦太基本土的远征。考虑到渡海时可能遭到迦太基舰队的拦截，罗马人把他们的舰队分成四队，前两队每队各由80艘战船排成"楔形"，这个阵型有利于罗马利用"乌鸦吊"展开接舷战。后两队则编成"一"字横队行驶，作为整个舰队的后卫，负责掩护舰队的后方不受攻击，而满载士兵的运输船队则行驶在舰队的中间。

当庞大的罗马舰队沿着意大利西岸浩浩荡荡南下，行驶到西西里岛附近的埃克诺穆

表现罗马人与迦太基人战斗的绘画

因罗马人称迦太基人为布匿人，所以他们之间的战争被称为布匿战争。从公元前264到公元前146年，布匿战争共爆发了三次。

斯角海域时，遇到了早已在那里列阵等候的迦太基舰队。由哈米尔卡·巴卡指挥的迦太基舰队拥有战舰 360 多艘，在数量上要比罗马舰队略占优势。迦太基舰队分为四个编队，排成"一"字队形，横在罗马舰队航向的前方。

迦太基舰队的指挥官哈米尔卡·巴卡把进攻的重点放在对罗马运输舰实施突击上，他以头两个队前去吸引罗马舰队前面的两个舰队，而以第三队负责攻击罗马舰队的后卫，第四队则对载有登陆士兵的运输船和拖曳这些舰只的战舰实施攻击。交战没多久，迦太基人的舰队就成功地分割了罗马舰队的战斗队形。

迦太基舰队的突然出现，使罗马人没有时间将运输舰撤离战场，罗马舰队的四个编队，随即向两侧分别展开，摆开了一个有利于利用"乌鸦吊"进行接舷战的阵。双方接战后，两艘罗马旗舰带领左右两翼的战船全速冲向迦太基的中央战舰，每艘罗马战舰的侧后都有另外一艘战舰跟随，如果迦太基战舰从侧面去撞击任何一艘罗马战舰，都会将自己的侧面暴露给跟随其后的罗马战舰，这艘罗马战舰就可以趁机撞击或接舷作战。这就使迦太基战舰不敢轻易靠近罗马战舰。罗马执政官雷古卢斯见后面的编队吃紧，便回师营救后卫编队，攻击罗马后卫舰队的迦太基战船在腹背受敌的情况下，不久就四散而逃。

这次海战中，罗马人运用接舷战战术，俘获了迦太基舰队的许多战舰，并掩护搭载登陆士兵的运输船撤向吉梅拉河河口，最终击溃了迦太基的舰队。此战罗马舰队共击沉迦太基战舰近百艘，而自己仅损失不到 40 艘战舰，取得了完全的胜利。

埃克诺穆斯角海战的胜利为罗马人铺平了通往北非的道路，不久之后，罗马军队在克鲁彼亚城附近顺利登陆，直逼迦太基城下，直到斯巴达军队第二年前来支援，迦太基城才宣告解围。

汉尼拔初露锋芒
特雷比亚河战役

汉尼拔·巴卡，北非古国迦太基名将、军事家，在军事及外交活动上有卓越表现，是西方历史上与亚历山大大帝、恺撒、拿破仑并称为四大军事伟人的名将，连罗马人后来都尊称汉尼拔为"战略之父"。

汉尼拔从小就接受严格和艰苦的军事训练，年少时随父亲哈米尔卡·巴卡进军西班牙，并在父亲面前发下誓言，终身与罗马为敌。哈米尔卡的姓氏"巴卡"是希伯来语"雷霆"的意思，因而汉尼拔又被史学家称为"雷霆之子"。

25 岁时，年轻的汉尼拔就成为迦太基驻西班牙的最高统帅，西班牙丰富的金属

汉尼拔胸像

汉尼拔是迦太基著名将领，在第二次布匿战争期间，他在意大利与罗马人作战15年之久，其将才足以与亚历山大、恺撒及拿破仑相比肩。

矿藏，优良的马种，以及骁勇善战的凯尔特士兵，给迦太基提供了充足的战争资源。第一次布匿战争之后，迦太基丢失了西西里、科西嘉和萨丁等地中海岛屿，元气大伤。罗马帝国策划对迦太基本土再发动一场战争，打算兵分两路：一路从西西里岛直接渡海向迦太基本土进攻；另一路从西班牙登陆，以牵制汉尼拔的军队。如果罗马派一支部队登陆北非，深受迦太基压迫的北非各民族肯定会揭竿而起，缺乏战略纵深的迦太基只怕会凶多吉少。汉尼拔于是决定先发制人，将战火引到罗马帝国的统治区内。

为了搅乱罗马人的后方，鼓动新近被罗马征服的意大利城邦独立，达到让罗马屈服的目的，公元前218年，汉尼拔率领大军从西班牙出发，避开罗马人的主力，取小道翻越了人迹罕至的阿尔卑斯山，从罗马人认为最不可能的方向，突然出现在罗马帝国的战略后方高卢地区，出其不意地给了罗马军队一个沉重打击。罗马军队措手不及，预定的作战计划被汉尼拔全部打乱了。

这次跨越阿尔卑斯山的远征，行程1100多公里，汉尼拔的大军克服了许多艰难险阻，用了一个月的时间越过了冰雪覆盖、山高坡陡、气候恶劣的阿尔卑斯山。这是历史上第一支翻越阿尔卑斯山脉的军队，出征时，汉尼拔的部队拥有步兵6万，骑兵1.2万，以及50多头战象，等走完这段异常艰苦的征程，到达罗马北部的高卢地区时，只剩下3万余名步兵和不到1万名的骑兵，逃亡和减员将近一半。深入罗马帝国之后，汉尼拔与被罗马征服的山南高卢结盟，部队的兵员和粮草得到了及时的补充。

得到迦太基军队出现在高卢地区的消息后，罗马派出执政官之一的老西庇阿率领军队前去剿灭。11月初，老西庇阿率领两个罗马军团行进到提西努斯河畔时，与迦太基军队发生了遭遇战。当时的罗马将领都有一种藐视对手的自信心和积极求战的精神，老西庇阿也不例外，在并不了解对手实力的情况下，老西庇阿亲率前锋部队向迦太基军队冲杀，结果落入了汉尼拔所设下的伏击圈中。当迦太基军队的铁骑从侧后对老西庇阿发起攻击时，罗马军队溃败了，身负重伤的老西庇阿被部将救回了营地。老西庇阿受伤以后自知力不能敌，当晚便领着手下残兵在夜幕的掩护下拔营撤退，一直退到了特雷比亚河附近的一处高地——它位于亚平宁山脉较低的斜坡上，离那里不远有他可以信赖的盟友。

老西庇阿过河以后，开始掘壕固守，等待罗马帝国的另一执政官森普罗尼乌斯的增援部队。汉尼拔接踵而至，在罗马大营北面数公里外的特雷比亚河西岸扎营。12月中旬，罗马执政官森普罗尼乌斯率领的两个罗马军团经过1000多公里的长途跋涉，终于赶到了特雷比亚河前线与老西庇阿的两个军团会师了。因为罗马执政官很快就要换届了，森普罗尼乌斯希望在自己的任内消灭汉尼拔率领的迦太基军队，为自己博得战功和荣耀，因此求战欲望极为强烈，汉尼拔期盼已久的决战机会终于出现了。

这场会战，汉尼拔的迦太基军队拥有3万名步兵和1.2万名骑兵，而罗马方面，森普罗尼乌斯统率的四个罗马军团拥有约6000名骑兵及近4万名步兵。汉尼拔指挥作战的特点是一定要把敌人引到对自己有利的地形作战。开战前夜，天空飘雪，汉尼拔派出他的弟弟玛戈率领8000骑兵潜伏在特雷比亚河边茂密的灌木丛中，而命令余下的士兵好好休息。第二天清晨五点，汉尼拔命令部队饱食后进入选好的阵地准备战斗，随后派出2000骑兵到河对岸罗马军营前挑衅示威。

因为老西庇阿伤重，罗马军队的指挥权都交给了森普罗尼乌斯，森普罗尼乌斯迫不及待地要趁老西庇阿刀伤未愈之时同迦太基人开战，这样一来他就可以独得全部荣誉了，见迦太基军队前来挑战，便下令全军整队出击。由于事出突然，罗马军队在没有进早餐的情况下就匆忙出战，并蹚过冰冷的河水，追击迦太基的骑兵。渡

特雷比亚河战役

在公元前217年的特雷比亚战役中，罗马军团士兵首次与战象这种巨兽交战，遭到战象的猛烈袭击，罗马士兵仓皇逃跑。在象战中，最重要的是要使任性的大象听从驭手的指挥，弓箭手才能站在柳条的塔楼内有条不紊地控制敌军。

过河之后，森普罗尼乌斯这才发现迦太基军队已经占领了河对岸正面的一处高地，正在严阵以待。罗马军队被引诱进了汉尼拔的预设战场。

仗着兵力上的优势，森普罗尼乌斯下令全军出击，双方的轻步兵首先在阵前较量，涉水过河的罗马步兵刚和迦太基的骑兵交过战，又徒步高速追击了数公里，体能几乎耗尽，标枪所剩无几，正处于又饥又累之中，而他们面对的迦太基军队则是以逸待劳，又拥有巴莱尔弓箭兵的远程火力。罗马轻步兵在 200 米以外就遭到巴莱尔弓箭兵暴雨般的急射，接近到 60 米距离时又遭到密集的标枪攒击，短暂的交锋后，罗马轻步兵抵抗不住败退下来，撤到自己阵线的后面休整。

这时迦太基军队在 50 头战象的领头下发起了进攻，巨大的战象吼叫着冲入罗马军队的防线中，横冲直撞，势不可当，激战中，汉尼拔指示玛戈的 8000 骑兵由河边的灌木丛中出击，从背后合围罗马军团。这支突然出现在背后的骑兵在瞬间改变了战局，罗马的阵线大乱，陷入崩溃之中。这一战罗马军队伤亡 3 万余人，剩下的残兵在两位执政官的率领下杀出一条血路退回到波河以南，迦太基军队则仅仅损失了 4000 人，伤亡主要发生在新入伍的高卢人当中。损失一些这样的新兵，对汉尼拔来说无足轻重，但战象损失殆尽，这是迦太基军队难以补充的。

此次战役后，汉尼拔解除了翻越阿尔卑斯山以来最大的威胁，并以自身的实力赢得了当地高卢居民的信任，不仅得到了给养的补充，军队也扩充了兵员。罗马军队在遭受了严重的损失后，为了对付汉尼拔，不得不将远在西西里岛准备进攻迦太基本土的军队调回本土进行防御，从而彻底打乱了罗马帝国进攻迦太基本土的计划。

特雷比亚战役充分展现了汉尼拔的名将风采，他对战役主动权的把握，对地形的利用，对敌将心理的洞察，对部队战斗力的充分调动，都达到了炉火纯青的地步。在指挥战斗中，汉尼拔一般都采用有效规避对手的主力部队和打击敌方实力较弱部队的方法，采取不断骚扰和袭击对手的方式去消耗对手的战斗力，然后再用以逸待劳的战术大破敌军。汉尼拔可以说是罗马遇到的最危险的敌人，他用兵如神，奇正结合，让惯于以堂堂之阵作战的罗马人极不适应。

罗马人输得很不服气，认为汉尼拔总搞阴谋诡计，而不是进行一场公平的较量。但战争不是体育竞技，汉尼拔在战役指挥中所使用的"兵不厌诈"才是真正的用兵之道。他的军队绝大部分是来自西班牙和高卢的雇佣军，相互之间语言不通，习惯各异，装备和训练水平差异也极大。但汉尼拔化腐朽为神奇，指挥一支由乌合之众组成的军队连续战胜训练有素、装备精良的罗马军团，创造了世界军事史上一个奇迹。

从战略层面上来看，汉尼拔通过在敌国统治区雇佣当地人打一场战争，将战场置于对手的领土上，从而使对手长期无法对迦太基本土形成威胁，从而为国力较弱的迦太基赢得了发展的时机。第二年3月，新当选的罗马执政官走马上任，在特雷比亚战役中3万多名将士用生命换来的教训已被彻底遗忘，罗马军队在战场上还要继续重蹈覆辙，从而成全了汉尼拔的军事生涯。

围歼战役的代名词
坎尼会战

特雷比亚河战役之后，汉尼拔所指挥的迦太基军队声威大振，在粮草和兵源都在当地得到补充后，迦太基军队又接连打了几场胜仗。接二连三的惨败沉重打击了罗马人的自信心，罗马元老院破天荒地选举保守持重的法比尤斯为独裁者，统一指挥与汉尼拔的战争。

法比尤斯明白罗马军中没有人能比得上汉尼拔的军事天才，于是采取了避免同汉尼拔进行决战的办法，他所率领的罗马军队只是远远尾随着汉尼拔大军，并不与之交战，希望通过罗马海军的海上封锁拖垮汉尼拔的大军。为了促使罗马军队决战，汉尼拔大军在意大利乡村到处烧杀劫掠，但法比尤斯不为所动。时间一长，罗马的元老院沉不住气了，当法比尤斯任职期满后，主战派的瓦罗和保卢斯当选为新一届的执政官，罗马的国策也从消极避战转变为积极求战。

为了截断罗马城的粮食补给并进一步打击罗马人的士气，汉尼拔决定进军位于意大利南方的罗马重要粮仓坎尼城。公元前216年春，汉尼拔挥师攻占了坎尼，夺取了罗马人的粮仓，迦太基远征军的后勤补给问题得到了根本性的解决。这对罗马来说确是一个致命的威胁。为了切断迦太基军队的生命线，罗马人必须重新夺回坎尼城。鉴于严峻的形势，罗马执政官瓦罗亲自统率8万名步兵和6000名骑兵向坎尼进发，决心夺回这座城市。动用这样庞大的兵力是罗马共和国成立以来前所未见的。8月2日上午，两支军队在意大利南部奥菲多河畔的坎尼城外相遇，西方军事史上的经

汉尼拔的"坦克"

最著名的战象属于迦太基统帅汉尼拔。公元前216年，在意大利南部与罗马人进行的坎尼战役中，他使用了从西班牙带来的大象。

典战役坎尼战役拉开了序幕。

罗马军队与迦太基军队在坎尼附近的海边平原各自摆开了阵势，准备决一死战。罗马军队的统帅瓦罗倚仗着手中拥有优势的兵力，摆开一种进攻的阵势。在当时，罗马军团的组织和战术都是相当先进的，参战的士兵都是纪律严明、训练有素的罗马子弟，这支大军士气高昂，战斗力可以说是首屈一指。随着进攻的号角声，8万名罗马士兵排着密集的方阵，迈着整齐的步伐，如同大海涨潮一般稳步向前。

坎尼战役前，汉尼拔早已细心地考察了战场的环境，迦太基的军队占据了战场上的有利位置，汉尼拔把他的大军布置在一个居高临下的缓坡上，当地的海风很强，迦太基的军队处在背对着风向的位置。这次会战，迦太基只有5万多人，总兵力处于劣势，但他的骑兵数量却远远多于罗马军队。汉尼拔的骑兵包括2000西班牙重装骑兵、3000努米迪亚轻骑兵，以及5000高卢骑兵。西班牙盛产良马，虽然西班牙骑兵身披重甲，他们的坐骑依然能够奔跑如飞。汉尼拔已经预料到罗马军队将从中央突破，他的意图就是等罗马军团在中央突破以后，用他最得力的利比亚步兵从两侧夹击敌军。

战斗的进展果然一如汉尼拔所料，罗马步兵一开始就全力向迦太基步兵战线中央猛攻，不一会儿，中央的迦太基步兵抵挡不住罗马步兵的凶猛进攻，便向后退却，原来凸向罗马人的部分，现在凹了进去。罗马步兵越陷越深，当罗马军队深入一定程度时，汉尼拔又指挥他的精锐步兵迅速挤压敌军的两翼。与此同时，迦太基骑兵已击败了数量较少的罗马骑兵，并攻向了罗马中军的后方，对其完成包围。正午到了，像往常一样，海面上刮起了强劲的东风，战场上卷起了漫天的沙土，使面对东方的罗马士兵难以睁开双眼，时机已到，汉尼拔毫不迟疑地发起了全线反攻的命令。

落入一个巨大陷阱中的罗马士兵在迦太基军队的三面夹击之下挤成一团，尽管罗马将士拼死抵抗，但终究难挽大局，黄昏到来之前，被分割包围的罗马军队已被逐个击破。最终，大约7万多名罗马士兵战死或被俘，两名统帅之一的执政官保卢斯与80名元老成员一同阵亡，只有少数没钻进口袋的人侥幸逃了出去。坎尼战役使罗马丧失了1/5的青壮年，贵族阶层更是损失惨重，阵亡的5万多罗马士兵中间，罗马骑士团成员高达数千人。而迦太基方面仅阵亡了6000余人，其中绝大多数是高卢士兵。战役结束后，汉尼拔的弟弟玛戈奉命返回迦太基，向元老院述职。他的随从抬进一个大筐，将罗马阵亡贵族的数千枚标志性的金戒指如同泼水一般倾倒在了迦太基元老院的大厅中央。

在西方战争史上，坎尼战役被称为军事艺术上无与伦比的典范，"坎尼"成了围歼战役的代名词和以劣势兵力包围并全歼敌人的范例，被载入了军事学术的史册。这是汉尼拔在战争指挥上的杰作之一，充分显示了他卓越的指挥艺术和组织才能。汉尼拔巧妙地迂回和包围敌人战斗队形中最薄弱的两翼，为了包围罗马军队的两翼，他派出了迦太基军队中精锐的骑兵和步兵，在主要突击点上对罗马人造成了数量和质量上的优势。

这是保存在罗马博物馆中的壁画，描绘了在坎尼战役中取得胜利的汉尼拔。

此役影响所及，使意大利不少城市以及西西里、撒丁岛等地纷纷背叛罗马。

对罗马帝国来说，坎尼战役是个难以承受的巨大灾难，但汉尼拔没有料到的是，坎尼的惨败不但没有击垮罗马，反而更加激发了罗马人的斗志。坎尼战役后，罗马总结失败的教训，重新实行法比尤斯的战略，避免决战，积蓄力量，惩罚倒向汉尼拔的"同盟者"，切断汉尼拔的补给，消耗迦太基军队的实力。为了重建军队，罗马全民总动员，释放了大批囚犯，还史无前例地解放了不少奴隶，到公元前211年，罗马军队扩充到了25个军团。汉尼拔原以为人手奇缺的罗马会用重金赎回被俘的士兵，当他得知罗马不但拒绝赎回俘房，而且通过法律要求罗马士兵在今后的战斗中不成功便成仁时，不禁怅然长叹。

<h2>英雄末路
扎马之战</h2>

公元前202年秋天，在第二次布匿战争期间，西庇阿统率的罗马军队与汉尼拔统率的迦太基军队在非洲的扎马地区进行的扎马战役，是汉尼拔与西庇阿唯一的一次正面冲突，是汉尼拔一生第一次也是最后一次的战败。这一仗双方投入的兵力都在4万人左右，从人数上看起来似乎势均力敌，但其实不然，西庇阿所率领的是训练有素的精兵。汉尼拔战法的精髓在于两翼骑兵的机动性和包抄，而这时候其精锐的努米迪亚骑兵在意大利已经损失殆尽，到非洲临时拼凑的部队其实不堪一击。

西庇阿在第二次布匿战争爆发时，随同作为罗马执政官的父亲转战北意大利，曾败于汉尼拔的手下，公元前216年，西庇阿在汉尼拔围歼罗马军队的坎尼战役中侥幸逃脱后，认真地研究了汉尼拔的战略战术。公元前210年，他的父亲战死在西班牙，年仅24岁的西庇阿自告奋勇，出征西班牙，在近5年的时间内，攻占了新迦太基城，断绝了汉尼拔的后援，基本上扫除了迦太基在西班牙的势力。公元前205年，西庇阿成了罗马最年轻的执政官，次年奉命率军远征迦太基本土。

公元前203年秋，西庇阿几乎兵临迦太基城下，在这种形势下，迦太基的主和派越来越占上风，迦太基的元老院派遣使臣与西庇阿见面，商议讲和的条件，西庇阿直言不讳地说他更愿意打出一场彻底的胜利来。尽管如此，他还是提出了休战条件，迦太基人接受了这些条件，并同意派遣使臣赴罗马，罗马元老院最终也批准了这个和约。

正当迦太基和罗马之间的谈判活动尚在进行中时，汉尼拔在布鲁提翁在未遇到任何阻拦的情况下顺利率领他远征意大利的军队登船并平安抵达了非洲的莱普提斯。由于缺乏渡船，返回的汉尼拔已经全无骑兵，到达非洲后，他又接手了弟弟玛戈的残部1万多人。汉尼拔的返回，使迦太基主战派的势力大增，主和派被赶下台，先前与罗马之间议定的和约也遭到了否决。

迦太基朝野上下对他们心目中的"战神"汉尼拔寄予了厚望，让他全权负责与西庇阿作战。汉尼拔明白他此时的实力尚不足与西庇阿直接对阵，于是加紧组建和训练军队，他不但接收了玛戈的万余残部，还征召迦太基青壮年男子入伍，重新建立了一支军队。可惜迦太基的民众并不像罗马民众那样全力以赴地投入战争，他并没召到多少兵，而迦太基的元老院又三番五次催促他立刻出征去打垮西庇阿。

汉尼拔明白自己手下的乌合之众根本不足以开战，受过严格训练和具有实战经验的罗马军队在素质上要远远超过迦太基军队，因此尽力顶住压力，拒绝匆忙出兵，而把精力放在训练部队和招募骑兵上。但迦太基的朝野上下是无法忍受他们的军事统帅坐视国土惨遭罗马人蹂躏而按兵不动的，怨声鼎沸之下，汉尼拔最终没能顶住压力，只好率军与罗马军队开战。公元前202年10月19日，汉尼拔和西庇阿各自率领的大军在扎马平原摆开了阵势，准备进行第二次布匿战争的最后一场决战，参战的罗马军队有3万名步兵和8000名骑兵，而迦太基的军队有3.6万名步兵和3000名骑兵。

在擎徽手的带领下，罗马军团战士用木杆扛着自己的装备跨越一座用船只架设起来的浮桥。

战斗一开始，汉尼拔先发制

人，以战象发起冲击，80头庞然大物排成一字长蛇阵，高声怒吼，迈开大步向罗马军队猛冲而去，场面惊心动魄。但西庇阿对此早有准备，在其第一条战线里集中了所有的号兵，几百支军号突然齐鸣，士兵们用刀拍打着盾牌，发出震耳欲聋的声音，那些庞然大物也许是缺乏训练，只有一部分冲入了罗马军队的阵地，大部分不是被赶到旁边，就是掉过头来向迦太基军队冲去，结果冲乱了迦太基军队的骑兵，反而帮了西庇阿的大忙，使得罗马军队的骑兵得以将迦太基的骑兵赶出了战场。

这是画家阿勒特·皮耶科代克所创作的油画，描绘了西庇阿在扎马击败汉尼拔的情景。

西庇阿对付战象的这一手并不是他发明创造的，在50多年前的突尼斯战役中，罗马执政官里古卢斯就曾采用了同样的方法去对付迦太基的战象，可是那次里古卢斯的阵地仍然被迦太基的战象冲得七零八落，导致了惨败。这次西庇阿因此而获得了成功，不能不说迦太基确实是气数已尽。后世史学家认为此战中迦太基战象的拙劣表现，很可能是因为大多数战象驯化不久就仓促上阵，所以容易受惊。无论如何，汉尼拔寄予厚望的战象冲击不仅未能奏效，还殃及了两翼的骑兵。罗马骑兵随即发起攻击，并紧追不放。不过罗马的骑兵也因此暂时无法投入主战场上的战斗，这是汉尼拔唯一的取胜机会，即乘罗马骑兵返回之前彻底击破西庇阿的步兵战阵。

双方的队列渐渐靠近了，并开始了搏斗，汉尼拔的第一条战线由他弟弟玛戈的残部所组成，他们虽然打得很顽强，但还是慢慢被罗马步兵逼得一步步向后败退。这时汉尼拔所担心的事情出现了，他布置在第二条战线中的新兵看到第一条战线退了下来，未待接战便丧失了勇气。他们惊恐万状地四散逃命，其中许多人在向后逃时被第三排汉尼拔的那些老兵砍死。尽管战局不利，但汉尼拔那批老兵却坚决地顶住了罗马步兵的进攻，老兵们面对西庇阿在数量实力上远占优势的精锐军团拼死力战，保持着战线不被打垮，他们是汉尼拔最后的希望。

罗马士兵用投石器攻打迦太基的城门。

汉尼拔正准备指挥那些老兵去进攻阵脚已乱的罗马步兵，罗马的骑兵在完成了驱逐迦太基骑兵的任务后，已经返回了战场，他们从迦太基军的后方像潮水一般地涌了上来，马蹄声惊天动地，与此同时，士气大振的罗马步兵也从正面再次发起攻击，在罗马军队的前后夹击下，汉尼拔意识到大势已去，只好丢下陷入混战中的迦太基军队，在亲兵的护卫下逃离了战场。他那些从意大利战场带回来的老兵们绝大多数不屈战死，伤亡达到万人之众，而罗马人则只损失了3000余人。在人力和物力上占有优势的西庇阿终于赢得了当天的战役，同时也赢得了整个战争，因为迦太基此后已经没有力量再与罗马开战了。

这两位素以出奇制胜著称于世的名将在扎马相遇，却诉诸一场蛮力的较量，战术层面乏善可陈，这一点颇让后人感到失望。他们的战役部署虽然都很有针对性，但却毫无新意，汉尼拔的三线配置并不是什么战术上的创新，其实是不得已而为之，

战败的迦太基士兵正在逃离被火点燃的城市 浮雕

罗马人冲进迦太基城，战斗持续一个星期，最后攻下中央要塞——比尔萨。罗马元老院成员抵达这座被占领的城市后，决定将它夷为平地。罗马人血洗迦太基，挨房搜查，将所有居民找出杀死。迦太基港口被毁，国家成为历史。

因为他没有时间将自己属下的三支部队组合成为一个战斗整体；西庇阿也没有上演他标志性的两翼机动，分进合击，而是老老实实地跟汉尼拔正面对决，将胜利完全寄托在罗马官兵的战斗精神和素质上。后世史学家认为，这两位名将相互忌惮，都担心自己的战术机动会被对方识破而弄巧成拙，于是索性返璞归真，像古希腊英雄史诗一般正大光明地较量一番。此战西庇阿也决非稳操胜券，倘若罗马骑兵未能及时赶回参战，汉尼拔很可能会击败他的步兵而取得战役的胜利。

这是17世纪法国艺术家克劳德·奥兰创作的油画，表现的是罗马殖民者前往行省迦太基。

许多史学家都曾对扎马战役中的两位将领作过比较，他们一般都将汉尼拔置于西庇阿之上，因为西庇阿虽然赢得了最后胜利，但如果西庇阿与汉尼拔的较量发生在汉尼拔的鼎盛时期——当时迦太基骑兵曾使许多罗马指挥官胆战心惊，而他的步兵也能与骑兵密切配合协同作战——那么战争的结果肯定会大不相同。其实这样评论未必公允，作为一个名将，要善于扬长避短，明知实力不如人而硬拼，可见汉尼拔已失去了昔日的光彩。

扎马战役以后，汉尼拔收拢残余部队，只有不足万人，这位昔日战无不胜的名将黯然地返回了迦太基城，向迦太基元老院沉痛宣布："我们战败了，不仅输掉了一场战役，也输掉了这场战争。"迦太基元老院眼见唯一的希望已经破灭，除了停战求和之外再无别的出路，不得不再次派出使节去向西庇阿求和。得胜后的西庇阿在与迦太基重新签订和约后返回罗马，成了罗马的英雄。毫无疑问，西庇阿是罗马最伟大的将领之一，但教会西庇阿与其他罗马将领如何打胜仗的人，恰恰正是汉尼拔。

古代罗马经典战役

奴隶觉醒的悲壮诗篇
斯巴达克起义

"宁为自由而战死，决不为富人的娱乐而丧身！"——公元前73年，在古罗马中部卡普亚城的一个角斗士训练所里，发生了一次奴隶暴动，角斗士们杀死了看守他们的卫兵，冲出了戒备森严的训练所，向城南的维苏威火山奔去。组织这次暴动的，就是古罗马史上著名的奴隶起义的英雄——斯巴达克。

在人类的历史上，古罗马奴隶制度的发展程度是首屈一指的，主要来自战俘和破产贫民的奴隶们作为罗马社会生产的主要承担者，只是被当作一种商品和特殊工具，他们像囚犯一样，除了繁重的劳动、供人驱使、供人娱乐外，没任何做人的权利。斯巴达克本是地处巴尔干半岛的色雷斯人，在罗马征服色雷斯时被俘而成了奴隶，因为他体格强健、擅长搏斗，于是被送到了罗马的角斗场上。他曾经赤手打死过狮子，成了角斗场上无人能敌的勇士，并凭借勇猛赢得了自由，被聘为角斗士训练所的教练。

斯巴达克虽然脱离了奴隶之身，但角斗士们悲惨的境遇深深地刺激着原本自由民出身的他，角斗士训练所里的角斗士们脚上戴着沉重的枷锁，等待他们的命运只能是被迫在角斗场上互相残杀，以他们的惨死供奴隶主们取乐。角斗士们的悲惨境遇让斯巴达克无法释怀，于是他暗地联系了训练所中的200多名角斗士准备暴动。由于叛徒的泄密，起义还没有准备妥当就提前行动了，仓促间，斯巴达克带领70多名角斗士冲出了角斗士训练所，在路上，他们正好遇上几辆装运武器的车子，于是夺取了这些武器，随后逃往附近的维苏威火山，在那里树起了起义的旗帜。

由于角斗士们的骁勇善战，接连几次打败了前来围剿的地方官军，许多逃亡的奴隶和破产的贫民都纷纷前来投奔，起义队伍迅速由最初的70多名角斗士发展到

在古罗马，奴隶主为了取乐，建造巨大的角斗场，强迫奴隶成对角斗，或同猛兽决斗。一场角斗竞技下来，场上留下的是一具具奴隶尸体。奴隶主的残暴统治，迫使奴隶一再发动大规模武装起义。

近万人。队伍扩大之后，斯巴达克被推为起义军的首领，他按照罗马军队的形式对起义军进行了整编，对士兵进行训练，并制定了严格的军中制度，使起义军成了一支极有战斗力的队伍。

为了维持起义军的日常开支和军事供给，斯巴达克带领起义军不断袭击附近的农庄和地方官军。起义军实力的迅猛发展引起了罗马当局的惊恐，罗马派行政长官克劳狄乌斯率领 3000 名士兵前来镇压起义军。克劳狄乌斯率领的罗马军队到达维苏威火山后，占领了唯一可以突围下山的路，想把起义者困死在山上。斯巴达克令部下用野葡萄藤编成梯子，然后率领起义的奴隶们从罗马人毫不设防的悬崖上顺梯而下，迂回到还在全神贯注防守着下山要道的罗马军队后面，发起了出其不意的攻击，一举击溃了毫无准备的敌军，取得了起义军对战罗马正规军第一仗的胜利。

当年秋天，罗马又派大法官瓦里尼乌斯率军队前去讨伐斯巴达克，结果遭到起义军的痛击，到第二年开春时，斯巴达克的部队已增加到 6 万多人。斯巴达克开始向阿普利亚和卢卡尼亚等城镇进军，在取得了一系列胜利后，起义军的人数已超过了 10 万。起义军迅速壮大，震惊了罗马元老院，公元前 72 年夏，两名执政官亲自出马，各率一支队伍共同讨伐起义军。在罗马军队对起义军展开全力镇压的紧急关头，起义军内部却在下一步如何行动的问题上发生了严重分歧，其中以奴隶为主的人希望越过阿尔卑斯山回到家乡去，而以意大利贫民为主的人则希望继续留在意大利。意见的分歧最终导致了起义军队伍的分裂。克利克苏斯率领 3 万多人留在了南意大利，而斯巴达克则率起义队伍的主力北上，向高卢挺进。

克利克苏斯率领的起义军离开了主力，不久就在加尔加诺峰下的一次战役中全部被罗马军队歼灭。击溃了克利克苏斯后，两位罗马执政官便集中全力对付正在北上的斯巴达克的队伍，他们采取了分进合击的战术，一个执政官率军在前面阻击，另一个执政官率军在后紧追。在罗马军队的前堵后追中，斯巴达克显示了他杰出的

战斗中的斯巴达克

指挥才能，他没等两支罗马军合围，就用各个击破的方法分别击溃了两个罗马执政官的军队，并杀死了几百名罗马俘虏，以祭奠克利克苏斯等牺牲的起义军战士之灵。

击败了两个罗马执政官的军队后，斯巴达克的起义军按计划进抵到山南高卢的穆蒂纳城，在穆蒂纳会战中，击溃了山南高卢总督卡修斯的军队，起义军顺利地抵达了阿尔卑斯山脚下。但这时已是冬天，在这个季节起义军要翻越白雪皑皑的阿尔卑斯山显然是困难重重。受到胜利鼓舞的斯巴达克改变了原来的计划，转而挥师南下，再次向南意大利挺进。

面对这支驰骋于意大利的起义队伍，罗马统治集团惊慌失措，元老院宣布国家进入紧急状态，并授予克拉苏相当于独裁官的权力，令其率新组建的八个军团对斯巴达克的起义军进行截击。

这八个新组建军团的战斗力毫无疑问是比较低的，兵源和训练都远不如罗马其他野战军团，因为时局紧迫，想严格训练也不可能，克拉苏对此也很清楚。不过他认为要打败起义军也无须优秀部队，纪律严明的军队就足够了，于是他上任后恢复了古老的严酷军纪，比如对逃兵通过抽签挑出十分之一鞭挞处死，这使得这八个军团很快就有了可观的战斗力，他们屡次击败起义军，把几支从斯巴达克那里分离出来的部队全歼。

行进中的斯巴达克并不想和在前方等候他的克拉苏决战，他没有去碰克拉苏的主力，而是率军击溃了克拉苏副将的军队，穿过卢卡尼亚，挺进到意大利半岛的最南端，准备渡海去西西里岛，罗马在西西里的统治比较薄弱，那里刚扑灭了两次大规模奴隶起义，海盗又占据了东部沿岸，可以说是起义军建立根据地的好地方。

斯巴达克联系了当地的海盗头子奇里乞亚，出钱雇他们的船渡海，但拿到了起义军钱财的奇里乞亚却不守诺言，并没有向斯巴达克提供船只，这时起义军已被跟踪而来的克拉苏大军封锁在意大利半岛的南端，并掘壕垒墙以防止起义军突围。海盗的背信弃义使起义军陷入了绝境。斯巴达克决定自造木筏渡海，但不幸的是，他们辛辛苦苦制造的木筏下水后，海上刮起大风暴，起义军的渡海计划又一次落空了。陷入困境的起义军只好与罗马军队背水一战，经过激战，起义军最终突破了罗马军队的拦阻，但在突围的过程中，起义军损失了近2/3。

公元前 71 年，斯巴达克想率起义军通过布林底西港前往希腊，罗马元老院分别从西班牙和色雷斯将庞培与路库鲁斯的军队调来增援克拉苏，对起义军进行三面围剿。为了打乱敌人的部署，斯巴达克快速将部队开向北方，直接攻击较弱的克拉苏，他要在另两路罗马大军到来之前先解决眼前的强敌。起义军与克拉苏的罗马军队在阿普里亚省南部展开了激战，在占有绝对优势的罗马军队面前，起义军遭到惨败，包括斯巴达克在内的 6 万多名起义军战士战死，只有约 5000 人突出了重围逃往北意大利，但随后也被庞培的军队消灭。战斗结束后，6000 多名起义军俘虏被钉死在从阿普里亚到罗马城一路的十字架上。

轰轰烈烈的斯巴达克所领导的奴隶起义持续了三年后悲壮地失败了，但它沉重打击并动摇了罗马奴隶制度的基础，迫使奴隶主不得不改变了对待奴隶的态度。从那以后，奴隶们得到了一些基本的权利，而斯巴达克以他的勇敢坚强、卓越的组织才能和高尚的个人品质为后人所称道。马克思赞誉道："斯巴达克是整个古代史中最辉煌的人物，一位伟大的统帅，具有高尚的品格，是古代无产阶级的真正代表。"列宁说："斯巴达克是最大一次奴隶起义的一位最杰出的英雄。"

斯巴达克雕像

斯巴达克在起义中表现了英勇的斗争精神和卓越的军事才能，马克思称他是"古代无产阶级的真正代表"。

恺撒称帝之战

法萨卢战役

公元前 48 年，恺撒开始了与庞培争夺罗马东部各省的战争。1 月初，恺撒巧妙地避开了庞培的舰队，率领 4.2 万军队渡过了亚德里亚海，在埃皮尔登陆，并轻而易举地攻下了阿波洛尼亚。但由于庞培的军队在数量上占据了绝对的优势，在随后著名的迪拉基乌姆战役中，庞培连接两次大败恺撒，大大挫伤了恺撒军队的士气。迪拉基乌姆战役后，庞培阵营中的人都认为庞培是稳操胜券了，那些贵族元老们现在考虑的只是自己的前程以及私人之间的嫌怨，至于用什么办法去打赢这场战争，已经不再有人去考虑了。而庞培的权力，也开始受到一些人的质疑。

虽然占有人数上的优势，但庞培知道恺撒的部队经验丰富，因而没有主动进攻恺撒的部队，而是尝试切断恺撒的补给线，想让他们因忍饥挨饿而自动溃败。由于

古罗马战士浮雕

庞培的过分谨慎，他渐渐丧失了战场上的主动权。而这时恺撒却是在全力以赴地准备和庞培决战，他重新恢复了军队的士气，为了对付庞培强大的骑兵，又着重训练自己步兵与骑兵之间的协同作战能力，并安排好了充足的粮食供应。

8月，恺撒的2万步兵和1000名骑兵推进到法萨卢，而庞培在马其顿东南沿海的赫拉克列乌姆同西庇阿会合后，也率5万步兵和7000骑兵赶往埃尼珀斯河畔的法萨卢，扎营于恺撒军营的西面，两军要在法萨卢进行一次最大的也是最后一次的大决战。从两军的军事实力上来说，庞培占有明显的优势，所以他对于这次战役非常乐观，庞培手下的将领们也都赞同庞培的乐观估计。

开战之初，恺撒采取不断转移营寨的办法，使不习惯吃苦的庞培士兵疲于奔命，以求在运动中寻找战机歼灭敌人。8月9日，正当恺撒的军队拆卸帐篷拔营出发之时，庞培的军队一反常态，迅速向恺撒部队逼近。恺撒认为当时的地形有利于自己，便对士兵们说："我们现在可以停止行军了，让我们全心全意准备好投入战斗吧！"随即带领着军队轻装出阵，冲向庞培军。

也许是对自己军队的作战能力缺乏信心，庞培听取了部下的疲兵之计，他命令

伟大的征服者恺撒 19世纪 阿多芙·伊翁

　　画面中心恺撒一手托起地球，象征着世界在握，他的败敌则被他的马踩与蹄下；右侧一些手持镰刀、身穿白衣的人物象征着死亡；身后飞舞的人暗示着他伟大的征服。高卢战争使罗马获得面积两倍于意大利的肥沃土地和800多座城镇，恺撒个人则获得大量财富和政治资本，为其建立独裁统治奠定了基础。

自己的士兵原地列阵，想让恺撒的部队奔跑通过两军之间的距离，自己好以逸待劳，但他的这个战术被经验老到的恺撒看穿了，因而恺撒的队伍在半路上就停止了冲锋，他们在那里重整了队形，稍事休息后再重新稳步向庞培的队伍逼近。这时庞培的骑兵发起了冲锋，大量的投石兵和弓箭兵紧随在骑兵的后面，庞培希望用自己占有优势的骑兵一举击溃恺撒。庞培的骑兵成功地击退了恺撒阵中主要由高卢人和日耳曼人组成的轻步兵部队，但是当遇到恺撒由重装步兵组成的第四线部队时，在长矛和标枪的打击下，庞培的骑兵被阻止了。当恺撒为数不多的骑兵和少数部队从侧翼突然出击后，庞培的骑兵溃退了，而那些投石兵和弓箭手则被抛在了战场上来不及撤回，孤立无援地遭到了歼灭。

当庞培的部队一路溃逃时，恺撒认为不应该给这些惊慌失措的敌人以喘息的机会，于是鼓励部下乘胜追击，顺势进攻庞培的营寨。对混乱的战场局面失去了控制的庞培在营中无可奈何地看着激战的场面而无所作为。当恺撒的军队攻到营寨门口时，在亲随的护卫下，庞培从后面匆忙逃了出去。失去了统帅的士兵们因为惊慌和疲劳，许多人连自己的武器和旗帜都丢了，他们这时想的只是逃到哪里去，而不是怎样防守营寨，最后在他们指挥官的带领下，逃到营寨附近的山中去了。恺撒军队占领了庞培的营寨后，随即把那座山岭包围起来，由于山上没有水，庞培的军队失去了信心，只得派使者向恺撒乞求投降，他们中间那些元老贵族们则乘夜逃走了。

恺撒之死　18世纪晚期　油画
　　这幅以恺撒之死为主题创作的画，将恺撒遇刺后瘫倒在血泊之中的场面表现得淋漓尽致。恺撒被刺中23刀（其中仅有一处是致命伤），倒在了庞培的雕像下气绝身亡。他死后按照法令被列入众神行列，被尊为"神圣的尤利乌斯"。元老院也决定将封闭他被刺杀的那个大厅，并将3月15日定为"弑父日"，元老院永远不得在这天集会。

据恺撒的《内战记》记载，在法萨卢战役中，恺撒只损失了30名百夫长和不到400名士兵，而庞培却有1.5万人阵亡和2.4万人被俘，经此战后，罗马开始由共和国向帝国转变，而恺撒成了罗马的实际统治者。战败后的庞培逃往埃及，埃及的国王托勒密十三世是在他扶持下上台的，庞培认为托勒密十三世会知恩图报。可是托勒密十三世可不想为了一个失败的庞培而去得罪风头正盛的恺撒，就在庞培乘坐的小船靠岸时，他被埃及人所杀，终年58岁。埃及人割下了庞培首级后，将他的尸体就地掩埋，并在他的墓前立了一块碑，上面刻着："对于在神庙中这样富丽豪华的人，这是多么可怜的一个坟墓。"

追赶庞培来到埃及的恺撒在那里遇到了被后人称为"埃及艳后"的克丽奥帕特拉，并把她扶上埃及王位。公元前44年，被任命为终生独裁官的恺撒在罗马元老院被一伙阴谋者所杀。

安东尼与屋大维斗争的决定性战役
阿克提姆海战

公元前44年3月15日这一天，当罗马终身独裁官恺撒走出拥挤的元老院时，围绕在他身边的40多名罗马贵族议员从袖中拔出短刀刺向他，这位罗马伟大的将军、拥有帝王一般权力的"终生独裁官"，就这样在毫无防备的情况下，结束了他叱咤风云的一生。那些曾经是恺撒好友的人，以保卫"共和制度"为名刺杀了恺撒后宣布，这是"自由面对暴政的一次胜利"。但罗马的民众并不认可他们的行为，在恺撒占领了近千个城市后，在抬着缴获的2000多顶金冠的部下簇拥下通过罗马凯旋门时，在罗马民众的心中，恺撒就是他们的神。

恺撒被阴谋刺杀后，继承人是他的养子屋大维。屋大维和当时掌握军队实权的马克·安东尼联手打着"为恺撒复仇"的旗号，处死了大批行刺恺撒的元老和骑士，铲除了以尤斯·卡西乌斯和马可斯·布鲁图斯为首的刺杀恺撒的势力，此后屋大维和安东尼将罗马共和国一分为二，安东尼控制东部各行省，他把自己的首都定在雅典，而屋大维则控制着包括罗马城的西部各行省。

开始的时候，安东尼在罗马东部各行省的所作所为完全无愧于他的荣誉与声望，他驱逐暴君、重建城市、免除赋税，把治下的各行省治理得井井有条。直到有一天，他见到了美艳聪明的埃及女王克丽奥帕特

罗马军团的步兵

拉。克丽奥帕特拉是古埃及托勒密王朝最后
一位女王，史称埃及艳后，因为她差点把罗
马变成了埃及的行省，罗马人对她痛恨不已，
把她称为"尼罗河畔的妖妇"。在克丽奥帕特拉
18 岁那年，恺撒追击庞培来到埃及，克丽奥帕特拉
就做了恺撒的情妇，她依恃恺撒的支持，巩固了自己的
地位，成了埃及实际的统治者。克丽奥帕特拉女王为恺撒生
下了一个儿子，取名恺撒里昂，她二十四岁时，眼看就要
成为罗马的第一夫人，不料恺撒却被刺身亡，克丽奥帕特
拉的美梦化为了泡影。

当安东尼来到埃及见到这位才貌出众、聪颖机智的女王
时，立刻就迷上了她，公元前 37 年，统治罗马东部行省的
安东尼与埃及女王克里奥帕特拉七世结婚了。整整两年，
安东尼荒废了政务，待在埃及与女王过着甜蜜的日子，除
了那些能令女王感到高兴的事，他什么也不做。很长一段
时间里，他穿着传统的东方服饰，和女王出双入对，习性
也渐渐变得东方化，他常常身着希腊长袍和埃及式鞋子，
不带任何警卫地出入于神庙和学校，完全像女王治下
的一个普通人。

罗马帝国皇帝屋大维雕像

对于屋大维来说，安东尼以及恺撒与埃及女王所生的儿子的存在始终是他的心
腹大患，他打着保存共和国贵族传统的旗帜开始攻击安东尼，指责安东尼缺乏道德，
将他的妻子离弃在罗马，而自己却成为埃及女王的奴隶。指责安东尼放弃了罗马传
统，成了一个埃及人。屋大维数次召安东尼回罗马，但安东尼没有应召，而是与克
丽奥帕特拉女王一起待在埃及的亚历山大。

当安东尼和克丽奥帕特拉女王的第一个孩子出生时，安东尼宣布将西西里岛和
北非所有的领土作为他们孩子继承的土地，这个不明智之举激怒了罗马元老院和罗
马平民，按照罗马的法律，罗马的殖民地必须要经过元老院和公民大会的批准才能
转让，屋大维借机鼓动元老院和公民大会宣布安东尼为"祖国之敌"，并向埃及女
王宣战。

为了远征埃及，屋大维必须首先组建一支舰队，他要组建一支属于他的强大舰
队。与此同时，在雅典和亚历山大，安东尼和克丽奥帕特拉女王也在组建自己的舰队，
托勒密王朝的船只建造业非常发达，建造的舰船比罗马的船更大。安东尼和克丽奥
帕特拉女王联盟的陆、海大军有十万人之众，他们期待着决战的时刻。

公元前31年，安东尼与女王统率10万大军和500艘战船，进发到希腊的西海岸，而屋大维则率兵8万、战船400余艘从意大利渡海东征，占据了科孚岛和南面的莱夫卡斯岛，控制住安布拉基亚湾出口。屋大维先派出战船以游击战的方式切断了安东尼的海上补给线，这一招使安东尼军中补给困难，加上军中疾病流行，导致了众多士兵的逃亡，许多省份也都倒向了屋大维。

战前，安东尼的部将建议他用占有优势的陆军与屋大维决战，但安东尼听从了女王的话，决定在海上与屋大维决一胜负。9月2日，在希腊阿卡纳尼亚北部的阿克提姆海域，屋大维的舰队与安东尼的舰队展开了决战，在这次海战中，罗马著名的海军统帅阿格里帕率领的近400艘战船迎战安东尼率领的500艘战船，克丽奥帕特拉女王率领的60多艘埃及舰队作为安东尼的预备部队。正午时分，交战开始，两支庞大的舰队搅到了一起，安东尼的战船又高又宽，士兵们不断向对手投掷巨石、弩箭和带倒刺的铁标枪。屋大维的战船比较小，于是充分发挥舰体轻、机动性好的优点，避开安东尼舰队的远程矢石攻击，猛烈撞击敌舰，最成功的还是屋大维舰队那种叫"乌鸦吊"的接舷吊桥，罗马士兵们利用它随心所欲地选择较弱的敌手，舰上的步兵踏着跳板跳到对方的甲板上，用长矛、短剑杀死敌人，使海战变成了陆战。

激战中，安东尼的右翼编队最先支撑不住，部分战船掉头回逃，在后边率领预备队的埃及女王不明真相，以为安东尼的舰队已经战败了，于是下令自己的舰队挂起风帆脱离了战场，驶向埃及。克丽奥帕特拉女王的行动，使酣战中的安东尼丧失了理智，他命令自己的座舰去追赶女王的舰队，这个草率的决定最终决定了他的命运，安东尼完全忘记了自己一军统帅的身份，在他的士兵们看来，他的举动无疑是临阵脱逃。军心动摇的舰队再也抵挡不住对方的攻势，纷纷败逃，屋大维的战舰乘势追杀，许多战船被撞沉击翻，安东尼的大批陆军只能在岸上眼睁睁看着这一幕悲剧发生而无能为力。没能逃走的安东尼的一些战船全部投降，安东尼的陆军看到海军大败，安东尼大势已去，也都投奔了屋大维。这次海战以屋大维的全胜而告结束。

此次海战成为安东尼与屋大维斗争的决定性战役，由于安东尼和埃及女王克丽奥帕特拉弃军而逃，导致安东尼的舰队几

阿哈·巴西斯的浮雕，完成于公元前13年。浮雕表现的是罗马人民庆祝奥古斯都返回罗马的场景。

乎全军覆没。在阿克提姆海战中，安东尼损失战船400余艘，大部分的陆军投降，安东尼和克丽奥帕特拉女王虽然逃回了亚历山大城，但亚克兴海战毁灭性的失败让安东尼和女王的梦想彻底破灭了。此战后，安东尼再也无力回天，此后不久，在屋大维的军事进攻下，走投无路的安东尼被迫自杀。克丽奥帕特拉女王也在自己的宫殿中用毒蛇自杀，古埃及托勒密王朝就此灭亡。

阿克提姆海战毁灭了曾经无比发达的埃及王朝，从此埃及不再是一个独立的国家而只是罗马的一个行省。此战的胜利，为屋大维建立帝制扫清了道路，罗马得到了统一，也逐渐由奴隶制民主共和国变成专制的帝国，在之后的扩张中，屋大维建立了一个地跨欧、亚、非三洲的罗马帝国，使罗马成了古代史上一个最庞大的帝国，地中海成了罗马帝国的内湖。

日耳曼人的立国之战
条顿堡森林伏击战

公元9年，屋大维·奥古斯都继承了他的先辈恺撒的丰厚遗产，统治着当时西方世界最强大的国家——罗马帝国。在这位伟大的罗马人的独裁统治下，罗马帝国进入了鼎盛时期。它疆域广阔，天下太平，虽然时不时有些远方被征服的蛮族反叛，但罗马将军们总是能够毫不费力地把那些反叛一鼓荡平。

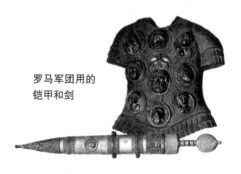

罗马军团用的
铠甲和剑

这一年，位于匈牙利西部的潘诺尼亚省的土著起来造反，罗马皇帝奥古斯都不得不把镇守日耳曼尼亚的罗马名将提贝留调去镇压，这样日耳曼尼亚总督的位置就出现了空缺，原叙利亚总督瓦鲁斯接替提贝留被任命为驻日耳曼尼亚军队的总督。

生活在日耳曼尼亚的日耳曼民族是个彪悍的民族，公元1世纪时曾被恺撒所指挥的罗马军队征服，但恺撒只是将莱茵河看作日耳曼人和罗马人的边界，并没有去占领那片领土，公元9年，罗马皇帝屋大维派遣他的养子——罗马著名将领提贝留——多次对日耳曼人进攻，终于征服了莱茵河到易北河之间的广大地区，把它作为日耳曼尼亚省并入了罗马帝国。从表面上看，日耳曼人的抵抗似乎被消灭了，但这个民族的许多部落并没有真心投降罗马帝国，他们在等待着反叛的时机。

瓦鲁斯到达日耳曼尼亚任职后，受命在被占领地区引入罗马的法律和税收制度，他引入的税收制度在日耳曼人眼里非常不公平，因为对日耳曼人来说，只有奴隶才

此浮雕表现的是古代欧洲作战的场景，两军短兵相接，举刀相迎。

交税，这就引起了日耳曼尼亚许多部落的不满，加上瓦鲁斯此前在叙利亚就已经获得了一个残暴贪婪的名声，他的统治很快就激起了日耳曼人的反抗。在这种情况下，凯鲁斯奇人部落的青年贵族阿尔米纽斯·赫尔曼看到机会来了，于是乘机暗中联络，争取到更多日耳曼部落的支持。

阿尔米纽斯·赫尔曼曾率领过一支日耳曼分队在罗马的军中服过役，并因此获得过罗马的公民权和罗马骑士的称号，正是这位看似对罗马忠诚不贰的阿尔米纽斯，暗中与凯鲁斯奇人、卡滕人、乔克人、布鲁克泰人、西甘布尔人等日耳曼尼亚部落联合密谋，准备暴动。

但瓦鲁斯的手中统率着3个罗马军团，加上仆从部队，有近3万之众，这些部队是提贝留亲手训练出来的，战斗力十分强大，阿尔米纽斯·赫尔曼明白，以日耳曼人目前的军事实力，根本无法同罗马人进行一场正式的会战，唯一可行的方案，就是利用特殊地形打一场伏击战，于是一场有计划的阴谋叛乱在暗中谋划着。为了不让瓦鲁斯发觉他的意图，阿尔米纽斯和其他部落首领经常前来拜见瓦鲁斯，表示臣服之意，还投其所好，常常请瓦鲁斯去仲裁各部落之间的纠纷。阿尔米纽斯看见瓦鲁斯对他信任有加，知道时机成熟了。

瓦鲁斯对阿尔米纽斯毫无戒备之心，尽管与阿尔米纽斯家族有世仇的另一个凯鲁斯奇人首领塞盖斯泰斯向瓦鲁斯提出了关于这场阴谋的明确警告，但对阿尔米纽斯极其信任的瓦鲁斯却对此毫不理睬。当年秋天，事先安排好的一个日耳曼部落公开反叛，诱使瓦鲁斯前去镇压，瓦鲁斯这时依然认为阿尔米纽斯是可信赖的盟友，居然向他咨询行军路线，于是阿尔米纽斯就将其诱入了崎岖难行的条顿堡森林。

瓦鲁斯的大军出发了，行军路线起初还都是平原，但渐渐地势开始起伏，泥沼遍布，让罗马人每前进一步都要费尽力气。瓦鲁斯大军慢慢地开进了条顿堡森林，不知不觉进入了日耳曼人的包围圈。

当时天降大雨，当罗马军团进入条顿堡森林后，道路越来越狭窄泥泞，队伍渐渐越拉越长，就在这时，日耳曼人的攻击开始了。无数的弓箭从道路两旁的树林里射出，毫无防备的罗马士兵纷纷倒下。日耳曼人的突然袭击，让罗马军队的秩序陷于混乱，双方激战了两天，第三天，在日耳曼人的攻击中，这支罗马军队终于土崩瓦解了，瓦鲁斯因绝望而自杀。惨烈的激战一共持续了4天，只有少数罗马骑兵幸免于难逃了出来。是

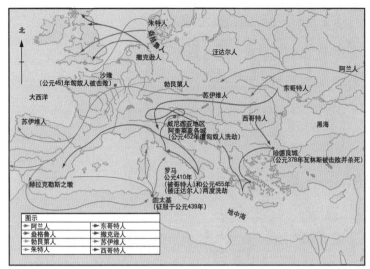

日耳曼民族的大迁徙地图

役，3个罗马军团被全歼，2.6万名罗马士兵生还不足百人。

无坚不摧的罗马雄师居然被北方蛮夷成建制地歼灭，边关急报传到罗马城，屋大维·奥古斯都痛苦不堪地扯烂了自己的长袍，以头撞墙，高声喊道："瓦鲁斯！还我军团！"

此后罗马军队为了复仇，几次渡过莱茵河，入侵日耳曼尼亚，但始终未能重新征服这个桀骜不驯的民族，罗马帝国最终放弃了征服"罗马唯一的敌人"日耳曼尼亚的企图，只能与日耳曼人划河而治。

经过这次历史性的战役，日耳曼人赢得了独立，日耳曼人也因此被称作条顿人。他们避免了和希腊、迦太基、埃及一样的命运，免遭了罗马的同化。条顿堡森林伏击战从此被称为日耳曼的立国之战。恩格斯写道："同瓦鲁斯的会战，是历史上最有决定意义的转折点之一，这次会战使日耳曼尼亚永远摆脱了罗马而取得独立。"

"罗马帝国的丧钟"
亚德里亚堡战役

374年，匈奴人从中亚经里海进入顿河、第聂伯河流域，一路烧杀过来。他们就像从地底下钻出来的一样，将所经过道路两边的东西全部破坏，使得哥特人各部落争相向东涌去，进入东罗马帝国，以逃避这场浩劫。

为了躲避匈奴人的进攻，弗里德根领导的西哥特人向东罗马帝国请求允许他们

419年，西哥特人在法国西南建立了西哥特王国，这幅浮雕下部表现的是哥特人对罗马人的胜利，上部是西哥特王国开始建立政权。

在东罗马帝国境内定居，尽管东罗马帝国的皇帝瓦伦斯对哥特人心存蔑视，但还是同意了弗里德根的请求，因为这可以解决东罗马兵员匮乏的问题。瓦伦斯下令，允许西哥特人渡过多瑙河，但必须交出全部武器，并责令卢比西努斯和马克西姆斯负责执行，同时答应向哥特人提供粮草。在瓦伦斯的允许下，西哥特人渡过多瑙河，向巴尔干半岛迁移，作为同盟者，为东罗马帝国御边守境。

瓦伦斯之所以允许他们在东罗马帝国境内定居，是希望能利用这些勇猛善战的哥特人来充实自己的军队，所以接受了他们的要求。然而，西哥特人通过收买边境卫兵，被允许携带武器入境，事态很快就失去了控制，大批西哥特人源源不断地迁入多瑙河流域。不久，大批东哥特人为躲避匈奴的追杀，也渡过了多瑙河。两支哥特人合兵一处，从而壮大了弗里德根的声势，而东罗马帝国在这个地区的兵力十分薄弱，无法对这些哥特人加以有效的控制。

东罗马皇帝虽然答应安置哥特人，但实际上却极力压榨他们，不久之后，哥特人便与欺压他们的东罗马人发生冲突。在卢比西努斯和马克西姆斯的压榨下，这些不堪重负的哥特人终于开始了他们的反叛行动。377年，哥特人开始暴乱，东、西哥特人各自洗劫了多瑙河流域的各省之后，还联合起来渡过多瑙河，侵入巴尔干半岛，并且多次击败了当地的东罗马帝国军队。

哥特人中间很多人有在罗马军团服役的经历，使用的武器和战术不弱于罗马人。武器方面，哥特人善使战斧，这种武器可以挥舞，也可投掷，能够砍穿罗马人的甲胄和盾牌。在战术方面，除了袭扰战术让罗马人头痛不已外，他们还向匈奴人学习，组成了"车营"，即用车辆构成防御圈，如同移动的要塞，防御性能相当强。在攻击时，骑兵从"车营"中杀出，来去如风，势不可当。不久，哥特人就控制了罗马帝国多瑙河下游的大片领土，随后，弗里德根整顿队伍，开进到东罗马帝国的战略要地亚德里亚堡，在城堡外安营扎寨。

得知哥特人暴动的消息时，瓦伦斯正在东方与波斯人交战，他匆忙与波斯人签订了一个和约后，决定御驾亲征，彻底平定哥特人的暴乱。瓦伦斯统率的 4 万步兵和 2 万骑兵从君士坦丁堡出发，向亚德里亚堡前进。瓦伦斯这支用以镇压哥特人的东罗马军队名义上是禁卫部队，实际上有许多士兵是刚从蛮族人那里临时招募来的，他们多使用小盾牌和轻武器，训练时间短，战斗力极差。在进军途中，东罗马军队的前锋部队沿路伏击了几次哥特人，取得了一些小的胜利，这使得皇帝瓦伦斯对胜利信心十足。

377 年 8 月 8 日，东罗马军团与哥特人在多瑙河河口附近遭遇，哥特人使用了他们的标准防御战术，用四轮车围成一个大车阵，从阵里不时出击进攻。此战双方不分胜负。瓦伦斯于是向西罗马帝国皇帝格拉提安求援，双方决定联手对哥特人进行一次决定性的会战。哥特人这时也在密切注视着东罗马人的动向，弗里德根派出一名特使前去与东罗马人商议和谈与结盟，条件是罗马割让些土地让这些无处栖身的哥特人有个立足之地。但东罗马皇帝瓦伦斯认为自己的兵力占尽优势，因而拒绝了哥特人的和谈要求。第二天，求战心切的瓦伦斯率大军向哥特人距亚德里亚堡 8 英里的"车营"逼近。

哥特人的营地设在一个小山坡上，千百辆大篷车围成一个完美的圆圈，这就是哥特人传统的"车城"，里面弓弩手和步兵已经严阵以待。哥特人明显已经做好了战斗的准备，但他们的骑兵却不知去向。原来哥特人强大的骑兵不在营内，他们出去寻找粮草了。了解到这个情况的瓦伦斯急于建功，怕西罗马皇帝格拉提安的到来会分享他胜利的荣誉，于是在没有等到西罗马军队到来之前就命令向哥特人的"车

东哥特人进军罗马

这幅大理石双折画中，坐在王座上的是罗马派驻东哥特王国的执行官卢佛斯·奥雷斯特斯，他身后是两个代表罗马和君士坦丁堡的人物造型。

城"发起了进攻。

这支缺乏训练的东罗马部队毫无秩序地投入了作战，却相信这会是一次轻松的胜利，或许能够就此彻底解决在巴尔干半岛无事生非的哥特人。东罗马的同盟军伊比利亚亲王巴库鲁斯指挥的近卫军弓箭手也加入了进攻，一番苦战后，东罗马军队的左翼已经推进到了哥特车阵的边缘，但被战车后面哥特人猛烈的箭雨和标枪遏阻了。就在这个时候，东罗马军队背后响起了隆隆的马蹄声。

弗里德根提出与东罗马人谈判，其实就是一个缓兵之计，他利用谈判拖延时间，火速向骑兵传信，当两军激战正酣之际，得到消息匆匆赶回来的哥特骑兵主力抵达了正在进行战斗的高地，与其骑兵结伴而来的还有哥特人的盟友——阿兰人的骑兵，共有5万余人，这样一来，哥特人在数量上就占了优势。

哥特骑兵以良好的机动性对东罗马军队的右翼发动了出其不意的袭击，在哥特骑兵冲到东罗马步兵阵中时，车阵里的哥特勇士也冲了出来，加入了混战。这时，几万人的大军践踏起的尘埃遮天蔽日，恐惧的呐喊声在战场上四处回响，没有人能事先看到对方的进攻而做好防备。在哥特人的两面夹击中，混乱席卷了整个战场。

开始时，双方的骑兵屡有进退，杀得难解难分，但数量上占优势的哥特骑兵终于冲垮了东罗马人的右翼防线，不久，正试图进攻"车营"的东罗马左翼骑兵也被哥特骑兵冲散，已疲惫不堪的东罗马步兵在哥特人的前后夹击下，终于坚持不住而全军崩溃了。士兵们丢盔弃甲，向后逃窜。东罗马的骑兵虽然逃了出去，但留在战场上的4万多步兵却被哥特人包围而遭遇了灭顶之灾，大约有3万多东罗马士兵被杀。

混战中，在中军指挥作战的皇帝瓦伦斯也遭遇到了凶险，他的位置应该在中后部，本来相对安全，不料哥特人居然从后方插入，数量占优势的哥特骑兵对他发起了围攻，皇帝的处境立刻岌岌可危。东罗马的骑兵将领图拉真和维克多远远看到皇帝危险，立刻率军上前救驾，这支精锐骑兵的加入暂时赶走了哥特人，但皇帝本人却不见了踪影。原来瓦伦斯在部分卫兵的保护下已突围而出了。但在突围的过程中，皇帝身负重伤，被追上来的哥特骑兵所杀。战后他的尸体没有被找到，据说可能是被哥特士兵烧掉了。

瓦伦斯皇帝执政 15 年，后世对他的评价是过于谨慎而优柔寡断，但最终却因为贪功冒进、不听谏言而殒命沙场。其实在战前准备上，哥特人比东罗马人还要差，战役开始时，哥特人的主力骑兵居然远出在外。幸运的是，随着弗里德根的召唤，哥特骑兵迅速返回，在阿兰人的帮助下，恰到好处地赶到了战场。可以说，这一次上帝没有站在罗马人的一边。

亚德里亚堡战役结束了，这是自条顿堡森林伏击战以来罗马人最惨重的失败，也是东罗马帝国走向衰亡的标志。在这次战役中，包括皇帝在内的很多指挥官和行政官员阵亡，东罗马的军事力量几乎被摧毁了一半。几万哥特人，居然能够一战而全歼东罗马帝国军团的主力，并且击毙了皇帝本人，这极大地鼓舞了他们的斗志，胜利的哥特人再度兵临亚德里亚堡，要乘胜夺取这个重要的城池。

亚德里亚堡建在山地之上，它的城墙十分坚固，城内粮食足够坚持一年，哥特人没有攻城器械，结果只能是"望城兴叹"。无力攻城的哥特人随后洗劫了色雷斯地区的大片村镇，给东罗马帝国的北部边疆造成了无法挽回的损失。不久，哥特人又围攻了君士坦丁堡，但也是无功而返。此时的哥特人仍然无力攻占罗马人坚固的城池，于是主动求和，而罗马也无力再战，双方最后达成妥协，罗马把色雷斯地区"赏给"哥特人居住，而哥特人则继续"效忠"罗马。

哥特人在东罗马帝国搅起的这场轩然大波暂时平息了，但这次大战的结果对于摇摇欲坠的罗马帝国来说简直是致命的，因为损失了大量有作战经验的士兵，而罗马公民又不愿意当兵，罗马只好大量招募哥特人进入军队。罗马帝国能延续的重要支柱就是因为有一支由罗马公民组成的能征善战的帝国军队，如果这根支柱崩塌或变质，那么罗马帝国也就真正走向了它的末日。

亚德里亚堡战役在军事领域的影响也极为深远，几个世纪以来，罗马人的方阵和兵团战术，逐渐被对手所熟悉，从而失去了活力。其实，在这之前的穆尔沙会战中，骑兵的作用就突显了出来，在这之后的几个世纪里，骑兵，尤其是重装骑兵开始横行欧洲，直到英法百年战争时，在克勒西战役中英军长弓手的出现，才使步兵重领战场的风骚。

古代西欧部分国家经典战役

重骑兵与轻骑兵的对决
莱希菲尔德战役

10 世纪初，日耳曼人的德意志王国形成了若干大公国，包括萨克森、法兰克尼亚、巴伐利亚等，其中以萨克森公国实力最为强大。919 年，萨克森公爵"捕鸟者"亨利一世被各公国推选为德意志国王。亨利一世在位期间致力于维持德意志各公国间的同盟，共同抵御东欧马扎尔人的入侵。936 年，亨利一世去世，其子奥托继任为萨克森公爵，并于同年当选为德意志国王，是为奥托一世。

奥托继位后，首先平定了内乱，但马扎尔人的威胁却迫在眉睫。马扎尔人原本是居住在伏尔加河流域的一个游牧民族，9 世纪时，在首领阿尔帕德的率领下，来到了如今的匈牙利地区。马扎尔人从小生活在马背上，习性彪悍，他们的轻骑兵凶猛迅捷，四处劫掠，锐不可当，当时的西欧各国对他们都极为畏惧。马扎尔人称，只要没有天塌地陷，他们就天下无敌！数十年中，德意志王国经常遭到马扎尔人的骚扰，对奥托来说，不扫除马扎尔人的威胁，将国无宁日。

955 年，一支 4.2 万多轻骑兵组成的马扎尔大军在布尔楚的率领下，从喀尔巴阡盆地出发，包围了德意志王国东南边境的奥格斯堡。按马扎尔人的传统，他们绝不攻打坚固的城池，但这次布尔楚仗着自己的绝对优势兵力，决心在奥托赶到之前拿

中世纪欧洲的骑士

下奥格斯堡。从 8 月开始，奥格斯堡的围城战就日益惨烈，在大主教尤尔里希的激励下，城中日耳曼守军打退了马扎尔人的多次进攻。

刚刚平定了法兰克尼亚地区叛乱的奥托接到了马扎尔人围攻奥格斯堡的情报后，决心给马扎尔人一个狠狠的教训，于是亲自率军前去解围。他知道马扎尔人主要是轻骑兵，自己的步兵派不上太大的用场，所以这次带去的 8000 多人全部都是精锐的重骑兵，共分 8 个军团。

这场决定马扎尔人和日耳曼人命运的大战刚开始的时候，奥托的大军遭遇到了一个意外的险情。当他们正在莱希河畔东侧前进时，意外与一支马扎尔骑兵部遭遇，首先发现敌情的马扎尔轻骑兵迅速击溃了一个毫无准备的德意志军团，并导致了另外两个德意志军团的溃散。幸好马扎尔人在此生死存亡之际，只顾抢夺辎重而放弃了进攻，这使得奥托有机会调动军队去反击那些只顾抢劫的马扎尔人，并将他们击溃。

8 月 10 日，双方主力隔着莱希河对峙。为了保障侧翼不会被人数占优的马扎尔人包抄，奥托没有留任何预备队，而是将八个军团沿河一线排开。当日天降大雨，这对擅用弓箭骑射的马扎尔人极为不利，那些马扎尔轻骑兵不得不更多地使用轻型刀剑与德意志的重装骑兵进行肉搏，而这正是奥托求之不得的。

马扎尔人渡过莱希河，率先发动了进攻。布尔楚使用分进合击的战术，以骑兵在正面向奥托的中军发动佯攻，真正的马扎尔主力却从右翼杀出，突然猛攻德军左翼的两个军团，使德军战线侧翼出现了大漏洞。危急之际，奥托急令右翼没有遭到进攻的一个军团前去救援左翼。这个前去救援的军团出色完成了任务，他们包抄到正在围攻左翼的马扎尔骑兵背后，神兵天降一般对马扎尔人形成了两面夹击，惊慌失措的马扎尔人纷纷溃逃。

此时奥托的中军也已经打退了正面进攻的马扎尔骑兵，并发动了反攻。布尔楚见势头不妙，急忙下令后撤，希望利用马扎尔人擅长骑射的特点引诱对手分散后再各个击破。但奥托的军队纪律严明，只是以井然有序的密集阵型追击，最终失去了组织的马扎尔人出现了全线溃退。德意志的重型骑兵把他们赶到河边，许多马扎尔人被杀死，而更多的人则在企图渡河逃走时淹死在河中。

莱希菲尔德会战，以西欧骑士为代表的重骑兵对马扎尔人的轻骑兵取得了

奥托一世率军与马扎尔人作战场景

决定性的优势。在这次战役中，马扎尔骑兵阵亡 4500 多人，还有 1 万多人负伤，而德意志联军伤亡为 3000 多人。这次噩梦般的惨重失败，彻底改变了马扎尔人的命运，此后他们逐渐放弃了劫掠生活，开始定居下来，建立了匈牙利王国。奥托一世因此战威望大增，963 年，他被加冕为神圣罗马帝国皇帝。

一个诺言引发的战争
黑斯廷斯战役

英格兰国王爱德华幼年时曾经流亡诺曼底，在诺曼底长大成人，没有子嗣的爱德华曾向他的表兄弟诺曼底公爵威廉许下一个诺言，如果自己能够击败篡夺王位的丹麦人，重新掌握英格兰政权，死后便将英格兰王位传给威廉。1402 年，爱德华打败了丹麦人，38 岁的他登上了英格兰的王位，如愿以偿地复辟了韦塞克斯王朝。令他想不到的是，当年他的那个许诺，却最终导致了韦塞克斯王朝的灭亡。

1066 年 1 月，爱德华去世，诺曼底公爵威廉却没能按当初的约定获得英格兰的王位，英格兰王位被爱德华的内弟哈罗德谋夺了，是为哈罗德二世，而哈罗德当年在诺曼底也曾承认过威廉对英格兰王位的继承权。闻讯英格兰王位被哈罗德占有了，怒不可遏的诺曼底公爵威廉决心对英格兰发动一场征服战争，要用他的军队取得英格兰的王位。

当年 9 月，威廉公爵率领 1.2 万人的军队，在未遇到任何抵抗的情况下在英格兰南岸顺利登陆。传说威廉公爵登上海滩后不小心面朝下滑倒，为了不使自己在军队面前出丑，机敏的他双手捧起一把海沙站起来高声喊道："我现在拥有英格兰的土地了！"

登陆后的威廉公爵在黑斯廷斯附近扎下了营寨，并派出小股部队四处征集粮食。

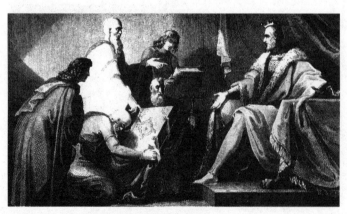

正坐在装饰华丽的御座上的"征服者"威廉

此时的他并不敢率军深入英格兰内陆，只是停留在原地，等待英格兰国王哈罗德二世的军队前来应战。

听到威廉公爵率领诺曼底军队在英格兰登陆的消息之后，刚刚歼灭了挪威入侵军队的哈罗德二世急急忙忙拼凑了一支军队。由于在刚打完的那场战争中损失惨重，哈罗德二世临时集结南下御敌的是一支疲惫而又零乱的军队，它需要休息，却没有得到休息。在未做充分准备的情况下，就仓促鲁莽地从伦敦出发了。哈罗德低估了对手的力量，以为自己集结起来的队伍能够打败威廉公爵的诺曼底军队。

黑斯廷斯战役　地毯画

　　威廉一世在这场战役中实现了"诺曼征服"，建立了诺曼王朝。诺曼骑士使用的主要武器是长矛和剑，也有一些使用战斧、铁锤、铁棍、狼牙锤等等。骑士的长矛在战场上可抛出刺杀敌人，诺曼骑士正是用这种方式打乱了英国军队城墙似的盾牌阵容。

　　如果哈罗德不是那样急于进军，那么威廉公爵是绝对奉陪不起的，因为此时的威廉是不能远离他那些停泊在英格兰海岸边的舰队的，但威廉十分了解哈罗德缺乏耐心、易于冲动的个性。针对哈罗德这一弱点，威廉派出那些征粮小分队在哈罗德的领地上到处放火，并驱使村民们背井离乡，用这种办法逼使哈罗德仓促上阵。

　　在哈罗德率军向黑斯廷斯行进的途中有消息传来，说威廉的军队战斗力实在太差，竟然有几队由骑士带领的士兵被村落中的农民赶跑和击毙。这大大出乎哈罗德的意料，原以为强大的诺曼底人是比挪威人更加难缠的对手，没想到他们竟是些乌合之众，哈罗德对打败诺曼底军队的信心更加充足了。

　　10月中旬，哈罗德率领英格兰军队在黑斯廷斯附近的一处高岗上摆下了阵地，在阵地的正面设置了壕沟和栅栏，高岗后面斜坡陡峭，对方难以进攻。对阵的那一天，英格兰军在高岗上严阵以待，只等着诺曼底军队前来进攻。

　　在这次战役中，英格兰军总兵力有8000余人，绝大部分是步兵，只有少量的骑士，军队中除了包括王室卫队在内的正规军外，大部分是临时招募的农民，他们个个身穿锁子甲，手持宝剑、长矛和丹麦长斧，用圆形的盾牌护住身体，两眼闪出腾腾的杀气，等待着敌军的到来。

　　10月14日清晨，威廉公爵将他的军队在英军阵前展开了。诺曼底军队在数量上要比英格兰军队略多些，除了有威廉自己的诺曼底军团外，还有来自布列塔尼和法国等盟国的几个军团，甚至还有来自意大利的诺曼底海盗，最主要的是，威廉公爵拥有一支比较有战斗力的骑兵部队，这是英格兰军队所没有的。

　　战役一开始，诺曼底军队的弓弩手首先投入了战斗，从100多米远处向英格兰军队发射密集的箭雨，随后用步兵和骑兵对高岗上的英格兰阵地展开了进攻。英格兰军队的前排使用坚硬的盾牌做防御，挡住了诺曼底军队的利箭，又用威力强大的丹麦长斧给入侵者以迎头痛击。由于英格兰军队布防在居高临下的山丘上，阵前又有壕沟和栅栏，抵消了诺曼底骑兵的冲击力，几轮攻击都以诺曼底军队弃尸满地而告终。这时英格兰军队士气高涨，他们高声呐喊着："滚出去，滚出去！"

眼看攻击不利，威廉公爵想到了一个办法，他知道要想攻破英格兰坚固的阵地，只有把他们引下来，从而打乱他们的阵脚，于是命令诺曼底骑兵实施佯攻，然后伪装败退，诱使英格兰军队冲下山岗。哈罗德本是个有作为的军事家，从他成功击败挪威入侵这一点就能看得出来，可是这一次他却作了一个错误的决定，不知是他下的令，还是刚组建的军队纪律不够严明，总之在见到诺曼底骑兵败逃时，英格兰军队的右翼在哈罗德兄弟的带领下，冲出了阵地，下山追击。到了平地以后，诺曼底的骑兵突然掉头杀了回来，在没有盾墙保护的情况下，这一部分英格兰军队很快就被诺曼底骑兵杀散了。

诺曼底军趁势展开全面进攻，由于英格兰军队的右翼阵地已空，诺曼底军队的最后冲锋冲垮了英格兰军队的防线，并开始向中心突进，双方军队展开了一场混战。在混战中，英格兰国王哈罗德二世被流箭射中眼睛，冲上山头的诺曼底骑兵杀到正在痛苦挣扎的哈罗德跟前，将他乱刀砍死。

英格兰军队得到了国王已经战死的消息后，开始从战场上溃败了，威廉的诺曼底军队终于占领了山头，并开始追击英格兰的逃兵。在诺曼底骑兵的追击下，只有一小部分英格兰士兵成功逃入了森林，一些追了进去的诺曼底士兵在密林中被英格兰人歼灭。受到伏击的诺曼底军队停止了追击，撤回了自己的阵营。

诺曼武士

黄昏降临之前，激战了一天的黑斯廷斯战役以诺曼底军队的胜利而告结束。这一仗，诺曼底军队损失了3000多人，而英格兰军队则损失了5000多人，而且还损失了以国王为首的许多重要的将领，可以说是元气大伤。得胜后的诺曼底公爵并没有急于向英格兰内陆进攻，他决定在黑斯廷斯进行休整，一来让疲于征战的士兵好好休息一下，二来也是想不战而屈人之兵，等着英格兰领主们自己主动投降。

威廉的诺曼底军队在黑斯廷斯进行了半个月的休整，等待着英格兰的领主来向他表示服从，当他认识到没有人会来主动表示服从的时候，开始向内陆进兵。不过他并没有直接向伦敦进发，而是首先占领了多佛尔，从而保障了自己海上交通线的安全，然后才率军兵临伦敦城下。到达伦敦郊外之后，诺曼底军队没有直接强攻城池，只是致力于扫清伦敦的四郊，使伦敦变成了一座孤城。

在伦敦附近，英格兰的贵族们组织了几次不成功的抵抗后，那些领主们就开始了内讧，眼看大势已去，还没来得及加冕的新立英格兰国王埃德加出城对威廉表示了服从，圣诞节之日，诺曼底公爵威廉加冕成为英格兰国王。

黑斯廷斯战役是运用联合作战理论的典型例子，诺曼底的步兵、骑兵和弓弩手联合作战，让数量相当、装备相仿的英格兰军队只能防守，并极大地限制了英格兰军队的战术行动，从而证明了多兵种军队在作战中要远远优于单一兵种的军队。

骑士与步兵的较量
金马刺战役

1297 年，佛兰德斯被并入法国，但当地强硬的武装抵抗使得法国的吞并政策很难顺利实施，在 1300 年，法王菲利普四世将佛兰德斯伯爵抓起来作为人质，并给委派了新的统治者。这个举动在当地引起了极大的骚动。1302 年 3 月 18 日，布鲁日的当地武装率先起来反抗，他们杀死了能找到的所有法国人。

法国国王菲利普四世得到消息后勃然大怒，立即派阿图瓦伯爵统率 8000 名精锐部队，前往布鲁日镇压。其中包括 2500 名重装骑兵、1000 名弩兵和 1000 名矛兵。

此时布鲁日的民兵武装有 9000 多人，他们中除少数贵族之外，基本上都是由手工业行会会员组成的，这些装备着弓弩和长矛的武装力量全部都是步兵。在当时，人们普遍认为，一名骑士的战斗力是步兵的十倍。法军统帅阿图瓦伯爵根本没把这群乌合之众放在眼中，战前对部下说："这样的平民们能对我们做出什么？就算他们人多势众，但一百个骑士可以抵挡一千个步兵！他们的抵抗越努力，我们获得的荣耀就越多，我们可不是来踩躏这一群废物的！"

7 月 11 日，在科特赖克城郊的一块空旷地，交

欧洲中世纪时混战的场面

战双方摆开了阵式。这个交战地点布满了沟壑与小溪，非常不便于骑兵冲锋。中午时分，双方步兵首先交火。弓弩手们在盾牌的掩护下相互射击，由于法军的弓弩手人数众多，且素质明显强于对手，佛兰德斯的民兵武装虽然奋力还击，但还是开始渐渐后退，法军步兵随后跟进，并跨过了两条小溪，战场形势对佛兰德斯人极为不利。然而就在此刻，法军统帅阿图瓦伯爵也许是认为胜利在即，打算让骑士们获得荣誉，于是命令正斗志昂扬的法军弓弩手和步兵后撤，让骑士们接手战斗！

阿图瓦伯爵的这道命令顿时改变了战场形势，那些回撤的弓弩手和步兵挡慢了骑兵的前进速度，特别是战地那些交错的沟壑与小溪，使得许多战马徘徊不前，等队容不整的法军骑兵冲到佛兰德斯人面前时，稳住了阵脚的佛兰德斯民兵并没有四散奔逃，他们把长矛底部插入地面，矛尖斜上对准战马的胸部，迫使它们停了下来，而后排的弩手和投掷手，则拼命打击那些坐骑或者骑士本身，面对密不透风的矛阵，众多的骑士都成了民兵的猎物，被轻易击落马下。

在后边指挥作战的法军统帅阿图瓦伯爵看到了法军骑士的困境大为着急，为了挽救危局，他立即率剩余的骑士全部冲入战场，但在混战中，阿图瓦伯爵的战马中箭倒地，倒在地上的伯爵被蜂拥而上的佛兰德斯人乱刃杀死，法军试图挽救战局的努力彻底失败了。

已经完全掌握了战场主动权的佛兰德斯人不放过每一个法国人，后撤的法军骑士不少人慌不择路，落入沟壑和小溪之中，这些身披重甲的骑士不是被淹死就是被杀死，被俘的寥寥无几。那些奉命退在后边的法军弓弩手和步兵眼睁睁地看着前边的大屠杀早已失魂落魄，当佛兰德斯人向他们逼近时，被死亡恐惧深深笼罩的步兵们丢盔弃甲，争相逃命，佛兰德斯人一口气追出了十多英里。在这次战役中，法军有千余名贵族骑兵战死，佛兰德斯人缴获了上千副金马刺，他们把缴获的金马刺挂在科特赖克的圣母大教堂内，以显示自己的胜利，并把这次战役称为"金马刺战役"。

金马刺战役中，佛兰德斯人充分运用地形优势，以劣势的步兵战胜了优势的骑兵，这一结果改变了中世纪的步兵作战理论，将骑兵推下了战争的神坛。不过当时还处于萌芽阶段的新步兵战术理论还远未成型。在以后相当长的一段时间中，重骑兵的运用，占据了战场的统治地位。

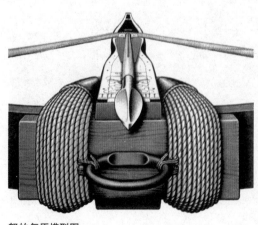

弩的复原模型图

长弓手的火力打击
克雷西战役

自从 1066 年，诺曼底人在征服者威廉的统率下成功入侵了英格兰，英国从此在 150 年内宫廷里全是说法语的诺曼底贵族，他们同时统治着英格兰和诺曼底。1154 年，法国最大的贵族安茹伯爵亨利凭借母亲的血缘关系，得以继承英格兰的王位，成了亨利二世。亨利二世有着一个双重的身份，他既是尊贵无上的英格兰国王，同时也是法兰西王国的公爵。长期以来，英法两国王室错综复杂的血统与姻亲关系，使得这对邻居的关系更加微妙。两个国家的君主都声称自己拥有对方的领土，这使得两国在近百年的时间中争战不休。

1346 年 7 月，英格兰国王爱德华三世率领 1.2 万名英格兰军队从朴次茅斯出发，渡过英吉利海峡在法国北部登陆，支援佛兰德斯和布列塔尼处境危急的盟军。经过一个多月的行军，这支英格兰军队穿过了法国西北地区，来到欧洲低地国家背后。

法王菲利普六世率领一支比英格兰军队强大得多的法兰西军队在后边一直紧紧追赶着，当爱德华三世通过了挡在他与盟军之间的最后一道障碍时，发现盟军已经撤走，只好率军返回。在英格兰军队渡过塞纳河到达一个叫作克雷西的地方时，爱德华三世决定跟尾随而至的法军打上一仗。

爱德华三世不愧为一位很有造诣的战术家，考虑到前面还有一道撤退的安全线，又对自己的战术体系很有信心，便决定与数量占绝对优势的法军进行一次会战。他将自己的部队部署在一座不算很高的小山岗上，静静地等待着法军的到来。此山岗前面正对着一条路，法军将在此经过。

8 月 26 日，法兰西国王菲利普六世率领的 4 万大军开了过来，这支法军以重装骑兵为主，还有 6000 名热那亚雇佣弩兵，其他步兵大部分是征召兵，没有太强的战斗力。克雷西这种地形是不适合重装骑兵作战的，但法军的骑士们仗着自己装备精良、人数众多，根本瞧不起以步兵为主的英格兰军队。相比之下，英格兰军队主要以长弓手为主——这种长弓有一人多高，射程远，威力大——其余的由英格兰骑士和少量威尔士长矛兵所组成，且占据了居高临下的优势地形。

开战前，爱德华骑马视察了他的部

公元1326年，英王爱德华三世画的一幅最早的火炮图画。

英王爱德华三世提出应由他继承法国王位，并且修改了皇室盾形纹章，把法国的鸢尾花与英国的狮子绘在一起。

队，对将士们做了一番鼓励后，命令他们抓紧吃饭，吃饱休息后的英格兰军队，尽量保持着体能，当法军到达时，英格兰将士们都体力充沛、精神饱满。下午6时，排成细长行军纵队的法军到达了战场。菲利普见天色已晚，就谨慎地命令第二天早晨再说，然而那些妄自尊大、目空一切的法军骑士们却忍耐不住，坚持要打，面对纪律松弛、组织涣散的法兰西军队，优柔寡断的菲利普国王只得同意发起攻击。而这时，法军的大部分骑兵还在行军途中，除了热那亚的雇佣弩兵外，步兵都还没有到来。

法军打头阵的是热那亚雇佣弩兵，他们还未进入射程时就发动了攻击，结果大多数箭都没射到英军阵地。相比之下，英格兰长弓兵的攻击则要有效得多。英格兰长弓是用紫杉木制作的，非常坚固，在射程和威力上都占尽了优势，更何况还是居高临下，随着英王爱德华的一声令下，英格兰长弓手发出了第一次齐射，天空立即被密密麻麻的箭簇所覆盖，几轮射击之后，热那亚雇佣弩兵死伤惨重，不得不败退下来。

跟在热那亚雇佣弩兵之后的法兰西骑兵这时勇猛地扑了上来，法军这些两翼的重骑兵本应迂回攻击英格兰阵地的侧翼，但因为两侧的树林不适合骑兵运动，所以也都从正面向着英格兰军的长弓阵地发起了冲击。在箭如雨下般的英格兰长弓兵的打击下，法兰西骁勇的骑兵遭受到了很大损失，虽然有少数骑兵冒着箭雨冲到了英格兰军的阵地前，可英格兰军在阵前早已布置好了绊马的装置，法军的骑兵根本无法突破，结果在后撤的过程中，不得不再次承受英格兰长弓的攻击，被杀得伏尸遍野，惊马乱跑。

混乱的法军简直就像是集体冲向一场大屠杀，无数法国贵族就此倒下，毫无疑问，当时在欧洲所流行的骑士精神，以及在会战中以重骑兵一次冲击决胜负的军事思想，导致了纪律涣散的法兰西军队实施了这一灾难性的攻击，而不是理智地发挥自己数量及机动上的优势，去攻击英军的侧翼和后方。

法兰西的部队依然在毫无节制地一批接着一批冲进这场可怕的混战之中，并相继被英军的乱箭所击中，这种冲锋一直持续到了深夜，经过了16次的突击冲锋，法军把自己的部队搞得七零八落。次日清晨，山冈上的英格兰人被眼前的景象惊呆了，只见那片小小的谷地里，躺着一堆堆法国人的尸体，令人毛骨悚然。其中有1400多位勋爵和骑士，还有1.6万名重骑兵、弩兵和步兵以及成千上万的马匹，而英格兰军总共死伤仅有300多人。

随着法兰西军队的退走，克雷西战役以英格兰军队的完胜而告结束，在这场战役中，法王菲利普六世不审时度势，只是依仗着自己的优势兵力在不利于自己作战的条件下一味强攻，是法兰西军队失败的主要根源。倘若法军利用自己骑兵机动性强的优势，对英格兰军队采取围而不打的策略，然后在运动中去袭击它，那么深入到法国内地、粮草不足的英格兰军队只怕要凶多吉少。这当真是一将无能累死千军。

图中表现的是百年战争早期英国取得的最重要的一次胜利——克雷西战役。

在世界战争史上，克雷西战役具有重要地位。首先，它是一次以少胜多的经典战例，英格兰军队以 1 万余人的兵力，打败了 4 万多人的法兰西军队。其次，它改变了骑兵不可战胜的神话，打破了贵族骑兵在西欧的军事垄断地位。法兰西强大的重装骑兵面对英格兰长弓手的齐射无可奈何地败下阵来，弓箭的力量开始为人们所重视，性能良好的长弓开始逐渐取代了十字弩，成为步兵弓箭手的主要武器。从此以后，步兵能够战胜骑兵的意识被全面普及，到了 15 世纪的阿金库尔战役，法兰西人也接受了对手的思想，开始命令骑兵下马徒步进行战斗，这说明骑兵和步兵在战争中的地位已经产生了微妙的变化。

对抗"恶人查理"
扎克雷起义

扎克雷起义是 1358 年法国的一次农民暴动，扎克雷意即"乡下佬"，是贵族对农民的蔑称，起义由此得名。

1356 年，在法国西部普瓦提埃进行的战役中，英军在爱德华三世长子的率领下大败法军，法王约翰二世和许多法国贵族被俘，国王被俘后，法国由太子查理监国。太子查理为筹集使约翰二世获释而必须支付的赎金和战争经费，实行了新的徭役制度，规定了附加税收，这引起了法国各阶层的日益不满。1358 年 5 月，首都巴黎的商人领袖艾顿·马塞领导巴黎市民暴动，太子查理在市民的起义中被赶出巴黎。

逃出巴黎的太子查理命令切断通往巴黎的一切道路，在巴黎周围修筑城堡和防御工事，这些工作全都落到了农民身上，在徭役和赋税压迫下的农民们愤怒了，他们自发地消灭了一队掠夺当地农民的士兵。事发后，农民们决定拿起武器来反抗封建主。暴动在巴黎以北的博韦省开始，很快就席卷了法国北部绝大部分地区，暴动的农民达到了10万多人。那些分散在各处的农民暴动队伍中，属博韦地区的规模最大，拥有6000多人，这支队伍的领袖是富有军事经验的吉约姆·卡勒。这些农民起义者们并没有成文的纲领，他们的口号是"消灭一切贵族，一个不留"。

从这里可以看出，这场农民暴动注定是要失败的，他们没有纲领，只是以"杀贵族"为目的。当时法国的骑士们都在外地和英军打仗，很多贵族家中只有女人和孩子，偶尔有几个骑士在家也无力抵抗这些暴动的农民。据史官统计，超过150座贵族豪宅和城堡遭到暴动者的袭击，惨遭虐杀的贵族家庭数不胜数，而那些牺牲品多是女人和孩子。

在巴黎领导市民暴动的商会会长艾顿·马塞闻知农民也举行了声势浩大的暴动时，大喜过望，赶忙联系那些农民军作为外援，请求他们破坏太子查理在塞纳河和瓦斯河之间修筑的阻碍粮食进入巴黎的工事，并派遣了一支300多人的队伍去援助农民军。这样，城乡两支暴动力量会合起来，更加壮大了声势。

法国贵族们很快就从初期的惊慌失措中清醒过来了，他们迅速联合起来，其中有一个被后人称为"恶人查理"的贵族，首先带头镇压农民军，这位"恶人查理"是法兰西国王路易十世的外孙，也是法兰西国王约翰二世的女婿，曾以卡佩王室的后裔身份多次对法兰西王位提出要求，企图取代他的岳父约翰二世。此时他率领的皮卡第、诺曼底及纳瓦拉的军队充当了镇压农民军的主力。

一次，农民军探知有300多名贵族妇女逃到了摩城，其中还有太子查理的妻子，近万名农民军立刻向那里进发，当农民军兵临城下时，城里的贫民打开了城门迎接

1358年，由于百年战争所带来的农业荒废、英军的蹂躏和赋税的增加，农民纷纷起来抗议。图为暴动中袭击骑士的农民们。

他们，贵族妇女们躲在城里一座河流环绕的坚固堡垒里，看见农民们手持铁钗、棍棒跑来攻打堡垒，她们惊恐万状地尖叫着："扎克雷来啦！""扎克雷来啦！"正当那些贵妇人们惊叫呼救之时，"恶人查理"带着一批骑士军赶到了，他们从农民军的背后发起了出其不意的袭击，结果农民军那些乌合之众在慌乱中节节败退，这一天，"扎克雷"被骑士军杀死几近8000人。

在"恶人查理"的号召下，来自法国各地的贵族们会集在诺曼底，组成了一支近2000人的骑士军，这支队伍人数虽然不算多，但相

比那些由农民自发组成的队伍来说，军事素质显然要强得多，当听说有一支规模较大的农民军在梅洛小镇扎营时，"恶人查理"立即率领骑士军直奔那里而去。

扎克雷起义最后被骑士军残酷镇压。

驻扎在梅洛小镇的农民军有6000多人，他们由几支农民军会合而形成，领袖是吉约姆·卡勒。这支农民军不仅装备极差，从组织上来说，其实就是一群乌合之众。"恶人查理"这次出动的部队除由法国贵族组建的骑士军外，还有一支英格兰军队，合计2000多人，还不到农民军的一半，但绝对要比农民军装备精良、训练有素。

6月10日，吉约姆·卡勒在梅洛镇外集中了农民军的主力，准备与"恶人查理"的骑士军决一死战，不料在这紧急关头，艾顿·马塞由于害怕农民的行动会损害巴黎市民的利益，竟然背叛了农民军，在运粮道路被打开、大批粮食运进巴黎以后，就断然下令与农民军一刀两断，在吉约姆·卡勒急需兵力的时候，调回了早先援助农民军的队伍，从而使农民军独自面对装备精良的敌人。

但是，农民们毫不畏惧，准备与"恶人查理"的骑士军血战到底。吉约姆·卡勒将农民军部署在能控制周围地区的山坡上，用马车围起了一道屏障，在这道屏障后面配置了弓弩手作为第一线，在第一线的后边还将一支由近千人组成的骑兵队伍留作预备队，随时准备出击。在农民军强大的阵容面前，为了避免不必要的损失，骑士军几天内没有向农民军发动进攻。老奸巨滑的"恶人查理"决定施用诡计，他假意邀请吉约姆·卡勒进行谈判，订立停战协议。吉约姆·卡勒轻信了他的诺言，在没有保证自己安全的情况下前去赴会，结果被背信弃义的"恶人查理"扣留。在"恶人查理"和那些法国贵族的眼里，吉约姆·卡勒就是个贱民，骑士准则对他并不适用，吉约姆·卡勒被严刑拷打，折磨至死。

吉约姆·卡勒被扣后，"恶人查理"趁农民军失掉领袖之机发动了猛攻。群龙无首的农民军失去了统一指挥，内部已自出现了混乱，士气直线下降。骑士军吸取了克雷西战役里骑兵惨遭弓箭射杀的教训，在这场战斗中，他们全部下马徒步作战，在一轮冲锋下，农民军的防线就被攻破了，被分割成许多小块的农民军彼此不能相顾，顿时乱作一团。在骑士军的打击下，农民军不久就开始溃败，一场毫无悬念的战斗以农民军的惨败而告结束，那些造反的农民不是战死就是被俘后惨遭虐杀。

从那以后，由贵族们组成的骑士军到处对农民进行血腥镇压，到6月底，被杀农民已有数万人之多，直到两个月后，那些贵族们担心没有人给他们收割庄稼，对农民的血腥镇压才算停止。不久，失去农民军配合的巴黎市民暴动也在骑士军的镇压下以失败告终。

扎克雷暴动失败的原因是多方面的，其中缺乏坚强的组织和明确的斗争纲领，以及没有得到可靠的同盟者是主要原因。巴黎市民们在利用农民暴动达到自己的目的之后，立即背叛和出卖了农民。暴动者自身也有很大的欠缺，他们武器不足、兵力分散，加上轻信敌人，这一切，都决定了他们不可能战胜经济基础雄厚、组织严密的国家军队。

不过这次农民起义还是在法国历史上留下了不可磨灭的一页，它削弱和动摇了法国贵族阶级的统治，同时也丰富了法国人民同贵族阶级进行武装斗争的经验，这些经验为欧洲后来的人民起义所借鉴。

"圣女"贞德的故事
奥尔良战役

15世纪20年代，法兰西王国北部和西南方大片的地区，都处在英格兰和它的盟军勃艮第人的控制之下，其中英格兰人占领了巴黎，而勃艮第人则占据了兰斯。兰斯的重要意义在于它一直是法国国王进行加冕典礼和祝圣仪式的传统地点，而这时执政的法国王储查理还没有进行过加冕。

1428年10月，英格兰军队继续向南挺进，开始围攻法兰西军队占领区的最后一座要塞——奥尔良。地处卢瓦尔河畔的奥尔良是通往法国南方的门户，战略地位极其重要，如果奥尔良失守，英格兰军队就获得了巩固的后方，从而可以毫无顾虑地长驱直入，法兰西就有可能全部落入英格兰之手。对于法兰西来说，奥尔良已经成为最后一个能阻挡英格兰军队南下的战略要地，也成了法兰西王国能否取得战争胜利的唯一希望。

由于长期的屡战屡败，法兰西军队的士气严重受挫，以王储查理为首的贵族们竟没有一个人敢于率兵前去解救奥尔良要塞。在这千钧一发之际，年方19岁的少女贞德，女扮男装，前来求见王储查理，她自称受到上帝的指示，请求领兵去解奥尔良之围。

少女贞德出生于法国香槟地区一个叫栋雷米的农村，父亲雅克·达克，母亲伊莎贝拉·达克，她的双亲拥有大约50亩的土地。自小习武的贞德希望能参加这场卫国战争，她女扮男装穿越了广阔的敌占区，到达了法兰西王储查理在希农的城堡，在这次会面中，贞德给王储查理留下了极为深刻的印象。

也许是想借助上帝之名去重振法兰西军队的士气，走投无路的王储查理力排众议，居然授予从来没参加过战斗、只是一个少女的贞德以"战争总指挥"的头衔。在阿朗松公爵的陪同下，少女贞德率领着一支不足5000人的队伍，前去解救奥尔良。此时的贞德全身甲胄，腰悬宝剑，捧着一面大旗，上面绣着"耶稣马利亚"，跨上战马，率领军队向奥尔良进发。

画面中央便是率领军队于奥尔良大败英军的"圣女贞德"。

王储查理任用与军事完全不沾边的贞德去指挥这场事关法兰西生死的战役，他这是在赌博，把国家的命运押在了一个少女的身上。对于查理这个完全有悖理性的决定，历史学家们给出了这样的解释："在战场上一年接一年的可耻失败，法兰西政府的领导地位已经是名声败坏，军队和民众的士气由此低落，几乎所有正规、理性的策略选择皆告失败。只有一个已经到达了生死存亡最后关头却全然无计可施的政权，才会在绝望之下去相信一个自称受到上帝指示的农村文盲女孩，让她去指挥国家的军队。"

奥尔良城已被英格兰军包围达半年之久，赶到战场的贞德无视其他经验丰富的指挥官先设法解决奥尔良补给的主张，坚持要马上直接攻击英格兰军队。贞德从围城的英格兰军队中找出一个薄弱环节，指挥法兰西军队发动了猛烈进攻。在战斗中，贞德随身带着她那面明显的旗帜，一直冲杀在战斗的最前线。也许是她头上罩着的那层"天使"光环的缘故，士气大振的法兰西士兵变得英勇无比，英格兰军队一时难以抵挡，很快就四散逃窜了。4月29日晚，骑着白马的贞德在她那面锦旗的前导下，进入了奥尔良城，全城军民燃着火炬来欢迎这位奥尔良的救星。

次日，贞德致书围城的英格兰将领塔尔波特，要求他们撤退，但遭到了塔尔波特的拒绝。在随后的几天里，英军只是躲在城外的堡垒中，并不出战。无论外面法军如何频繁调动，英军一概不加干涉，只是加强了戒备而已。而在这几天中，又有几支法兰西的军队来到了奥尔良，奥尔良城内守军的士气大增，贞德知道，与英格兰军队决战的时候到了。

贞德非常轻视法兰西军队中将领们谨小慎微的战略，在战场上，她主张采用正面的猛烈攻势去进攻英格兰军队的堡垒，她首先率军攻打英格兰军队设在城东的圣罗普要塞。在战斗中，贞德指挥果断，身先士卒，法军士气大振，奋勇当先地投入战斗。英格兰军队从南面的奥古斯丁要塞抽调出部分兵力前去援助圣罗普要塞，这支援军企图攻打法军的侧后，迫使法军处于腹背受敌的困境，借以解除圣罗普要塞之危。面对两面受敌的战况，贞德镇定自若，她命令一部分兵力组成一道牢固的防线，死死顶住南边来的敌军，自己则率兵以更猛的攻势，终于夺取了圣罗普要塞。奥古斯丁要塞来的英格兰援兵见圣罗普要塞已失，不得不收兵返回了奥古斯丁要塞。

夺取圣罗普要塞的意义十分重大，法兰西军队从此控制了卢瓦河上游地区，为解除奥尔良之围开辟了通路，同时这一战的胜利大大提高了法军的士气，使法兰西的军民们增强了战胜英格兰军队的信心，当晚奥尔良城内钟声长鸣，庆祝这场自英格兰军队围城以来的第一场胜利。贞德在法兰西军民中的声望也随之大增，许多将领对她的态度也由早先的轻视转成了敬佩，认为她真是上帝派来拯救法兰西的，因此心甘情愿接受她的指挥。

据战场上的目击者声称，每当遇到危机时，经过祈祷后的贞德常常能做出相当明智的决策，士兵和将领们往往将她所获得的胜利视为是上帝神秘力量所成就的。传统的历史学家则认为贞德在战场上的领导作用主要是靠激发军队的士气，贞德也声称，她更注重她的军旗，而不是她的剑。

5月6日，法兰西军队按作战计划，借助浮桥南渡卢瓦尔河，进攻奥古斯丁要塞。见情况不妙的英格兰军退守奥古斯丁教堂。攻击的法军认为奥古斯丁教堂防御坚固，准备放弃进攻，恰在这时贞德赶到并阻止了法军的撤退行动。凑巧的是，英守军见法兰西军队迟疑不决，认为对手怯战，于是冲出了教堂，打算一鼓作气，击溃法兰西军队。看到英格兰军队如此气焰嚣张，满腔怒火的法兰西将士发动了勇猛的冲锋，结果，英格兰军大败，只好放弃了奥古斯丁教堂，退入了奥古斯丁要塞最后的堡垒塔楼。

7日清晨，攻打塔楼的战斗打响了。贞德依旧手执军旗冲在最前面，在接近塔楼时，贞德肩部中了一箭，但她从容地拔掉箭头，并振臂高呼："勇敢地战斗吧，胜利就在前面！"法兰西士兵纷纷响应号召，一拥而上，一鼓作气夺取了塔楼。残余的英格兰军被法兰西军队的英勇震慑住了，纷纷逃出了奥古斯丁要塞，踏上要塞外的吊桥夺路而逃。由于吊桥被突然涌上的大量人马所压断，包括将领格拉斯·戴尔在内的部分英军落入护城河中淹死，其余的溃不成军。夜幕降临时，塔楼燃起了熊熊大火，卢瓦尔河南岸的英军已被法军全部肃清，奥尔良城内再次钟声长鸣，它标志着法军已获得了奥尔良战役的最后胜利。

被英军围困了200多天的奥尔良城终于解围了，贞德接着率军收复了许多北方领土。她领导的军队持续取得了一系列不可思议的胜利，扭转了整场战争的局面，这使得贞德在法兰西军民的眼中已经成了"天使"，称她为"圣女贞德"，王储查理赐给她大量财帛和"贵族"称号，但都被她拒绝了，贞德决心继续完成解放整个法兰西的事业。

在随后的日子里，贞德率军北上，收复了许多被英格兰军队占领的城市，其中包括重镇兰斯。1429年7月，贞

这是1431年圣女贞德被烧死前的情形。400多年之后的1920年，她被封为圣徒。

德陪同王储查理来到兰斯大教堂，举行了传统的加冕典礼，王储查理从此正式继承了法兰西国王的王位，成了查理七世。在贞德的努力下，法兰西的军队于9月开始围攻巴黎，贞德一如既往，冲锋在前，不幸负伤，被抬离了战场。本就不打算出兵的查理七世迅速与勃艮第公爵签署了为期四个月的停战协定后下令撤退，奥尔良战役的余音终于止歇了。

1430年5月，在一场与勃艮第人的小规模战斗中，当贞德下令军队撤回贡比涅城时，她自己处在军队的最后方，以确保所有人都退回城里。但就在这时，贡比涅城的守将因为害怕勃艮第人跟着闯入，没等所有的部队撤回便将城门关上，结果贞德与剩余的后卫部队便成了勃艮第人的俘虏。当时有关俘虏的惯例是，只要俘虏的家人能够付出赎金便能将他赎回，但这次勃艮第人不想这样做，他们以1万英镑的价格把贞德转卖给了英军，在之后的一年里，尽管贞德在英国人手里备受折磨，查理七世却见死不救，没有采取任何的营救措施。被俘的贞德宁死不屈，她说："为了法兰西，我视死如归！"1431年5月29日上午，贞德在卢昂城下被活活烧死，她的骨灰被投到塞纳河中，死时还不满20岁。

奥尔良战役后至今数百年中，法兰西人民珍重地把贞德的光辉形象和不朽的业绩铭记在心，把她称为"奥尔良的女儿"和"奥尔良的英雄"，每年的5月8日，奥尔良人民都要以隆重的方式纪念自己伟大的女儿——法兰西杰出的民族女英雄贞德。

法国炮兵的兴起
马里尼亚诺战役

1515 年，年仅 20 岁的弗朗索瓦登上了法国王位。这位年轻的君王迫切地想实现自己的勃勃野心，在执政的第一个夏天，就率领一支 2.5 万人的军队进入了意大利。这支远征大军中，除了 1 万名法国常备军外，其余大部分都是来自德意志的雇佣军。此次法国远征军携带了 70 门青铜加农炮，这种青铜炮安装在四轮车上，有着较强的机动力，能与部队的行进保持同步，既能用于野战，也可用于围城作战。

法国远征军沿着一条无人走过的路线穿越了阿尔卑斯山，绕过瑞士人的布防，进入伦巴第平原。9 月上旬，法军到达了离米兰仅 18 公里的马里尼亚诺村附近。9 月 13 日，2 万多名瑞士长矛兵开出米兰，前去迎战兵临城下的法国军队——这些瑞士兵可是欧洲战场上的常胜军。

过于自信的瑞士兵并不构筑工事，他们以传统的行进方阵，急不可耐地发起了攻击。首先与瑞士长矛兵接战的德意志雇佣军败下阵来，而且还丢失了 15 门大炮。但弗朗索瓦亲自率领他的重甲骑兵从侧翼发起了攻击，迫使瑞士长矛兵的可怕突击停顿下来。对于静止的瑞士军方阵，法军的野战炮开始发挥威力，每一炮下去，瑞士军队都有数十人伤亡，瑞士长矛兵的方阵随即瓦解。尽管伤亡惨重，此时的瑞士军队仍然毫无撤退之意，战斗呈现胶着状态，双方都在等待自己的援军。此时瑞士的两个军团正从山区赶来，而法国盟友威尼斯军则从东面疾驰战场。

第二天的战斗更加激烈，天刚刚亮，法军就从三面向瑞士军队展开了攻击，但法军自己的战线也同时被瑞士军队突破，到中午时，法军的右翼已经呈现溃态，眼看瑞士长矛兵就要席卷整个战线，就在此时，大批威尼斯军队突然出现在瑞军的背后，面对这些有生力量，士气跌到极点的瑞士军队不得不退出战场。

在这次长达两天的会战中，瑞士长矛兵贸然向有堑壕防护的敌方部队实施冲击，遭到了法军骑兵的翼侧突击，被迫停了下来，形成防御阵形，这就给法军的炮兵提供了延长火力打击的机会。法军利用骑兵和炮兵轮番攻击，最终取得了胜利。此役瑞士军阵亡和被俘 1.1 万人，而法军伤亡 6000 多人。

15世纪后盛行欧洲的枪骑兵

马里尼亚诺会战摧毁了瑞士常胜军的荣誉，战后瑞士与法国缔结条约，事实上成了法国的附庸。法国国王弗朗索瓦因在此战中身先士卒、勇猛无畏而获得了"骑士王"的美称。

风帆炮舰时代的开端
勒班陀海战

勒班陀海战是欧洲基督教国家的联合海军与奥斯曼帝国海军在希腊勒班陀近海展开的一场大海战，由西班牙王国、威尼斯共和国、教皇国、萨伏依公国、热那亚共和国及马耳他骑士团组成的神圣同盟的舰队在一整天的战斗中击溃了奥斯曼海军，使奥斯曼帝国从此失去了在地中海上的霸权。

1538年，被欧洲人称作"红胡子"的独臂海盗王海雷丁率领的奥斯曼海军战船在意大利港口普雷韦扎打败了意大利和西班牙的联合舰队，奠定了奥斯曼海军在地中海的绝对制海权，海雷丁也被公认为奥斯曼帝国千年历史中最强的海军将领之一。从那以后，奥斯曼帝国开始用自己的优势舰队，逐个攻占地中海上被占据的岛屿。

1571年，奥斯曼苏丹谢利姆二世派陆海军攻占了威尼斯领地塞浦路斯岛，震动了欧洲。为抗击奥斯曼的进一步扩张，罗马教皇庇护五世自己出资购置了12艘战船作为核心，与威尼斯、西班牙结成神圣同盟，组建了一支联合舰队，西班牙国王的异母兄弟——奥地利的唐·约翰被任命为联合舰队统帅，率大小舰船约230艘，其中有6艘是安装有远程火炮的新式炮舰，前往勒班陀迎战奥斯曼舰队。9月15日，神圣同盟联合舰队在西西里岛的墨西拿港起锚，向奥斯曼海军的集结地凯法洛尼亚岛的勒班陀湾进发。

在这之前，海盗卡拉·胡贾悄悄溜进墨西拿港，已经侦察到了神圣同盟联合舰队的实力和行动，数目庞大的船只汇集在墨西拿的消息，早就经由帕帕尔海盗来去如风的阿拉伯轻型快船传递到围攻塞浦路斯的奥斯曼海军舰队总司令阿里·帕夏手中，阿里·帕夏一面向伊斯坦布尔报急，一面调集各地的海军舰队汇聚到勒班陀湾，准备迎击来袭的强敌，重现普雷韦扎海战的荣光。

9月底，奥斯曼大部分主力船只已经集中在勒班陀港，10月3日，阿里·帕夏召开了作战会议，因为奥斯曼苏丹的命令是要采取攻势，所以会议决定迎击敌军。10月6日，奥斯曼两百余艘战舰离开要塞，在勒班陀之西约15海里的加拉塔岸边抛锚。

阿里·帕夏将舰队分为三个支队，中间是由他亲自统辖的来自希腊群岛和北非的战舰，右翼是西罗科指挥的埃及战舰，左翼的战舰来自叙利亚、君士坦丁堡，由意大利的叛徒乌卢·阿里率领。奥斯曼舰队拥有 3 万多名士兵，其中大多是临时征召的，装备的弓箭多于火器，只有少数精锐的苏丹近卫军。在这场战役中，奥斯曼海军找来很多摇桨奴隶，阿里·帕夏对他们说："如果我军胜利，自由将属于你们。"

9 月 30 日，神圣同盟联合舰队途中遭遇狂风暴雨，只好暂避在凯法洛尼亚岛上的费斯卡多港口，直到 10 月 6 日，天气开始放晴，舰队才再度出发。到达通向勒班陀湾的佩特雷湾口，在距奥斯曼帝国舰队泊地不到 20 海里处抛锚过夜，双方士兵们都在摩拳擦掌地等待着第二天的大战。10 月 7 日拂晓，借着清晨的第一缕阳光，双方几乎同时发现了对面大军的真实面目。

9 点左右，双方舰队慢慢接近了，神圣同盟联合舰队的三桅炮舰利用舷侧炮火轰击逼近的奥斯曼分舰队，并直接命中了敌方的旗舰，就此拉开了海战的序幕。因为受到敌人远程火炮出乎意料的炮击，阿里·帕夏拉直了他的新月阵线，部将劝他佯装撤退引诱敌军舰队追击，这样可以使敌方的阵线混乱——这也是奥斯曼人依仗船速较快的特点惯用的伎俩，但遭到了阿里·帕夏的拒绝，因为这和苏丹要他发动进攻的命令相违背。

在这次海战中，神圣同盟联合舰队使用了一种新式的战舰，威尼斯的能工巧匠们为了摆脱战舰对桨手的过度依赖，将桅杆增加到三根，用来张挂更多的风帆以提供动力，并且加大了船体，在舷侧安装了专用的舰载长管火炮，可以进行舷侧齐射——这种船只后来成为风帆炮舰的始祖。尽管双方舰船都安装了火炮和风帆，但联合舰队的火炮在数量及威力上都占着优势，交战一开始，联合舰队的炮火就打乱了奥斯曼海军的阵脚。

阿里·帕夏无视联军舰队那些漂浮在海面上的炮台，扑过去攻打敌人的主力船

公元1571年的勒班陀海战，是地中海最激烈的大海战之一，也是地中海中世纪的最后一场海战。

队，双方很快就纠缠在一起，进入一种混乱的近战状态。联合舰队左翼的威尼斯舰队遭到了西罗科的埃及战舰撞角和抓钩的攻击，指挥官巴尔巴里戈在战斗中被一箭射中面颊阵亡，大批奥斯曼士兵冲上了他的旗舰，两军近身肉搏，巴尔巴里戈的旗舰落入了奥斯曼人手中。

威尼斯人随后发起了逆袭，用火绳枪击杀了奥斯曼海军的右翼指挥官西罗科，夺取了埃及舰队的旗舰，而威尼斯的旗舰则被巴尔巴里戈的侄子孔塔里尼奋力夺回，但他也力战身亡。当威尼斯的旗帜在西罗科的巨型战舰上升起时，奥斯曼海军右翼的许多舰长都丧失了勇气，纷纷逃离了战场。

在中央战场，以双方旗舰为中心的格斗也在激烈进行着，许多船舰都分别靠拢了。阿里·帕夏的士兵两次爬上了联合舰队的总旗舰"帝权"号，但都被舰上的300名火枪手击退，同时，唐·约翰的士兵也两次爬上了阿里·帕夏的旗舰，但也同样被击退。激战中，一颗弹丸击中了阿里·帕夏的前额，他倒在划手中间的跳板上。有一个马拉加的士兵立即割了他的首级。

统帅的阵亡导致了舰上奥斯曼人的大乱，唐·约翰的士兵乘势攻占了阿里·帕夏的旗舰。旗舰被俘后，阿里·帕夏的军旗被扯下，升起了神圣同盟的旗帜，奥斯曼海军总司令阿里·帕夏的首级被挂在神圣同盟旗舰的桅杆上，恐慌在奥斯曼海军中蔓延开来，失去了指挥的奥斯曼海军中央舰队被彻底打败了。

联合舰队统帅唐·约翰命令全军出动，追击溃逃的敌军，击沉了不少失去战斗力的奥斯曼战船，随后又转向左翼，夹击处于被包围中的奥斯曼右翼船队，奥斯曼右翼的埃及舰队本就失去了指挥，此刻更是乱作一团，除了少数速度快的帕帕尔海盗船逃出战场之外，大部分或投降或被击沉。

乌卢·阿里率领的奥斯曼左翼舰队原本在战局中占了上风，但见己方的两支舰队都已崩溃，自己即将陷入被围之中，于是从战场上落荒而逃，在联合舰队的追击下亦是损失惨重。这场声势浩大的勒班陀大海战，终于以神圣同盟联合舰队的全面胜利而落下了帷幕。次日，一艘叫作"天使"号的战舰开进了威尼斯，传去了联合舰队胜利的捷报，在基督教世界中，引起一场空前的宗教狂热，罗马教皇庇护五世决定把这个胜利的日子当作永久性的节日来纪念。

勒班陀海战使奥斯曼海军遭到毁灭性打击，损失了200多艘战舰和3万多名士兵，而神圣同盟联合舰队只损失了20艘战船和近万名士兵，奥斯曼暂时失去了它在地中海的海上霸权。这是历史上最后一次桨帆战舰之间的大海战，火炮及其他火器在海战中发挥了重要作用。这次海战标志着桨船时代的结束，预示了风帆战舰和舰炮时代的到来，因而在海战史上具有划时代的重大意义。

"无敌舰队"的覆灭
英西加莱海战

16世纪，世界上号称"日不落"的帝国并不是后来殖民地遍布全球的大英帝国，而是欧洲的西班牙。自从哥伦布远涉重洋发现美洲新大陆后，西班牙殖民者就纷纷涌到那里掠夺金银财宝，当西班牙控制了素有"白银之国"称号的墨西哥和有"黄金帝国"之称的印加帝国以后，开始大量开采美洲的金银矿，把金条和银币运回西班牙。面对如此巨大的财富，欧洲各国的君主们无不垂涎欲滴。

当时的殖民帝国西班牙在西半球可谓不可一世，它垄断了世界许多地区的贸易，其殖民势力范围遍及欧、亚、非、美四大洲。为了保障海上交通线和在海外的利益，西班牙建立了一支拥有300多艘战舰、2000多门大炮的强大舰队，这支舰队横行于地中海和大西洋，并骄傲地自称为"无敌舰队"。

伊丽莎白一世时的英国通过圈地运动和海外掠夺，获得了迅速发展，也有着强烈的向外扩张的愿望，但是它的海上力量还很弱小，想从西班牙的美洲利益分一杯羹的英国女王想出了一个主意——向英国的海盗颁发"私掠许可证"。当时世界各国对海盗的惩罚是非常严厉的，如被捉到就要被判绞刑，但英国那些领取了"私掠

这幅画表现了伊丽莎白一世的夏季出巡。画中，伊丽莎白一世坐在撑着华盖的轿椅上，轿前左起第二位蓄着白胡须的就是指挥英舰队抗击西班牙无敌舰队的霍华德勋爵。

许可证"的海盗在英国就成了合法职业，也就是说，他们是"奉旨抢劫"。当然，"私掠许可证"也不是白拿的，抢夺的财富要按一定比例上交给女王政府，而女王有时候也会投资给拥有"私掠许可证"的海盗。说白了，就是政府支持海盗在海上去袭击、拦劫西班牙运载金银的船只，而英国女王则坐地分赃。

在持有"私掠许可证"的海上大盗中，最著名的海盗头子是德雷克，他在两次远航美洲中夺取了丰厚的战利品。仅 1573 年春，他在巴拿马地峡就抢劫了 6 吨黄金和数不清的奇珍异宝，回到普利茅斯时，他受到了空前热烈的欢迎，被誉为"自由英国的旗手"，而德雷克也因当海盗有功，而被册封为英国的爵士。

英国海盗对西班牙的劫掠，不仅使西班牙财政损失巨大，也渐渐动摇了西班牙海上霸主的地位，忍无可忍的西班牙国王腓力二世决定派出"无敌舰队"去讨伐英国。1588 年 5 月，这支西班牙"无敌舰队"近 160 艘战舰在梅迪纳·西多尼亚公爵的率领下，从里斯本起锚出航，浩浩荡荡驶进了英吉利海峡。西班牙舰队驶进普利茅斯港外水域时，英国人早就在等着他们了。由霍华德勋爵任统帅、德雷克任副帅的英国舰队也有 100 多艘战舰，虽然英国战舰的规模没有西班牙战舰大，但双方船舰的数目却也相差不多。

西班牙战船高大壮观，甲板上设置了中短程大炮，船首和船尾都有炮塔，仿佛一座座浮在海面上的堡垒，并载有许多的步兵以用于接触战。西班牙的海战方略是要让士兵在各船舰上跟敌人短兵相接。而英国的战舰体积小、速度快、机动性强，而且火炮数量多、射程远。英国战舰既可以躲开西班牙威力大但射程不远的重型加农炮的轰击，又可以在远距离对敌舰开炮，英国人的指挥方略是避免和西班牙海军近距离肉搏，而是要从远距离上击溃西班牙的战船。

从火炮的配置来看，英国人的远程火炮是西班牙人的两倍，但在中程火炮方面，西班牙则是英国的两倍，这种差异体现了双方不同的战术思想——英国人集中全力在远程战斗方面，而西班牙人则注重中程和短程战斗。

7 月 22 日清晨，海风驱散了淡淡的晨雾，西班牙"无敌舰队"的指挥官西多尼亚发现大批英国战舰已经摆在对面，并开始准备攻击了，而他自己正处于逆风的不利位置。顺风而行的英国战舰

英、西双方的战舰在英吉利海峡对峙。

当时的西班牙海军，可谓世界上最强大的海军，而英国海军则是由海盗小船拼凑成的，实力与无敌舰队相去甚远。但英国的舰船体积比较小，而且很灵活，速度也快，火炮的威力射程较远。在英国舰队炮火的轰击下，西班牙"无敌舰队"慌乱撤退。

在开战之初就赢得了主动权，它们列成纵队，一面向前行驶，一面开炮射击。"无敌舰队"虽然外形壮观，在人数和吨位上占优势，但却行动不灵活，成为英国战舰炮火轰击的明显目标。

英国战舰行动轻快，在远距离开炮，炮火又猛又狠，打得"无敌舰队"许多舰只纷纷中弹起火，而西班牙"无敌舰队"向英舰开炮射击，却因距离过远而无法命中，英国战舰尽可能避免进入西班牙火炮射程之内，只是在远处灵活闪避，活动自如。这种远距离炮战使西班牙舰队的步兵和重炮无法发挥作用，"无敌舰队"的指挥官西多尼亚连连感叹："敌人的舰只轻快而灵活，对它们真有无可奈何之感。"

通过三天的激战，西班牙"无敌舰队"已经损失了 18 艘舰船，而英方则是一艘未失，此时"无敌舰队"因弹药消耗过大而于 26 日黄昏到达加莱附近海域，在加莱与格里斯尼兹港之间驻锚，英国舰队也随后赶来。此时，英国舰队的战舰已增加到 126 艘，而"无敌舰队"却减少到了 124 艘，更为要命的是，英国人所消耗的弹药可以就近补充，而"无敌舰队"消耗的弹药却得不到弥补。

28 日夜间，海面刮起强劲的东风，午夜时分，英国人把 8 艘装满易燃物品，船身涂满柏油的小船点燃，八条火龙顺风而下，直扑停泊着的西班牙舰队，霎时间"无敌舰队"一片混乱，在断缆开航时各船乱成一团，有的相撞沉没，有的船只被烧毁。拂晓之后，英国舰队开始逼近炮轰，在西班牙人炮弹不足的情况下，英国战舰放心大胆地接近敌舰，以使弹无虚发。这场战斗一直延续到晚 7 时才结束，无力回击的西班牙人只好撤离战场，而英国人则随后扬帆追击。一个西班牙船员对此记载道：

"我们正在向东北航行，秩序异常混乱，彼此间距离都不一致，英军占着我们的上风，向我们进行巧妙的射击，各炮能彼此合作，使我方损失惨重。"

8月初，弹尽粮绝的西班牙舰队乘着风势向北撤离，准备绕过爱尔兰回国，但倒霉的事接踵而至，在海上他们接连遇到两次大风暴，许多船只翻沉了，不少士兵和船员被风浪冲到爱尔兰的西海岸，被英军杀死。此役，西班牙"无敌舰队"损失了近百艘战舰，2万多士兵葬身海底，而英国人却一艘船都没有损失，阵亡水手不足百人。

英西加莱海战实质上是后起的殖民主义强国英国与老牌的殖民者西班牙之间的一场海上大决战，是帆船舰队之间第一次使用火炮远距离的对攻，英军在实战中检验了其帆船海战战术的先进性。舰船的机动灵活和火炮优势取代了以往海战的短兵相接，海上战争从此呈现出一种全新的格局。

英国在海上击败西班牙"无敌舰队"，从此取得了海上霸主的地位。西班牙则因"无敌舰队"的覆没而一蹶不振，从此衰落下去。英国在海战后受到鼓舞，商业、探险和开拓殖民地方面都取得了相当的进展，成为伊丽莎白时代的特征。

引发欧洲军事大变革的经典战役
布赖滕费尔德战役

17世纪发生在欧洲的宗教战争，把欧洲大部分国家都卷入到一场新教和天主教的大战之中，大战的主战场在德意志境内。以德意志新教诸侯和丹麦、瑞典、法国为一方，并得到荷兰、英国、俄国的支持，而以神圣罗马帝国皇帝、德意志天主教诸侯和西班牙为另一方，得到教皇和波兰的支持。

1628年，神圣罗马帝国皇帝雇用的波希米亚贵族华伦斯坦所率领的雇佣军，先后击败了攻入波希米亚西部的英军和以丹麦为主的新教联军，新教势力惨败，神圣罗马帝

华伦斯坦雇佣军与英国联军作战的场景

1630年，瑞典国王古斯塔夫二世加入新教联盟一方，一度扭转了战争的形势，但两年之后他死于战场，天主教联盟重新获得了主动权。

国势力延伸到波罗的海沿岸。神圣罗马帝国计划在波罗的海建立一支强大的舰队，这引起了长期称雄北欧、此时正与波兰作战的瑞典王国的忧虑，瑞典国王古斯塔夫二世担心波罗的海上存在这样一支舰队，将使瑞典在该地区的优势地位受到威胁。

自古斯塔夫二世执政以来，他对瑞典的军队进行了彻底的改革，提高了军队中火枪兵的数量，使瑞典军队火枪兵的比例超过了军队总数的一半。欧洲历史上，火枪兵第一次正式成了战场上的主导力量。同时，他还建立了世界第一支独立的炮兵部队。瑞典军队平均每千人配备火炮12门，而其他国家的军队每千人仅配备火炮4门。经过古斯塔夫二世的改革，由瑞典农民和市民为骨干力量组成的瑞典军队具有了较强的战斗力，古斯塔夫二世依仗这支军队称雄北欧，被称为"北方雄狮"。

由于新教势力在德国内战中战败，统治德国、西班牙、意大利北部、奥地利、尼德兰的神圣罗马帝国空前强大，法国对波兰与瑞典的战争进行了调停，空出手的古斯塔夫二世终于可以前往德国加入这场针对神圣罗马帝国的新教和旧教之间的大战了。在法国大量金钱的援助下，古斯塔夫二世率领1.3万名瑞典军队踏上了德意志的领土。

瑞典军队踏上日耳曼地界后，面临的对手是神圣罗马帝国的巴伐利亚雇佣军将领蒂利伯爵。蒂利伯爵是一个虔诚的天主教徒，被称为"穿着甲胄的修道士"。蒂利伯爵在前期的战争中战无不胜，曾屡次打败新教联盟的军队，是有名的"常胜将军"。蒂利为了阻止瑞典军队，抢先攻陷了战略要地马格德堡，由于他的部下在马格德堡进行了劫掠和屠杀，他被称为"马格德堡屠夫"。

瑞典军队刚进入德意志地界时，许多德意志新教诸侯对他并不支持，多是采取观望态度，古斯塔夫二世不愿得罪那些颇具实力的德意志诸侯，所以只能在波罗的海沿岸地区与神圣罗马帝国军队打一些小的战役，可是蒂利伯爵无意中帮了他的忙，由于蒂利担心那些德意志新教诸侯与瑞典军队联手，于是抢先对那些诸侯下手攻击，结果迫使那些原本保持中立的德意志新教诸侯都倒向了瑞典一边，反而使古斯塔夫二世实力大增，形势变得十分有利，解除了后顾之忧的古斯塔夫二世可以放心大胆地向德意志纵深地带进攻了。

1631年9月，古斯塔夫二世与蒂利伯爵的对决在布赖滕费尔德展开了，为神圣罗马帝国服务的巴伐利亚雇佣军有1万多名骑兵和2万多名步兵，瑞典的新教联军在人数上略占优势，但差距不大，不过在火炮上古斯塔夫占了绝对优势，他有60多门重炮，而蒂利伯爵只有22门。为了充分发挥瑞典军队火枪兵的威力，古斯塔夫把步兵排成了三列横队。

开战之初，双方都在试探对方的虚实，谁也不敢贸然发动全线进攻，主要以密集的炮火互相轰击，这场激烈的炮战打了近两个小时，双方的步兵骑兵阵线都被打出了许多缺口，但是士兵门都镇静地保持着队列，默默忍受着伤亡。

在这场炮战中，瑞典炮兵的优势充分发挥了作用，他们的射速和火力密度几乎是蒂利伯爵炮兵的三倍，在火力上具有压倒优势，给蒂利伯爵的军队造成了巨大损失。蒂利伯爵左翼的骁将巴本海姆终于忍受不住了，他在没有接到统帅命令的情况下，一马当先，率领自己的胸甲骑兵擅自向巴纳尔发起了冲锋。蒂利伯爵见势不妙，只好命令全军发起进攻。在蒂利伯爵军队的猛攻之下，新教联盟的那些军队一触即溃，但古斯塔夫指挥的瑞典军队却岿然不动。

古斯塔夫二世对当时普遍使用的西班牙方阵进行了改进，建立了一种新的阵形，只见瑞典军队将火枪兵排列成三排，第一排趴着，第二排跪着，第三排站着，以便于同时把尽可能多的铅弹射向迎面冲来的敌人，以炮兵和滑膛枪的密集火力把以长矛为主的敌军打得一排排倒下。蒂利伯爵的骑兵不是严阵以待的瑞典滑膛枪火力的对手，数次冲锋都被敌人齐射的火力击退，冲在最前面的巴本海姆本人也受了伤，古斯塔夫见时机成熟，遂向对手发动了反攻，把溃不成军的敌人逐出了战场。

瑞典军队以完美的行进秩序占领了敌军阵地，缴获了蒂利军队的全部大炮和辎重。在这场战斗中，蒂利伯爵的军队尸横遍野，伤亡8000多人，5000多人被俘，蒂利伯爵本人也负了重伤，率残兵逃回莱比锡。新教联军伤亡不到3000人，其中瑞

瑞典与帝国联军交战的场景

典军队仅伤亡 700 人。

布赖滕费尔德战役又被称为"改变世界之战"，在古斯塔夫二世的带领下，新教势力第一次取得了重大的胜利，这场战役也是古斯塔夫二世军事艺术的杰作之一，瑞典军队以机动加火力为基础的新战术第一次战胜了以数量加长矛为基础的旧战术，这在军事史上具有划时代的意义，显示了改革后的瑞典军队对旧式欧洲军队所具有的优势。

布赖滕费尔德战役对战略战术带来了巨大的冲击和影响，各国立刻仿效瑞典军队的模式，重新改建自己的军队，在很短的时间内，西欧的所有主要国家的军队都采用了瑞典军队的线形编队作战方式，滑膛枪手占据了主导地位。一年以后，神圣罗马帝国的军队也已经拥有了强大的火力，并加强了在作战中军队的机动灵活性。可以说，布赖滕费尔德战役在欧洲掀起了一场军事大变革。

战争双雄的较量
吕岑会战

被后世称为"现代军事之父"的古斯塔夫登上瑞典国王的宝座后，对瑞典军队进行了一系列的军事改革，其用火枪兵取代长矛兵，先以炮兵进行集中火力攻击，再以骑兵进行突击，最后由步兵负责清理敌军的三段式战法，成为其后战争的标准战法。

1630 年，喜欢冒险、被称为"北方雄狮"的古斯塔夫二世率领 1.3 万名瑞典军队进入德意志，加入了德意志的"三十年战争"之中。初入德意志的瑞典军队由于使用了新式的装备和新式的战术，连连取胜，势不可当，号称"披甲修道士"的德意志一代名将蒂利伯爵两次被战败，最终负伤而死，古斯塔夫由此被视为战神。神

这是公元17世纪初军队的火炮，炮身呈45° 倾角射击。

圣罗马帝国皇帝出于无奈，只好任命雇佣兵统帅、杰出的军事家华伦斯坦公爵担任帝国军队大元帅，来对付这头凶猛的"北方雄狮"。

华伦斯坦手下的雇佣兵构成比较复杂，他们包括德意志人、奥地利人、捷克人、意大利人、匈牙利人、波兰人和克罗地亚人，因此被人们视为乌合之众，不过这群乌合之众在华伦斯坦的统率下却是非常死心塌地，据说是因为他们所到之处可以任意地抢掠烧

杀、巧取豪夺，军官和士兵都能大发横财，而且华伦斯坦对待将士们也从不吝啬。

1632 年晚秋，重新披挂上阵的华伦斯坦率军收复了波希米亚地区，并向萨克森进军，准备切断古斯塔夫的退路。当时华伦斯坦的雇佣军有 1.3 万名步兵和 9000 名骑兵，而古斯塔夫拥有 1.3 万名步兵和 6000 多名骑兵，兵力略占优势的华伦斯坦准备在吕岑附近与瑞典国王较量一番。

11 月 14 日，华伦斯坦决定分兵并把司令部后撤至莱比锡。他判断古斯塔夫在年前不会再有进一步行动，因为严冬让扎营变得困难重重。然而，古斯塔夫却打算对华伦斯坦发动一场突袭，不过这个计划很快被华伦斯坦留在吕岑以南的克罗地亚骑兵挫败了，一场小规模战斗过后，尽管瑞典人取得了胜利，但也使得这场奇袭行动失去了突然性，到夜幕降临时，两军之间仍有近 3 公里的距离。

公元 1607 年的火枪手。此图展示了一名典型的火枪手。

在得到古斯塔夫的瑞典军队靠近的消息后，华伦斯坦将自己的部队进行了防御部署，他们沿着莱比锡到吕岑的道路挖壕掘沟，并将军队部署在壕沟的后面，正面由使用滑膛枪的步兵据守，骑兵则分列两侧，并在壕沟后面部署了 24 门大炮。华伦斯坦十分清楚，这一次自己要面对的强敌超过以前所有的对手。古斯塔夫是罕有的军事天才，而瑞典军队的一流素质也绝非自己手里那帮善于劫掠的雇佣军可比，必须谨慎行事！所以他并不想与瑞典军队打野战，只是命令自己的士兵在深沟高垒之中安然不动。

古斯塔夫虽然率领着 1.9 万人的军队，但并不全是训练有素的瑞典常备军，其中近一半是来自德意志或苏格兰的雇佣兵。古斯塔夫也将自己的军队按左、中、右分开，战线中央是步兵，两翼各为骑兵和 1000 名滑膛枪兵的组合，并把 20 门野战炮沿前沿阵地一线排开。11 月 16 日清晨，瑞典军队开始向敌军步步逼近，但过浓的晨雾推迟了瑞典军队的进攻时间，快到中午时，瑞典军队才完成了进攻部署。此时华伦斯坦正在病中，但仍坚持着亲临前线指挥。

一开始，瑞典军队在包抄华伦斯坦左翼的战斗中取得了上风，但华伦斯坦的手下大将巴本海姆率 2000 多名骑兵及时赶到，遏制了瑞典军即将得逞的攻势，然而在这次冲锋中，一枚炮弹命中了巴本海姆，使他受了致命伤，华伦斯坦雇佣兵的反击也随之土崩瓦解。

尽管华伦斯坦的左翼岌岌可危，但在中央战场却见到了曙光。在中路进攻的瑞典军队被阻击在壕沟前寸步难行，并因遭到猛烈打击而损失惨重，不久就陷入了混乱。多亏瑞典王室牧师见情况危急，领着一些人站在战场上大声吟诵圣歌，才让瑞典的溃兵止住了脚步。瑞典军的三把手克尼普豪森不失时机地将预备队投入前线，终于使局势得到控制。

在得到中线战况不利的消息后，古斯塔夫率领一支骑兵从右翼匆忙赶回，途中与敌军遭遇，混战中，古斯塔夫失去了踪影，直到午后1时左右，他的遗体才被发现。华伦斯坦并没来得及为击毙"北方雄狮"而高兴，因为丧失了国王的瑞典军队变得更加凶猛。古斯塔夫的副帅伯恩哈德在获悉国王的死讯之后，接管了总指挥的职责。他向全军发誓要赢得这场战役的胜利，来告慰古斯塔夫的在天之灵。经过激烈的搏杀，在黄昏时，瑞典军队终于夺取了敌军的炮兵阵地。华伦斯坦见战局已经无法逆转，只好下令自己的军队从战场上撤离。

这次吕岑会战，从战术上说，神圣罗马帝国对萨克森的攻势被粉碎，瑞典军队达成了战役目标。但在这场会战中，瑞典军队人员的损失并不低于对方，而且由于瑞典国王古斯塔夫的阵亡，使瑞典从此在联盟中降为次要的角色，德意志的新教诸侯也因此陷入了混乱和分裂之中。所以从战略上看，华伦斯坦也并非真正的失败者。

吕岑会战的失败，打破了华伦斯坦"天下无敌"的神话，在欧洲历史上，华伦斯坦可算是一个极具传奇和悲剧色彩的名将，他在战场上功勋显赫，威名远扬，但最终却成了败军之将。神圣罗马帝国的强敌古斯塔夫死去后，华伦斯坦再次被解除了职务，不久又被公布犯有叛国罪，因为他未征得皇帝的同意与敌国秘密和谈。一个月后，在神圣罗马帝国皇帝的指使下，华伦斯坦被刺客杀害。

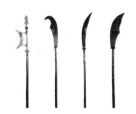

古代中国经典战役

"避实击虚、攻敌所必救"
桂陵之战

公元前445年，魏文侯即位后，任用李悝、吴起、西门豹等人进行各方面的改革，通过这些改革，魏国迅速成为战国初期最为强盛的国家。魏惠王继位以后，继承文侯、武侯的霸业，继续积极向外扩张。魏国的称霸，引起了周边国家的恐慌，其中齐、魏两国的矛盾最为尖锐。

与魏国相邻的赵国国力较弱，为了自保而与齐、宋、燕等国结盟，从而引起了魏惠王的不满。公元前354年，赵国向依附于魏国的卫国发动战争，魏惠王以此为由，派大将庞涓率8万精兵进攻赵国，直逼赵国都城邯郸。赵国都城被围，只好遣使向有同盟关系的齐国求救。

对于赵国的求救，齐国的大臣分成了两派，以齐相邹忌为首的一派认为魏国势力强盛，救赵会得罪魏国引火烧身，主张不如不救。而以齐将段干纶为首的一派认为，魏国兼并了邯郸后，必然威胁到齐国，还是救赵为好。齐威王最后决定出兵相救。齐威王一面答应赵国出兵，以坚其抵抗的决心，一面拖延出兵的时间，以待赵、魏的两败俱伤。

当赵、魏两军相持已近一年，均已疲惫之时，齐威王认为出兵与魏军决战的时机已经成熟，于是任命田忌为主将，孙膑为军师，统率8万齐军，起兵前往救援赵国。

在前往赵国的路上，齐军接连收到邯郸的告急文书，主帅田忌主张立即直奔邯郸，但军师孙膑认为魏、赵相攻经年，魏军的精锐部队都在赵国，而留在国内的是一些老

《孙膑擒庞涓》书简

本篇记述了孙膑在"围魏救赵"之战中，用避实击虚、"攻其必救"等方法，在桂陵大破魏军，俘获庞涓。这是孙膑运用他的军事思想取得胜利的一个著名战例。

田忌采用孙膑围魏救赵之计，一举两得，取得大胜。

弱残兵。直接前往邯郸救赵，魏军以逸待劳，对齐军不利，不如避实击虚，直接向魏国都城大梁进军，那时魏军必会放弃围赵而回兵自救，邯郸之围自解。田忌认为有理，于是齐军直奔大梁而去。

公元前 353 年 7 月，在魏军的猛烈攻击下，终于攻陷了邯郸，但此时田忌所率领的齐军也逼近魏国的大梁了，得到消息的庞涓只好留下少数兵力控制刚刚攻克的邯郸，自己率主力急忙回救大梁。

在回师的路上，庞涓丢下辎重车辆，只率轻骑精锐，日夜兼程直奔大梁，而孙膑则在魏军的回师途中设下了埋伏，当庞涓的轻骑行进到桂陵时，以逸待劳、士气旺盛的齐军四面出击，经长途跋涉、疲惫不堪的魏军完全陷入了被动挨打的困境而遭到大败。惨败后的魏国不得不放弃经苦战而得来的邯郸，从赵国撤军。

桂陵之战是一场避实击虚、攻敌必救的典型战例，在此战中，孙膑救赵却不奔赵，而是通过直接攻击魏国的政治和军事中心大梁，迫使魏军回师自救，一举解了赵国之围。同时又能使魏军在奔波中疲惫，自己以逸待劳，在有利于自己的地方作战，从而掌握了战役的主动权，最终一举击败魏军。从此，"围魏救赵"成了战争艺术的经典。

推翻秦朝统治的决定性战役
巨鹿之战

公元前 207 年，也就是秦二世即位后的第二年，秦军上将军章邯以偷袭的战术，在定陶打败了诸侯中力量最为强大的楚军，10 万楚军全军覆没，主帅项梁战死。大获全胜的章邯认为楚地已不足为虑，于是率领 20 万得胜之师渡过黄河，攻打河北的赵国，一举攻破了赵国的都城邯郸。赵军大败，赵王以及相国张耳都逃进了城坚粮足的巨鹿城，做最后的顽抗，同时派出了许多使者向各路反秦诸侯求援。

为了围困巨鹿城，章邯调动了原驻守在上郡的 10 万秦军南下，这 10 万秦军的主帅是王离，原是秦国用于戍边的正规部队，战斗力十分强悍。章邯令王离率军包围并攻打巨鹿城，自己则驻军在巨鹿南面的棘原，负责修筑通道和给王离所部运送粮草。此时赵国的大将陈余收集了常山一带的数万军队，驻扎在巨鹿城的北部，自知力量微薄的陈余不敢出战，只能眼睁睁地看着秦军猛攻巨鹿。

当时各国前来救赵的援军有十多路兵马，他们都驻扎在巨鹿城北，面对强大的秦军，没有人敢出面交锋。巨鹿危在旦夕，赵相张耳一再催促城外的陈余出兵解围，并以两人数十年的交情相逼，陈余无奈，被迫派出 6000 士兵尝试攻击秦军的围城部队，结果全军覆没。9 月，赵王的使者也到了楚国的彭城，向楚怀王求援，项羽为报叔父项梁之仇，主动请战。于是楚怀王便以宋义为上将军，项羽为次将，范增为末将，率军 6.3 万由彭城北上救赵。

在这些前来解围的各路援军中，楚军是绝对的主力，但楚军这次出征，军事指挥权的归属上却显得有些别扭。主帅宋义并非武将出身，原本只是项梁手下的一个幕僚，在军中并没有什么功劳和威信，而楚军的主要将领几乎都是随项梁、项羽渡江的子弟兵，楚军的主力几乎可以称为项家军。也许楚怀王为了削弱项家对军队的控制，这才把宋义任命为主帅，而项羽只是次将。

当楚军开到离巨鹿尚有数百公里之遥的安阳时，宋义就命令大军停了下来，不再前进。此时已是 10 月，楚军在安阳一待就是 40 多天，当时军中粮食紧缺，士兵们忍饥受冻，宋义却大宴宾客，日日欢饮，不思渡河救赵，只忙于送自己的儿子去齐国为相。

随着天气的变坏，楚军的粮草供应越来越困难，士卒的不满逐渐增加，项羽再也无法忍受宋义的避战策略，与宋义发生了争执。项羽主张迅速进军，与赵国里应外合击破秦军，但宋义却主张让秦赵两家互斗，等到两败俱伤的时候再坐收渔人之利。宋义对项羽道："披甲执戈上阵冲杀，我不如你；但坐下来运筹帷幄，你不如我。"为了压制不服的将领，宋义给军中下达命令："凡是势如猛虎、性贪如狼、倔强不听指挥者，一律斩首。"

项羽对宋义所谓的等秦军疲惫后

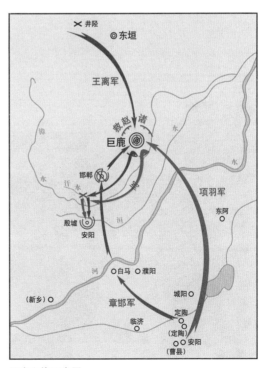

巨鹿之战示意图

再出战的说辞嗤之以鼻，他认为，赵国灭亡后，秦军只会更加强大，哪里会有什么疲惫的机会可乘？更何况此时楚军离巨鹿有数百公里之遥，到那时赶到战场，遇到的只会是士气正旺、严阵以待的秦军。

项羽对众将领说："楚王集中了全国之兵交予上将军，国家安危在此一举。现在上将军不体恤士卒，却只顾钻营私利，不是安定社稷的臣子。"于是进入帐中，斩下了宋义的头，然后对军中发布命令说："宋义与齐国同谋反楚，楚王密令我杀掉他！"诸将畏服，没有谁敢质疑项羽的话，大家都表示："当初创建楚国，拥立楚王的就是项家，现在将军诛杀乱臣贼子，理所应当。"于是拥立项羽为代理上将军。

楚怀王得到通报后，无可奈何，只好认可既成事实，传令让项羽正式担任上将军，并把英布和蒲将军2万多人的部队都归他统一指挥，此时归项羽指挥的楚军已有8万多人，终于获得了楚军的控制权。

12月，项羽率楚军挺进到巨鹿城东南方向约20公里的漳河南岸，项羽先是派遣英布和蒲将军率2万精兵渡水过河，袭击秦军的运粮通道。英布和蒲将军的2万楚军机动灵活，绝不与章邯的大部队接触，秦军虽然数量庞大，却也无法保证运粮道路的安全，王离的部队渐渐出现了粮草危机。英、蒲二将初战得手后，项羽认为决战的时机已经到了，于是率全军开始渡河。渡河前，命令楚军破釜沉舟，烧掉帐篷，每人只携带三天的干粮，以表示不胜则死的决心。

以楚军的这些兵力，如果与章邯和王离的大军直接对阵显然是不够的，唯一的机会便是将分散的秦军各个击破，而章邯的兵力部署，恰恰满足了这一条件。渡过漳河的楚军以迅雷不及掩耳之势直奔巨鹿，一路上势不可当，喊杀声震天动地，楚军将士们越战越勇，无不以一当十，连续数次击败前来阻挡的秦军。

当楚军大战秦军时，各路救赵援军只是在作壁上观，当他们瞧见楚军横冲直撞大破秦军的情景，无不心惊胆战，直到楚军彻底打败了章邯的部队后，各路援军方才醒过神来，纷纷投入战场，协助楚军聚歼巨鹿城前的秦军。战斗结束，活捉了秦

楚军破釜沉舟、背水一战，以弱胜强，击败秦军。

军大将王离，杀死秦将苏角，迫使秦将涉间自杀，围困巨鹿的秦军彻底土崩瓦解了。章邯见无力改变战局，只得率败军退保棘原。战斗结束后，项羽召集各路援军将领会面，那些将领们全都毕恭毕敬，甘愿听从项羽的指挥，项羽从此取得了统率诸侯的地位。

项羽像

巨鹿解围后，项羽率部驻于漳水南岸，各路诸侯驻军巨鹿城外，对章邯的秦军呈南北夹击之势。章邯一面固守棘原与项羽对峙，一面派部将司马欣向朝廷求援。当时专权的赵高猜忌前方主将，欲捉拿司马欣，司马欣从小路逃回棘原后，劝章邯早图良策。

就在章邯进退两难、犹豫不决的时候，楚军再次发起了攻势，项羽派蒲将军率军渡过漳水渡口，截断了秦军的退路，项羽自率主力从正面大破秦军。在楚军的沉重打击下，章邯进退无路，不得不率20万秦军投降项羽，秦军从此再无机动兵力可用。

巨鹿之战历时将近一年，全歼了30万秦军主力，对最后推翻秦朝的统治起了决定性的作用。在此战中，项羽果断杀死宋义，取得了楚军的指挥权，以破釜沉舟激发了将士们的斗志，因此一战成功。在整场战役中，没有给章邯任何可乘之机，堪称完胜。由于巨鹿之战的胜利，也使刘邦得以顺利地攻占咸阳，所以说，巨鹿之战不仅铸就了项羽的英名，也成全了刘邦的霸业。

几乎断送大汉政权的战事
白登之围

匈奴是中国北方的一个游牧民族，秦始皇统一中国后，曾命蒙恬率领30万秦军北击匈奴，收复了河套平原，并屯兵上郡，"却匈奴七百余里，胡人不敢南下而牧马"。秦汉交替之际，匈奴王子冒顿杀死了他的父亲头曼单于，自立为单于。冒顿单于登位后，统一了各部匈奴，逐渐强盛起来。楚汉相争时，冒顿单于利用兵强马壮的优势，重新夺取了河套平原，从此便不断骚扰中原。他们行动如风，忽来忽去，劫掠边境地区的人口和财富，成了西汉王朝的严重威胁。

西汉政权建立后，为了防范匈奴的袭扰，公元前201年，汉高祖刘邦把太原郡的31个县定为韩国，以晋阳为都，让韩王信前去据守。韩王信去了以后，感到晋阳离边境太远，一旦有了敌情来不及处置，便奏请迁都马邑，刘邦同意了韩王信的请求。当年秋天，冒顿单于率兵南侵，越过长城，兵临马邑城下。

面对数十万匈奴铁骑，韩王信根本无力抵御，在援兵未至的情况下，只好擅自与匈奴讲和。韩王信的行为触怒了原本就猜忌他的刘邦，在刘邦书信的指责下，韩王信进退无门，只好举马邑城投降了匈奴，并与冒顿单于相约共同进击太原。次年冬天，冒顿单于率匈奴铁骑攻破了雁门关，向太原逼近。

得到匈奴向太原进犯的消息后，刘邦决定亲率 30 万大军迎战匈奴，他希望能通过这次亲征一举打垮匈奴，一劳永逸解决边境问题。汉军进入太原后，连连取胜，冒顿单于派匈奴的左贤王和右贤王各带 1 万多骑兵配合韩王信的军队屯兵在晋阳一带，企图阻挡汉军的北进，但势头强劲的汉军在晋阳打败了韩王信与匈奴的联军，并乘胜追击到离石。

汉军节节胜利，打得匈奴一直向北败退。然而，汉军打败的只是韩王信的军队和小股匈奴部队，还没有和匈奴的主力直接对垒，乘胜追击中的刘邦也曾派人前去侦察，那些侦察人员的回报都说匈奴的军队不堪一击，被眼前的胜利冲昏了头脑的刘邦决定继续挥师北上。

原来狡猾的冒顿单于见刘邦亲率汉军大举而来，采取"示弱之计"，故意用老弱病残与汉军交战，假装战败，诱使汉军深入，而数十万的匈奴精兵在白登山设下埋伏，在刘邦带领的兵马进入包围圈后，冒顿单于马上指挥 40 万匈奴骑兵蜂拥而出，截住了后面的汉军步兵，而将刘邦亲率的前部兵马围困在平城以东的白登山上。

白登山地势险要，武器精良的汉军据险而守，不擅步战的匈奴骑兵虽然一时没有攻上山去，但他们将白登山团团围住，并且派重兵驻扎在各个重要路口，截住了汉兵的援军，白登山上的汉军成了一支既无粮草又无救兵的孤军。

汉匈交战图

被包围后，汉军也进行了几次突围，但经过激烈战斗，都以失败而告终。汉高祖刘邦登上山头四面眺望，只见四面八方的匈奴骑兵阵容浩大，才感到大事不妙。当时正值天气严寒，汉军在寒冷的白登山上被围困了七天七夜，刘邦和将士们都冻得手脚发僵，身边所带的粮食也快吃完了，饥寒交迫的汉军危在旦夕。

匈奴人没有再向白登山发起进攻，而面对着兵强马壮、以逸待劳的匈奴骑兵，被围困的汉军也不敢冒险下山突围。正在刘邦焦急万分之际，身边的丞相陈平想出了一条计策，决定用厚礼去贿赂冒顿单于的妻子阏氏，让她帮汉朝说好话。

刘邦派出的使者携带着大量的珠宝去求见阏氏，阏氏见到那么多的宝贝，顿时爱不释手，这时汉朝使者又献上了一幅绝世美女图对阏氏说："汉朝皇帝打算将此女献给冒顿单于以求讲和。"阏氏担心刘邦被逼急了，真的送来这个绝世美女，自己会受到冷落，于是答应汉使者由她出面去说服冒顿单于解除白登山之围。

西汉军士服饰复原图

阏氏对冒顿单于说汉地没水草可供游牧，即便得到了也不能久居，更何况那个刘邦也是个有神灵保护的人，希望单于慎重一些。此时的冒顿单于也正处在进退两难的情况下，匈奴的大军虽然围住了刘邦，可占据着制高点的汉军有着弓箭优势，匈奴对于汉军的防御可以说毫无办法，汉朝大军的实力保存完好，尤其是包围圈之外的汉朝大军在大将樊哙等人的率领下，正源源不断地向平城方向聚拢过来。同时韩王信的部队迟迟没有按约前来，这使得多疑的冒顿单于怀疑他们是否同汉军有勾结，加上匈奴的军队历来都是来去匆匆，同样也面临着粮草不继的问题。考虑再三，冒顿单于终于采纳了阏氏的建议，下令网开一面。在匈奴骑兵开始撤围的时候，刚好天降大雾，两军对面不能相见，已经做好了突围准备的汉军，借助大雾的掩护，开始了突围。

为防止匈奴人有诈，突围中的汉军用弓箭手分列左右，并在强弩上挂上了利箭，拉满弦，随时准备反击，护卫着刘邦等人撤出了匈奴人的包围圈。突出包围后，汉军进到了附近的平城，无心再战的刘邦略事休整后，留下一支军队防守平城，自己带着大军主动南撤了。冒顿单于见汉军从白登突围出去后，也率领着40万匈奴铁骑撤回到关外。

白登山一战，让刘邦看到了西汉帝国的弱点，从此打消了与匈奴决战的念头，从此以后，西汉政权在处理与匈奴之间的问题时开始委曲求全，寻求和解之道。西汉主动与匈奴"和亲"，把公主嫁给单于，除赔送一大笔"嫁妆"外，还年年送给匈奴大量的絮、缯、酒、米等物品，历史上将刘邦开创的这个政策称为"和亲政策"。

通过"和亲政策"，西汉与匈奴的关系虽然有所改善，但并未杜绝匈奴的南侵骚扰，从汉高祖到惠帝、文帝和景帝，和亲政策一直被西汉王朝沿用了60多年，直到西汉王朝的第五位皇帝汉武帝刘彻即位后，强大起来的西汉帝国才废除了这一政策，开始与匈奴兵戎相见。

不破匈奴誓不还
西汉与匈奴的漠北之战

漠北之战发生于汉武帝元狩四年，即公元前119年，是西汉军队远征匈奴距离最远和规模最大的一次战役。在汉与匈奴的河南、漠南战役之后，连遭惨败的匈奴单于虽然率部远迁漠北，但仍然不断地攻掠西汉的北部边境，企图诱使西汉军队越过大漠，好以逸待劳击败汉军。元狩四年春，为了彻底消灭匈奴的主力，汉武帝发起了规模空前的远征漠北之战，派遣大将军卫青、骠骑将军霍去病各率6万精锐骑兵，分兵两路深入漠北，寻歼匈奴主力，并调动了数十万步兵，为这两支远征军做后勤保障。

卫青像

根据事先所侦察到的情报，汉武帝判断匈奴单于的主力在西部，故令霍去病率精锐出定襄西进，而令卫青为东路军出代郡。但霍去病所率的西路军刚出定襄不久，从捕获的匈奴俘虏口中得知匈奴单于在东部，于是汉武帝临时更改了部署，令霍去病转向代郡，寻歼单于主力，而卫青则改向西部的定襄。

这时，匈奴单于已经得知西汉军队的大举进攻，召集手下各部将领商议应对之策，西汉降将赵信献计说："汉兵远渡大漠，必将人马疲乏，匈奴的军队等候在漠北以逸待劳，定可击败汉军。"单于听从了赵信的计策，将匈奴的精锐集中在漠北等待汉军前来，并把所有的辎重物资向北方转移。

西汉大将军卫青率前将军李广、左将军公孙贺、右将军赵食其、后将军曹襄等出塞后，得知匈奴单于并没有东去，于是亲自率领主力快速前进，令李广和赵食其从东路迂回策应。卫青的大军远行1000余里，穿过大漠，与早已在漠北等候的匈奴

漠北之战　绘画

单于本部接战。卫青的汉军用战车环绕为营，稳住了阵脚后，派遣 5000 铁骑出战。双方激战到日暮时，战场上骤然刮起大风，沙石扑面，地处下风的匈奴军队处境不利，卫青乘机指挥骑兵从两翼包围单于，单于见汉军兵强马壮，势不可当，知道难以取胜，于是率领身边的数百名卫士突围而逃。

单于逃跑后，由各部落组成的匈奴军队随即溃散，卫青率主力一路追击，直追到颜山的赵信城。这一战歼灭了 3 万多匈奴主力，并缴获了匈奴屯集在北方的大批粮草物资，在焚毁了匈奴的基地后，卫青率军凯旋，遗憾的是从东路迂回策应的李广和赵食其因迷失道路，未能与卫青会师漠北，致使匈奴单于得以逃脱，老将军李广因此自杀。

司马迁曾用"桃李不言，下自成蹊"来评价"飞将军"李广，认为他战功卓著，但有些生不逢时，但他为人光明磊落，最终慨然自刎而死，令人叹息。

勇猛善战的骠骑将军霍去病的东路军出代郡后，轻装前进，在深入漠北寻找匈奴主力的过程中，霍去病率部奔袭 2000 多里，此次漠北之战原定是由霍去病负责攻打匈奴单于，所以在将领的配置上，那些敢于深入力战的猛将都分到了霍去病的军中，结果由于情报的失误，霍去病没能遇到匈奴单于的主力，与他对阵的是匈奴的左贤王所部。霍去病的东路军与匈奴左贤王展开了一场大战，左贤王力不能敌，率亲信弃军而逃，霍去病率军穷追不舍，在追到狼居胥山时，霍去病令人在山上修建了一个纪念碑，以纪念此战。这一战霍去病深入追击匈奴，一直打到贝加尔湖，方才回兵。

这场大战的对手虽然不是匈奴单于，但也可以算是霍去病的辉煌战绩，他以 1.5 万人的损失，歼敌 7 万多人，俘虏了 3 个匈奴王爷，还有 83 名匈奴将军和相国等重要人物。经此一役，匈奴左贤王的精锐损失殆尽。

这次漠北之战，是西汉军队在沙漠草原地区进行的一次成功的机动作战，也是西汉与匈奴战争中规模最大的一仗，双方都竭尽了全力。西汉军队的获胜是与汉武帝正确的战略决策分不开的，为了贯彻主动进攻的战略思想，汉武帝大力建设骑兵部队，提高了汉军在荒漠中的机动能力和攻击力。在用人方面，汉武帝破格提拔了一大批如卫青、霍去病等善于指挥骑兵集团行军作战的年轻将领，而卫青、霍去病则不负重托，在作战中表现出主动进攻、大胆果决的积极进取精神，他们充分发挥了骑兵的特长，敢于远程奔袭、大范围迂回包围，在实战中，以正面的快速冲击配合两翼包抄，猛冲猛打，这些都是西汉军队最终打败匈奴军队的主要原因。

经此一战，匈奴骑兵损失近10万，而受到牵连的平民和损失的牲畜更是难以计数，匈奴左贤王部几乎全军覆没，从此远遁。匈奴单于伊稚斜虽然逃脱，但他的主力也损失惨重，同样向漠北遁去。从此漠南再无匈奴的势力，危害了汉人100多年的匈奴边患，至此基本解决。当然，西汉也为此付出了沉重的代价，数万汉军精锐战死，损失了大量的战马，短时期内也无力再向匈奴发动大规模的进攻，使匈奴得到了喘息的机会。在以后的7年间，西汉与匈奴之间处于休战状态。

奠定三国鼎立的基础
火烧赤壁

在官渡之战中战胜了袁绍，进而统一了北方的曹操成了当时中国实力最大的军事力量，再加上有"挟天子以令诸侯"的政治优势，雄心勃勃的曹操把目标投向了江南的广大地区。为了一统天下，208年，曹操亲率数十万军南下，直取地处长江中游地区的荆州。

荆州位于全国的中心，地理位置极其重要，它北可威胁许都，南可进击东吴，西可并吞巴蜀，自古便是兵家必争之地。荆州这个好地方，不但曹操想要，当时盘踞在江东的孙权和栖身在荆州刘表帐下的刘备也都想得到它。

就在战争一触即发的紧要关头，镇守荆州的刘表却因病一命呜呼了，接替他掌管荆州的次子刘琮尚是个孩童，在部属的唆使下，荆州军队不战而降，未作任何抵抗就将荆州拱手献出。曹操兵不血刃，就占有了荆州，而且还得到了数十万的荆州水、陆降军，趾高气扬的曹操又把矛头指向了江东的孙权。至于只有1万多人的刘备，自然没有放在曹操的心上。

此时刘备并不知道刘琮已经献地投曹，等他发觉情况不对时，曹军的先头部队距樊城仅有一天的路程了，俗话说"铁打的襄阳泥作的樊城"，以樊城做基地的刘备兵微将少，要对抗曹操数十万的南征大军无疑是死路一条，不得已，刘备只能率众仓皇撤往江陵。

当时孙权正好派鲁肃前往荆州，以给刘表吊丧为名打探荆州情况，然而鲁肃已是迟到了一步，当他得知刘琮投降、刘备南逃的消息后，急忙赶到当阳与刘备会面，并劝说刘备与孙权联合。此时的刘备也正有此意，此时只有孙、刘联手，才能共御强敌。于是刘备转向东行，与自汉水东下的关羽水军会合，又遇到前来增援的刘表长子、江夏太守刘琦所部的1万余人，遂一起退至长江东岸的夏口。

刘备在当阳被曹军大败后，于退军途中派诸葛亮随同鲁肃赴柴桑面见孙权，说服孙权结盟抗曹。但孙权见刘备新败，又慑于号称80万的曹军的声威，对联刘抗曹之事举棋不定，在诸葛亮、鲁肃和周瑜等人指出曹军不过20余万，且有后方不安、水土不服、弱于水战等弱点后，才坚定了孙权抗曹的决心。孙权不顾主降派的反对，命周瑜率3万精锐水军，溯江而上，与刘备配合，共御曹军。

诸葛亮与周瑜商定火攻之计。

军事上接二连三的胜利，使得曹操踌躇满志、轻敌自大，企图乘胜顺流东下，一举消灭孙权势力，占领整个长江以东的地区。在强敌压境的危急关头，孙权和刘备两股势力为了避免彻底覆灭的共同命运，终于结成了联合抗曹的军事同盟。

十月十二日，周瑜率江东水军行至赤壁，与正在渡江的曹军相遇，双方展开了第一次水战。曹操的水军与新收编的原荆州水军之间难以磨合，因此初战被周瑜水军打败。这一战暴露出曹军不习水战的弱点，曹操不得不下令把战船靠到长江北岸乌林一侧，与陆军会合，进行操练，等待良机。而周瑜则把战船停靠在南岸赤壁一侧，与曹军隔长江对峙。

曹操的北方士卒不习惯坐船，加上不服水土而疾病流行，长江的风浪把他们颠簸得苦不堪言，当时两军都是以中小型战船为主，作战方式主要是冲撞或以弓弩对射。江东水军长期生活在这种环境中，惯于操舟弄船，无论是操纵船只冲撞还是在摇晃的船体上射击均占有极大的优势。相比之下，来自北方的曹军则无法适应，这使得曹操只能听取别人的建议，将战船用铁索连接在一起，上面再铺以木板，以保持其稳定性。被铁索连接在一起的战船的确减弱了风浪的颠簸，曹军人马在船上演练如履平地。曹操认为胜券在握，打败周瑜水军、平定江东指日可待。

针对敌众己寡、久持不利以及曹军士气低落、战船连接的实际情况，周瑜的部将黄盖建议采取火攻，奇袭曹军战船。周瑜采纳了这个建议，利用曹操骄傲轻敌的弱点，先让黄盖写信向曹操诈降，并与曹操事先约定了投降的时间。曹操不知是计，欣然允许。

赤壁之战场景绘画

在约好投降的当天，黄盖带领着数十艘满载浸油干柴的船只，以布遮掩，插上与曹操约定的旗号，并系轻快小艇于船后，顺东南风驶向乌林。在接近对岸时，戒备松懈的曹军皆争相观看黄盖来降，黄盖下令点燃柴草，各自换乘小艇撤走。燃烧的火船乘风破浪，如箭一般直冲向曹军的战船，曹军的船只被铁索首尾相连，分散不开，顿时成了一片火海，迅速蔓延的火势还殃及了岸边的曹军营寨。孙、刘联军乘势水陆并进，穷追猛打，一直追击到南郡。

曹军伤亡惨重，已无力再战。曹操知道已不能挽回败局，于是下令烧毁剩余的船只，留下曹仁、徐晃驻守江陵，乐进驻守襄阳，自己率领残兵败将逃回到北方。这场赤壁鏖战遂以孙权、刘备方面大获全胜而宣告结束。

在赤壁之战中，孙、刘联军密切协同，面对总兵力达20多万的曹军，能够正确分析形势，找出其弱点，以长击短，以火佐攻，乘胜追击，最终使曹操并吞寰宇的雄心就此付诸东流。赤壁之战成为历史上运用火攻、以弱胜强的著名战例。

赤壁之战使得曹操不复有南下的力量，在短时间内失去了统一全国的可能性，孙权在江南的地位得到了进一步的巩固，而刘备乘机获取了立足之地，势力日益壮大，三国鼎立的形势就此形成，曹、刘、孙三家争夺荆州之战也就此揭开了序幕。

"围城打援，正奇并用"
虎牢关之战

隋朝末年，隋炀帝杨广荒淫无道，横征暴敛，即位短短几年就使得天下烽烟四起，群雄争霸。原隋朝山西太原留守李渊在太原起兵，抢占了隋朝的都城长安，建国号为"唐"，正式称帝。占据着东都洛阳的隋朝守将王世充也在洛阳称帝，改国号为"郑"，而农民起义军首领之一的窦建德则在河北自称"夏王"，这三家势力成为当时逐鹿中原举足轻重的力量。

李渊为了夺取中原，称帝之后采取了远交近攻、先郑后夏、各个击破的战略方针，于 620 年 7 月，先是派遣使者暂时稳住窦建德，然后令他年仅 24 岁的二儿子秦王李世民统率 8 万唐军精锐主力东征洛阳，企图首先消灭王世充的郑国政权。

王世充得知唐军来袭的消息后，命令他的三个侄子分别镇守襄阳、虎牢和怀州等重要地点，再由他的兄长和儿子防守洛阳，他自己则亲自率领 3 万精锐步骑迎战李世民。621 年 2 月，唐郑两军在洛阳城西北面的青城宫展开了一场大决战。这是李世民所遭遇过的最激烈的一场恶战，郑军数次被冲散，但还是重整再战，战斗从早晨一直持续到下午，疲惫不堪的郑军渐渐无力抵抗唐军的冲击，王世充只得下令退守洛阳。

洛阳为隋朝东都，城墙坚固，防守严密，李世民强攻不下，只好将洛阳团团围住，再派兵清扫洛阳外围据点。由于唐军势大，洛阳四周的州县相继归降，洛阳东面的战略要地虎牢关也落入了唐军手中。攻克虎牢关使李世民处在了有利的态势之中，因为，他另一个大敌夏王窦建德如果要介入这场大战，虎牢关首当其冲。

王世充困守洛阳孤城半年有余，粮草缺乏，人心惶惶，处境危急的王世充只好派使者向河北的夏王窦建德求救。窦建德知道王世充若被消灭，那么唐军的下一个进攻目标就会落到自己身上，"唇亡齿寒"的道理他还是懂的，于是决定出兵联合王世充共同对抗唐军。

由于王世充所部长期的顽强抵抗，围困洛阳的唐军也处于疲惫不堪的状态，就在这时，夏王窦建德的 10 万大军到了。消息传到唐营，大多数唐军将领都认为王世充据守坚城，一时难以攻克，而窦建德大军人多势众，唐军将会腹背受敌，主张不如暂时退兵以避敌锋芒。但李世民有他自己的想法，他认为一旦王世充和窦建德联手，将会对唐严重不利，决心不给王世充死灰复燃的机会。李世民令李元吉、屈突通等将率唐军主力继续围攻洛阳，自己则率近 4000 精兵急奔虎牢关。也就是说，他要"围洛打援"，用这近 4000 人去抗击窦建德的 10 万大军，只要先打败了窦建德的援军，洛阳城就能不攻自破。

李世民率军到了虎牢关后按兵不

抬蹄战马俑　唐

唐时骑兵盛行。实行募兵制后，职业兵种与骑兵相结合，故唐朝兵力强大。

动，与夏军相持了一个多月，由于虎牢关地势险要，夏军无法前进，双方只进行过几次小规模的战斗，夏军都遭到了失利。4月间，夏军的粮道被唐军抄袭，大将张青特被俘，这使得夏军士气更加低落。眼看人心浮动，窦建德是进又不能，退又不甘。这时部下劝他改变作战计划，与其在此地与唐军主力硬拼还不如乘唐军后方空虚之机，率主力渡过黄河，直取山西太原。那样的话将会是如入无人之境，既可拓地收众、增强实力，又能迫使唐军回师援救，以解洛阳之围，可谓万全之策。

窦建德也认为其言有理，准备采纳，但王世充派来的使者苦苦哀求，说洛阳无论如何也不可能坚持到那个时候了，希望窦建德还是直接救援为好。左右为难的窦建德最终搁置了部下的合理建议，而在虎牢关继续与唐军对峙。

5月，李世民装作粮草不足，故意令唐军牧马于黄河北岸，以麻痹夏军。窦建德果然中计，他要乘唐军战马不足之时与唐军作战，于是指挥全军逼近虎牢关，擂鼓挑战。李世民按兵不动，只以少量人马与夏军纠缠。时至中午，叫战许久的夏军士卒饥疲难耐，由于这是一支农民武装，窦建德又为人宽厚，故此纪律松弛，此时有坐的，也有争着去抢水喝的，一时秩序大乱。李世民见时机已到，命令3000铁骑直冲敌营中军大帐。

此时的窦建德正在帐中与群臣议事，根本没想到人数如此之少的唐军还会主动出击，因此毫无防御准备，现在唐骑骤然而至，窦建德和群臣均惊恐失措，军队一时调动不及，危急中窦建德只好向东逃去。也许是他的穿着太显眼了，唐骑在他的身后一直穷追不舍，结果在战马受伤的情况下，窦建德被唐将擒获。

此时的夏军见大势已去，已是无心再战，都在惊慌溃逃，唐军一口气追击了30多里，俘获6万多人。由于俘虏太多无法处置，李世民便把他们就地释放，用囚车押着窦建德回师洛阳。在洛阳城中日盼夜盼的王世充见到被俘的窦建德之后，知道再无希望，只好献城投降。

虎牢关之战，李世民采用围城打援、避锐击惰、奇兵突袭以及擒敌擒王的战术，以不到4000之兵消灭了窦建德的10万军队，紧接着又迫降了困守洛阳的王世

莫高窟中的唐代战争壁画

充，创造了我国古代"围城打援"的著名战例，也是李世民以少胜多的经典战役。此役一举剪除了当时中原地区的两股主要武装势力，为唐统一全国奠定了重要基础。

东西方两大帝国的碰撞
怛罗斯之战

8世纪，欧亚大陆上有三个大帝国正处于兴盛时期，除了固守东南欧和西亚的拜占庭帝国外，另外两个便是大唐帝国和阿拉伯帝国。751年时的中国，正是盛唐的天宝年间，唐朝的国力正处于前所未有的鼎盛时期，尽管此时繁荣的社会表面下也隐伏着严重的危机，但至少在那时还是世界上的强国。

还在唐太宗时期，大唐就在中亚地区的西域建立了以安西四镇为核心的统治体系——安西都护府，安西四镇的兴旺很快就引起了在中东迅速崛起的阿拉伯帝国的觊觎，随着阿拉伯帝国不断向东扩张，当时的两大帝国终于在今天的吉尔吉斯斯坦与哈萨克斯坦地区爆发了一场对世界格局影响重大的怛罗斯之战。

据中国史书记载，怛罗斯之战的起因是由于西域地区唐朝的一个小藩国石国对大唐"无番臣之礼"，于是大唐的安西节度使高仙芝便领兵前往征讨，无力抵抗的石国请求投降，高仙芝表面上允诺和好，但随后就违背了承诺，趁石国不备攻占了石国的城池，他们抢夺城中的财物，大肆屠杀城中的居民，并将俘虏的石国国王斩首。侥幸逃脱的石国王子向阿拉伯帝国求救。

唐代铠甲式样

此时，阿拉伯帝国正处于阿拔斯王朝的统治之下，扩张野心极大的阿拉伯人早就垂涎大唐的西域地区了，为了对抗高仙芝的军队，阿拔斯王朝纠集了阿姆河与锡尔河流域的所有属国，组成了一支二十余万人的联军，准备前往攻打唐朝的安西四镇。阿拔斯王朝的哈里发许诺，谁先攻占的地方，谁就可以管理。

高仙芝得到消息后，决定采取先发制人的策略，主动进攻。751年4月，高仙芝率军从安西出发，翻过人踪罕至的葱岭，经过3个月的长途跋涉，一路长驱直入，深入到阿

唐军大败东突厥。

拉伯帝国境内 700 余里，于 7 月中旬到达了怛罗斯地区。由于阿拉伯人早就准备对安西四镇发动攻击，在接到高仙芝进攻的消息之后，阿拔斯王朝的哈里发命令锡尔河流域的 4 万多军队作为先锋部队立即赶往怛罗斯地区，同时又派大将萨利赫率领已经被阿拉伯控制的阿姆河与锡尔河流域几乎所有属国的兵力十余万人，急速赶往怛罗斯增援，这样一来，赶到怛罗斯地区的阿拉伯联军总兵力已超过了 15 万人。当时高仙芝所率领的 3 万大唐联军中属于安西都护府的唐军只有 2 万人，另有 1 万人是西域当地的拔汗那国和葛逻禄族的军队，在兵力数量上，阿拉伯联军占据了绝对优势。

高仙芝指挥下的唐军是一支马步混合部队，所有的步兵均配有马匹，行军时以马代步，作战的时候才下马作战，战斗力极为强大。在与阿拉伯联军先头部队的最初接战中，唐军依靠着步兵的强弓硬弩，占据了很大的优势，一度完全压制住了阿拉伯精锐骑兵的勇猛冲击，使阿拉伯战士死伤惨重。但阿拉伯联军依仗着数量上的绝对优势，不惜代价地连续发起攻击，战斗进行到第五天傍晚之后，葛逻禄族的雇佣兵见阿拉伯联军人多势众，突然叛变，他们从背后包围了唐军的步兵，并且切断了唐军步兵与骑兵之间的联系，阿拉伯联军乘唐军暂时混乱的机会，出动重骑兵对唐军猛烈突击，唐军在阿拉伯联军与葛逻禄雇佣兵的两面夹击下顿时溃不成军。

不甘心失败的高仙芝收拢残兵之后还想再战，但在副将李嗣业的劝说之下，终于放弃了反攻，收拢了散兵游勇后向安西逃遁，途中遇到随同大唐联军一同出征的拔汗那国的军队也溃逃至此，两支溃军都是夺路而逃，造成了道路堵塞，唐军副将李嗣业唯恐阿拉伯追兵赶到，斩杀了数百名拔汗那国的士兵，而抢先通过。高仙芝等引残兵逃至安西时，出征时的 2 万精锐部队只剩下数千人。

怛罗斯之战以唐军的惨败而告终，大唐联军的 3 万士卒几乎全军覆没。阿拉伯联军虽然取得了胜利，但他们的损失并不比唐军小，伤亡的将士达到 7 万人之多，这个结果这让阿拉伯人意识到，要征服庞大的唐帝国几乎是不可能的。由于对大唐军队在怛罗斯战役中表现出的惊人战斗力印象深刻，阿拉伯人在取得了怛罗斯战役胜利后并没有乘胜追击，只是开始着手巩固他们在中亚地区的霸权，而难以翻越的葱岭就成了阿拉伯帝国和大唐帝国的天然势力界线。

恒罗斯战役之后，中亚地区的西域各国从此倒向了阿拉伯帝国。恒罗斯战役 4 年之后，大唐帝国暴发了"安史之乱"，元气大伤的唐朝从此告别了鼎盛时代，开始走向衰落。

步兵战胜骑兵的经典战役
宋金剡家湾之战

南宋绍兴十年，即 1141 年，金熙宗采纳了都元帅完颜宗弼的献策，撕毁了刚刚与南宋签订的和议条约，出兵攻取南宋的河南和陕西地区。在主帅完颜宗弼的指挥下，金军分兵四路大举攻宋。金国的右副元帅完颜杲统率的西路军自河中府西渡黄河，入同州，下长安，直趋凤翔府。宋军为确保四川的平安，退守仙人关，隔渭河与金军对峙。8 月，金兵进占陇州和秦州后，金兵统军呼珊和迪布禄两军联合在一起，共 5 万大军在秦安城南 30 里处的战略要地剡家湾安营扎寨，对陕西战局形成了极大的威胁。

此时南宋的右护军都统制吴璘、川陕宣抚司都统制杨政、枢密院都统制郭浩三大将都齐集在仙人关一带，共同商讨抗金对策，右护军都统制吴璘向川陕宣抚副使胡世将主动请战，愿率 3 万精兵，破剡家湾之敌，并收复秦陇失地，表示"事若不捷，誓以必死"。胡世将给了他 2.8 万人，要他自河池北上，抗击金军，同时又命杨政出和尚原、郭浩出商州作为吴璘的声援。

右护军都统制吴璘是南宋著名的将领，在对金军的作战实践中，他自创了一种专门打击敌人骑兵冲锋的有效战法，名叫"垒阵"，就是以长枪兵排坐在前面，强弓手跪于其后，最后面是神箭手。待敌人距阵地百步时，神箭手先射，距 70 步时强弓手齐射，敌骑兵冲到阵前时，由长枪兵刺敌战马和骑手，吴璘就用这种阵法，在西北战场上屡挫金军。

北宋胄甲穿戴复原图

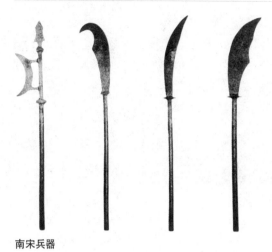

南宋兵器

9月初，吴璘指挥的宋军大举北进，抵达秦州城下，并开始攻城，三天后，金军守将武谊自知无力抵挡，出城投降。吴璘攻破秦州后，率主力继续北上，前进到刹家湾前安下营盘，并派人给刹家湾的金兵主将呼珊和迪布禄下书约战。

刹家湾位于腊家城以东的山岭之上，前有陡坡，背靠腊家城，易守难攻，金将呼珊是员猛将，金将迪布禄则善于谋略，二人都是用兵老手，搭配得当，他们凭险设营，以为宋军必然不敢来攻，故对于宋军的约战并没怎么在意。

吴璘为了解敌情，亲自察看地形后，采纳了部将姚仲"战于山上则胜，战于山下则败"的建议，为了避免金军骑兵居高临下冲击宋军，决定乘金军不备把军队调到山上再与金军决战。为了出其不意，吴璘致书呼珊与迪布禄，佯约次日决战，却暗中在当日深夜，乘天黑率精兵衔枚而进，越岭上山，并另派部将张士廉率一支军队由山间小道迂回到刹家湾与腊家城之间，阻断金军的退路。

宋军趁夜登上山后，在金军的营寨前以长枪、强弓、劲弩的步军迅速组成了"垒阵"，并将骑兵隐蔽在"垒阵"的两翼，然后点火为号，齐声叫阵。宋军的突然出现，虽然使金军主将大感意外，但呼珊依然依仗着人多势众，在仓促间率骑兵出击，意图将宋军赶回山下。吴璘指挥"垒阵"中的弓弩手，轮番发射，连续打退金军骑兵数十次的冲击，沉重的打击使金军为之胆寒，这时吴璘挥刀跃马，指挥全线出击，隐蔽在两翼的宋军骑兵猛然杀出，与金兵拼死搏斗，金兵力不能支，只好向腊家城方向败逃，吴璘指挥骑兵随后追击。这一仗，金兵被斩杀者数千，被俘者超过万人，可惜的是张士廉由于山道难行，未能按时到达作战位置，致使呼珊、迪布禄得以率残部退入腊家城。

刹家湾大捷后，吴璘挥军围住了腊家城，但在腊家城即将被攻破时，吴璘接到了朝廷的命令，要他即刻率军南撤，守护原有疆土。原来此时南宋高宗和奸相秦桧正与金国密使交涉议和，吴璘无奈，只好放弃腊家城，班师南退。

此战，吴璘利用金军据险轻敌、疏于防范之机，出奇兵占据了有利地势，巧设"垒阵"以遏制金军骑兵的冲击，以强弓劲弩轮番发射，大量杀伤金军的有生力量，做到扬长避短，成了以步制骑的典型战例，从而取得了著名的刹家湾大捷。

以己之长攻敌之短
宋金采石矶之战

南宋绍兴三十一年，也就是 1161 年，金皇帝完颜亮平定金后，兵精粮足，气势强盛，企图一举吞并南宋。当年 10 月初，完颜亮率军 60 万，分三路大举南下。一路攻陕南，一路取荆襄，这两路都是偏师，完颜亮自己亲率主力 20 万水陆并进，直取淮南，意图一举攻占南宋都城临安。南宋负责守江淮的老将刘锜此时身患重病，卧床不起，只能命令担任淮西防务的建康都统制王权指挥抗金作战。

时距岳飞遇害已二十余年，南宋军队军备废弛、士气低落，淮西主将王权畏敌如虎，闻听金军来临，诡称奉旨弃城守江，临阵脱逃，部队随之败退到采石矶，致使金军得以顺利渡过淮河，如入无人之境，直抵长江北岸。两淮地区全部失守，刘锜奉命率宋军退到扬州，固守长江。完颜亮率领十余万兵马随后抵达采石矶对面江岸，与宋军隔江对峙。金军兵临长江后，完颜亮亲自祭江，打造战船，准备渡江攻宋。

采石矶，原名牛渚矶，位于安徽翠螺山临江处，那里水流湍急，地势险要，有"千古一秀"之美称，因其地扼长江天险，自古为兵家必争之地。由于王权的临阵脱逃，导致了宋军的不战自溃，王权被南宋朝廷罢免了职务，接替王权负责江防事务的统制李显忠尚未及时到任，江南的宋军因"易将"而无人负责，江防部队陷入无人指挥的状态，临安城内的南宋朝廷更是人心惶惶，许多官员把家属送走，以便随时逃跑。

正在完颜亮的大军准备由采石矶渡江之际，时任南宋督视江淮军马府参谋军事的文官虞允文被派往采石矶犒师，虞允文见军队无人统领，形势危急，便毅然负起守卫重任，他把散处在沿江的军队迅速组织起来，并召集这些军队中的统制张振、王琪、时俊和水军将领盛新等人在一起商议，动员和组织部队抵御金军进攻。有人对他说："你是来犒军的，又不是来督战的，你现在代人督战，如果战争失利，岂不是要代人受过吗？"虞允文回答说："现在朝廷危急，我怎么能不管呢！"

虞允文除了在江面上派出舟船外，又在沿岸设下伏兵，以防金兵登陆。刚刚布置完毕，金军已经在完颜亮的命令下发起了进攻。虞允文召集

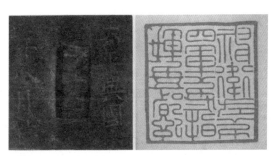

宋军官铜印
宋太宗时"神卫左第四军第二指挥第五都记"铜印。这是中央加强军队控制后武官的身阶标志之一种。

宋代武士复原图

的采石矶守军不过 1.8 万余人，完颜亮根本没放在眼里，他亲自指挥数百艘战船渡江发起攻击，其中的 70 多艘冲到南岸，部分金兵登上了陆地，宋军被迫后退。一旦金军在陆地站稳了脚跟，宋军势必难敌。危急之中，虞允文冲入战阵，对统制时俊说："你胆略过人、声震四方，现在却站在阵后，不是和小女人一样吗？"闻听虞允文之言，时俊马上挥舞着双刀率军猛冲，拼死力战。这时江中的宋军战船也截住了金军的后续战船，以装有火药、硫黄、石灰的霹雳炮轰击，并猛撞敌船，金兵所用的战船都是临时制造的平底船，行动不稳，船体又小，加上不了解长江水道，被熟悉水战的南宋水军打得半沉半浮，损失惨重。

尽管处境狼狈，但金军仗着人多势众，仍攻击不止，直到傍晚。恰好有一支数百人的南宋溃散部队从光州来到，虞允文交给他们一些军旗和战鼓，让他们从山后面大张旗鼓地出现在金军面前，金军怀疑南宋的增援部队到了，阵脚大乱，纷纷败逃。虞允文又令以劲弩追射，杀伤无数，金军大败退回北岸。这一仗南宋军队水陆配合，大败金军，首战告捷，歼敌近 5000 人。

虞允文预料完颜亮虽遭重创，但不会死心，必将卷土重来，于是连夜部署：将战船秘驶入杨林河口，封锁金军出入的水道；另派一队海鳅船停泊于杨林河口上游，船上盛以火箭和霹雳炮，安置一批神射手，以霹雳炮和神臂弩杀伤敌人。虞允文命令水军将领盛新道："决不能让敌船逃脱一只，如果敌船不出杨林河口，就远射岸上的金兵。"

第二天，金军果然再次发起进攻，宋水军以身高体固的海鳅船横冲直撞，船上的神臂弩和霹雳炮猛烈射击，宋军水师再战获胜。虞允文令盛新率水师乘胜突袭江北杨林渡口，烧毁了金军渡江用的船只多艘，金军在淮北准备用于渡江的水军主力基本上被歼灭。看到采石矶防卫无懈可击，完颜亮无奈之下，只好移师扬州的瓜洲渡，准备从那里渡江夺取镇江。

这时南宋负责长江防务的李显忠已经赶到了采石矶，虞允文预料到完颜亮将会从瓜洲渡江，和李显忠商议后，自率 1.6 万人赶到镇江，宋军的其他部队也相继陆续到达，镇江的总兵力达到 20 多万人。虞允文在镇江一面修造战船，一面加强江防部署，为了震慑金兵，以壮声威，虞允文让宋兵驾驶着大船在江面上游弋，往返巡逻，金军见宋军阵容强大，防守严密，始终未敢渡江。

此时的完颜亮不顾客观情况对他极为不利的现实，仍然坚持要强渡长江，但他下属们的军心已经开始动摇。为了强行渡江，完颜亮在瓜洲渡发布军纪，实行连坐法，军士逃亡则杀部将，部将逃亡则杀主将，以致人心浮动。11月26日，完颜亮下令："明日全军渡江，后退者死。"完颜亮的属下将领意识到渡江进攻则被宋军杀死，后退将被完颜亮杀死，不如杀完颜亮与南宋讲和，然后各自回家，这才是唯一的生路。于是暗中密谋反叛，在耶律元宜的带领下，次日黎明，起事将士们涌入完颜亮的大帐中，一箭射中完颜亮，然后用绳子将其勒死。金军杀死完颜亮后，向北退兵30里，遣使与南宋议和。金军全线撤退后，宋军趁机收复了两淮地区，采石矶之战以南宋的大胜而结束。

采石矶之战的胜利是南宋官兵同仇敌忾、英勇奋战的结果，在这次战役中，文官虞允文临危不乱，判断敌情准确，战法灵活多变。他针对金军准备南征的船只矮小无法与南宋大船相对抗的弱点，充分发挥了南宋的水战之长，以装备精良、战斗力较强的南宋水军作为主力，与金军鏖战江中，以强击弱，使金军船毁人亡，从而保卫了长江防线，也摧毁了金军的信心，从而引发了金军的兵变，使金灭南宋的计划彻底破产。

集中兵力突破一点
野狐岭之战

12世纪初的蒙古大漠处在中原女真族建立的金朝统治之下，金朝对蒙古族各部落实行"分而治之"和屠杀掠夺的"减丁"政策。1146年，蒙古部首领铁木真的父亲被金熙宗以"惩治叛部法"的名义钉死在木驴上。在这种环境下成长的铁木真自然将对金的斗争看作他一生中最主要的奋斗目标。

1206年，铁木真统一了蒙古各部，在斡难河源受封为成吉思汗，立即面临着金朝的强大威胁，双方处于剑拔弩张的紧张态势。为了发动对金朝的战争，成吉思汗首先收服了为金朝看守北大门的蒙古"汪古部落"，作为进攻金的前哨军事基地，并对金朝的人进行招降纳叛和收买。金朝当时的皇帝完颜永济对于蒙、金边境上日渐增多的战事没有提起重视，他依仗着金朝的百万雄兵并没把为数不多的蒙古人放在眼里，只一味地沉迷于自己虚幻的太平盛世之中，而无视蒙古的日渐强大。

成吉思汗像

经过数年的精心准备，蒙古在各方面的条件都已经具备了，1211年，成吉思汗以为父报仇为名，倾全部兵力近10万人开始誓师伐金，兵锋直抵金朝西部边境。由于金朝对与蒙古的战事一直疏于戒备，直到战端开启，昏庸的金帝完颜永济才开始仓促部署。4月，蒙古前锋越界劫掠金朝的云内、东胜等地，接到前方的战报，完颜永济方知问题严重，连忙派遣使者前去与蒙古人议和，结果遭到了成吉思汗的拒绝，在这样的情形下，完颜永济只好命丞相独吉思忠率领金军主力50万人前往西北前线迎敌。

这个独吉思忠虽然统率着在人数上占有优势的军队，但他做了一件非常愚蠢的事，赶到西北前线的他不思迎战蒙古军队，却组织了70多万民工去修建加固一条长达300多公里的边界壕沟，然后将自己指挥下的50万大军在300多公里的战线一字排开防守，想以此阻止蒙古军队的南下。

自古以来，凡据守漫长防线的军队得到的都是失败，因为他们分散了自己的兵力，独吉思忠也没能例外。对于金军300公里的防线，成吉思汗采取集中兵力突破一点的战术，使用8万人的兵力重点突破了金军防线上的关键点乌沙堡，然后发挥蒙古军队机动作战的优势，快速推进，又一举夺取了金军重塞乌月堡，独吉思忠投入大量人力物力苦心构筑的300公里界壕就这样被成吉思汗轻而易举攻破了。

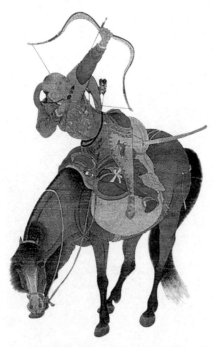

此图绘箭在弦上蓄势待发的瞬间，表现出蒙古人的矫健，很有"弯弓射大雕"之势。

乌沙堡陷落的消息传到金都，金朝皇帝完颜永济解除了独吉思忠的指挥权，改派完颜承裕前去接替独吉思忠主持前线的军事。这个完颜承裕与独吉思忠在军事上的指导思想是一样的，也是个防守主义者。他完全放弃金西北的恒州、昌州、抚州这三个州，指挥在前线的30多万主力部队退守野狐岭。与独吉思忠不同的是，他不是利用壕沟而是要利用险要的山地去遏制蒙古骑兵的优势。

位于河北省张家口张北县与万全县交界处的野狐岭山势险峻，是农耕与游牧民族的分界线，自古是草原民族与中原政治、经济、军事交往的主要通道和重要关隘。金的军队退到野狐岭后，立即就被完颜承裕分成数支分据险要，严防死守，他像独吉思忠一样分散了自己的兵力。

完颜承裕弃城退守野狐岭的做法，实际上是把三个富裕殷实、满是粮食和人口的城池白

表现蒙金大战的绘画

白送到了蒙古人的手里，让成吉思汗下一步的进攻再无后顾之忧。而且桓州是金朝养牧军马之地，完颜承裕的不战而退，使成吉思汗轻易得到了桓州，使桓州数十万的军马资助了蒙古人的军队，蒙古军队自此势力大振，而金朝军队骑兵的战马来源从此几乎枯竭。成吉思汗得到三州后，开始向野狐岭进兵。

怯于战斗的完颜承裕派一个叫石抹明安的战将去与成吉思汗谈判，到这种时候还在幻想与蒙古人议和。那个石抹明安原本是一个对金朝心怀不满的契丹族人，正巴不得金朝失败呢，此时便趁机投降了成吉思汗，并向蒙古人提供了金军排兵布阵的情报。根据石抹明安提供的情报，成吉思汗找到了完颜承裕布局上的致命缺陷，他故伎重施，依然采用集中兵力突破一点的做法，命令大将木华黎为先锋，统率战斗力极强的蒙古八鲁营全力攻击野狐岭北山嘴完颜承裕的中军大营。

战斗发起前，木华黎向成吉思汗立誓："不破金军，誓不生返！"蒙古军队的士气高昂，在这一战中，由于地势的原因，蒙古军队全部下马步战，木华黎统率的1万多名由死刑犯组成的八鲁营敢死队，向完颜承裕的中军大营迅猛冲杀过去，成吉思汗指挥全军随后跟进。此时大部分金军都分散在野狐岭各个山口险要，还没来得及调动，完颜承裕的中军已是兵败如山倒。金军由于分散调度不利，导致了全军崩溃，完颜承裕只得率数千残部向宣德方向逃走。主将下落不明，四处奔逃的金军被蒙古人漫山遍野地追杀，死者蔽野塞川。

完颜承裕在败逃过程中收集了数万残军，但尚未得到喘息就在浍河堡遭遇追击而至的蒙古骑兵，蒙古军队迅速包围了完颜承裕的溃军，经过3天激战，成吉思汗亲率3000精骑突击，随后数万蒙古大军发动全面总攻，金军全军覆没，完颜承裕只身逃脱。至此，金朝的机动兵力不复存在了，成吉思汗获得了对金战争的主动权。

野狐岭战役是一场决定"蒙兴金衰"的会战，这次战役使金受到了沉重的打击，几乎耗尽了所有的精锐军队，金朝从此一蹶不振。蒙古军队在20多年后彻底灭亡了金朝，中国也随之进入一个全新的历史时期。

延续南宋国祚20年
钓鱼城之战

南宋末期，强大的蒙古帝国开始了征服南宋的战争，在蒙古军队攻占四川的过程中，围绕钓鱼城展开了持久的攻防战。南宋军民依托钓鱼城易守难攻的天险地势，创造了守土抗战36年的罕见奇迹，并击毙了当时蒙古帝国最高统治者蒙哥大汗，延续了南宋国祚，缓解了蒙古帝国向世界扩张的脚步，并促使对汉民族相对温和的忽必烈上台，从而对中国与世界的历史进程都产生了重大的影响。

13世纪初，宋、蒙联合灭金后，南宋出兵欲收复河南失地，遭蒙军伏击而失败。1235年，蒙古帝国大军在西起川陕、东至淮河下游的数千里战线上同时对南宋发动进攻，宋蒙战争全面爆发。南宋与蒙古帝国的正面战场分为两淮、荆湖和四川三大战区，当时称为三边。

蒙哥继承了蒙古帝国大汗之位后，积极策划南下灭宋，把四川战场当作优先进攻的重点。1258年4月，蒙哥命他的弟弟忽必烈率军攻取鄂州，自己亲率4万余人分三路向四川进军。12月，攻占川西、川北大部分州县，进抵武胜山，川蜀之地大半以上已归蒙古帝国军队所有。次年初，蒙古帝国军队抵达重庆府地域的钓鱼城下。

钓鱼城地势十分险要，上可控制三江，下可屏蔽重庆，是支撑四川战局的防御要塞。不过当时各种设施还不是很完备，随着蒙军重点进攻巴蜀战略的实施，南宋朝廷开始加强了巴蜀之地的防御。余玠出任四川安抚制置使兼重庆知府时，加强了钓鱼城的建筑，陕南、川北的居民也纷纷迁至，使钓鱼城成了一个有着10多万人口的军事重镇。

钓鱼城里的守军并不算多，正规部队加上地方武装也不过2万多人，而兵临城下的蒙古大军已达10万余众。自出兵以来一路势如破竹的蒙哥当然不会把这么一座小城看得太重，先是派了一名南宋降将蒲国宝到城中招降，遭到钓鱼城守将王坚的拒绝，虽说两国交战不斩

古代蒙古骑士所持的刀主要用于劈杀。

来使，但王坚以惩罚叛徒的名义将蒲国宝处死，以此向蒙哥表示了钓鱼城军民坚决抗击蒙古军队的决心。

元代名铳
铳上有"射穿百札，声动九天""神飞"等铭文，这种火器在攻城时更显其威力。

蒙哥决意攻取钓鱼城，他首先切断了钓鱼城与外界的联系，在随后的两个月中，他亲临前线，指挥蒙古军队对钓鱼城展开了进攻，均被宋军击退。尽管蒙古军队攻城的器具十分精良，奈何钓鱼城地势险峻，使其不能发挥作用。蒙哥无奈，只得将钓鱼城四面围住，企图迫使守军投降。但城中军民在王坚的率领下不屈不挠，顽强抵抗，在外援断绝的情况下，仍然打退了蒙哥多次亲自督战的轮番进攻。

钓鱼城巍然屹立，成了阻击蒙古军队的坚强堡垒。面对坚城，素以机动灵活、凶猛彪悍著称的蒙古骑兵无法发挥自己的长处，蒙哥一筹莫展。时间转眼就到了6月，天气渐渐热了起来，久居北方的蒙古军队不适应四川的气候，疾病开始在军营中蔓延，由于没有好的医疗手段，蒙哥只好下令以喝烈酒来治病，结果病没治好，反而因为大量饮酒而影响了军队的战斗力。

此时被围数月之久的钓鱼城中物资依然充裕，守军斗志高昂。一日，钓鱼城的守军将两尾重达16公斤的鲜鱼及百余张蒸面饼抛给城外的蒙军士兵，并飞箭传书于蒙哥，称即使再守十年，蒙古军队也无法攻下钓鱼城。相形之下，城外蒙古军队的境况就很糟了，蒙古军久屯于坚城之下，又值酷暑季节，蒙古人本来畏暑恶湿，加以水土不服，导致军中暑热、疟疾、霍乱等疾病流行，情况相当严重。而王坚则多次派人夜袭蒙古军队的营地，使蒙古士兵人人惊恐，夜不安宁。

蒙哥命令诸将商议进取之计，大将术速忽里认为，顿兵坚城之下对蒙古大军是不利的，不如留少量军队继续围困，而以主力沿长江东下，与忽必烈攻取鄂州的军队会师，先夺取鄂州，以图灭宋。术速忽里的战略提议是正确的，多少年以后忽必烈正是用这种办法灭亡了南宋，然而此时骄横自负的蒙古众将却不甘心败于钓鱼城下，他们认为术速忽里之言过于迂腐，主张强攻，蒙哥此次征川，本来就有建功立业之意，怎肯反去依赖忽必烈，故未采纳术速忽里的建议，决意继续攻城。

6月5日，蒙古军队征蜀先锋汪德臣率突击队乘夜攻入钓鱼城的外城，王坚与副将张珏率城中守军与蒙军激战到天明，宋军摧毁了蒙古军攻城的云梯，后继的蒙古军被城上的炮石封锁不能前进，汪德臣单骑到城下劝降，被炮石击中负伤，王坚趁机率守军出城追击，击溃了攻城的蒙古军，败退回营的汪德臣不久就因伤重死去。

汪德臣的死对蒙哥是一个沉重的打击，接连损兵折将的他气急败坏，命令强攻不舍。7月初，亲自到钓鱼城下督战的蒙哥被炮石击成重伤，蒙古军无心再战，开始从钓鱼城撤退，大军行走到金剑山温汤峡时，蒙哥因伤重死于军中。蒙哥之死，使蒙军主力从四川全线撤兵，当年9月，南宋朝廷宣布合州解围。由此，蒙哥由蜀图宋的作战计划宣告彻底失败。

蒙哥死后，庞大的蒙古帝国陷入了争权夺位的内战，无暇再对南宋开战，使得南宋的统治得以延续了20年之久。蒙古帝国内战结束后，夺得汗位的忽必烈才重新开始再次南下攻宋，不过他的作战战略已经有了改变，不再把四川作为进攻的重点，而是力取襄阳，直扑江南，终于在1276年攻占了临安，迫使南宋朝廷投降。而钓鱼城在南宋灭亡后仍然孤城坚持抵抗了三年。

钓鱼城之战是中国战争史上著名的一场防御战，钓鱼城军民凭借有利地形，筑城设防，屯粮掘井，保境练兵，他们机动灵活，顽强抗击，取得了击败蒙古帝国骑兵的重大胜利。在冷兵器时代，作为山城防御体系的典型代表，钓鱼城之战充分显示了其防御作用，其经验对当时和后世的防御作战都有较大的影响。

久围缓攻、围点打援
蒙宋荆襄之战

在蒙古帝国大军与南宋的战争中，襄樊防线是南宋防御的核心，也是蒙古大军南进的跳板，这场大战历时近6年，最终以襄樊的失陷而告结束，蒙古人自此打开了南宋的西大门。

襄樊地处南阳盆地南端，襄阳和樊城南北夹汉水互为依存，地势十分险要，自古以来为兵家必争之地，也是南宋赖以抵抗蒙古军队的边陲重镇。1267年，南宋悍将刘整由于受到朝中权臣贾似道的迫害，率所属的精锐水军投降了蒙军，并向忽必烈进献攻灭南宋的策略，提出先攻襄阳，以撤掉南宋的蔽障，"无襄则无淮，无淮则江南垂手可下也"。

忽必烈采用了刘整的计谋，贿赂镇守鄂州的荆湖制置使吕文德，让他同意蒙古人在樊城外设立榷场，也就是边贸市场，蒙古军队进而以防止榷场货物被盗为借口，在沿汉水白河口、新城、鹿门山等地筑垒置堡，为在以后的战争中截断襄樊的供给线埋下了钉子。等到吕文德明白过来，知道自己误了大事，已悔莫能及。

自从1251年南宋抗元名将孟珙从蒙古人手中收复襄阳后，南宋朝廷对襄阳的战略地位极为重视，调拨了大量的人力和物力，经过十几年的大力经营，使残败不

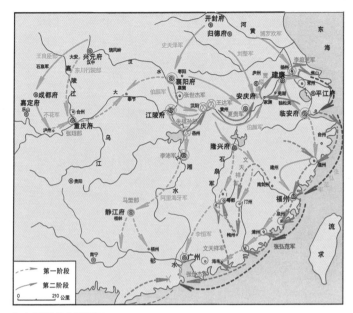
忽必烈灭宋之战要图

堪的襄樊成为城高池深、兵精粮足的西部重镇，成为南宋长江中上游地区的门户和屏障。在这十几年中，南宋优秀的军事家、被称为"机动防御大师"的孟珙率领宋军浴血奋战，成为南宋的擎天一柱，全力抵抗横扫欧亚的蒙古铁骑，确保南宋挺过了宋蒙战争的前十年。孟珙死后，吕文德开始成为襄阳防守的主要力量。

1268年，忽必烈派阿术为主将，刘整为副将，率领蒙古军队和降蒙的南宋水师攻打襄樊，宋元战争史上最激烈持久的襄樊之战揭开序幕。刘整与阿术深知蒙古军以精骑见长，水战远不敌宋军，因而造战舰上千艘，训练水军数万人，整天加以演练。

襄阳和樊城夹汉水对峙，城坚水深，城内储粮可供10年之需，两城间的长江江面立以巨木，联以铁索，上架浮桥，连通两城，守将就是吕文德之弟、京西安抚副使吕文焕。他早就向其兄报告蒙古军队即将进攻襄阳，但吕文德并没放在心上。此时蒙古军队骤临城下，将襄樊团团围住，当年蒙古人在樊城外置榷场时筑起的堡垒发挥了极大的作用，城中宋军几次主动出击，力图打破蒙军的包围，但是都没有成功。

蒙古大军围困了襄樊后，南宋曾派出援军前去解围，然而由于朝中有奸臣作梗，派出的援军各行其是，没有形成统一的力量。1269年3月，宋荆湖都统张世杰在与包围樊城的蒙古军作战中失利而退。7月，沿江制置副使夏贵奉命率水师驰援襄阳，在虎尾洲被阿术击败。吕文德之婿、殿前副都指挥使范文虎前来支援夏贵，也为蒙古军队所败，靠驾轻舟才得以逃生。年底，吕文德病故，临死时深以襄樊城外置榷场为一大失策，长叹说："误大宋者，我

宋代攀城垣用的云梯模型
这是攻城时用以跨越城墙的设施。

121

面对元使的劝降，襄阳守军曾表示要血战到底。无奈奸相误国，最后只好开城投降。

也！"吕文德的死，使荆湖战场的宋军失去了临边 40 年最具威望的军事指挥官，给襄樊保卫战带来了重大的消极影响。

忽必烈决定要不惜一切代价夺取襄樊，各地的蒙古军队也源源不断地开往襄樊，在短短一年之内，围困襄樊的蒙古军队就增加到了 10 万之众。但是，吕文德所建立的军事集团的战斗力也是不容小觑的。他们在襄樊地区苦心经营了十多年，凭借襄樊地险城固的有利地形，特别是守备措施充分，物资储备丰富，使得蒙古军队在短时间内也拿不下襄樊城。但蒙古人在襄樊地区站稳了脚跟，他们采取长期围困的方式，不断缩小包围圈，而把作战目标对准了前来解救襄樊的宋军，使宋军几次增援都以失败而告终。这就是后来有名的"围点打援"的战术，这个战术蒙古人一用就是 3 年。

1272 年，蒙古人制成能发巨石的大炮，并把大炮运到襄樊前线，阿里海牙架起大炮猛轰，轰破了樊城的外城墙，蒙古军队随后向樊城发起了总攻。这时，蒙古军队的统帅阿术听从部将张弘范的建议，派人用铁锯锯断了襄阳与樊城之间江中的木柱，焚毁架于其上的浮桥，切断了两城之间的联系，使樊城成了孤城。在被围困四年以后，樊城终于被攻破。守将范天顺高呼"生为宋臣，死为宋鬼"，在守地自杀。另一守将牛富率军与蒙古人展开了巷战，杀敌无数，最后身负重伤，投火而死。

樊城失守后，剩下的襄阳成了彻头彻尾的孤城，再无所恃，守将吕文焕做了最后一次努力，派使者突出重围求援，但是求援的文书却被扣到了奸臣贾似道手里，在蒙古军队围困襄樊的这几年中，贾似道经常向朝廷封锁消息，并拒发援军。到 1273 年，襄阳城已经面临巨大困境，城中粮柴短缺，士气低落。在这个时候，阿术派人前来劝降，吕文焕在这年的 2 月率守城军队投降。至此，长达六年之久的宋蒙襄樊之战结束了，蒙军取得了战争以来前所未有的胜利，从此打开了通向长江中下游地区的大门。

此战是元灭宋的关键性战役之一，蒙古军针对南宋擅长守城和水战的特点，采取久围缓攻、围点打援的方略，最终攻占樊城、襄阳，突破了南宋的防御体系，为长驱直入南宋腹地、横扫江南打开了通道。对蒙古军队来说，襄樊之战表明蒙古人水上作战与攻坚作战的能力都大为提高，军事实力已明显超过了南宋，宋蒙战争前一时期的抗衡均势已被打破。

朱元璋统一江南的奠基之战
鄱阳湖之战

元朝末年，长江中下游的反元武装逐渐形成了三大势力，即在武昌的陈友谅、在应天的朱元璋、在平江的张士诚。这时候，风雨飘摇的元政权已不再是他们的主要对手，退到了次等位置，而这些反元武装之间的兼并争战，则成了当时的主要矛盾。

地处金陵上游的陈友谅控制了安庆、九江、武昌三个战略重镇，占地广阔，力量强大，仅水军力量就十倍于朱元璋。因此，陈友谅的存在无疑是朱元璋平定江南的最大障碍，他们之间的争战，不仅关系到彼此的生死存亡，也是争夺南部中国的战略决战。

1363 年 4 月，陈友谅经过充分准备，乘朱元璋北援安丰红巾军、江南空虚之机，率 60 万大军取水道围攻洪都，朱元璋闻警后，一面命令大将朱文正坚守洪都，以疲惫陈友谅军，一面调集军队，率 20 万舟师前往救援。陈友谅大军在洪都城下苦攻一个多月而毫无结果，听说朱元璋亲率大军来援，于是解除了洪都之围，率船队出鄱阳湖前往迎战。

8 月 29 日，朱、陈两军在鄱阳湖内的康郎山水域遭遇。迎面而来的陈友谅大军的巨舰首尾相连数十里，望之如山，气势夺人。陈友谅的巨舰都是三层结构的楼船，最大的长 16 丈，宽 2 丈，高 3 丈，船身外面还用铁皮包裹着，船的甲板上有骑兵往来。而朱元璋的战船不仅数量少，个头也小得多。

次日，事关双方生死的鄱阳湖大战展开，朱元璋利用自己船小灵活的特点，将己方舰船分为二十余队，每船都配备了火器弓弩，迫近敌舰展开猛攻。大将徐达身先士卒，瞅准敌舰空隙，灵活穿插，缴获巨舰 1 艘。陈友谅水军被打了个措手不及，被焚毁战舰二十余艘。不

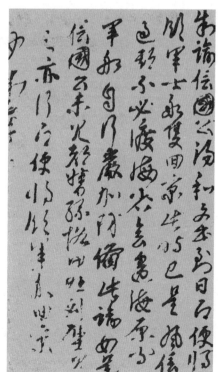

论不必渡海帖　明　朱元璋

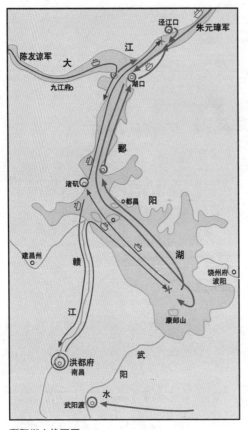

鄱阳湖之战要图

过陈友谅水军随后也发起了反攻，他们利用自己船体高大的长处，居高临下凶猛炮击，混战中，朱元璋的座舰被对方一炮击毁，朱元璋几乎被对手俘虏，经部将奋勇相救方得以脱险。

9月2日，双方再次会战，战斗一开始，陈友谅的水军就以排山倒海之势全面压来，朱元璋的水军抵挡不住，纷纷后撤，朱元璋连斩十余名队长也不能阻止住败退。危急时刻，湖面上刮起了东北风，处在上风头的朱元璋赶紧放出了装满柴薪与火药的快船，命敢死队员驾驶，乘风冲入陈军阵中。陈友谅水军躲避不及，被烧毁巨舰上百艘。一时间湖面上烈焰飞腾，朱元璋乘势挥军发起猛攻，陈友谅水军被杀得一败涂地。原先的舰队还剩下不到一半，陈友谅的弟弟和许多重要将领都在战斗中阵亡。

在随后的相持中，士气低落的陈友谅水军屡战屡败，形势渐渐不利，陈友谅手下的两员重要将领见势不好而投降了朱元璋，这更加使得陈友谅部下军心动摇。朱元璋判断陈友谅可能会进入长江逃回武昌，于是移军湖口，堵住陈友谅水军进入长江的归路，并在湖口两岸布置了大量的弓箭手，以防陈友谅突围。

经过一个多月的对峙，被困鄱阳湖中的陈友谅水军粮食已尽，只好孤注一掷，冒死突围。10月4日，陈友谅水军行进到湖口时，朱元璋令部下以火筏四面猛攻，致使陈军无法前进，而朱元璋布置在两岸上的弓箭手也是万箭齐发，加以阻截。陈友谅从船舱中探头观看战况，不料正被飞来的流箭击中而死，余众尽皆溃散败逃。

鄱阳湖之战创造了中国水战史上著名的以少胜多的战例，在这次战役中，朱元璋先是诱使陈友谅大军久攻坚城，以挫其锐气；继而集中兵力，巧用火攻，歼其主力；然后分兵据守鄱阳湖口，断其退路；最后水陆截击，一举全歼陈友谅水军于突围之际，从而为统一江南奠定了基础。

战略战术双失误
土木堡之变

1449 年 2 月，蒙古瓦剌部落首领也先遣使 2000 余人入明朝贡马，向明朝政府邀赏，这是瓦剌向明朝索取钱财的一种手段。由于宦官王振不肯多给赏赐，并减去马价的五分之四，没能满足瓦剌人的要求。当年 7 月，也先以明朝减少赏赐为借口，率蒙古各部，分兵四路向明朝内地大举进犯，也先亲率其中一路攻陷了大同，大同守将吴浩战死。

大同败报传到北京，宦官王振的家乡就在大同附近，他怕瓦剌人侵占了自己在家乡的田庄，又想趁这个机会到家乡人面前抖抖威风，顺便建立奇功，巩固自己的地位，便不顾朝臣们的反对，竭力劝明英宗朱祁镇御驾亲征。

昏庸的明英宗平时就唯王振之言是听，这时也想像自己的祖辈那样在战场上神气一下，于是拒绝了群臣的劝阻，于 7 月 15 日下令御驾亲征，命他的弟弟郕王朱祁钰留守北京。16 日，明英宗和宦官王振率领英国公张辅、成国公朱勇、户部尚书王佐、兵部尚书邝埜、内阁学士曹鼐等一大批文武官员和号称 50 万（实则 20 多万）的大军从北京出发，经居庸关向大同进发。

8 月 1 日，明军前锋行至大同，瓦剌首领也先为引诱明军深入，主动北撤，对军事一窍不通的王振看到瓦剌军北撤，建议明朝大军随后追赶，而毫无主见的明英宗只信王振之言。此次出征，原本就准备仓促，途中军粮不继，已是军心不稳，后来王振听宦官郭敬说前方惨败，瓦剌大军已经反攻过来的消息后，又惊慌失措地主张马上撤退。

在撤退的路线上，王振欲使明英宗在退兵时经过他的家乡蔚州以显显威风，于是不顾大同总兵郭登和大学士曹鼐等人的反对，坚持从紫荆关退兵，然而大军行走了 40 多里后，王振又担心大军过境损坏了他家乡的庄稼，于是又匆忙改变了行军路线，急令军队转道宣府，经他这么来回折腾，瓦剌大军已经追至。为明军殿后的恭顺伯吴克忠、都督吴克勤尽皆战死沙场。成国公朱勇、永顺伯薛绶率 3 万骑兵前去阻击，至鹞儿岭，中了瓦剌的埋伏战死，3 万骑兵全军覆没。

明正统九年铜铳

这是明朝军队配备的重型火器，从设计思路和制造工艺都借鉴了西方的先进技术。这类火器在于谦取得北京保卫战胜利中发挥了重要的作用。

明英宗朱祁镇像

8月13日，明军狼狈地逃到土木堡。土木堡往东不远便是地形极为险要的居庸关，明朝建国之初，太祖朱元璋派大将徐达对居庸关进行重点修缮，成为京师北面最重要的军事要地。此时的明朝大军若是继续行军，就可进入居庸关，那时凭借雄关据守，瓦剌大军只能是望关兴叹。可是王振私人的1000余辆辎重车还在后面，没有赶上大队人马，辎重中有不少奇珍异宝，都是这次出征过程中沿途官员进献的，为了等待这些辎重车赶上大队，王振强令明军的大队人马在土木堡就地安营扎寨。

这个土木堡四面环山、水源缺乏，而且道路不良，明军主力的大队人马在那里行动十分困难，兵部尚书邝埜见瓦剌军队穷追不舍，形势危急，多次建议大军速入附近的怀来城中以保安全，但均被王振斥其不懂军事而拒绝，结果当晚瓦剌大军追踪而至，攻占了土木堡四周的要地，对明军形成了包围，并控制了土木堡附近唯一的水源。

此时的瓦剌追兵只有2万多骑兵，也先忌惮明军人马众多，也不敢轻举妄动，他先是遣使议和，以麻痹明军，等待歼敌的最佳时机。在和谈之时，瓦剌军佯作后撤，故意让出了水源，毫无军事头脑的王振见瓦剌军后撤，就下令大军向水源处移动，此时渴急了的明军士兵乱哄哄抢着去喝水，瓦剌骑兵乘机四面冲杀。指挥失灵的明军瞬间崩溃，士兵争相奔逃，被杀死和相互践踏而死的漫山遍野，明军未及布阵，即告全军溃败。混战中张辅等随征将领和大臣五十余人都死于乱军之中，明英宗与他的卫队眼看突围不成，只好下马盘膝而坐，被瓦剌人俘虏。

土木堡一战，明军以20万大军对抗追袭的2万瓦剌骑兵，竟导致全军覆没，实为中外战争史上所罕见。毫无疑问，在这次战役中，明军既有战略的失误，又有战术的失策。土木堡之战，使明军精锐毁于一旦，勇将重臣多人战死，明英宗朱祁镇被俘。消息传到京城，朝中大乱，众大臣为了应急，联合奏请皇太后立郕王朱祁钰即皇帝位，朱祁钰于9月登基，是为明景帝，遥尊明英宗为太上皇。

当年10月，也先挟持明英宗入犯北京，京城告急。明朝廷惶惶不安，以翰林院侍讲徐珵为首的部分大臣主张迁都南京，但兵部侍郎于谦坚决反对迁都，要求坚守京师。明景帝朱祁钰任命于谦为兵部尚书，全权负责守京城防守之事，同时诏令各地部队入京勤王，北京保卫战开始。

于谦指挥明军在北京城下与远道而来的瓦剌大军展开了连续激战，并连连取胜。

也先本是乘胜而来，又挟持着明英宗，以为可以轻易攻克北京，不料明朝早已部署妥当，竟让他占不到丝毫便宜。在几天的激战中，瓦剌军死伤惨重，士气大为低落，又听说明朝各地勤王的部队将要赶来，担心自己归路被切断，10月15日夜，瓦剌大军拔营而走，明军奋起直追，毙伤敌军上万，夺回了大量被掳掠人口、牲畜，取得了北京保卫战的胜利。

"封侯非我愿，但愿海波平"
横屿破倭

14世纪初，日本进入分裂时期，诸侯割据，互相攻战，在战争中失败的一些封建主就组织武士和浪人到中国沿海地区进行武装走私和抢劫，历史上将这些日本海盗称为"倭寇"。到了明朝嘉靖年间，从辽东、山东到广东漫长的海岸线上，这些倭寇活动猖獗，他们勾结当地的贪官恶霸，到处烧杀劫掠，无恶不作，中国沿海地区的居民深受其害，无不恨之入骨。在中国军民与倭寇长期的斗争中，涌现出了许多的杰出的爱国将领，戚继光就是其中最著名的一个。

戚继光出身将门，自幼喜读兵书，勤奋习武，年仅17岁就承袭了父亲的职务，担任明朝登州卫指挥佥事，负责在山东抵御倭寇。因为浙江倭患严重，戚继光被调任浙江，次年升任参将，镇守宁波、绍兴、台州三府。此后，戚继光多次与倭寇作战，先后取得龙山、岑港、桃渚之战的胜利。实战过程中，戚继光认识到明军缺乏训练，作战不力，在一次目睹到素称彪悍的义乌矿工与永康矿工打架的场面后，戚继光惊呼："如有此一旅，可抵三军。"经朝廷批准后，戚继光在义乌招募了3000多农民和矿工，组成了一支新军，然后针对倭寇的作战特点，对这支新军加以严格训练。由于这支新军的将士英勇善战，屡立战功，被人们誉为"戚家军"。

戚继光像

在随后几年中，"戚家军"转战浙江，基本平定了浙江的倭患。1560年以后，在浙江的倭寇接连遭到致命打击，不少都转移到福建去了，当时福建守兵空虚，副总兵俞大猷率军去江西镇压农民起义，而福建别的军队都十分软弱，不堪一击，结果倭寇在福建横行肆虐，他们攻城掠县，杀官抢民，十分猖獗。从北部的福宁到南部的漳州，福建沿海千里，到处都有倭寇的海盗船，到处都有倭寇的巢穴，形势十分危急。福建的巡抚急忙向京城告急，请求派在浙江抗倭中屡建

抗倭图卷（局部）

　　此图卷描绘倭寇船侵入浙江沿海、登陆、探察地形、掠夺放火、百姓避难、明军出战、获胜的全过程。这部分是明军与倭寇激战的情况。

战功的戚继光前来帮助平定倭患。

　　朝廷同意了福建巡抚的请求，命戚继光率兵6000，前往福建支援，同时令督府中军都司戴冲霄率兵2000人辅佐同往。1562年8月，戚继光率军自温州出发，抵达福建霞浦，此时倭寇的巢穴横屿岛上有1000多名倭寇，加上分散在牛田和林墩等地的倭寇1万多人，他们彼此呼应，力量不可忽视。根据霞浦当地倭寇的分布情况，戚继光决定先捣毁横屿岛，然后再收复牛田和林墩等地。

　　倭寇安营扎寨的横屿是一个海上孤岛，四面环水，东南北三个方面距陆地都在十里开外，唯有西面靠近陆地，与樟湾村隔海相望。在涨潮时，横屿四周是一片汪洋，退潮时淤泥露出水面，形成大片难以通过的泥滩，步行难以通过，乘船又容易搁浅，可谓易守难攻，当地官军从不敢去攻打。三年多来，倭寇在岛上修建了许多坚固的防御工事，打算长期盘踞，作为他们四处抢劫的根据地。根据横屿岛地形特点和倭寇情况，戚继光决定在一个后半夜乘着倭寇防守松懈、潮水低落的时候，涉过泥滩，发起出其不意的攻击。

　　8月8日，明军利用退潮之机，从张湾出发，戚继光先命张谏、张岳为左右翼，在横屿岛的西、北两侧陆上布阵，以防倭寇上岸遁逃，又命水军都司张汉率水师在横屿岛东部的海面上游弋，防止倭寇从海上逃窜，自己则率领戚家军主力从南面涉海进攻。出战前，戚继光让每一名将士都明白，这次是背水一战，只能进，不能退。如果不能消灭敌人，潮起之后，战船也无法靠近，那时后果将不堪设想。随后戚继光让每一名将士各带一捆干草，来到横屿对岸，等到天黑退潮之时，将干草抛到水中，以草填泥，在泥滩中铺出了一条路，大军沿着这条用干草铺出的路，向横屿岛发起了强攻。

戚家军的千总吴惟忠部最先上岛，他们的任务是攻打倭寇的营寨，戚家军的另几支队伍也随后登岛，从两侧对倭寇形成了包围。吴惟忠部按计划在倭寇的营寨中点起了大火，岛上顿时浓烟滚滚，戚家军各部见倭寇营寨火起，便从四面合围，人人奋勇，对倭寇向心突破，很快控制了全岛各处的要道。此时岛上已是一片混战，经过六小时的鏖战，倭寇在戚家军的凌厉攻势下，还在负隅顽抗。

担任断绝倭寇后路的王如龙这时也率部赶到投入战斗，倭寇见大势已去，阵容瓦解，开始四下逃窜，戚家军乘胜追击，共消灭倭寇500余人，救出了700多名被掳的男女百姓，缴获了大量的兵器和物资。仅用了1天的时间，戚家军就收复了被倭寇占领长达三年之久的横屿岛，残存的倭寇逃到海上时，遭到张汉率领的水师围歼，又淹死了600余人，横屿岛上的倭寇基本上全军覆没。

横屿岛大战之后，戚继光率领的戚家军又在牛田、林墩等地连战连捷，在总兵俞大猷的配合下，一举平定了福建的倭患，并剿灭了与倭寇勾结的海盗吴平，终于平定了扰乱中国东南沿海数十年的倭患。

各个击破、分而歼之
仙游之战

1562年冬，戚继光率军消灭了侵犯福建的倭寇，收复兴化、寿宁等地后，进驻福宁州。

戚家军的官兵基本都是浙江人，现在要他们长期守卫福建，困难很多。将士远离家乡，加上福建生活比浙江差，思乡之情非常迫切。为顺应军心，次年9月，戚继光将所部的1万多人分成两班轮流换防，一班回浙江休息，一班在福建服役。这样，戚继光手下当班的士兵便只有6000余人。戚继光将这6000余人分成8个营，分散在福建驻防，力量比较分散。

倭寇并不甘心他们的失败，这年10月，倭寇的舰船先后入犯台山、福宁等地，戚继光令各路部队奋力抗击，虽然取得多次胜利，但未能从根本上阻止倭寇的进犯。

鉴于分散行动连连受挫，倭寇

戚家祠堂

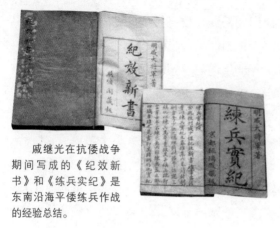

戚继光在抗倭战争期间写成的《纪效新书》和《练兵实纪》是东南沿海平倭练兵作战的经验总结。

改变了策略，决定集中力量攻城。10月，倭寇集中了1万余人合围仙游县城，仙游知县陈大有率领全城军民据城防守，并向戚继光求援。此时戚家军仅有6000余人，仅为倭寇兵力的一半。根据这一形势，戚继光决定先取守势，确保仙游县城，等到自己的兵力集中后，再主动进攻倭寇。

为了加强仙游县城的防御力量，戚继光派出300名亲兵入城协助防守，同时一面派出信使赴浙江催促另一半戚家军火速赶回，一面率身边的6000多名戚家军赶往仙游县城。

由于敌众我寡，不能与倭寇直接决战，为了分散倭寇攻城的兵力，戚继光设下了疑兵计，故意让部队往来不止，鸣炮击鼓而行，使倭寇一度举棋不定。但倭寇因无力对县城进行长期围困，又见明军的援兵并未出现，几天后又开始加紧攻城。12月初，倭寇竖起云梯，对仙游城发动猛攻，守城的将士在城外戚家军的配合下，浴血奋战，拼死抗击倭寇，将一批又一批登上城头的倭寇砍落城下。危急关头，戚继光下令部队开枪开炮，呐喊助阵，倭寇误以为明朝的援军赶到，于是停止攻城，暂时解除了城破的危险。

见强攻难以得手，倭寇只好将1万多人分别驻守在仙游城的四门外，围住仙游县城，并对守军进行诱降，守城的官兵根据戚继光的要求，一面同倭寇谈判周旋，拖延时间，一面抓紧构筑工事。12月下旬，回浙江轮休的6000多名戚家军官兵赶回福建，抵达仙游以东的沙园，戚继光决定转为进攻。但这时戚家军的兵力在人数对比上依然并不占优势，难以向倭寇发起全面攻势。戚继光见倭寇分布在仙游城的四门外的四个营寨之间有一定距离，于是决定采取各个击破的战术。

12月26日，大雾弥漫，戚家军乘着漫天大雾，隐秘向南门逼近。倭寇正在利用"吕公车"攻城，就在仙游城危在旦夕之际，戚继光率戚家军主力分三路向南门外的倭寇发起了进攻，倭寇只好放弃攻城，掉头对付戚家军，但在戚家军的三路冲杀之下，倭寇大败，纷纷逃入南门外的营寨中，戚家军奋勇冲杀，摧毁了倭寇的营寨，残余倭寇逃向东、西两门的营寨。

戚家军兵分两路，随后紧追，迅速突破了东西两处的倭寇营寨，戚继光最后亲率大军攻下了北门外的倭寇营寨。倭寇死伤众多，剩余的见戚家军连拔数寨后进入仙游城中，不敢再去攻城了，于是退后了数里，脱离与戚家军的接触，30日，倭寇向泉州方向逃去，仙游城的围困解除。

仙游之战，戚家军连破倭寇四处营寨，斩杀倭寇千余人，解救被围百姓5000多人，是继平海卫大捷之后，戚家军取得的又一次重大胜利。在仙游战役中，戚继光判断敌情准确，组织周密，适时增派援兵，布设疑兵，使得仙游据点得以长期固守，既有效地阻止了倭寇的攻城企图，同时又牵制住了倭寇。援军到达后，戚家军采取隐蔽接敌、各个击破的战术，以寡击众，对倭寇分而歼之，最终击败了倭寇。

"凭你几路来，我只一路去"
明清萨尔浒之战

1616年，明王朝万历年间，位于辽东半岛的女真族部落首领努尔哈赤统一了女真各部，以赫图阿拉为都城，建立了后金政权，控制了从鸭绿江到外兴安岭的广大地区。在统一女真各部过程中，努尔哈赤确立了兼有军事、行政和生产三方面职能的八旗制度，八旗子民平时为民，战时为兵。那些八旗战士主要是骑兵，在战时每旗可以出兵8000余人，这样努尔哈赤就拥有了一支约6万人的军队。势力渐渐壮大的努尔哈赤在赫图阿拉城屯田积粮，积极备战。当年，努尔哈赤攻占了明朝在辽东的重要城镇抚顺，宣布同明王朝的彻底决裂。

1618年，鉴于努尔哈赤所建立的后金政权在辽东日益坐大和不断挑战，明王朝调集军队、筹措兵饷，任命兵部左侍郎杨镐为辽东经略，准备进军赫图阿拉，一举消灭努尔哈赤。经过数月的筹划，12万明军准备就绪，只等一声令下。

战役之前，明朝上下都认为这场战役能够速战速决，不出10日便能打败后金，特别是这次战役中明军方面的最高统帅、辽东经略杨镐更是如此。大战之前，杨镐曾给努尔哈赤送去了一封书信，声称大明王朝已经集结了48万大军，将对后金进行讨伐，并将出兵日期如实相告，似乎想"不战而屈人之兵"，让努尔哈赤闻风而降，

八旗大纛
　八旗大纛是八旗军队的八面军旗。1601年努尔哈赤创建黄、白、红、蓝四旗军队，每旗军队各以本旗色布绣一云龙为本旗旗徽。1615年，增建镶四旗，旗帜均镶边。

但努尔哈赤的回答只是积极备战。

次年 2 月，杨镐坐镇沈阳，命明军兵分四路向赫图阿拉进军，北路军由总兵马林统帅，从开原出，经三岔口，进攻苏子河；西路军由总兵杜松率领，出抚顺向东，直指赫图阿拉；南路军由总兵李如柏统领，出清河，侧攻赫图阿拉；东路军由总兵刘綎指挥，出宽甸，从东面直捣赫图阿拉背后。在这四路大军中，以杜松的西路军为主力，其他三路为助攻。

通过各种渠道，努尔哈赤已经获得了准确情报，掌握了明军的战略部署和具体的行动计划，对各路明军的将领、人数、行军路线和到达日期了如指掌。针对明朝的四路人马，努尔哈赤采取了部将李永芳的"凭你几路来，我只一路去"建议，制定了集中优势兵力各个击破

努尔哈赤像

的决策，决定把明军四路人马中进军速度最快的西路军作为最先的攻击对象。

由于过于轻敌和建功心切，杜松带领的西路军在 3 月 1 日晨就抵达萨尔浒山，比预定的日期提早了一天。他们前面隔河相望的界藩山是通向赫图阿拉的最后一道屏障，越过界藩山，后金便再也无险可守。杜松得知后金正在界藩山构筑阵地，意图阻挡明军东进，于是留下 2 万人驻守萨尔浒，自己率领 1 万人马攻打界藩山。他并不知道，此时八旗的 6 万主力早已潜伏在他的四周。

趁杜松兵分两部之机，努尔哈赤派代善和皇太极带领两旗截击杜松，自己则亲率六旗猛打杜松留在萨尔浒的 2 万明军，萨尔浒的明军遭到出其不意的打击，寡不敌众，全部被歼。得胜后的努尔哈赤随即挥军将杜松的 1 万多人团团围困在界藩山下。陷入重围的杜松拼死力战，虽然他久经战阵，勇不可当，但还是力战身亡。杜松是明军著名的猛将，他的死对明军的士气是一个很大的打击。

当杜松在界藩山下死战时，在北面数十里外，马林的北路明军正匆匆赶来。按原计划，马林北路明军的任务是配合杜松的西路军作战，可马林是个怯懦无能的主将，对作战畏缩不前，他有意放慢了进军的速度，约定的日期已过，北路明军才行进到三岔口外

萨尔浒大战的遗物——明代铁炮

的稗子谷，直到听说杜松军已经渡过浑河，马林才率军急匆匆地向前赶路。

消灭了杜松的西路明军后，经过一夜休息，努尔哈赤于次日晨又率八旗主力北上，迎击正向萨尔浒匆匆赶来的北路明军。当晚，北路明军在开进途中，闻听西路明军的败讯，全军震惊，惊慌失措的马林急忙命令军队停止前进，在尚间崖就地扎下大营，由进攻转为防御。并派部将潘宗颜和龚念遂各领一军在大营两侧另立营寨，成"品"字形互为掎角，彼此声援。但马林的这种做法反而分散了自己的兵力。

3月3日清晨，八旗主力到达尚间崖，首先以骑兵对龚念遂的营寨发起了进攻，龚念遂部的兵力太少，营寨很快被八旗军冲破，龚念遂战死，军队也被歼灭。马林想要前往支援，却被八旗军的优势兵力压制住，无法打破包围。北路明军最终被八旗军各个击破，马林在少量卫士的保护下侥幸突出重围，逃往开原。

消灭了西、北两路明军后，腾出手来的努尔哈赤将目光转向了由李如柏统领的南路明军和由刘綎指挥的东路明军。努尔哈赤知道南路明军的统帅李如柏是个沉溺酒色、胆小怕事的人，不足为患，而东路明军的主将刘綎却是明朝著名的勇将，他力大无比，所用镔铁大刀重120斤，人送绰号"刘大刀"。于是，努尔哈赤只用4000人防守赫图阿拉以应对南路明军，而自己率各八旗军主力立即东进，日夜兼程赶赴东线，迎战刘綎。

3月16日，刘綎的东路明军进抵阿布达里，随同东路明军同来的还有一支由姜弘立率领的朝鲜部队，此时刘綎的东路明军离赫图阿拉已不到50公里，由于通讯不便，他完全不知道，杜松和马林这两路明军已经全军覆没，而南面的李如柏正在逡巡不前，只有他自己的东路明军还在继续往努尔哈赤的套子里钻。

努尔哈赤率领的八旗主力赶到战场并设好了埋伏，先是以杜松部的降兵假传命令，要刘綎加速进军，但刘綎不为所动，直到努尔哈赤又用缴获的杜松部的大炮发出信号后，刘綎才信以为真，命令部队全速前进，一下子扎进了八旗主力的包围圈中。

身陷重围的刘綎率军左冲右突，始终无法突出重围，最终战死。姜弘立所率的朝鲜兵见大势已去，只好向八旗军投降。此时李如柏的南路明军却磨蹭不前，进展最慢。当刘綎部被围时，李如柏的副将贺世贤劝他火速进军，救援被围困的东路明军，如果李如柏听从了这个建议，刘綎部还有很大的机会突围，但李如柏瞻前顾后，畏缩不前，错过了这次大战最后的一次战机。杨镐闻知三路大军惨败的消息后，急令李如柏的南部明军撤回。李如柏接到命令后，如释重负，马

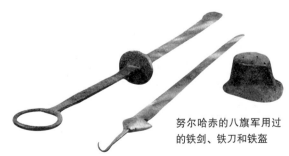

努尔哈赤的八旗军用过的铁剑、铁刀和铁盔

上率军匆匆逃回。

这次战役中，努尔哈赤运用集中兵力、各个击破的方针，5天之内连破三路明军，歼灭明军6万多人，而杨镐的四路合击由于各部不能相互配合，根本没有达到分进合击的目的，其结果只是各自为战，使原本占优势的明军在每一场战斗中都处在劣势地位。明军惨遭失败，尤其是杜松、刘綎这些身经百战、威震四方的名将的战死，使明军从此对八旗兵患上了恐惧症，再也没有胆量和后金军队野战，后金从此由战略防御转为进攻。

围城打援的战争范例
松锦之战

萨尔浒战役后，沈阳、辽阳先后失陷，皇太极继位后，改"金"为"清"。

1641年，为了打通从辽西入关的通道，皇太极命郑亲王济尔哈朗率清军兵临锦州城下，在守城明军的炮火射程之外扎下营盘。清军掘壕堑，设栅木，封锁了锦州外出的各条通道，使锦州成为重围中的一座孤城。

驻守锦州的明朝总兵祖大寿势单力孤，只能是坚守不出，等待援军。接到祖大寿的告急文书后，崇祯皇帝急令驻守宁远的蓟辽总督洪承畴率领宁远总兵吴三桂、前屯卫总兵王廷臣、山海关总兵马科、玉田总兵曹变蛟、蓟镇总兵白广恩、密云总兵唐通、大同总兵王朴、宣府总兵杨国柱等八镇兵马，共计13万大军驰援，欲解锦州之围。

7月，洪承畴率领八镇兵马行进到锦州以南的战略要地松山城，这时清军派出的阻击军队已经抢先占领了松山到锦州之间的乳峰山东侧，明军便在乳峰山西侧扎下了大营。明、清两军主力在乳峰山两侧针锋相对，一场直接影响到双方命运的决战在即。

松山地处宁、锦咽喉，只要明军能固守松山，清军在宁、锦一线的用兵就很难见效，但如果清军攻占了松山，那么明朝精心布置的宁、锦防线就会全线动摇，所以对于这场战役，明、清双方可以说都是全力以赴，摆出了自己最大的阵容。

8月2日，防守锦州的祖大寿所部与援军里应外合，试图突破清军的围困，但没能成功，最终又被清军打回城中。这一战，宣府总兵杨国柱战死，洪承畴随即以李辅明接替杨国柱统兵。从8日起，清军一连数天向乳峰山西侧的明军营寨发起攻击，但均被明军击退。接连的失败，使得负责在松山作战的清军主帅睿亲王多尔衮感到很难战胜明军，便向皇太极提出明军来者甚众，不如退兵的建议。皇太极闻讯后大为不满，便带病亲征，率 3000 精锐卫队前往松山。

皇太极对此次作战定下的打法是"围锦打援"，将原来围困锦州的兵力，都转移到打击援锦明军方面，将洪承畴率领的 13 万援军包围在松山一带。这样一来，由松山和锦州两股明军对清军所构成的包围，转变为清军对松山明军的反包围。

皇太极赶到松山战场后，仔细观察了洪承畴的阵势，见洪承畴大军的营寨彼此相连，实难攻破。原来洪承畴吸取了杨镐在萨尔浒战役中因分兵而失败的教训，把明军所有的主力都抱成了一个团，集中在松山大营，所以阵容极为壮观。但皇太极还是从中找到了明军的弱点，那就是明军的后方空虚。于是决定挖掘长壕，切断明军的粮道，使洪承畴陷于绝境，并使锦州、松山和宁远这三个明军重要据点彼此孤立，无法相互支援。

由于粮道被清军切断引起了明军的恐慌，加上崇祯皇帝传令要洪承畴尽早发起进攻，8 月 20 日黎明，洪承畴率领明军主力向清兵大营展开了猛攻，锦州城内的祖大寿也乘机打开城门，率领城内守军进行两面夹击，但清军在锦州城外挖了数道又宽又深的壕沟，祖大寿的人马没能冲过去，反被清军的大炮打死打伤不少。洪承畴指挥的明军虽然在人数上略占优势，但骑兵的作战能力不及清军，激战了一天，始终未能冲破清军防线，反而损失了不少人马。天黑之前，洪承畴只好收兵，祖大寿也退回到锦州城中，明军企图在锦州城外会师的计划未能实现。

洪承畴大军的粮草多放在宁远，随军所带不多，原本指望速战，然而屡战不胜，粮路又被清军所断，不免导致军心恐慌，诸将建议不如先收兵返回宁远，补充了粮草后再与清军决战。洪承畴知道那样做就违背了皇上旨意，因而拒绝了诸将的建议，他提出乘清军立足未稳，只要各部选出精兵，背水一战，或许可以解锦州之围。这也是一种哀兵必胜的打法，可眼下的明军正处于被清军四面围困之中，各军之间又是矛盾重重，都想保存自己的实力，无不畏敌如虎，洪承畴对他们已是指挥不动。

大同总兵王朴早已胆怯，竟然当晚率先领军逃跑，其他各路总兵见王朴逃遁，也都竞相出逃，一时间乱成一团，结果被早已埋伏好的清军迎头堵截，死伤累累。

清太宗皇太极像

王朴和吴三桂所部在高桥遭遇清军伏兵，部下被歼，二人只身逃回宁远。这一夜，明朝的13万援兵几乎全被冲垮。松山城只剩下洪承畴、曹变蛟等率领着1万多明军在坚守。

取得胜利的清军转而将松山城重重围困，崇祯皇帝下令死守，洪承畴也决心死守，

索子甲　明

又称铁坎肩，以扁平的小铁环彼此相互套合而成，既能防刀枪，又有弹性，是当年八旗将士的重要防身装备。

不过，对城内的明军来说，就是死守，也难以维持，松山城四周遍布清营，而城内粮食眼看将尽，短期内明朝要拼凑出足够的救援部队也是不可能的。

皇太极闻知洪承畴仍在困守松山城后，并不急于进攻，只是四出追击溃逃中的明军，消灭明军的有生力量。到8月底，在松山地区，除松山城中洪承畴的人马，明朝的援锦大军基本上都被肃清，对于皇太极来说，这一战已经结束，困守在松山城中的洪承畴已成瓮中之鳖，而失去支援的锦州也将唾手可得。

9月，洪承畴、曹变蛟尽率城中兵马夜冲清军大营，但未突围成功，随后的几次突围也都告失败，而关内派来的援军在到达宁远城后，就再不敢前进，洪承畴见援兵无望，突围又不成，只好闭城紧守，其实已是束手待毙了。

大势至此，城中的军心也难稳定，次年2月，松山副将夏承德暗中降清为内应，约定于18日夜间配合清军攻城，第二天清晨，夏承德率部捉住了洪承畴和诸将领，献给了清军，清军毫不费力就攻入了松山城。松山城被攻破后，清军开始集中力量打锦州城，此时锦州城也是粮草断绝，祖大寿没有别的办法，只好率部众2000余人出城投降。

松锦之战是明、清在辽西战场的最后一仗，此役持续两年，可以说是皇太极一生军事生涯中最精彩之作，也是中国军事史上围城打援的范例。松锦大战使明朝损失了在关外最后一支精锐军队，明朝在辽东的防御体系自此完全崩溃，山海关的吴三桂部成了明朝在辽西的最后防线。

洪承畴像

近代世界经典战役

（1641—1919 年）

近代西欧部分国家经典战役

马斯顿荒原战役

17世纪初，随着资本主义经济的发展，英国的新贵族和资产阶级的势力进一步增强，他们要求分享国家的政治权力，对原来的君主专制提出了挑战，他们与英国国王查理一世之间的矛盾和斗争不断升级，在国会中形成了与专制王权对立的议会派。

1641年，英国议会派猛烈抨击了国王查理一世的政策，议会通过了民军法，剥夺了国王对军队的控制权，还通过了一份令查理一世声誉扫地的"大抗议书"。1642年夏，议会又通过了十九点建议，实际上是想让国王充当议会的傀儡。查理一世认为，国王的统治权力是天经地义的，他不能屈服于议会的压力而答应这样的要求，在双方都不肯妥协的情况下，终于导致了英国内战的爆发。

在当时，英国并没有常备正规军，伦敦的防务主要由英国皇家海军和伦敦近万名民军负责，伦敦的民军是掌握在议会手中的，而皇家海军也倒向了议会派。鉴于在伦敦保王派势单力孤，查理一世逃离了伦敦，到北方保王派势力较强的约克城，在忠诚于他的臣民中组织了一支保王党的部队，查理一世自任这支军队的总司令。在保王党的军队中，由鲁珀特亲王指挥的骑兵队伍是他最为倚重的力量。8月末，

查理一世的画像

查理一世在约克城宣布讨伐议会中的叛乱分子。

从双方的力量对比来看，议会派占有绝对的优势，他们控制了包括伦敦在内的东南部地区。那里经济发达，人口稠密，全国税收大部分来自这些地区。而且议会派还据有重要港口和英国海军。国王查理一世只控制了经济落后、人口稀少的西北部地区，由于财源不足，保王党的部队力量非常薄弱，仅有2000余人。多亏议会军的总司令埃塞克斯勋爵办事慢条斯理、优柔寡断，查理一世的保王党部队才得以在内战初期取得了一些小的胜利。

9月，埃塞克斯勋爵统率近2万议会大军从伦敦向北进发，到达北安普敦后，埃塞克斯勋爵并没有凭借优势兵力主动发起进攻，而是列阵扬威，等待国王"回心转意"，查理一世自知势单力薄，遂率军向保王势力雄厚的西南部转移。10月22日，议会军的先头部队在沃里克郡的埃吉山追上了查理一世的军队，次日，双方展开了首次大规模交战。

国王军队约有7000人，而议会军不到8000人，双方实力接近，在这次战斗中，鲁珀特亲王的骑兵首次发动了毫无控制的冲锋，显示出了巨大的威力，议会军的两翼迅速被国王军的骑兵打败，但议会军中路的步兵却击溃了国王军步兵的进攻。这次会战未决出胜负，然而，保王党的军队终于迫使议会军撤退，并让出了通往伦敦的道路。

11月，查理一世率军攻占了距伦敦7英里的布伦特福，伦敦告急。在关键时刻，查理一世却显露出了他优柔寡断的性格，鲁珀特曾请求国王允许他率领3000骑兵直捣伦敦，从当时的情况来看，有理由相信，鲁珀特这样做是会取得成功的。然而查理一世却在采取军事行动还是设法寻求和解这个问题上举棋不定，直到议会军的总司令埃塞克斯勋爵率部回到伦敦后，查理一世才最终决定向伦敦进军，然而这时他的军队已经失去了战机。在大量市民组成的民兵队伍的支援下，议会军的力量得到了大大增强，保王党部队的进攻遭到了挫败，查理一世只好放弃了进攻伦敦的计划。

议会军在节节失利的情况下，开始重

马斯顿荒原两军作战场景

掌权的克伦威尔

用杰出的将领克伦威尔，1642 年底，在克伦威尔的组织下，诺福克、萨福克、剑桥、埃塞克斯和赫里福德等东部五郡，组成了"东部联盟"，共同对付国王的军队，半年后，东部联盟的军队达到了 1.3 万人，由曼彻斯特任司令，克伦威尔任副司令兼骑兵司令，这支军队主要由自耕农和手工业者组成，纪律严明，英勇善战，逐步成了议会军的主力部队。

1644 年夏，苏格兰盟军与议会军的部队近 3 万人包围了查理一世的"北方首都"——约克城，查理一世急命鲁珀特亲王率保王党的部队约 2 万人火速北上，前往增援约克城，鲁珀特亲王的军队到达后，议会军自动撤围，向西撤退，鲁珀特亲王率部紧追议会军到达位于约克城以西 10 公里处的马斯顿荒原，7 月初，两军在马斯顿荒原发生了内战以来最大规模的会战。

马斯顿荒原时值炎夏，天气酷热，双方都在等待对方首先出击，直到傍晚，阵地上仍然没有动静。保王党的部队长途跋涉而来，人困马乏，鲁珀特认为天色已晚，认为不会再发生战斗了，便准备收兵回营用餐。正当鲁珀特下令收兵，阵脚方动之时，克伦威尔指挥的骑兵在苏格兰盟军配合下，冲下高地，率先冲击保王党部队的右翼，接着，议会军中路步兵和右翼骑兵也发起了进攻，克伦威尔的骑兵很快就摧毁了鲁珀特的骑兵，其他的议会军也都冲入了保王党部队的阵地。

这是一次惨烈的短兵相接的肉搏战，战斗中，克伦威尔的颈部被一颗子弹穿透，可他仍然在指挥战斗，他的骑兵攻击虽然取得了成功，但其他方面的议会军却是处境危急，在保王党部队的猛烈反击下，议会军损失惨重，陷入困境，并渐渐开始后退。

议会军的几位将领已无力再组织部队进行战斗，准备放弃，这时克伦威尔率领他的骑兵从战场右翼穿过到了保王党部队的后方，并带动部分步兵重新投入了战斗，重新稳定了战场的局面。双方激战到晚上 10 点，议会军终于击溃了保王党的部队，鲁珀特亲王的副将战死，鲁珀特本人在议会军骑兵的追击下，向约克城方向落荒而逃，总算保住了性命，大部分保王党的部队在夜色中四处逃散。

马斯顿荒原之战是英国内战的转折点，在马斯顿荒原的决战中，保王党投入了 1.5 万人，其中一半是骑兵，共战死了 3000 多人，被俘近 2000 人。议会军乘胜攻占了约克城，摧毁了保王党在北方的据点，扭转了议会军一再失利的被动局面。从此以后，议会军掌握了英国内战的主动权。

马斯顿荒原之战树立了克伦威尔的军威，成了克伦威尔人生的转折点，他的部队从此以"铁骑军"闻名全英国。不久之后，克伦威尔以他的"铁骑军"为基础，成立了"新模范军"。1645年，克伦威尔率领"新模范军"再次大败保王党的部队，在那之后，保王党无力再战，议会军以后的军事行动主要是肃清保王党军队的残余势力。

"海上马车夫"被迫让步
英荷海上初战

谁控制了海洋，即控制了贸易。谁控制了世界贸易，即控制了世界财富，因而控制了世界。

——［英］华尔特·雷利

在加莱海战中打败了西班牙的"无敌舰队"之后，英国便开始了它的海外扩张，1600年，英国成立了东印度公司，在印度占有了第一块海外殖民地。随后在非洲的许多地方，英国都建立了自己的贸易公司，在短短的40年中，英国的海外贸易总额已经超过当初的一倍还要多。就在英国对外扩张雄心勃发的时候，一个比当初的西班牙毫不逊色的对手挡在了英国继续海外扩张的道路上，这个对手就是新兴的欧洲小国荷兰。

荷兰全称尼德兰王国，首都阿姆斯特丹，位于欧洲西北部。在日耳曼语中，"尼德兰"意为"低地之国"，因其国土有一半以上低于海平面而得名。荷兰东面与德国为邻，南接比利时。西、北濒临北海，地处莱茵河、马斯河和斯凯尔特河三角洲，国土总面积约4.2万平方公里。

16世纪前期，荷兰还是西班牙的一块属地，那时荷兰富饶肥沃的土地为西班牙王国提供了一半的税收，被称为西班牙"王冠上的珍珠"。1588年，荷兰七个省联合起来，宣布成立联省共和国，它是世界上第一个赋予商人阶层充分政

这幅浮雕画表现的是一艘荷兰船只，正是这种类型的船只支撑着这个国家获得了广泛的商业利益。

治权利的国家。

由于国土面积有限，难以在陆地上发展，于是荷兰人便把目光投到了海洋贸易之中。到 17 世纪中叶，荷兰的全球商业霸权已经牢固建立起来，以商业和海上运输业为主的荷兰，已经成了当时世界上最大的海洋运输国家。当时荷兰的人口不足200 万，却拥有全欧洲商船吨位的 4/5，是英国的 5 倍。荷兰的东印度公司已经拥有1000 多个分支机构，贸易额占全世界总贸易额的一半。在各大洋上，到处都有荷兰商船的航迹。整个 17 世纪，荷兰是世界上最强大的海上霸主，因此，当时的人们把荷兰称为"海上马车夫"。

1648 年，充满成就感的阿姆斯特丹的市民们决定为自己建造一座新的市政厅，他们花费 8 年的时间和超过 70 吨的黄金，建造这座宏伟的建筑。新的市政厅落成后，市民们进行了连续七天的狂欢，被称为荷兰"莎士比亚"的诗人冯德尔特意为市政厅写了一首颂歌，歌词里唱道："我们阿姆斯特丹人扬帆远航，利润指引我们跨海越洋，为了爱财之心，我们走遍世界上所有的海港。"

为了保护自己的海上贸易，荷兰建立了一支强大的舰队，并依仗它大肆进行海外殖民，然而当荷兰在海洋上风光无限的时候，它的海上霸权已经悄悄出现了危机，新兴的资本主义国家英国正处心积虑地要挑战荷兰海上霸主的地位。

英国海军将领布莱克

自从 1649 年的英国内战结束以后，英国资产阶级迫切要求开辟新的海外殖民地，拓宽海外市场，而荷兰对海上贸易的垄断，成了这种需求最大的阻碍。为了追求海上霸权，英国的护国公克伦威尔决意要对荷兰发起挑战，他一改伊丽莎白女王时期征召武装商船和海盗船的做法，大力建设英国的正规海军，经过数年苦心经营，到他挑战荷兰前夕，英国军舰在吨位和火力上，都已经超过了荷兰。

战备完成后，英国公然对荷兰发起了挑衅，英国议会颁布了著名的《航海条例》，此《条例》中的各项条款明显是针对大量从事"中介贸易"和海运的荷兰，荷兰对此提出了抗议，并要求英国废除这个《航海条例》，然而遭到了英国的断然拒绝。这时双方都意识到战争已经是不可避免了，于是都加快了自己扩军备战的步伐，到战争开始时，荷兰的海军已经接近了英国海军的规模。

双方的海战是由封锁与反封锁的贸易战开始的，英国的海军封锁了多佛尔海峡和北海，他们拦截荷兰的商船，荷兰只好组织舰队护航。1652年5月，英国海军将领布莱克率领20多艘战舰在多佛尔海峡巡逻，与荷兰海军上将特罗姆普率领的40多艘为商船护航的战舰不期而遇，根据英国的《航海条例》，所有经过北海和英吉利海峡的船只必须降旗向英国国旗致敬，但在面对布莱克的战舰时，特罗姆普上将却不肯降旗致敬，布莱克下令鸣炮警告。对于英国人的警告，荷兰人依然毫无反应，荷兰的国旗依然飘扬在桅杆顶上。无法忍受的布莱克又下令鸣第三炮，而这次鸣炮正巧击中了荷兰的船只，因而也打响了第一次英荷战争的第一炮，特罗姆普旗舰的侧舷炮立即用齐射给予了回答。

双方一直对轰到夜幕降临，在夜色中，特罗姆普指挥荷兰舰队组成防守阵形，护送商船返回了本土。这次海战中，荷兰人损失了2艘战舰，而布莱克的旗舰"詹姆斯"号则被射穿了数十个弹孔，几乎被击残。第一次英荷战争的序幕就此拉开了，7月末，英荷两国正式宣战。

英国制定的战略主要是控制多佛尔海峡和北海，切断荷兰与外界的一切联系，以迫使荷兰人投降。为此，英国海军舰队统帅布莱克采取了集中强大舰队、拦截通过海峡的荷兰船只的战术，以确保他们的绝对制海权。荷兰方面的战略则是针锋相对，以强大的舰队为商船护航，强行通过多佛尔海峡，确保与外界的联系。

荷兰海军将领在与法国海盗和西班牙海军的长期作战中积累了丰富的海战经验，荷兰水兵的战斗素质也比较高，他们认为刚从陆军转行过来的英国海军，并没有和他们对战的能力。为了保护他们的海外基地，荷兰人还把部分兵力投入到了地中海地区，从而使自己在英吉利海峡和多佛尔海峡制海权的争夺上力量显得要薄弱一些。

8月26日，一支开往地中海的荷兰商船队在30艘军舰和6艘纵火船的护卫下，小心翼翼地通过英吉利海峡，这支护航队的指挥官是米歇尔·德·鲁伊特尔。在普利茅斯外海，他们遭遇到了英国由乔治·蒙克指挥的40艘战舰和8艘纵火船组成的舰队，英国的舰队率先发起了进攻，但德·鲁伊特尔打出了一场经典的防御战，他指挥荷兰护航队始终与英国舰队保持一定距离，抬高炮口，用链弹横扫英国战舰的桅杆和索具，英国人无法靠近荷兰舰队，荷兰商船队趁机冲出了海峡，安全驶向大西洋。

这次海战双方实力接近，在舰队指挥和炮火运用方面都堪称典范，被认为是一次棋逢对手的海战，此役双方互有伤亡，但荷兰商船队成功通过了英吉利海峡。普

第一次英荷战争中的战船

利茅斯海战后，荷兰人认为英国海军的战斗力不过如此，在没有从地中海抽调援兵的情况下，贸然向英国海军发起了挑战。10月8日，英、荷双方的舰队在泰晤士河口外的肯梯斯诺克遭遇，这次英国海军的舰船近70艘，而荷兰为64艘，英舰在数量和火炮上都略占优势，双方展开了一场混战。

英军舰队的指挥官是荷兰人的老对手罗伯特·布莱克，他的旗舰是威力强大、号称"金色魔鬼"的"海上君主"号，凭借着强大的火力和坚固的船体，英国人在混战中处于优势，但是荷兰人良好的操舰技术和近战技巧部分抵消了英国人的优势，战斗持续了三个小时，因为夜幕降临才终止。这次海战中，荷兰人有1艘战舰被俘获，1艘被击沉，损失不算严重。在德·威特和德·鲁伊特尔的出色指挥下，第二天荷兰舰队开始有次序地撤退，尽管布莱克全力追击，荷兰舰队还是全身而退。

英国政府这时错误地认为荷兰舰队已经在肯梯斯诺克之战中被击败了，便把部分战舰派往地中海，这样使得英国本土舰队丧失了数量上的优势。12月中旬，重掌荷兰海军帅印的特罗姆普出动90艘战舰替300艘商船护航，布莱克指挥英国舰队在英格兰东南的达格斯坦海角进行拦截。由于双方军舰在数量上相差悬殊，加之特罗姆普的正确判断和果断指挥，使得英国战舰被击沉3艘，另有2艘被俘虏，大败而归的英国舰队龟缩于英国南部港口不敢出港，一时间将制海权拱手让给了荷兰海军。

直到英国将分散为几部分的海军力量重新集中，加上国内又新建了多艘战舰，英吉利海峡双方军事实力的对比才又发生了变化。1653年2月，特罗姆普率领90艘战舰护送260艘商船在返回荷兰的途中再次与英国舰队遭遇，这次荷兰舰队打得非常艰苦，双方在海上整整激战了3天，荷兰舰队才突破了英国海军的拦截，将大部分荷兰商船安全送回了本国。此役荷兰海军损失惨重，有11艘战舰和30艘商船被击沉或被英国人所俘，阵亡近2000人，海军主帅特罗姆普在战斗中阵亡。英国海军虽然只被击沉1艘战舰，但是近40艘战舰遭到重创，1000多人伤亡，元气大伤的英国舰队被迫返回本土进行修整。

这一战后，荷兰海军在较长的时间里不敢再护送商船通过英吉利海峡了，英国海军也趁势封锁了荷兰沿岸。荷兰经济过度依赖对外贸易的缺点很快就暴露出来了，英国人的海上封锁，直接导致了荷兰经济的崩溃，荷兰政府甚至无力提供粮食给城市的居民，于是荷兰被迫与英国进行和谈。1654年4月，英、荷两国签订了《威斯敏斯特和约》，根据这个和约，荷兰承认英国在东印度群岛拥有与自己同等的贸易权，同意支付28万英镑的赔款，同意在英国水域向英国船只敬礼，并割让了大西洋上的圣赫勒那岛。对于荷兰人来说，这个条约还不算太苛刻。

第一次英荷之间的海上战争以英国的胜利而告结束，荷兰人忽略了生死攸关的多佛尔海峡和北海战区，而分兵在次要的地中海战区是战败的原因之一，但英国拥有雄厚的工业实力，战略指导思想正确，加上英国海军在数量和火力上都要优于荷兰，这也是英国人取胜的另一个因素。

因大火而结束的战争
第二次英荷海战

如果说英格兰是为大海所吸引的话，荷兰却是被赶向大海的。没有大海的存在，英国或许会一蹶不振，而荷兰则会败亡。

——［美］阿尔弗雷德·赛耶·马汉

第一次英荷之间的海权争夺战暂时告一段落了，然而两国的商业冲突并没有彻底解决，特别是在海外殖民地的争夺上，将继续造成英荷两国之间的纷争，他们都想凭借着战船以及武器将那些殖民地据为己有。荷兰领悟到自己在舰船上的弱势后，制订了新的造船计划，开始建造风帆战列舰，第二次英荷战争实际上已经在酝酿之中。

自从荷兰老将军特罗姆普在第一次英荷战争中阵亡后，行伍出身的安森·德·路特海军上将继任成为荷兰海军统帅，安森·德·路特出身于一个水手家庭，10岁就随父亲出海。他足智多谋、勇冠三军，在他的行伍生涯中，多次与西班牙舰队、英格兰舰队以及瑞典舰队交战，表现出了高超的指挥才能。安森·德·路特平易近人，体恤士卒，一直是荷兰海军的灵魂和象征。成为荷兰海军统帅后，为报第一次英荷战争的一箭之仇，安森·德·路特励精图治，加紧建造大型战舰，并重新制定了荷兰海军的战略思想。

第二次英荷战争两军在海上交战的场景

在第一次英荷战争中荷兰遭到了惨败，"海上马车夫"的缰绳从此交到了英国人的手中，荷兰分散在世界各地的商船，也大部分成了英国人的战利品，从而使荷兰人更加认识到制海权在海洋贸易中的作用。就在荷兰全国上下卧薪尝胆、重建海军之际，英国爆发了斯图亚特王朝复辟事件：1663 年，克伦威尔死后，在克伦威尔的继承人争夺权利引起混乱时，在公众的拥立下，英王查理一世的长子回到英格兰，被立为新的英国国王，称为查理二世。查理二世登上英王宝座后，随即授予英国海军"皇家海军"的称号，并任命他的弟弟詹姆士·约克公爵为"皇家海军"的最高统帅。

为了进一步打击荷兰，英国人制定了更为苛刻的《航海条例》，增补的条例规定：凡是殖民地的商品，不论是输出还是输入，都必须使用英国的商船装载，而其中许多指定的物品必须先输送到英国，首先满足英国工业生产的需要，多余的产品，在付了转口税之后，才能再转销到欧洲各地，如此一来，英国人不但掌控了海上贸易，还从中抽取了巨大的税收。同时，英国又向荷兰的海外殖民地展开了攻势，1664 年 3 月，查理二世发明了一种新的宣战方法，他以英国国王的名义宣布，将位于北美洲哈德逊河口、属于荷兰的新尼德兰的土地送给他的兄弟约克公爵，愤怒的荷兰人立即宣布和英国处于战争状态。查理二世向伦敦城区借了 20 万英镑做本钱，准备向荷兰开战，发一笔战争财，因为在第一次英荷战争中，英国海军抢了荷兰 1700 多条商船，着实赚了一笔。

4 月，一支英国海军远征队占领了荷兰在北美的殖民地新阿姆斯特丹，并把它命名为纽约，得寸进尺的英国人又组织了"皇家非洲公司"进攻荷兰在非洲西岸的殖民地，企图从荷兰人手中夺取一本万利的象牙、奴隶和黄金贸易。

面对英国咄咄逼人的挑衅，忍无可忍的荷兰开始了反击，先后同法国、丹麦结成了反英同盟，希望利用这些外交手段，去削弱英国的力量。8 月，安森·德·路特率领 8 艘战舰收复了被英国占领的原荷属西非据点，并在第二年 2 月正式向英国宣战，拉开了第二次英荷战争的序幕。只是由于当时正是冬季，不利于海上作战，所以英荷两国直到 6 月才展开了首次会战。

6 月 13 日，英荷双方舰队在英格兰东海岸外的洛斯托夫特展开了海战，由于安森·德·路特远征非洲未及时返回，荷兰方面的120艘战舰由沃森纳尔和奥布丹指挥。英国舰队拥有战舰150余艘，其中有战列舰35艘，总司令是查理二世的兄弟约克公爵。英国海军在舰艇的吨位与火炮威力方面都要优于荷兰海军。

战斗开始不久，荷兰海军的旗舰"伊恩德纳赫特"号的弹药库不幸被击中，发生了大爆炸，沃森纳尔和奥布丹这两位舰队指挥官同时阵亡，荷兰的另一艘巨型战舰"奥兰奇"号在激战中也被焚毁，荷兰舰队损失惨重、纷纷溃逃，有17艘战舰被击沉，3名海军上将和4000多名兵士阵亡，英国方面仅仅损失了2艘战舰和不到1000名水兵，荷兰人首战不利。

1666年6月，从非洲返回荷兰的安森·德·路特率领的85艘荷兰主力舰队出海，在佛兰德海岸与蒙克率领的英国舰队不期而遇，蒙克不顾力量相差悬殊，决定迎战，他对自己的部下说："即便情况最坏，我们一同勇敢战死，也比落在荷兰人手中受羞辱要光荣，战败是战争命运的注定，而逃跑则是懦夫的行为。"在蒙克的鼓动下，英国海军的将士斗志昂扬，奋勇拼杀，激战到第三天，英国方面仅剩下30多艘战舰还拥有战斗力，蒙克被迫下令西撤。

在撤退途中，英国海军舰队的旗舰"皇家查理"号带领数艘战舰一头撞向了沙洲而搁浅，最大的战列舰"皇家亲王"号也陷入了泥沙之中，舰队司令阿伊斯秋投降，该舰随后被荷兰人焚毁。傍晚时分，荷兰舰队渐渐逼近了被围困中的英国战舰，危急时刻，鲁珀特亲王率领英国皇家海军的另一支舰队赶到战场，救出了被围困的英国战舰。

第四天，鲁珀特亲王和脱困的蒙克决定再次迎战荷兰舰队，以挽回丢掉的面子。激烈的海战从清晨一直延续到黄昏，所有的英舰都被打得遍体鳞伤，荷兰人却越战越勇，眼看英国皇家海军就要彻底败亡。在这个关键时刻，荷兰海军的弹药却用尽了，安森·德·路特只好下令舰队退出了战场，皇家海军虎口余生，侥幸得还。

这次海战被称为"四日海战"，英国皇家海军包括3艘旗舰在内的17艘大型战舰被击沉，5000多人战死，其中有2名将军和12名舰长，还有3000多人被俘，而荷兰海军只损失了6艘战舰，不到2000名官兵阵亡。这次海战是英荷战争以

海峡之战的海战场景

来规模最大的一次海战，也是英国皇家海军史上少有的几次败仗之一。

8月8日，一件意想不到的事件叫荷兰举国目瞪口呆，英国一支小型分舰队突袭了荷兰的弗利兰岛，无意中发现了隐藏在那里的大量荷兰商船，在没有遭遇任何抵抗的情况下，英国舰队纵火焚烧了150多艘挤在一起的荷兰商船，然后在弗利兰岛劫掠一番后离去。这场"霍尔姆斯篝火"事件虽然不能归入海战之中，但它给荷兰所造成的损失却超过了在整个战争期间英国舰队给荷兰商船造成的损失总和，英国人也算是出了"四日海战"的一口恶气。也许是循环报应吧，就在"霍尔姆斯篝火"事件一个月后，一场罕见的大火降临到了英国的伦敦。这场大火连续烧了四天四夜，英国的首都被这场大火烧毁过半，给英国造成的经济损失超过了两次与荷兰战争的总费用。

在这次战争之初，英国议会拨给了查理二世500多万英镑的军费，让他放手大干一场，然而战争开始后，英国海军却没有得到预期中的胜利，而英国此时在外交上也陷入了孤立的境地，法国和丹麦先后加入到荷兰一边反对英国，英国人不但没有发到战争财，而且陷入了财政困难的境地，只好在1667年向荷兰提出议和，然而荷兰方面对和谈的欲望却没有英国那样迫切，荷兰人对于"霍尔姆斯篝火"事件的复仇情绪还没平息，为了增加在谈判桌上的筹码，在会谈期间，安森·德·路特决定对英国海军再进行一次军事行动。

安森·德·路特制订了一个罕见的作战计划，他率领40艘战舰和20艘纵火船，趁黑夜涨潮之时，偷偷穿过了泰晤士河口，沿梅德韦河溯流而上，直达英国舰队的停泊基地查塔姆。任何人也想不到，荷兰舰队竟敢深入虎穴，将战火烧到了大英帝国的家中。进入英国海军基地的荷兰舰队大显神威，将停泊在那里的英国18艘千吨以上的巨舰击沉或焚毁，连伦敦都可以听到荷兰舰队发出的炮声。在查塔姆英国海军基地横行了三天之后，荷兰舰队安全返航，而英国海军的旗舰"皇家查理"号则被荷兰人顺手牵羊带回了荷兰。

荷兰镶金蜗牛

这次奇袭给英国造成了近20万英镑的损失，更使皇家海军蒙受了奇耻大辱，英国遭此大败，加上伦敦大火的双重打击，实在是无力再战。7月末，英、荷两国签订了《布雷达和约》，在这个条约中，英国放弃了在荷属东印度群岛方面的权益，并归还了在战争期间抢占的荷属南美洲的地盘，而荷兰则正式割让哈德逊河流域和新阿姆斯特丹，并承认西印度群岛为英国的势力范围。这个和约实际上意味着英荷两国在殖民角逐中划分了双方的势力范围，第二次英荷海战至此落下了帷幕。

英国成为海洋霸主
第三次英荷海上之战

以雄才大略、文治武功使法兰西王国成为当时欧洲最强大国家的路易十四早有称霸欧洲的野心，而荷兰是法国在欧洲建立霸权的障碍之一，路易十四早就图谋瓜分荷兰，并将荷兰的领土作为法国的"天然边界"，以巩固法国在欧洲大陆的霸权地位。为此，路易十四给了英王查理二世40万英镑的贿赂，要求英国与法国联手攻打荷兰。英国也正对在第二次英荷战争中的失败心有不甘，于是查理二世同意了路易十四联合瓜分荷兰的提议。此时荷兰的盟友瑞典看到荷兰受到欧洲海、陆两大强国的威胁，为图自保，便放弃了与荷兰的盟约，转而恢复与法兰西王国的关系。

1672年3月，英国皇家海军12艘战列舰以及6艘其他战舰在没有宣战的情况下对荷兰商船队发动了突然袭击，而为80艘荷兰商船护航的仅有5艘荷兰战舰和24艘武装商船，为了保护商船，荷兰护航舰队的指挥官哈恩坚决与占有绝对优势的英国舰队周旋，在被击沉1艘战舰、被俘虏3艘商船的情况下，大多数荷兰商船还是安全逃了出来，抵达了目的地。

面对英法的联合舰队，已经65岁高龄的荷兰海军统帅安森·德·路特分析了敌情后，认为法兰西王国的海军刚建立不久，力量小而且缺乏战斗经验，不足为惧，对荷兰海军威胁最大的是英国皇家海军，因此制订了集中主力打击英国皇家海军，只分出一支小的舰队去牵制法兰西舰队的战略，在随后发生的几次海战中，法兰西海军果然表现不佳，不但战斗力奇差，而且在英国海军和荷兰海军激战的时候，法国的舰队往往只在远处发射，并不靠近，大有坐山观虎斗、保存实力之嫌。在战斗中，法兰西的战舰一旦受创，马上就会从战场上退出，而置正在与荷兰海军艰苦奋战的英国海军于不顾，这不但极大地影响了英国

英荷特塞尔海战的场景

海军的士气，也无法贯彻联合舰队指挥官的战术协调。法兰西海军这种消极作战的行为让英国海军将领痛恨不已，愤怒地要求政府追究法兰西海军造成联军战败的责任。

6月7日，安森·德·路特指挥的130多艘荷兰舰队前去偷袭泊在英国东南部索尔湾的英法联合舰队，当时在港内停泊的英法联合舰队各类船只有150多艘，其中有50艘英国战舰和30艘法兰西战舰，其余的多为小型船只、运输船只或是后勤补给船只等。荷兰舰队有备而来，抢得先机，在开战之初利用涨潮放出纵火船，使英法联合舰队陷入混乱。

在荷兰舰队的炮击之下，英国舰队指挥官约克公爵凭借出色的指挥才能，很快就控制住了混乱的形势，混乱的英舰迅速编成战斗队形出港迎战，而法兰西舰队则不愿意消耗自己的实力，只在远处观战。英荷这场近距离炮战十分激烈，自中午一直战到日落，英国海军损失了4艘战舰和近3000名士兵，而荷兰海军则损失了2艘战舰和2000多人。海战结束后，鲁珀特亲王声称法国舰队对这次海战的失败要负全部的责任，这件事也成了后来英国废除英法联盟并与荷兰单独讲和的原因之一。

海军的失利和法兰西的日益强大，使得英国资产阶级对参加法荷之间的战争开始不满起来，他们先促使议会削减了海军的战争费用，使英国海军无力再封锁荷兰，然后又迫使亲法的国王查理二世转变了立场，从而通过了与荷兰单独讲和的议案。1674年2月，在商业利益至上的英国资产阶级的干涉下，英国政府与荷兰政府签订了《威斯敏斯特和约》，两国之间又恢复了战前的状态。在《威斯敏斯特和约》中，荷兰以赔付给英国80万克伦，并承认英国保留它所夺取的原属荷兰领地所有权作为代价，换取英国在荷法战争中保持中立的保证。

英国资产阶级通过三次英荷战争，终于得以开疆拓土，成了真正的海上霸主。

英荷之间的第三次海上战争就此落下了帷幕，对于英荷两国的海军来说，这场前后长达20多年的英荷海上争霸战争，其根本的战略目的就是制海权的争夺，谁控制了海洋，谁就控制了世界。尽管荷兰在军事上并没有完全输给英国，但从整体上来看，荷兰的海上实力被大大削弱了，昔日的"海上马车夫"已是辉煌不再，从此沦为了欧洲的二流国家，而英国则夺取了海上霸权地位，从此成为海上霸主。

腓特烈大帝初露锋芒
穆尔维茨与霍图西茨会战

腓特烈大帝是欧洲历史上最伟大的名将之一，1740 年，年仅 28 岁的腓特烈登基成为普鲁士国王。当年，神圣罗马帝国皇帝卡尔六世去世，按照他的遗嘱，年仅 23 岁的公主玛丽亚·特蕾莎继承了中西欧最显赫的权位，成了奥地利皇位的继承者。这两位在同一年即位的年轻王子和公主，从此便展开了彼此斗争的生涯。

按照惯例，神圣罗马帝国只能有皇帝而不能有女皇，所以，玛利亚·特蕾莎的继位不合法，这就为欧洲列强干涉奥地利提供了借口。巴伐利亚的选帝侯就对女王的继承权提出了质疑，并不惜刀兵相向。初登王位的腓特烈见玛丽亚·特蕾莎女王地位未稳，认为正是普鲁士扩张并吞并西里西亚的好时机，于是向玛丽亚·特蕾莎女王表示，普鲁士愿意以军事力量支持她的继承权，但是要求以西里西亚作为交换条件，这摆明了是要乘人之危趁火打劫，奥地利女王拒绝了腓特烈的提议。

腓特烈决定出兵抢占西里西亚，以造成实际占有的既成事实。主张抢占先机的腓特烈违反当时的惯例，尚未宣战就偷袭奥地利。1740 年底，腓特烈率领 8 万普军南下，突袭西里西亚。奥地利在西里西亚只有少量驻军，毫无防御准备的守军很快被击溃。西利西亚首府布雷斯劳陷落，只有尼斯堡等几个孤立堡垒仍然坚守。腓特烈率 2 万普军屯兵尼斯堡坚城之下，准备对它长期围困。

1741 年 4 月，奥地利元帅奈贝格领兵 2.2 万，从西里西亚东面的摩拉维亚境内赶来救尼斯堡，并派出骑兵对普鲁士军队的补给线展开了袭击。从战略上看，奥地利军队只要能够坚守住战线，切断普鲁士军队的补给，被孤立在西里西亚的普鲁士军就将遭到极大的麻烦。为了打破奥地利军队的封锁，腓特烈决意主动进攻奈贝格军团。4 月 10 日，普、奥两军在西里西亚的穆尔维茨村遭遇，普鲁士有 2.1 万人，其中多是训练有素的步兵；而奥地利有 1.9 万人，其中多是新兵。但奥军有具强大突击力的骑兵，以及一批富有作战经验的指挥官。

普鲁士军队虽先期发现了敌人，但未能立即展开进攻，奥地利的军队未等普鲁士军队全部展开，就率先发起了攻击。奥地利左翼骑兵在风雪的掩护下，突然出现在普鲁士军队的面前，并将普鲁士军队的队形冲散。在激烈战斗中，奥地利的罗默尔和普鲁士的舒伦堡两位骑兵将军全都阵亡。

腓特烈大帝画像

这是腓特烈亲自指挥的第一场战役，短兵相接的惨烈战斗和两翼的暂时挫败，使腓特烈对战场的形势感到头晕目眩，他把战场的指挥权交给了有实战经验的施维林元帅。在施维林元帅的指挥下，普鲁士步兵的良好素质在不利的形势下发挥了关键作用。奥地利骑兵和步兵一次又一次进攻，都被强大的普鲁士炮兵击退，激战进行到傍晚，普鲁士步兵在施维林元帅的指挥下发起了反攻，奈贝格元帅由于本来存量不多的弹药几乎用尽，而且无法突破普鲁士军的阵地，在抛弃重装备的情况下退出了战场，腓特烈终于艰难赢得了第一场战役的胜利。

在本次会战中，普鲁士军死伤6000多人，略多于奥地利军队，但由于奥地利军队的败退，所以普鲁士军队缴获了奥地利军队的全部装备。奥地利军队在穆尔维茨会战中虽然军队损失不算太大，但由于作战物资几乎损失殆尽，在短时期内要想击退普鲁士军队收复西里西亚的意图便成了泡影。

作为后来欧洲历史上的一代名将，腓特烈的首次战役可以说赢得有点惊险，以多战少还打成这样，实在不是什么漂亮的战役。大战前，腓特烈本想集中兵力，由于施维林元帅主张先解决粮草供应问题，腓特烈没有坚持己见，结果战前分兵，才导致了会战中的尴尬局面。打这之后，腓特烈再也没有被部下的不同意见所左右。此外，他还改良了普鲁士军队的编制，侦察能力和骑兵的需求得到了重视和加强。

1742年初，奥地利军队沿多瑙河向巴伐利亚发动进攻，并对波希米亚构成威胁，腓特烈率领3.5万人进抵摩拉维亚与奥地利交界处，摆出要进攻奥地利首府维也纳的架势，迫使奥地利军队撤军回返。解除了波希米亚危机后，腓特烈挥师北上，在波希米亚的霍图西茨与奥地利格林亲王率领的3.2万奥地利军队遭遇。普鲁士的骑兵以快速冲击将奥地利骑兵击溃，但由于后续不继，又被奥地利军队击退，双方陷入相持状态，这时一支隐蔽在战场后面的普鲁士军队突然出现，给予奥地利军队一记重创，格林亲王只好下令奥军撤退。

这次战斗，普、奥两军的损失都在8000人以上，但奥地利军队约1.6万人被俘，数十门大炮落入了普鲁士军队的手中。腓特烈靠自己的指挥，赢得了第一场毫无争议的胜利。这场会战使年轻的国王得到了一个取胜的诀窍，就是在战场上的侧面突击远比正面攻击更具毁灭性和震撼力。

这次战斗虽然取胜，但普鲁士军队损失也很大，腓特烈已无力再进行战争。霍图西茨会战后，法国、巴伐利亚、萨克森和西班牙等纷纷加入了对奥地利的作战，而英国则跟奥地利结盟以打击法国，倒是普鲁士这个点火的国家反而不声不响退到了一边，置身事外了。

腓特烈的目的只是吞并西里西亚，现在目地已经达到，他并没有兴趣为巴伐利亚公爵的继承权或因法奥的世仇而卷入战争。四面临敌的奥地利也急于把奈贝格元帅的军队用于抵抗法国和巴伐利亚，所以腓特烈与玛丽亚·特蕾莎女王达成了休战协议，根据协议，奥地利把西里西亚割让给普鲁士，腓特烈达到了他与奥地利开战的目的。

运动、机动和决断的杰作
洛伊滕会战

罗斯巴赫会战，是普鲁士与法国和奥地利联军在"七年战争"的第一场会战，在腓特烈的指挥下，2万普鲁士军队击败了4万法奥联军，此战被誉为腓特烈大帝最辉煌的战绩之一，成了18世纪欧洲的经典战役。但罗斯巴赫会战的胜利并没能改变科林战役之后普鲁士所面临的艰难局面，腓特烈在莱比锡迎战法奥联军之时，他留守西里西亚的贝费恩公爵却被奥地利的道恩元帅和洛林亲王所率领的奥军主力击败，普鲁士在西里西亚的补给中心施韦德尼茨也落入了奥地利人手中。

腓特烈在罗斯巴赫击溃法奥联军后，留下斐迪南亲王带领少量部队与法军周旋，自己立即率领1.3万人从莱比锡出发，赶往情况危急的西里西亚。在他赶到之前，西里西亚的首府布雷斯劳已告陷落，贝费恩公爵本人被俘，西里西亚全境几乎都被奥地利军队占领。但罗斯巴赫会战的胜利，恢复了腓特烈的信心，他的军队也恢复了活力，经过十多天急行军，他们走了近300公里的路程，赶到了西里西亚，并与西里西亚贝费恩公爵的残部会师。

两军会合后，腓特烈的军队已达4万余人，此时普鲁士军队在西里西亚已经没有可以立足的基地，但腓特烈以奇袭突然攻占了奥地利军队的补给中心达帕赫维兹，从而在西里西亚站稳了脚跟。

腓特烈的突然出现，使奥地利军队的主帅道恩元帅和洛林亲王大为震惊，因为他们认为普鲁士军队在罗斯巴赫会战后，怎么也要休整一个时期。当时道恩元帅和洛林亲王手上握有近9万人的军队，腓特烈的4万余人尽管疲于奔命，但仍然信心

七年战争结束后，腓特烈大帝胜利返回首都柏林。

十足地寻找着与奥军主力决战的机会，而奥地利的洛林亲王也渴望与腓特烈一战，以雪前耻。1757年12月初，普鲁士军队到达新市，而奥地利的军队则到达了距此不远的洛伊滕，两军处在了交战前紧张的气氛中。腓特烈在对他的军官们演讲中说道：

"如果让奥地利占领了西里西亚，我们便将一事无成，敌军的兵力三倍于我军，我希望以我的将士的英勇和对我作战方案的严格执行来弥补我们的不足，我们必须打败敌人，否则，我们就会埋骨于敌人的炮火之下。如果你们当中有谁怕与我分担这一切危险的话，他可以立即退伍，绝不会受到我的任何斥责。不过，一旦战斗打响，如果骑兵中有谁在冲锋中犹豫不决，战斗结束后我得叫他滚下马鞍，充任后备部队，步兵中有谁表现出踌躇不前，我就叫人撕去他军服上的花饰。先生们，再见了！用不了多久，我们要么在胜利中相会，要么就此永诀！"

12月5日，腓特烈率领普鲁士军队从新市出发，一马当先走在部队的前列，他身后的主力分为四路纵队跟随前进，军乐队一路上都在吹奏着，士兵们则高唱着军歌："我要恪尽职守，我的地位是您所赐予，我要坚强而勇敢地战斗，当我这样战斗时，一定能成功！"当一位军官问腓特烈是否应命令士兵们停止唱歌时，国王回答说："绝对不必，有这样的士兵，上帝在今天一定会赐我以胜利的。"

洛伊滕战场的形势，有点像反过来的罗斯巴赫战役。奥地利军队以洛伊滕村为支撑点，前面也有一片可以用来遮蔽敌人视线的高地，但腓特烈二世拥有一个优势，那就是他比对手要更加熟悉这片地形，因为数年前，他曾指挥普鲁士军队在这个地方举行过一次军事演习。腓特烈这次的作战计划与法奥联军在罗斯巴赫的意图相似，准备通过小河之间的空隙对奥地利军队实施打击，但是腓特烈要比罗斯巴赫战役中的法奥联军的统帅精明得多，他要在奥地利军队的右翼佯攻，而真正的打击将落到敌阵的左翼上。

由于误判了普鲁士军队的主攻方向，奥地利军队的右翼指挥官在受到猛烈攻击时连番向洛林亲王和道恩元帅告急，洛林亲王将所有的预备队从左翼调到了右翼，从而削弱了自己的左翼，而齐腾元帅的骑兵和莫里茨亲王的步兵突然掉转了方向，从南向北出击，一举粉碎了奥地利军队的左翼。洛林亲王不得不以洛伊滕村为中心，将军队进行全线收缩，大量兵力被挤压在洛伊滕周围，奥地利军队凭借着数量上的优势据险死守。

第二天清晨，战役进入第二个阶段，洛伊滕村的攻防成了焦点。天刚拂晓，普鲁士军队的前锋在薄雾中与奥地利罗斯提兹将军率领的1000多人在一处高地前遭遇，这支奥军立即被击溃，包括身负重伤的罗斯提兹将军本人在内的800多名奥地利士兵被俘。不久晓雾散去，占据了高地的普鲁士军队可以看清奥地利军队的全部部署。

这个高地的丧失，成了奥地利军队失败的一个重要因素，不仅腓特烈从那里可以望见奥地利军队的全部部署，而且这座小山使奥地利军队看不见正分为四个纵队向洛伊滕村前进的普军主力。

中午，战役进入决定性阶段，洛林亲王亲自指挥奥军对洛伊滕村附近的普鲁士军队发动了反攻，不幸的是，他不知道，此刻他们的位置，正好落入了普鲁士军队的两面夹击之中。当奥地利军队发起反攻的时候，在炮兵火力掩护下，普鲁士的骑兵从侧翼发动了攻击，奥地利骑兵进攻队形顿时大乱，得胜的普鲁士骑兵继续向奥军主力攻击，其中一部迂回到奥军主力的背后。到夜幕降临时，整个奥军防线已经陷于崩溃，普鲁士军队乘胜追击，把战役演变成了一场追逐战。

重建后的柏林
画中描绘了重建后的柏林，市民们正在市中心悠闲地漫步。

乘胜追击的普鲁士军队包围了布雷斯劳，守城的奥地利军队司令官在城内贴出公告，声明任何人若是提到投降都格杀勿论，但半个月后，他自己却只能率领近2万人的守军投降了，至此，整个西里西亚又回到了普鲁士的手里。战败后的洛林亲王无地自容，只好返回了他的庄园。

腓特烈在洛伊滕战场上消灭的奥地利军队在4万人以上，军事史家把洛伊滕战役称为腓特烈大帝军事艺术的巅峰之作，就像拿破仑的奥斯特里茨战役一样。这场战役结束时，腓特烈对他的将军们说："今天将使你们的名声永远为这个国家的后世子孙所铭记。"

后人把发生在一个月之内有内在联系的罗斯巴赫和洛伊滕两大会战看成一个整体的大战役，拿破仑对这个战役评价说："洛伊滕会战是运动、机动和决断的杰作。"仅此一战就足以使腓特烈名垂千古，使他跻身于世界伟大将领的行列。

近代俄国经典战役

纳尔瓦战役

17世纪中叶，瑞典已经成了一个以芬兰湾为中心的波罗的海强国，它的领土包括了卡列利阿、因格里亚、爱沙尼亚和立窝尼亚。在三十年战争中，瑞典又从德意志得到了大片领地，包括西波美拉尼亚、维斯马、不莱梅公国和费尔登。同时瑞典还征服了丹麦和挪威在松德海峡以北的大片领地。人口仅有100万的瑞典能取得这些胜利，这要归功于它有一支训练有素的军队，尽管这支军队规模不到10万人，但比起欧洲当时大多数的陆军，专业化程度要高得多。1697年，时年15岁的查理十二世即位，成了瑞典的少年君主，他崇尚武功，立志要成为"北欧的亚历山大大帝"。

1700年，雄心勃勃的俄国沙皇彼得一世为了夺取波罗的海的入海口，与欧洲的丹麦、挪威和波兰等国组成了针对瑞典的军事同盟，彼得一世决意要从瑞典那个"毛头小子"手中抢夺波罗的海沿岸地区。9月，彼得一世以4万大军包围了瑞典军队控制的纳尔瓦，修筑了近5公里长的工事，企图迫使瑞典守军投降。纳尔瓦城的瑞典守军总共也不过2000余人，然而俄军却围攻了3个月而没攻下。

11月中旬，查理十二世乘彼得一世的同盟者波兰按兵不动之机，亲自率领3万瑞典

彼得一世是俄国罗曼诺夫王朝（1613—1917）的第四代沙皇，于1682年即位。他被认为是俄国最杰出的沙皇，后世尊称他为彼得大帝。

军队驰援被围守军，查理十二世的突然出现，令沙皇彼得一世大吃一惊，他把战场的指挥权交给外籍将领克鲁瓦，自己不知去到了何方。照彼得一世的为人来看，他本是俄国的一代英主，还不至于畏惧而逃，但他的确是在交战前离开了战场而不知去向。

11月30日，查理十二世率领的瑞典援军先头8000余人突然出现在纳尔瓦，那天拂晓大雪纷飞，尽管俄军五倍于己，但查理十二世镇定自若，他对手下的将士说道："这是天赐良机，在风雪中敌人无法看清我们的人数是如此之少。"8000将士在他的带领下猛然攻入俄军的阵营中。瑞典军队闪电似的冲锋使俄军顿时乱作一团，到处都是喊杀之声。由于战线过长，联系不便，搞不清到底来了多少瑞典军队，大部分俄军被各个击破，只有彼得一世的2个近卫团还能坚持抵抗，但已是无济于事了。

溃逃的俄军在过河时由于桥梁倒塌而淹死了许多士兵，没能过河的俄军投降做了俘虏。由于2个近卫团的顽强抵抗，经过谈判，查理十二世允许他们在投降以后携带武器和军旗撤离纳尔瓦，但当这两个近卫团沿着刚修复的大桥向纳尔瓦河对岸撤退时，瑞典国王没有遵守协议，这两个团被缴了械，并俘虏了其中的军官。

纳尔瓦战役结束了，俄军与瑞典军队首战败北于纳尔瓦城下，4万俄军被击溃，伤亡约8000人，高级军官几乎无一生还，数百门大炮尽落敌手，而瑞典军队阵亡不到3000人，可以说彼得一世经此一役元气大伤。18岁的瑞典国王以少胜多、大破俄军的消息成了欧洲的大话柄，俄国在西欧各国中的威望一落千丈，而查理十二世却是名声大振。

纳尔瓦战役胜利之后，查理十二世并没有趁势去攻击彼得一世，他留下了1.5万人防守波罗的海沿岸地区，自己率军先后向丹麦和波兰开战，并打败了那些国家，两年后占领了华沙。在许多的会战中，查理十二世都是以劣势的兵力获胜，因而为自己赢得了

表现纳尔瓦战役的绘画
　　纳尔瓦战役中，俄军阵亡约8000人，损失火炮145门；瑞军阵亡近3000人。俄军的暂时失利使彼得一世认识到加紧俄国正规军建设并装备新式火炮的重要性。

"不败将军"的美誉。

纳尔瓦战役中俄军是失败了，但这对于彼得一世来说，只是暂时的失利，他总结了教训后，立即加紧了俄国军队的改革，一支装备新式火炮和枪械的正规军队很快组建起来了，而查理十二世却正忙于东征西讨，而且一战就是八年。八年后，查理十二世与彼得一世又进行了他们之间的第二次决战——波尔塔瓦战役，彼得一世一雪前耻，查理十二世则遭到了平生第一次失败。

"武士国王"与"俄罗斯之父"的较量
波尔塔瓦战役

1700 年，俄国沙皇彼得一世和瑞典国王查理十二世这两个当时最杰出的军事家开始了较量，查理十二世被称作"武士国王"，彼得一世则被尊为"俄罗斯之父"。彼得一世对出海口的重要性的认识已超出军事和贸易层面，急于要为俄国打开通往海洋的大门，为此，他先向南方的奥斯曼帝国开战，企图打通通往黑海的道路，失利后又向北方扩展，为了争夺波罗的海的出海口，彼得一世对瑞典发动了长达 20 年之久的北方战争。

彼得一世想把瑞典赶出波罗的海地区，可是当时的瑞典是一个超级强国，它的势力范围包括如今的瑞典、芬兰、爱沙尼亚、拉脱维亚以及俄罗斯的一部分，更重要的是，瑞典有一个杰出的国王——立志要成为"北欧亚历山大大帝"的查理十二世。在与瑞典开战的北方战争之初，彼得一世出师不利，在纳尔瓦战役中，俄国军队被人数远少于自己的瑞典军队所痛击，一败涂地。查理十二世认为暂时可以不用担心彼得一世了，他掉过头去入侵丹麦、波兰、立陶宛以及萨克森等国家，直到经过八年的征战之后，才又把目光重新投向俄国。

查理十二世这一系列的行动在战略上可能是正确的，但可惜的是，他还不太了解自己的对手，彼得一世有着非凡的意志力，当查理十二世断定"莫斯科男子汉"已经完蛋了的时候，彼得一世却坚信俄国与瑞典的战争只是刚刚开始。查理十二世与丹麦和波兰等国的八年

彼得大帝是18世纪初期俄罗斯的统治者，俄国历史上称帝的第一人。他全力以赴地将封闭保守的俄罗斯转变成一个真正的帝国。

纪念波尔塔瓦战役的小饰品

战争使俄国人获得了喘息的机会，彼得一世在这个时期中加快了俄国军事改革的步伐，他重新组建了一支新式军队，并趁瑞典无暇东顾之时，夺回了自 17 世纪以来俄国在波罗的海沿岸地区所失去的所有土地，当时那里的瑞典部队一共也不到 2 万人。1703 年，俄国开始在涅瓦河口兴建圣彼得堡。

俄国的挑战激怒了查理十二世，他决定对俄国的心脏莫斯科地区进行攻击，以求彻底解决俄国问题。不可一世的查理十二世自以为所向无敌，他全然不了解此时的俄军早已今非昔比了，自信很快就能击败俄军。1708 年秋，刚刚从波兰战争中腾出手的查理十二世统率 7 万瑞典精兵孤军深入俄国腹地，直取莫斯科。

面对来势汹汹的瑞典大军，彼得一世采取了一种令查理十二世意想不到的战术，俄军并不与瑞典军队正面交锋，只是使用袭扰战术打了就跑，并且在撤退的途中到处放火，烧掉所有的房屋、庄稼以及各种生活物品，远离后方的查理十二世被俄国的袭扰战术和坚壁清野搞得举步维艰，随着冬天的临近，孤军深入的查理十二世眼看入冬前攻克莫斯科无望，于是暂时先转向南方的乌克兰，以便获取粮草以及躲避寒冬。

最寒冷的冬季接踵而至，在乌克兰平原，天气冷得可以让飞鸟冻僵掉到地上，即使是最斗志昂扬的士兵也无法长期对抗恶劣的自然条件，面对严寒所造成的痛苦，打仗简直如同儿戏。罕有对手的瑞典军队因严寒而减员过半，仅在一次行军途中，就有 2000 多名士兵因为疲惫和寒冷而倒下。熬过了严冬，春天到来了，融化的冰雪又使路面变得泥泞不堪，士气低落的瑞典军队不仅要忍饥挨饿，而且缺少装备和弹药，将军们都力劝他们的国王暂时收兵返回波兰，以图休整，但满怀自信的国王对部下那些忠言置若罔闻，他认为自己完全有把握取得最后的胜利，不想半途而废。他用时常挂在嘴边的一句口头禅回答自己的部下："我们就是要去创造奇迹，荣誉必然属于我们。"

查理十二世的自信是无限的，几乎到了无视一切现实的地步，在他的心中，没有什么目标是不能达到的，敌人数量上的优势和阵地的强度、自己部队的疲惫和补给的缺乏，这一切在他看来都是用来考验他的天才的，没有什么能阻止他，任何危险和困难都只能鼓励他更加向前。

1709 年 6 月，经过长途奔袭且不断遭到俄军袭扰的瑞典军队，终于疲惫不堪地开到了乌克兰境内沃尔斯克拉河西岸的军事要塞波尔塔瓦城下，饱受折磨的瑞典部队这时所剩已经不足 3 万人，并且粮草和弹药奇缺，等候在波尔塔瓦的却是 4.5 万名装备精良、以逸待劳的俄军。

6 月 17 日，这一天是查理十二世 27 岁的生日，一大清早，查理就被俄军袭扰的噪音惊醒，他骑着马沿着沃尔斯克拉河巡视，不想被河对岸的火枪击中，回营后才发现脚部伤势严重，这使他不能再亲临战场指挥。负伤前，查理十二世总是在战场上来去如飞，到各处激励士气，部下都把查理十二世当作神话中的英雄看待，对他的领导充满了信心，此外他对战术也独具慧眼，能够在战场上迅速发现敌人的弱点，并向那里发起雷霆一击，现在的他却只能躺在担架上，眼睁睁看着战况的发展，这件事对瑞典军队的士气影响很大。

听说查理十二世负伤之后，彼得一世决定与瑞典军队决战。战前，彼得一世对他的将士们发表了演说："祖国的生死存亡操在你们手中的时刻业已到来，我军并非为我而战，乃为托付予我的国家而战。"俄军开始在距离瑞典军队几百米远的地方挖掘战壕，以迫使瑞典人发起进攻。为了避免饥饿和失败，查理十二世现在唯一的出路就是进攻，在听到有 4 万俄国援军即将赶到的消息后，查理十二世决心孤注一掷，向俄军发起进攻，并指定莱因斯科尔德元帅代替他指挥，身处困境的查理十二世把一切希望都寄托在这场决战上。

战斗于 6 月 28 日黎明开始，瑞典军队一开始就向俄军的兵营发起了冲击，此时瑞典军队的弹药奇缺，以至于那些攻击的步兵奉命只准使用刺刀，4000 多名瑞典步兵在两翼骑兵的掩护之下，旁若无人地向俄军冲去，尽管俄国军队早有准备，但训练有素的瑞典军队还是获得了相当的成功。

整个上午，瑞典的士兵们冒着猛烈的炮火冲入俄军的阵地，与俄军展开激烈的白刃战，曾一度迫使第一线的俄军后退。但瑞典人想扩大战果的企图未能得逞，洞察全局的彼得一世亲自率领后备军发起了反击，在俄军炮火的有力支援下，最终将瑞典士兵逐回了他们的出发地。由于缺乏弹药，瑞典的骑兵因为得不到步兵的有力援助而被曼斯基哥夫将军指

圣彼得堡的建立标志着俄国作为一个海上强国追赶上了欧洲其他国家。

挥的俄军骑兵所击溃。上午10时，瑞典军队被彼得一世亲率的俄军步兵包围，俄国炮弹充足的100多门大炮彻底压倒了瑞典30门缺乏弹药的火炮，当俄军骑兵再次发起进攻时，瑞典军队的防线开始瓦解了。

看见自己的军队被打败后，查理十二世不得不下令撤退，瑞典军队扔下了所有的辎重，拼命向西方逃窜，但俄军紧追不舍，精疲力竭的瑞典军队1.6万人在三天后被迫投降，至此全军覆没，查理十二世远征俄国的计划终于以在波尔塔瓦的惨败而告结束，他的全部痴心妄想被埋葬在波尔塔瓦城下。此役，瑞典军队伤亡近万人，2万余人被俘，而俄军共计伤亡1.5万人。查理十二世率千余人逃到了奥斯曼帝国，经历了五年的流浪生活后才重新返回到瑞典。

波尔塔瓦胜利的重要后果是俄国在波罗的海的占领区得到了巩固，瑞典军队已经再无能力威胁这个地区了，用彼得一世的话说，经此一战后，圣彼得堡的基石已经完全奠定了。在这场战役中，瑞典军队孤军深入，在战术上只靠硬打硬拼，全然不考虑双方实力的差距，而俄军则战备充分，兵力集中，指挥得当，因而取得了胜利。此战之后，彼得一世趁势在波罗的海建立了强大的海军，并最终依靠它降服了瑞典，俄国从此作为一个军事强国登上了欧洲的历史舞台。

被"傻瓜"的子弹所击败的"好汉"

阿尔马河战役

克里米亚战争是俄国为了争夺博斯普鲁斯和达达尼尔海峡的控制权、打通进入地中海的通道，而与奥斯曼土耳其帝国之间的一场战争。由于英国和法国不愿坐视俄国势力的壮大，也卷入了这场战争，因此这场战争是自拿破仑帝国崩溃以后规模最大的一次国际战争，堪称近代军事史上一场混乱的厮杀。从军事角度而言，交战双方的表现都极为不佳，作为揭幕战的阿尔马河之役可谓典型代表。

导致克里米亚战争的直接原因表面上是因为宗教纠纷，实际上俄国与土耳其之间的冲突由来已久。自拿破仑战争以来，俄国一直是欧洲大陆的霸主，但俄国也有软肋，它只有一个出海口，而且这个港口又是位于半年不能通航、易受英国人进攻的北方，沙皇亚历山大对沟通黑海和地中海的咽喉要道博斯普鲁斯和达达尼尔海峡觊觎已久，曾将其称为"我们房屋的钥匙"。

1853年，缅什科夫亲王作为俄国全权特使被派往君士坦丁堡，要求奥斯曼帝国的苏丹阿卜杜勒·迈吉德签订一项新条约，将土耳其境内所有东正教居民交由俄国"保护"，这等于是要求将巴尔干地区拱手让与俄国。阿卜杜勒·迈吉德在英法两国的支持下，提出以谈判来解决争端，但缅希科夫却狂妄地表示："一个拥有百万军队的人是不会为谈判操心的。"并向奥斯曼帝国发出了最后通牒，此时的俄国根据以往对土耳其战争的经验，认为如果不能在谈判桌上得到，那么就诉诸战争，而报偿也将更加丰厚。

俄国想要独占博斯普鲁斯和达达尼尔海峡这两个黑海的出海口，在近东扩张的势头使得英法两国十分不安，如果沙俄控制了这两个海峡，那么英法在地中海的势力将受到严重威胁。在英法的支持下，奥斯曼帝国拒绝了俄国的最后通牒。7月，俄国出兵 8.3 万占领了奥斯曼帝国的摩尔达维亚和瓦拉几亚这两个公国，开始向奥斯曼帝国的首都君士坦丁堡推进，奥斯曼帝国被迫向俄国宣战，俄土之间的克里米亚战争爆发了。对于俄国人来说，这是实现其传统野心的战争，对于土耳其人来说，这是关系它生死存亡的战争。

英、法原以为摆出强硬的姿态就会使沙皇俄国撤军，因此在土耳其宣战前一天，便派出联合舰队驶入黑海对俄国施压，不料事与愿违，英、法的联合舰队刚刚驶离君士坦丁堡，俄国海军紧接着就出海了。11月末，俄国海军中将纳希莫夫率领的舰队突然袭击了土耳其位于黑海南岸的海军基地锡诺普，并对锡里斯特里亚要塞进行了围攻。

英、法向俄国发出最后通牒，要求俄军撤离瓦拉几亚和摩尔达维亚，沙皇置之不理，英法联合舰队穿过博斯普鲁斯海峡，再次进入黑海，并先后对俄国宣战，俄国亦对英、法宣战，克里米亚战争就此全面爆发。

1854 年 3 月，2 万多名英军乘船驶离本土，开赴土耳其，4 万法军也于 4 月初在加利波里登陆，登陆后的英、法联军在土耳其西南岸的港口城市瓦尔扎下营寨，那里距被俄军围困的锡利斯特拉有 100 多公里。联军的指挥权由英军总司令、陆军元帅拉格伦男爵和法军总司令弗朗科斯·坎罗伯特将军共同执掌。

由于土耳其军队的英勇抵抗和英、法联军的压力，俄军在锡利斯特里亚

图中是主持农奴制改革的俄国沙皇亚历山大二世。

屡遭挫败，被迫从土耳其撤离。战争本来就此可算结束，但英、法并不肯就此罢手，在来自伦敦和巴黎的催促下，联军从海上直扑克里米亚，向俄国黑海舰队的主要基地塞瓦斯托波尔挺进，要一举消灭俄国的黑海舰队。由于运输船数量不足，所有英法战舰的甲板上都挤满了士兵。9月初，60多艘英法战舰载着6万多名士兵和3个炮兵团在克里米亚半岛的叶夫帕托里亚登陆，那里离塞瓦斯托波尔要塞约60公里。

俄国在塞瓦斯托波尔拥有46艘战舰和一些辅助船只，在质量上要远逊于英法的联合舰队，俄国黑海舰队司令纳希莫夫中将力主出击，攻击英、法联军的滩头阵地，但俄国克里米亚陆海军总司令缅希科夫亲王担心英法军舰的威胁，拒绝了这个建议。

英、法联军没遇到任何抵抗就顺利卸下了全部人马，时逢大雨，海滩上一片混乱，联军从当地强征来一些破烂不堪的马车，运载了3天的干粮和弹药，把帐篷和重装备留下交由土耳其军队把守，开始向塞瓦斯托波尔要塞开进，19日中午，英、法联军抵达了阿尔马河。

俄国的黑海舰队被英法联合舰队困在塞瓦斯托波尔港内，由于不愿坐待被围，缅希科夫亲王把阻止联军前进的战场选在了地势险要的阿尔马河，那里的地形条件对防御十分有利，打算利用这个有利地形给予联军重大打击，然后再反攻，将英、

英、法联军与俄军在克里米亚激战

这场战争中英法联军使用了线膛枪、蒸汽船，大大提高了陆海军作战效能。落后的农奴制俄国损失惨重，不仅失去了在黑海拥有舰队的权利，使得对黑海扩张的长期努力前功尽弃，而且引发了国内的革命斗争。

法联军赶下海。在缅希科夫看来，这样即使不能取胜，至少可牵制敌军数天。

阿尔马河地形十分复杂，到处都是葡萄园和鹿砦，不便部队机动，俄军防守的阿尔马河南岸地势起伏，有一座被称为"电报高地"的小山，再往上游一公里多就是整个地区的制高点——400 米高的库甘内山。交通干线从这两座山冈之间通过。缅希科夫亲王统率的 50 万俄军有 50 门火炮和 30 个骑兵中队。

俄军在战斗打响前 5 天就已进驻南岸的各高地上，可是这些天，他们几乎没有修筑什么工事，只是在两座山坡上各筑起了一道齐胸高的土墙，作为野战火炮的掩体，英军把这两处火炮工事戏称为"大棱堡"与"小棱堡"。缅希科夫在防御部署上存在着一个明显的漏洞，他把 2/3 的兵力集中在库甘内山，以掩护至关重要的通往塞瓦斯托波尔要塞的公路，但在"电报高地"的防御过于空虚，一旦英、法联军在那里突破，他们的炮兵就可以对密集部署在库甘内山的俄军预备队进行直瞄射击，这种威胁无疑是致命的。

战斗开始时，英军统帅和法军统帅各执己见，无法制订出一个双方都同意的作战方案，结果各自为战。由于法军的主力留在了瓦尔纳，而且他们在那里遭受的伤亡远比英军沉重得多，所以这次作战，英军的目标是库甘内山，而法军的任务是进攻"电报高地"。

向库甘内山开进的英军首先遭到了俄军火炮的攻击，尽管英军炮兵在数量上占优势，但俄军炮火居高临下，从一开始就占据了上风，只是俄军炮兵的射术欠佳，未起到决定性的作用，使英军步兵的战斗队形仍然缓慢而稳定地向前推进。

而法军向"电报高地"的攀登却相当顺利，高地上俄军的数门火炮一度使法军遭受伤亡，但等法国火炮打响后，俄军的大炮就哑了火。法军在炮兵大显神威后，蜂拥而上，俄军在高地上的 8 个营由于没有炮火支援，不久就仓皇后撤了，打先锋的法国步兵很快就在"电报高地"上洋洋得意地插上了自己的战旗。

缅希科夫这时才意识到自己忽视"电报高地"的错误，急令俄军前去增援，法军在高地上架起了大炮，向着队形密集的俄军猛烈射击，这时库甘内山方面也炮声大作，原来英军也开始了进攻。这本是一个好的战机，可是法国统帅不愿以有限的兵力冒险，并没发起进攻，只是命令炮兵在高地上与俄军相互轰击，以为英军声援。他的理由很简单，法军的兵力本就少于英军，现在既已在右翼取胜，剩下的任务就应该由英军去完成。

此时英军在对库甘内山的进攻战中遇到了麻烦，当俄军的先头部队在库甘内山山坡上出现时，英军还以为他们是法军，下令不得开火，当英军意识到看错了时，一位号兵又奉命吹起"撤退"号，其他号兵也竞相响应，英军顿时大乱，在遭俄军滑膛枪火力的猛烈打击后，英军部队争先恐后地向山下逃去。

19世纪中叶，欧洲克里米亚战争时期即将出征的士兵们。他们正在往出征的战舰上装运火炮和炮弹。

身为英军总司令的拉格伦自战斗打响以来始终未发一令，听任各师师长自作主张，这位老迈的将军慢吞吞渡过了阿尔马河，策马登上一座高岗，从容不迫地观察着战场，极有战术眼光的他发现脚下这座高岗正好是一处理想的炮兵阵地，于是命令英军把两门重炮拉到了高岗上，由迪克森上校指挥，向库甘内山的俄军炮兵进行射击，前三发炮弹就摧毁了俄军一辆弹药车，接着又击毁了一门俄军火炮，这一轮射击给俄军造成的损失虽不算太大，但却迫使俄军的炮兵不得不转移阵地。

随后，迪克森上校又指挥英军把炮口转向塞瓦斯托波尔公路两侧，那里集结着俄军的战术预备队，这些步兵当时正以密集的队形待命，故而受到重创。英军的炮击迫使俄军战术预备队在战役的关键时刻停止了前进。

在库甘内山上，英俄两军的步兵展开了短兵相接，俄军比英军多了几千人，可是俄军采用的是密集的纵队投入战斗，这种队形不利于部队实施机动和发挥火力。而采用横队队形的英军便于火力发挥，结果俄军大败，不久就陷入混乱。整个战役中一直表现不错的缅希科夫亲王不知何故，在这个关键时刻突然失去了勇气，带头策马撤退，俄军的士气遂告完全崩溃，士兵们潮水般地向塞瓦斯托波尔要塞退去，下午4时，俄军的炮手射出最后一发炮弹后，整个战场沉寂下来，历时几个小时的激烈战斗宣告结束。

在阿尔马河战役中，俄军伤亡了6000人，法军伤亡500多人；英军伤亡2000多人，但毫无缴获，俄军只留下了一些伤员，这些伤员的遭遇十分可怜，英国人的医生和医疗设备奇缺，根本顾及不到那些俄军伤员，有的躺了一天后才得到护理，而重伤员只好在那里等死。

这次战役没有追击阶段，英军的骑兵旅完全可以追击仓皇逃窜的俄军，但拉格伦勋爵不准备用自己的骑兵冒险去对付数量上占绝对优势的俄国部队，没有骑兵的法军更是心有余而力不足，英、法联军的消极态度使战败的俄军能够从容不迫地从战场上安全撤出，甚至还带走了笨重的攻城重炮。但不管怎么说，英、法联军的胜利避免了他们被赶出克里米亚半岛的结局，并打通了向塞瓦斯托波尔进军的道路。

在这次战役中，两个因素起了决定性的作用：一个是英军采用了横队队形，再一个就是拉格伦勋爵及时命令将火炮拉上了那个高岗。缅希科夫把防御作战的计划建立在纵队反攻的基础上，而不是挖壕固守，虽然俄军的火炮起了重要作用，但俄军主要还是采用拼刺刀的人海战术而不是依靠步枪火力。俄军恪守苏沃洛夫的信条"依靠子弹的是傻瓜，依靠刺刀的是好汉"，结果依靠刺刀的好汉被傻瓜的子弹击败了。

"欧洲宪兵"玩火自焚
塞瓦斯托波尔战役

俄军在阿尔马河战役失利后，在缅希科夫亲王的率领下，撤向塞瓦斯托波尔海军要塞，要塞中俄军原有的陆海军加起来有近4.2万名，乘胜而来的英、法联军则有近7万人，缅希科夫亲王的处境仍是十分艰危。

塞瓦斯托波尔是一个深入内陆的港湾，是俄军黑海舰队的基地，黑海舰队的主力舰只就停泊在塞瓦斯托波尔军港中，但这时英、法联军的各种战舰比俄国舰队多出两倍有余，缅希科夫认为黑海舰队出海与实力强大的联军舰队作战毫无胜算，因此命令在军港的入口处沉没5艘旧战列舰和2艘巡洋舰堵塞航道，并把舰炮都搬上了陆地，部分水兵被编成20多个营，协助陆军在塞瓦斯托波尔城下建立了三道防线。缅希科夫自己则带领俄军主力前往城外的东北方，与援军会合后，从侧翼对英、法联军形成威胁。

英、法联军开始向塞瓦斯托波尔要塞进发，部队因被允许沿路抢劫而士气高昂，联军穿过波贝克河后到达了巴拉克拉瓦，塞瓦斯托波尔要塞已经遥遥在望。

为了打破塞瓦斯托波尔被包围的局面，9月24日，缅希科夫率领俄军意图切断连接巴拉克拉

1855年英、法加入土耳其作战，图为这年9月英法联军攻陷克里米亚半岛海军要港塞瓦斯托波尔时的情景。

瓦与塞瓦斯波托尔要塞之间的公路，双方展开了激战。俄军首先将中路的土耳其军队击溃，占领了堤道高地。英军轻骑兵旅在没有步兵支援的情况下发动进攻，全然不知自己进入了俄军的伏击圈中，俄军的火炮和滑膛枪从谷地的三面向轻骑兵旅猛烈射击，在20分钟内，参加冲锋的800名骑兵就伤亡了300余人，损失了500多匹战马，再也形不成战斗力了。随同英军一同进攻的法国骑兵也遭受了惨重损失。

对联军来说，这次战斗失败了，俄军控制了堤道高地，也就控制了沃龙佐夫大道，这直接威胁到联军围攻塞瓦斯托波尔要塞时的运输给养线。但英、法联军还是抵达了塞瓦斯托波尔要塞，并从三面包围了这个军港。法军在西南方，英军在东方，联军的舰队则在海上游弋，从10月起，英、法联军正式开始了对要塞的围攻。

按照英、法联军的计划，要在猛烈炮火的支援下一举拿下要塞，联军的陆海军动用了1000多门火炮对要塞连续炮击了6个多小时，而要塞的守军在黑海舰队的配合下，也以猛烈的炮火予以反击，在俄军的炮火下，联军的炮火被压制，许多舰只受到重创，联军攻占要塞的计划受挫。尽管联军又先后使用数量很大的重型野战炮炮击要塞，但仍然是久攻不克，战斗陷入了旷日持久的状态。

1855年春，围攻塞瓦斯托波尔要塞的联军得到了援军，后勤补给线逐渐恢复，大批攻城重炮和弹药运送到前线，联军的舰队也封锁了海面，切断了俄军来自亚速海的补给线，力量的对比发生了有利于联军的变化。此时联军的总兵力已经达到18万人，而要塞内的俄国守军仅有4万余人，英、法联军展开了积极作战，在5月底夺取了要塞主阵地多面堡。

在联军攻打要塞的同时，外围的俄军并没有放弃对要塞的救援，缅希科夫这时已被解职，由戈尔恰科夫亲王继任克里木俄军总司令，戈尔恰科夫率领的6万援军到达了特契那尼亚河附近，与法军隔岸对峙。8月16日拂晓，俄军冲过河上的特拉克迪尔桥，向法军发起了攻击，这场攻势非常迅猛，但可惜缺乏有效的组织，负责左翼进攻的俄军指挥官在接到"准备攻击"的命令时误解为"发起攻击"，结果提前行动，这就给法军造成了各个击破的机会。这场战役的结果是俄军的损失三

英国海军对塞瓦斯托尔进行了轰炸。但是，这并不足以使其重新占领整个城镇。一直到1855年9月，该镇才被攻陷。

倍于法军。

9月初，联军的总攻开始了，英法部队对要塞的两侧同时发动了进攻。英军的进攻目标是凸角堡，但出师不利，进攻的英军被俄军的火力压制在凸角堡脚下的矮墙后面无法前进，不久就撤出了战斗。英军的攻击虽然遭到了失败，但攻击马拉科夫堡的法军却取得了进展，他们攻下了马拉科夫堡并打退了俄军的反击，在马拉科夫堡牢牢站稳了脚跟。

马拉科夫堡的失守对于要塞守军来说是致命的，法军在那里的炮火可以覆盖整个要塞，要塞的陷落只是时间问题了，守军司令官科尔尼洛夫上将为了避免不必要的损失，只好下令放弃要塞，在破坏了工事后，俄军带着大炮顺利地从要塞中撤出，成为废墟的塞瓦斯托波尔最终落入了英、法联军的手中。

在这场要塞攻防战中，英、法联军伤亡了7万多人，而俄军的伤亡有10万多人。随着要塞的陷落，俄国在克里米亚战争中的败局已定，无力再把战争进行下去，沙俄向欧洲扩张的政策就此终结。1856年3月，俄国与英法签订了《巴黎和约》，战争的结果是俄国从欧洲大陆霸主的位子上跌落下来。

从总体上看，俄军在塞瓦斯托波尔的防御战还是成功的，它是陆海军协同作战、保卫濒海要塞的典范，尽管俄军在人数和火炮上都处于劣势，但守军纵深梯次配置的防御体系给了联军很大的杀伤，并坚守了一年之久，可以说，俄军官兵在塞瓦斯托波尔防御战中表现出的顽强精神和战斗素质，为俄国赢得了荣誉，并在陆海军协同作战史上留下了属于它的一页。

拿破仑战争经典战役

拿破仑军旅生涯的起点
土伦战役

1792 年，法兰西第一共和国成立，1793 年，法国国王路易十六在巴黎广场被推上了断头台。随着路易十六的人头落地，奥地利、普鲁士、英国、荷兰、西班牙等国结成第一次反法同盟，他们在法国保皇党的要求和策应下，组成了反法联军，相继入侵法国，年轻的法兰西第一共和国顿时陷入四面楚歌的境地。

7 月，保皇党人在法国南部的重要军港土伦发动了针对共和国的叛乱，他们把土伦拱手交给了敌视法国革命的反法联军。位于地中海岸边的土伦是法国的南大门，战略地位极为重要，法国的地中海舰队就驻泊在那里。为了换取反法联军的支持，土伦军港和港中法国舰队的 30 艘主力战舰都被拱手相让，反法联军共 1.5 万人迅速占据了土伦港的军械库和炮台，土伦于是成了反法联盟推翻法兰西第一共和国和复辟君主专制的重要基地。

土伦的陷落如同晴天霹雳，震惊了整个法国，为了捍卫新生的共和政权，打退

拿破仑率领的军队在围攻土伦。

国内外保皇党势力的进攻，以雅各宾派为首的资产阶级革命政府发出了全国总动员令，在很短的时间内组织了40多万人的军队，开赴各条战线。9月初，巴黎的共和国政府任命卡尔托将军为攻取

拿破仑在布里埃纳军校门口，居右者为拿破仑。

土伦的司令官，率军3万负责收复土伦。

9月8日，围攻土伦的外围战斗打响。经过数小时的战斗，法军夺取了土伦城外的几条重要路口，在这次外围战中，法军虽然取得了一些战果，但部队的炮兵指挥官却不幸负伤，当时炮兵是陆战中的强大火力支柱，在攻城作战中尤其有着举足轻重的作用，没有一个精通业务的炮兵指挥官，要想攻克土伦要塞，简直是一件难以设想的事情。

就在这个时候，年仅24岁的炮兵上尉拿破仑出现了，他本是路过这里，他的同乡萨利希蒂作为政府的特派员正好就在卡尔托将军的司令部里，经萨利希蒂的推荐，年轻的拿破仑暂时接替了土伦平叛部队炮兵指挥官的职务。这一任命很快就得到了巴黎军事当局的批准，就是这样一个偶然的机遇，使名不见经传的拿破仑获得了一个初试锋芒的舞台。

拿破仑出生于地中海西部科西嘉岛一个没落的贵族家庭，父亲是个穷律师，在意大利语中，拿破仑是"荒野雄狮"的意思，如果不是在拿破仑出生前一年法国出重金买下科西嘉岛的话，拿破仑就是个意大利人而不是法国人，因而也就永远没有机会登上法国的历史舞台了。对于拿破仑来说，法国大革命所赋予他的是一个最有希望的时代，在君主专制的制度下，拿破仑的家族不值一提，没有背景的拿破仑极有可能在上尉军衔上终老一生。但在新政权中，能力成了提升的标准，许多有能力的年轻军官被提拔到了指挥岗位。

24岁的拿破仑接受任命后，首先要做的是想方设法募集有经验的军官和士兵，他很快收集到近百门的各种大炮和弹药，组织了一支强大的炮兵部队。这位新上任的青年炮兵指挥官没用多少时间就看出了攻取土伦要塞的关键是占领被称之为"小直布罗陀"的拉塞因半岛——反法联军在拉塞因半岛上构筑了一个坚固的据点，居高临下控制了土伦海港。拿破仑立即着手在拉塞因半岛的正面构筑了十多个攻城的炮兵阵地，并提议首先对该半岛实施攻击。

　　但法军负责土伦战役的司令官卡尔托将军是画家出身，对炮兵的运用一窍不通，拿破仑曾多次拒绝卡尔托将军的外行干预。对于拿破仑的建议，卡尔托将军只是敷衍，并不认真采纳这个年轻炮兵上尉的方案，无可奈何的拿破仑只好冒险越级申诉，直接向巴黎方面打报告，说明要收复土伦所应做的一切。申诉的结果出人意料，巴黎方面居然站在了拿破仑一边，卡尔托将军被调离了围攻土伦法军的前线指挥部，新的围攻土伦计划按照拿破仑所构想的方案被拟定，同时赋予拿破仑以特殊权力，使他完全拥有了对作战炮兵的指挥权。在当时欧洲的军队中，炮兵是最重要的兵种，炮兵指挥官的职权与作战部队的副总指挥相当。

　　12月中旬，法军对土伦的总攻开始了，拿破仑集中了所有的大炮向拉塞因半岛猛烈轰击，密集的炮弹飞向反法联军的阵地，拉塞因半岛被炸成了一片火海。在法军炮火的猛烈打击下，拉塞因半岛上反法联军构筑的防御工事全部被摧毁，守军被迫放弃了前沿工事，退守二线阵地。法军的猛烈炮火整整轰击了两天两夜，直到17日凌晨才对拉塞因半岛发起冲击。

　　在攻击作战中，拿破仑身先士卒，和士兵们一起冲锋陷阵，身上两处负伤，经过一整天的激烈搏斗，法兰西第一共和国的三色旗终于在拉塞因半岛上升起。法军占领了拉塞因半岛后，立即着手修建工事，并把大炮拖到了岛上，对停泊在土伦海港里的那些反法联军的战舰进行猛烈的炮击。由于拉塞因半岛失守，土伦港内的反法联军的战舰都暴露在了法军大炮的威胁之下，为了保全舰队，英国海军上将胡德勋爵被迫命令整个舰队起锚，趁法军立足未稳，连夜从土伦港中逃离。

　　夺占拉塞因半岛的战斗，是整个土伦战役中最关键的一仗。它从根本上动摇了土伦要塞的防御，由于拉塞因半岛的失守和反法联军舰队的撤离，在土伦的保皇党军队人心惶惶，土伦的防御开始崩溃。仅一天后，土伦要塞中的反法联军便决定放弃土伦。

　　法军收复了土伦要塞，这一捷报立即传遍了整个法国，人们难以相信这个难以攻克的要塞是被一个默默无闻的年轻军官所攻陷。这场胜利稳定了法兰西第一共和国的紧张局势，拿破仑也因为这次战役，从普通下级军官一跃成为众人瞩目的风云人物。

　　收复土伦在政治上产生的影响，远远超过了军事上的意义，它不仅有力地打击了保皇党的叛乱活动和反法联盟的气焰，更重要的是向敌对势力表明，雅各宾派专政是有力量的。土伦战役之后，法军在其他战场上也跟着取得了许多重大的胜利，终于将由外国军队组成的反法联军从法兰西领土上全部赶了出去。

　　土伦战役是拿破仑军旅生涯的起点和里程碑，他第一次在战场上显示出了自己卓越的指挥才能和军事天赋，并使他从下级的炮兵军官得到了破格提拔与重用。1794 年，拿破仑被法兰西第一共和国任命为炮兵准将，从此开始了他叱咤风云的生涯。

违反了一切常规的作战
伦巴第战役

法军在皮埃蒙特的胜利，使得北意大利战场的战略态势发生了根本性的变化，凯拉斯科协议签订以后，皮埃蒙持境内的主要要塞基本上落到了法国人的手中，法军接收了亚历山大里亚、托尔托纳和瓦伦察等要塞，在那儿缴获了许多奥军留下的仓库，其中有许多大炮和各种弹药。

撒丁王国退出反法联盟，为法军进入伦巴第地区打开了大门，也使奥地利在北意大利的军队陷入了孤立的境地。1796 年夏季，拿破仑决定，充分利用撒丁王国在协议中为法国提供的有利条件，把战争推向奥地利在北意大利的属地——伦巴第。

伦巴第位于意大利北部，以米兰为中心，归奥匈帝国管辖，辖区南部的波河贯穿全境，4 月底，奥军统帅博利厄亲自率领一支部队突袭了亚历山大里亚、托尔托纳和瓦伦察三个要塞，但都遭到了失败，博利厄不得不把自己的主力撤到波河北岸，企图凭借波河挡住法军直趋伦巴第首府米兰的步伐。

5 月初，法军进抵波河南岸，此时，拿破仑手中已有 4.6 万人，而当时奥军则不到 3 万。虽然在兵力上法军占据了优势，但拿破仑仍然不打算从波河正面强攻奥军的防线，为了渡过波河，拿破仑采取了一系列巧妙的欺骗措施，他命令法军的几个主力师分别进驻波河上游，摆出一副要从上游强渡过波河的架势，并亲自指挥，多次在瓦伦察附近发起牵制性的佯攻，这给博利厄元帅造成了错觉，使他把才得到的增援部队都派到了上游地区把守。

5 月 7 日，拿破仑率 6000 名精锐突然出现在波河下游，这个情报令博利厄元帅惊愕不已，他没有料到，法国人为了获得战役上的利益，竟然不惜侵犯中立国帕尔

18世纪的法国士兵在投掷手榴弹。

马的主权，绕过奥军的主力。当时，奥军在这个方向只有少量兵力防守，法军不费吹灰之力，便将奥地利守军赶出了阵地。拿破仑这个迂回行动使几万奥军无用武之地，战役一开始就陷入了非常不利的境地。

博利厄元帅发现上了拿破仑的当，马上亲率主力赶往法军的登陆点，法军渡过波河的当天下午，便与奥军的先头部队在古雅多米里奥展开了一场激烈的战斗，法军兵力不多，被迫退到了波河岸边，波河北岸的局势陡变，奥军不仅挡住了法军前进的道路，而且使法军不得不背河而战。

但拿破仑豪情万丈，他集中了渡过波河的所有法军，向奥军发起了破釜沉舟的猛烈进攻，志在必胜，一举击溃了奥军。在俘虏了 2000 多名奥军后，法军乘势进军到离米兰不到 40 公里处的交通要地洛迪小镇附近。博利厄率领溃败中的奥军通过格迪桥逃到了阿达河东岸，而把部分守军留在了洛迪镇中，此刻的洛迪于是成了风中之舟。

洛迪位于阿达河西岸，它是通往米兰的交通要道，在军事上具有极重要的地位，奥军虽在败退中，却也不肯轻易放弃洛迪，博利厄元帅在洛迪留下了一支 1.2 万人的部队，由希波顿多夫将军指挥，扼守洛迪和格迪桥。5 月 10 日，伦巴第战役中最富有传奇色彩的一幕拉开了。

10 日上午，法军主力在开往洛迪途中追上了奥军后卫部队，双方展开激战，由于奥军渡河心切，无心恋战，被士气高昂的法军打得一败涂地，拿破仑指挥法军尾随溃逃的奥军一鼓作气攻下了洛迪城。洛迪城失守后，博利厄元帅判断法军马上就有可能通过格迪桥强渡阿达河，于是便在西岸设置了数十门大炮，企图在法军通过时炸掉这座桥。博利厄元帅的判断没错，法军正是要从格迪桥上通过，当天拿破仑就调来大炮猛轰对岸的奥军，双方围绕格迪桥展开了激烈的炮战。

傍晚，乘奥军炮火减弱，隐蔽在洛迪城中的几千名法军高呼着"共和国万岁"冲向桥头，但很快被奥军密集的炮火所击退。尽管拿破仑认为一个司令官在战斗中不应该冒个人的危险，但是如果客观情况要求个人必须做出榜样时，那么一个司令就应该毫不犹豫地赴汤蹈火，这次拿破仑就感到有必要去冒这种危险了，他率领着贝尔蒂埃、马塞纳、拉纳等一批高级将领赶赴阵前，冒着炮

1797 年 1 月 14 日，法国军队征服了奥地利的伦巴第，取得了对奥地利的胜利，致使第一次反法联盟瓦解。

火和士兵们一同冲锋，士兵们的士气被激励起来了，尽管不时有人在炮火中倒下，但整个队伍还是奋不顾身地冲上桥去。也有的士兵涉水前进，法军士兵像潮水一般一拥而上，直扑奥军阵地，奥军支撑不住，终于土崩瓦解，博利厄元帅见败局已定，只好率败军再次逃遁。

拿破仑在这次战斗中所表现出的那种斯巴达式的勇敢，受到士兵们的热情赞扬，一夜之间成了他们心目中的英雄，士兵们都亲热地把拿破仑称为"小伍长"。

洛迪之战结束以后，拿破仑没有给博利厄元帅喘息的时间，法军随即对奥军残部展开追击，第二天就攻占了阿达河下游的皮其格顿城，俘获奥军数百人，紧接着又攻克克雷莫纳，把奥军全部赶过了奥里奥河，3天后，法军就挺进到伦巴第的首府米兰城下，2000多名守城奥军无条件投降。5月15日，法军在群众的欢呼声中浩浩荡荡地开进了米兰。

奥地利在伦巴第的统治到此结束了，为了纪念这一历史性的胜利，并进一步激发法国士兵为彻底击败奥地利而继续战斗的勇气和热忱，5月20日，拿破仑在米兰城中对沉浸在胜利之中的法国士兵发布了一个像号角一样振奋人心的动员令。他说道："士兵们！你们像山洪一样从亚平宁高原上迅速地猛冲下来，你们战胜并消灭了一切阻挡你们前进的敌人，米兰是你们的，在全伦巴第上空，到处飘扬着共和国的旗帜。"

在伦巴第战役中，拿破仑采用手段造成敌人的判断失误，积极调动敌人就范，大胆地实施迂回机动的战术，为夺取胜利创造了有利的条件。在这次战役中，法军在很短的时间里，连续攻破了奥军两条沿河防线，并彻底击垮了奥军主力，征服了波河沿岸的所有地区。一个匈牙利军官在战俘营里感叹地说："跟我们交战的是一位年轻的将军，他总是时而在我们前面，时而在我们后面，时而又在我们两侧，而我们根本无法理解，我们都不知道应该怎样配置我们的兵力才好，在战争中这种作战方法是让人受不了的，它违反了一切常规。"

拿破仑就是运用这种违反常规的作战方法赢得了伦巴第战役的重大胜利。

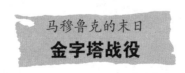

马穆鲁克的末日
金字塔战役

1797年4月，拿破仑统率的意大利军团所向披靡，连战皆捷，迫使奥地利皇帝弗朗西斯二世向拿破仑求和，宣告了欧洲第一次反法联盟彻底瓦解。这样，法国在欧洲的主要劲敌就只剩下英国。拿破仑认为要真正打垮英国，就必须占领埃及。当时拿破仑由于在意大利战功卓著，在国内享有极高的威望，为了调开这个潜在的对手，督政府便采纳了拿破仑的建议，1797年年底，拿破仑返回巴黎后，被改任远征埃及的远征军司令。

1798年7月，拿破仑率领的法国远征军躲过了英国舰队的封锁，从土伦港出发，抵达了埃及，尽管非洲天气酷热，但法军还是兼程挺进，7月21日傍晚，他们到达了尼罗河的分叉点艾巴贝，这里距开罗仅十多公里，雄伟壮观的金字塔已是清晰可见。当大家都在眺望金字塔时，拿破仑登上一个高地，他发现杀气腾腾的埃及马穆鲁克骑兵早已在尼罗河两岸严阵以待，左岸是穆拉德贝伊军，右岸是易卜拉欣贝伊军。那些马穆鲁克骑兵胯下是最名贵的阿拉伯马，配备了世界上最精良的武器——英国制的短枪和大马士革的马刀，他们最大的特点是骑术精湛、骁勇善战。

马穆鲁克的原意是"奴隶"，其成员多为被贩卖为奴的突厥人，当地的君主为了招募骁勇善战的骑士，便将那些马穆鲁克编成了雇佣军，对他们支付俸禄作为报酬，因此他们极为忠于他们的主人，是阿拉伯各王朝重要的武装力量。

法军总共有5个师团，约2.5万人，每个师团组成一个方阵，面向敌军一字排开，形成了一道不可逾越的刺刀城墙。随着鼓点和军号声，法军的师团缓缓地向前移动。

埃及的马穆鲁克军中央是精锐的骑兵军团，有1.2万名骑士，那些骑士们个个身穿白袍，头插羽毛，手中的刀剑在烈日下闪闪发光，骑兵军团的右翼是2万人的阿拉伯步兵军团，他们的阵地上构筑着一道道土垒，土垒后面设置着50门旧式大炮。骑兵军团的左翼，则是几千名阿拉伯游牧部落士兵，他们有的徒步，有的骑马，有

1798年7月，拿破仑率远征军抵达埃及后与马穆鲁克骑兵展开大战。这场战争胜利后，法军开进了开罗城，拿破仑成了埃及的霸主。

的骑骆驼，服饰和武器杂乱无章。决定性的金字塔之役就此展开。

战斗一开始，英勇的埃及马穆鲁克骑兵挥舞着马刀以排山倒海之势扑向法军的方阵，战场上顿时沙土飞扬，人喊马嘶。埃及的马穆鲁克骑兵虽然骁勇善战，但缺乏严密的组织，完全是靠个人的能力取胜，若是单打独斗，法

虽然拿破仑在陆地上取得了一系列的胜利，但法国的舰队却被英国的海军完全摧毁，地中海完全落入英国人之手。打了胜仗的部队被困在埃及，部队上下都已筋疲力尽，而且队伍中有鼠疫蔓延，法军损失惨重。拿破仑开始计划离开埃及。

军士兵不是他们的对手，但是法军士兵组织严密、纪律性强，经过拿破仑的布置，使这场战役产生了戏剧性的结果。

时代发展到那时，不管是多勇猛的骑兵实际上已经不可能直接突破由滑膛枪和火炮组合成的阵地了，因此在马穆鲁克骑兵发起冲锋的那一刻就已经注定了它的惨败。组织严密的法军滑膛枪弹和榴霰弹将马穆鲁克骑兵成片扫倒，这绝对是马穆鲁克骑兵在战场上驰骋一千年以来最惨痛的一刻。向着法军的多排轮射与霰弹冲锋，马穆鲁克骑兵几乎不可能逼近到法军30米以内，随着马穆鲁克骑兵的尸体逐渐堆满了战场，愈来愈多的马穆鲁克骑兵意识到这样的冲锋不过是毫无意义的自杀。

经过一个小时的苦战，马穆鲁克骑兵的斗志开始崩溃了，残存的马穆鲁克骑兵开始败退，在法军的追击下，慌不择路的他们大批跳入了尼罗河中，他们拉着高大的阿拉伯马尝试游过又宽又急的尼罗河，结果有近2000名马穆鲁克骑兵淹死在尼罗河中，来不及跳河的则遭到法军的屠杀。

穆拉德贝伊率数千残兵突围向南而逃，右岸上的易卜拉欣贝伊眼见大势已去，率军向东逃进了荒漠。经此一战，拿破仑威名远扬，被马穆鲁克们称为"炮火之王"。金字塔战役的胜利，意味着法国军团在埃及已经不可战胜，并打开了通往开罗的道路。当晚，开罗就已在法军的有效控制之下。法国远征军克服了各种障碍和后勤补给的极大困难，达到了他们的目标——人人都对此感到惊异，除了拿破仑以外。

马穆鲁克骑兵近千年来一直是一支令人闻风丧胆的军队，他们机动性高，曾经在萨姆斯以2万之众大破10万蒙古军队，不过随着火枪火炮在战场上的应用，他们开始渐渐衰败，金字塔一役后，马穆鲁克骑兵便销声匿迹。拿破仑在战后曾说："两

个马穆鲁克兵绝对能打赢三个法国兵，100个法国兵与100个马穆鲁克兵势均力敌，300个法国兵大都能打胜300个马穆鲁克兵，而1000个法国兵则能打败1500个马穆鲁克兵。"

法国海军精锐尽丧
特拉法加海战

在英法两国海军的特拉法加海战中，英军的主帅是纳尔逊，法军的主帅是维尔纳夫。维尔纳夫是一位贵族出身的海军校官，比纳尔逊小5岁，在法国大革命中升迁很快。1798年，拿破仑远征埃及时，法国舰队在尼罗河口的阿布基尔被英国海军将领纳尔逊的舰队歼灭，仅有4艘战舰侥幸逃脱，维尔纳夫便是逃脱的一艘主力战舰上的少将舰长。

回到法国后，维尔纳夫曾一度受到临阵脱逃的指责，但拿破仑没有责怪他，反而看中他能在残酷的阿布基尔之战杀出重围，对他委以重任。1804年，当法军舰队的指挥官病逝后，维尔纳夫继任，同时晋升为海军中将。不过，维尔纳夫虽然饱读兵书，也很勇敢，但只适于做一个高级参谋人员，并不善于指挥庞大的舰队，根据日后的情况来看，维尔纳夫似乎得了纳尔逊恐惧症，最终葬送了法国海军。

1804年12月，拿破仑加冕称帝，建立了法兰西帝国，英国联络了奥地利和俄国，组织第三次反法联盟。荷兰和西班牙则站在了法国一边，并将自己的海军交给拿破仑指挥，这使拿破仑手中的海军力量有所加强。但由于英国海军强有力的封锁，法、荷、西三国的舰队分别被困守在各自的港口里，根本发挥不了作用。为了扭转这一不利的战略态势，拿破仑制订了一个调虎离山的计划，令维尔纳夫率领驻守土伦的法国分舰队突破封锁，前往西印度群岛，同时，由阿里曼德指挥的罗什福尔分舰队也突破英军封锁，前往西印度群岛。两只舰队在马提尼克会合，然后对这一带的英国殖民地进行骚扰，诱使英国海军主力前往救援，为法国大军渡海登陆英国本土扫清道路。在法国北方面临英伦海峡的布洛涅港，已经部

英国纳尔逊将军的旗舰"胜利"号。其5层甲板上共有大炮104门。

署 15 万的法军，随时准备登陆英国。

拿破仑设计得倒很不错，然而他选的海军统帅维尔纳夫并不称职，维尔纳夫一到土伦，就抱怨舰队的素质不良、补给不足，不到一个月就提出辞呈，当然他的辞呈并没有得到批准。1805 年 8 月 2 日，拿破仑催促维尔纳夫率领舰队迅速起航北上，向罗什福尔和布勒斯特行驶，与阿里曼德少将率领的法国罗什福尔分舰队会合。8 月 13 日，维尔纳

19世纪舰内的重炮下设滑轨，可进行移动瞄准射击。

夫发现远方有一支舰队，他以为那是英国人，他本来就不想去布勒斯特，于是立即改向南行驶，实际上，这是正在赶来与他会合的罗什福尔分舰队。

8 月 20 日，维尔纳夫的舰队进入了西班牙的加的斯港，由于气候原因，与西班牙舰队组成的联合舰队几次出海都未成功，不是没有风就是被大风暴刮回，结果被赶来的纳尔逊所率领的 27 艘英国战舰所封锁，法、西联合舰队再也无法出海了。如果维尔纳夫当初能与阿里曼德的罗什福尔分舰队会合在一起，则他的兵力就可增加到 34 艘战舰，也不至于被纳尔逊那 25 艘英国战舰封锁了——后来拿破仑曾对此感慨万分："维尔纳夫所丧失的机会实在太多了！"

纳尔逊是英国最优秀的海军将领，在果敢攻击和战术创新上无人能及，任何一位敌人的海军将领都畏惧和他交战。他在海战中失去了一条手臂和右眼。纳尔逊研究了一种新的战术，就是把舰队分成两队，一队穿插攻击敌军的中间部位，用于吸引住敌人的大部分火力，而另外一队则对敌军后卫进行歼灭性的打击。这个新战术非常冒险，成功关键在于发扬英国皇家海军勇猛攻击的传统精神，因为穿插纵队中每一艘军舰切入敌阵时都会受到敌舰围歼的威胁。纳尔逊的新战术打破了当时双方排成横列用一侧舷炮互相对射的传统，充分发挥了单舰使用两舷火炮同时射击的优越性，最大限度地发挥了每一艘战舰的火力，成了纳尔逊取胜的秘诀。

其实这时法西联合舰队的实力并不比纳尔逊那 25 艘英国战舰差，但畏敌如虎的维尔纳夫是不敢出港作战了。由于法国和西班牙的联合舰队再也无法出海，这打破了拿破仑原定的计划，拿破仑入侵英国的可能性也随之化为乌有。8 月 22 日，拿破仑写信给海军部长德克雷说："我认为维尔纳夫连指挥一艘快速炮帆船的资格都没有，他是一个既无决断能力又无魄力和胆量的人。"

拿破仑对法国海军大为失望，终于放弃了进攻英国本土的计划，在重新任命了一个接替维尔纳夫指挥权的人选后，9 月 2 日，拿破仑离开了土伦，原本准备用于

进攻英格兰的军团改变了方向，不再是渡海而开始准备渡过莱茵河，这支经过数年时间集结起来的大军改向奥地利发起了战争。

在西班牙加的斯港内的法、西联合舰队司令维尔纳夫听到拿破仑即将派人来接替他的指挥权的消息时被激怒了，事关荣誉，不甘受辱的他愤而决定在新司令官到来之前率舰队与港外的英国舰队决一死战。在出战前的最后一次军事会议上，维尔纳夫预言纳尔逊定会采用它惯用的切入战术来打击联合舰队的后卫，但是他手下的舰长们士气低落，并不知道该如何应对，维尔纳夫也无良策，也只得下令："假如法西联合舰队占上风，则应迫近敌人，然后采取一对一的作战。"

10月20日，法、西联合舰队冲出加的斯港，向东南方向行驶，不久就被英舰发现，纳尔逊向自己的舰队发出敌舰已在海上、全面追逐的信号后，开始了跟踪追击，一夜之后，双方都靠近了直布罗陀海峡，次日清晨，太阳光从特拉法加海角升起，英法海军一决雌雄的时刻终于来到了。维尔纳夫看到风力微弱，知道战斗无法避免，便下令舰队调头编队，和英军拼死一战，19世纪规模最大的一场海战开始了。参战的法、西联合舰队有战舰33艘，英国舰队有战舰27艘。

海战一开始，纳尔逊就发出了"成两个纵队前进"的信号，这时维尔纳夫为了便于舰队在作战不利的时候撤回加的斯港，下令舰队进行180°的大转向，以使加的斯港位于舰队的下风位置，这一变化不仅严重影响了士气，而且造成联合舰队队形的混乱。就在联合舰队因调转方向陷入混乱时，纳尔逊抓住战机下令发起进攻，英国舰队分成两个纵队，分别由纳尔逊乘坐的"胜利"号和科林伍德乘坐的"王权"号担任两个纵队的先导舰，直插法、西联合舰队，在纳尔逊"胜利"号上升起了著名的"英国要求舰队全体将士尽忠职守"的信号，上午11时，联合舰队的"弗高克斯"号向"王权"号打响了第一炮。

战斗打响15分钟后，"王权"号率领的纵队突破联合舰队的后卫，两舷火炮一起射击，不久纳尔逊率领的纵队也冲入联合舰队中央，联合

英国舰队与法国和西班牙联合舰队展开的特拉法尔加大海战，是木制战船最后一次大规模交战。

舰队的旗舰"布桑托尔"号受到以"胜利"号为首的3艘英舰的围攻，伤亡惨重，近500名水兵被炸得支离破碎，但始终站在指挥台上的维尔纳夫却奇迹般地没有受伤。"胜利"号随后又与冲上来的法舰"敬畏"号交火，"敬畏"号虽然是联合舰队中最小的战舰，但却是作战最勇敢的，两舰进行了残酷的接舷战，在甲板上指挥作战的纳尔逊不幸被"敬畏"号上的狙击手击中负伤，他扑倒在甲板上，对"胜利"号的舰长哈迪说"他们终于把我解决了"，随后被抬入了船舱，而"敬畏"号接着也被俘虏。

此后，法、西联合舰队虽然进行了顽强的抵抗，但败局已定，下午3时，联合舰队的旗舰"布桑托尔"号降下了帅旗，舰队司令维尔纳夫被俘，中央部分的战斗宣告结束，下午4时，法西联合舰队的抵抗彻底结束，英国舰队获得了完全的胜利。法、西联合舰队有9艘被击沉、16艘被俘，人员死伤和被俘达8000余人，而英国战舰无一损失，仅伤亡不到2000人。

此时，躺在"胜利"号船舱内的纳尔逊已经奄奄一息，那颗击中他的子弹穿透了他的左肺，射入了脊椎，当得知自己已经赢得了这场伟大海战的胜利时，他说了一句著名的话："吻我吧，哈代！"随后闭上了双眼。"胜利"号上所有火炮进行了一次齐射，以缅怀英国这位最伟大的海军将领。

特拉法加海战是英国海军史上的一次最大胜利，由于英军在指挥、战术及训练等方面都胜过对手，法、西联合舰队遭受了毁灭性的打击，此役之后，法国海军的精锐尽丧，从此一蹶不振，拿破仑也只好放弃了进攻英国本土的愿望，而英国海上霸主的地位也得到了巩固。

"三皇会战"
奥斯特里茨战役

1804年12月2日，35岁的拿破仑·波拿巴在法国巴黎圣母院加冕称帝，建立了法兰西帝国，史称法兰西第一帝国。拿破仑称帝后，积极加强对英国的战备活动，迫使英国联络俄国和奥地利，组成了第三次反法联盟，俄奥联军在东线对法兰西帝国形成越来越强大的压力。面对着俄奥联军的威胁，拿破仑放弃了登陆英国本土的计划，组织法军挥师东进，迎战俄奥联军，决心占领维也纳，以求彻底消除来自东线的威胁。

俄奥联军的主攻方向是巴伐利亚，1805年8月，奥地利的马克将军指挥奥地利军队挺进到巴伐利亚的乌尔姆，拿破仑迅速调遣部队在乌尔姆包围了马克率领的奥军，在俄国名将库图佐夫的俄国大军赶到之前，于10月中旬迫使乌尔姆的奥军投降。

　　法军虽然在乌尔姆一役中取得了胜利，但那一仗所击败的只是奥地利军队中较弱的一支，此时在奥地利首都维也纳的周围，奥俄联军的部队越来越多，横在法军向维也纳进攻之路上的是俄国将领库图佐夫率领的3万俄军先头部队和当地的2万奥军，这支俄奥联军本是去救援乌尔姆奥军的，在得知乌尔姆的奥军失利的消息后，他们停驻下来，凭借有利地形积极组织防御。

　　在意大利北部的一支强大奥军在听说乌尔姆惨败的消息后，也立即向维也纳赶来，而在库图佐夫后面跟进的另一支俄军大部队，当时已从东北方向进入摩拉维亚，正向奥洛穆茨开进。更令拿破仑不安的是，原本保持中立的普鲁士因为法军为了抢时间未打招呼就穿越了它的国土而态度剧变，准备在一个月后加入第三次反法联盟，十几万普军也正准备向奥地利边境开进。

　　拿破仑在探知了柏林动向后，意识到了形势的严峻性——一旦十几万普军在法军背后投入战斗，法军将陷入俄、奥、普三国军队的围攻之中，那时要想取得胜利，困难程度将会大大增加。唯一的办法，就是要赶在普鲁士参战之前尽快解决当面的俄奥联军。

　　拿破仑决意要先消灭库图佐夫的俄军，然而库图佐夫似乎已觉察了拿破仑的意图，正当拿破仑部署法军准备围攻库图佐夫的俄军时，库图佐夫却极为明智地采取了应对措施，在法军还来不及展开行动之前，便指挥俄军迅速撤离，在克雷姆斯渡过多瑙河，向北退却，并在撤退时炸毁了多瑙河上的桥梁，以阻止法军的追击。

　　库图佐夫的俄军终于摆脱了拿破仑的追兵，退到了奥洛穆茨，与刚从俄国本土开来的沙皇亚历山大一世亲自率领的另一支俄军会合。不久，从维也纳逃出来的奥

拿破仑加冕仪式

地利皇帝弗朗西斯也随同撤退的奥军到达了该地，这样一来，在奥洛穆茨附近的俄奥联军在人数上已经超过了拿破仑的法军，11月中旬，俄奥联军停止了撤退，开始讨论下一步的行动方案。

老谋深算的俄奥联军总司令库图佐夫主张继续撤退，以拖垮劳师远征的法军，拖延时间以待普鲁士的介入，那时再以压倒性优势，向法军发起进攻。但库图佐夫的建议遭到了沙皇亚历山大的坚决反对，雄心勃勃的沙皇亚历山大一世和急于复仇的奥皇弗朗西斯被拿破仑的诱敌之计所迷惑，都认定法军经过长途跋涉，接连作战，已成强弩之末，俄奥联军这么强大的实力还要躲避拿破仑而败退，实在是太可耻了，认为这时正是打败拿破仑的天赐良机。两位皇帝不顾库图佐夫的反对，决定就在此地与拿破仑决战。

沙皇亚历山大的主张传到拿破仑的耳中时，使他欣喜若狂，他最害怕俄军撤走和拖延战局，因为他知道，这时普鲁士的使者豪格维茨正带着最后通牒来见他，所以他必须在普军参战前了结这场战争。

11月下旬，拿破仑率领缪拉、拉纳和苏尔特三个军开到了奥斯特里茨，到达奥斯特里茨的法军只有5.3万人，而对面的俄奥联军是8.5万人，拿破仑相信俄奥联军一定会凭借自己优势的兵力发动进攻。为了引诱对手上钩，把其引入自己选定的战场，拿破仑制造了一系列的假象，先是在谈判中故意示弱，接着让部队做出准备撤退的假象，最后又主动放弃了战场中央的战略要地普拉岑高地，将自己的右翼彻底暴露在联军面前。

拿破仑知道，自己的另外两个军团正在向战场火速赶来，只要他们一到达，法军的总兵力将达到7.5万人，足以和俄奥联军相匹敌了，而这一点沙皇亚历山大一世并不知道。12月2日，拿破仑战争史上一次最著名的、最辉煌的战役打响了。这一天，在奥斯特里茨村以西的普拉岑高地周围的丘陵地带上，三个国家的皇帝在那里展开了一场残酷的大会战。

拿破仑在奥斯特利茨大会战前夕的战场上

拿破仑具有卓越的军事才能及敏锐的观察力，他能随时准备因时因地调整作战策略，这些再与细致入微的侦察措施、精湛的炮兵战术相结合，法军取胜也就不足为怪了。

战斗一开始，俄奥

奥斯特利茨战役胜利之后，拉普将军向拿破仑展现示自敌军的旗帜。

联军由于数量上的优势，取得了一定的进展，法军的右翼阵地先后被俄军攻占，俄奥联军在占领了法军主动放弃的普拉岑高地后，开始向法军的左翼猛攻，希望从左翼迂回包围全歼法军。左翼的法军只有一个军，但在法国名将达乌的指挥下，该军顽强抵抗，使俄奥联军一时难以攻克，这时法军右翼主力按照拿破仑的计划假装溃退，沙皇亚历山大一世误认为法军已经溃败，便调动普拉岑高地周围的军队前去追击，这时拿破仑命后赶到战场的两个军猛攻普拉岑高地，并迅速占领了普拉岑高地。

普拉岑高地一失守，亚历山大一世意识到了自己的失策，在库图佐夫的协助下，下令将所有的预备队都调了上来，企图重新夺回这个战场上的制高点。俄军连续数次猛攻都被法军打了下来，为了避免被彻底分割的命运，库图佐夫把作为预备队的俄国近卫军调了上去，做孤注一掷的反攻，拿破仑的近卫军也投入了战斗。随着新赶到战场上的法军源源不断开上普拉岑高地，俄国的近卫军终于支持不住了，全军溃退，拿破仑完成了对俄奥联军分割包围的计划。

由于俄奥联军的中路被击溃，俄奥联军的溃败已成不可逆转之势。俄奥联军被普拉岑高地从中切开，完全暴露在占领普拉岑高地的法军火力之下，成为不能互相策应的南北两个部分。法军在两翼开始了反击，经过一番激战，俄军伤亡惨重，并被逐往戈尔德巴赫河，俄奥联军的士兵试图从结冰的河面逃离，但此时普拉岑高地上的大炮已经架好，呼啸的炮弹落在河面上，使冰层破裂，数千俄奥士兵葬身水底，更多的俄奥联军士兵则只能在河边等待被俘。

经过一天的会战，法军以死伤6000人的代价毙伤俄奥联军2.7万人，俘敌2万，缴获火炮150多门。残余的俄奥联军四下溃散，俄奥两国的皇帝侥幸逃生，库图佐夫受伤后险些被俘，俄奥联军自此已不复存在了，欧洲的第三次反法联盟随之瓦解。

第二天，所有参战的法军部队都受到了拿破仑的赞扬，拿破仑对他们说："士兵们，我对你们表示满意，在奥斯特里茨的一天中，你们完成了我要求你们以果敢精神去完成的一切，不朽的光荣归于你们，俄奥皇帝指挥下的10万军队，不到4个小时，就被打得落花流水……我的人民一定会很高兴和你们相见，你们只要说'我参加了奥斯特里茨战役'，他们就一定会说'好一个勇士啊！'"

奥斯特里茨会战是拿破仑军事生涯中最经典的一幕，其战略和战术天分发挥得淋漓尽致。在这次战役中，拿破仑突出地表现了指导战争和指挥作战的非凡才能。作为政治家，他成功地利用了外交手段，积极影响着形势的发展，为自己赢得胜利创造了条件。作为军事统帅，他巧妙地运用了作战指挥艺术，在战略上以少胜多，在战术上以多击少，为彻底打败敌军奠定了基础。欧洲把这次会战称为"三皇会战"，但无论在军事方面还是在政治方面，这位法国皇帝显然都要在俄奥两个皇帝之上。

载入军事学术史册的战例
瓦格拉姆战役

1809 年，拿破仑率领 8 万法军试图渡过多瑙河，向奥地利查理大公率领的军队发动进攻，遭到查理大公所率领的 12 万奥地利军队的阻击和反攻，法军占领了多瑙河北岸的埃斯林和阿斯佩恩两个村庄，与前来进攻的奥军展开激战。法军在 5 月 22 日曾一度占据上风，但最终攻击失败。在这场战役中，有 7000 法军官兵被埋葬在战场，3 万多名伤兵和俘虏被送往维也纳，骁勇善战的拉纳元帅和一大批将帅捐躯。阿斯佩恩之战是拿破仑统兵作战以来的第一次惨败，战败后，法军全部退到了洛鲍岛以及多瑙河南岸沿线，查理大公并没有乘胜追击，只是坚守着多瑙河北岸的防线。

拿破仑的失败是出乎人们意料的，消息一经传出，欧洲的形势顿起变化，各种反法势力都在蠢蠢欲动，都在紧张地注视着事态的进一步发展。拿破仑很清楚，他必须用一次胜利的会战彻底征服奥地利，才能挽回失败的影响，稳定住欧洲大陆的局势。于是在整个 6 月间，大量的生力军从各地开到了多瑙河南岸沿线，拿破仑的身边已经聚集了 18 万人的军队，并且补充了充足的粮草弹药，而这时，北岸奥军的兵力却仍然停留在 13 万人上，不过双方的火炮数量相同，都在 500 门左右。拿破仑已经做好了为阿斯佩恩战役报仇雪耻的一切准备。

奥地利的查理大公虽然没有在阿斯佩恩战役后乘胜追击，但也没闲着，在这一个多月中，他依托高地和河流，精心构筑了一道坚固的弧形防线。查理大公的战略是以逸待劳、守株待兔，等待法军来攻，一旦法军落入他的弧形防线，他就可以指挥大军从两翼向法军侧后出击，一举全歼法军。查理大公唯一担心的是自己的兵力有些不足，因为这道弧形防线平分了他所有的兵力，他希望他的兄弟约翰大公近 2 万人能及时赶来参加战斗。

查理大公认为法军还会和上次一样从阿斯佩恩的正面北渡多瑙河，因此他将奥军的主要防御方向定在阿斯佩恩。然而拿破仑的作战原则是决不做敌人可能料到的事情，为了选定出其不意的渡河地点，拿破仑换上了普通士官的服装，沿岸观察后，制订了一个声东击西的作战计划，决定一面从上次渡河的旧址佯攻渡河，一面将真正的渡河地点选在离佯攻地 4 公里的下游。

6 月 30 日傍晚，拿破仑下令一个师的法军开始佯攻，在阿斯佩恩正面架桥渡河，佯攻行动进行得非常顺利，奥军并没认真抵抗，佯攻的法军渡过多瑙河后，开始在岸边虚张声势地架设浮桥。而根据查理大公的计划，是要把法军诱到鲁斯巴赫河和比桑山高地一线，使他们自行落入奥军布置的陷阱。

7 月 4 日晚，雷电交加，法军的工程兵顶着狂风暴雨在预定的渡河地点迅速赶架起 6 座浮桥，恶劣的天气帮了法军的忙，奥军对渡河的法军毫无察觉，次日拂晓，法军的 10 万人马突然渡过了多瑙河，并向奥军的左翼阵地发起了猛烈攻击。

查理大公万没想到 10 多万法军居然在一夜之间就顺利地渡过了大河，而且锋芒正对着他暴露的翼侧，左翼的奥地利守军猝不及防，只好被迫放弃前沿阵地，撤至比桑山高地。中午，法军开始向鲁斯巴赫河和比桑山高地全线推进。

黄昏，法军推进至奥军阵前，尽管天色已晚，因为担心约翰大公的奥军前来增援，拿破仑还是命令法军对奥军长期准备的阵地发起了攻击。由于缺少详细的侦察和炮火保障，结果攻击的法军遭到重大损失而毫无进展。在作战过程中，法军的行动并没有对奥军形成有效的迂回，基本上是正面攻坚战，经过一天半的激战，法军的三个主攻军都遭受到很大的损失，奥军仍在顽强坚守着阵地，如此下去，拿破仑又有可能重蹈阿斯佩恩战役的覆辙。

瓦格拉姆战役中双方交战的场景

眼见预定计划渐渐实现，查理大公心中暗暗高兴，7 月 6 日晨，查理大公决定用自己右翼的兵力给法军来一个反突击，以缓解左翼所受到的压力。奥军的反攻很快击退了阿斯佩恩以北的马塞纳军，将该军的四个师压缩到了阿斯佩恩和埃斯林两个居民点之间。处境危急，法军的左翼和侧后完全暴露在奥军面前，幸亏奥军的正面阵地拉得过宽，缺乏用于反攻的预备队，这次反击才没给法军造成大的灾难。

奥军的突然反击，使拿破仑大吃一惊，当时，进攻奥军左翼阵地的部队再一次败退下来了，战场上的形势变得非常严重。在亲临战场观察后，拿破仑发现奥军两翼力量较强且地势有利，但中间部位明显薄弱，于是立即改变了作战计划，在两翼改为佯攻，牵制奥军的兵力，而集中全部兵力实施中央突破，全力攻打奥军的中间部位瓦格拉姆。

查理大公这时才发现自己犯了一个致命的大错，十多万奥军平铺在一条漫长的战线上，当法军集中全力攻其一点时，局部的劣势立现。拿破仑以5万法军和全部的骑兵在100多门大炮的掩护下向中部奥军发起了势不可当的攻击，奥军虽然英勇顽强，可也无济于事。中部的崩溃导致了全线的危机，查理大公在得知约翰大公的2万人还在几十公里外时，知道无法指望这支援军来挽回危局了，继续战斗下去不仅毫无意义，而且可能招全军惨败，为了保存实力，只好命令全军撤退。

7月6日晚，奥军开始从战场有序地撤出，除了小部分溃逃之外，大部分部队保持了原来的阵容。至此，查理大公以弧形防线围歼法军的计划已告失败。他虽然已将法军诱进了网中，但却无力拉网，网底反被法军打穿。

战场的西面，维也纳人正站在哈布斯堡王朝首都古老的城墙上，手持望远镜观看这个悲惨的场面。法国的大炮因为担心伤及越过田野追击奥军的法军，已经停止了轰鸣，查理大公的部队又一次退进波希米亚山区，拿破仑意识到自己已经获得了瓦格拉姆战役的全面胜利。这一仗法军也是损失惨重，所以并没有对撤退中的奥军追击，拿破仑知道，经此一战，奥军士气已丧，打败奥地利已不再是问题。

瓦格拉姆一战，完全打掉了查理大公战胜拿破仑的信心，闻风丧胆的奥地利军队已无力再战，奥地利皇帝弗朗西斯只好派出使者，向拿破仑请求停战。拿破仑虽然同意，但提出了极为苛刻的条件，在兵临城下的情况下，奥地利皇帝没有选择的余地，7月12日，法奥双方的代表在停战协议上签字。奥地利皇帝弗朗西斯再次蒙受成为拿破仑手下败将的耻辱，奥地利想要摆脱拿破仑控制的尝试又一次遭到失败。随着奥地利和法国签订停战协议，第五次反法联盟宣告瓦解。

瓦格拉姆战役只能算是法军的一次惨胜，因为法军为此付出了高昂的代价。在这个战役中，奥军死伤3.2万人，被俘约8000人，而法军也损失了近3万人，在伤亡的1800多名军官中，仅将军就有30多名。当然，法国军人的流血、流泪和极大痛苦丝毫不会影响拿破仑的伟大功勋，他曾骄傲地对俄国沙皇说，有30万法国官兵以为他献出自己的生命为荣。

在瓦格拉姆战役中，法军准备充分，计划周密，洗雪了阿斯佩恩战役失败的耻辱，也再次充分显示了拿破仑杰出的作战指挥艺术，他巧妙地组织大部队在短时间内成功强渡宽大湍急的多瑙河，在突破敌军防线时，又成功地把优势兵力集中在决定性的力量上，从而作为战术范例被载入了军事学术史册。

代价惨烈的劳师远征
博罗季诺战役

1812 年，法国皇帝拿破仑的帝国如日中天，大半个欧洲在他的统治之下，欧洲大陆上的俄国虽然在奥斯特里茨战役中受到拿破仑军队的重创，但并没有臣服于他，俄国与英国遥相呼应，成为拿破仑称霸欧洲的严重隐患，因此拿破仑决定亲自率军远征俄国。这一年 5 月，拿破仑从法国本土及其欧洲的附庸国中征集了 60 余万人的大军入侵俄国。在这支大军中法国人约占了一半，拿破仑能征善战的元帅和将军们差不多都参与了这次远征。

6 月，法军向俄国腹地一路高歌猛进，迅速攻占了维尔诺、明斯克、波洛茨克等地，俄军节节败退，俄国沙皇亚历山大迫不得已，再次起用老将库图佐夫为俄军总司令。自库图佐夫就任俄军总司令后，世界都在关注着这个战火燃烧的地方，关注着库图佐夫和拿破仑的较量。一个是战绩辉煌、几乎吞并整个欧洲的军事奇才拿破仑，另一个是老谋深算、有"军事泰斗"美称的天才统帅库图佐夫，他们要在这场战争中一决雌雄。

库图佐夫精于战术，尽管他让法国人在博罗迪诺一战中取得了表面上的胜利，而实际上他仍然没让拿破仑得到渴盼已久的决定性胜利。

库图佐夫上任后并不与拿破仑正面交锋，而是实行坚壁清野，消耗法军。俄军大踏步进行战略撤退，以空间换时间，为转入反攻创造条件。而长驱直入远离后方的拿破仑在当地得不到给养的补充，急于和俄军主力决战，希望能通过一次会战击败俄国，但库图佐夫就是不给他这个机会。在斯摩棱斯克，法军好不容易咬上了俄军的主力，但一场激战后，俄军主力还是全身而退，并不与法军拼命。法军虽占领了很多地方，但占领的地方愈多，用于进攻的兵力就愈少，在占领了斯摩棱斯克以后，法军已失去了数量上的优势，能用于一线战斗的军队已不足 20 万。

8 月末，俄军退到了距莫斯科仅 100 多公里的博罗季诺。博罗季诺是一个在地形上有利于俄军的战场，科洛查河流经这里，是可以用来加强防御的天然屏障；阵地南部有大片森林，便于隐蔽自己的军队，法军的骑兵难以在那里发挥战斗力。库图佐夫决定在此和法军来一次决战。这样一来，拿破仑只好被迫在对他不利的条件下迎战俄军，他必须在狭窄地带进行正面突击，才有可能突破俄军防线。

参加这次会战的俄军有 16 万人，火炮近 700 门，法军有 13 万人，火炮 600 门，双方都有大量的骑兵，作为防守一方的俄军构筑了大量的工事，从总体上来看，俄军占据着上风。法军虽然处于劣势，但他们是百战雄师，欧洲所有大国曾全部败于他们的手下，而且还有天才的统帅拿破仑，所以法军很有信心能够以少胜多，打败俄军。

9 月 7 日凌晨，法军率先开炮，向博罗季诺村发起了攻击，俄军的炮兵也迅速还击，双方炮战断断续续进行了数小时，整个战场硝烟弥漫。博罗季诺村中的俄国守军先是被击退，但很快他们又夺回了博罗季诺村。直到俄国守军接到退回主阵地的命令，在拆毁了科洛查河桥后才放弃了博罗季诺村。法军在村中留了部分兵力后，于上午 9 时通过临时修建的浮桥渡过科洛查河，向俄军的主阵地拉耶夫斯基堡垒发起了进攻。

在与法军的正面对战中，俄军炮兵巧妙设防，向法军射出一排排炮弹，所向披靡的法军这回是伤亡惨重，战斗激烈时，双方大部分的部队都投入到肉搏战中，俄军的阵地几度易手，但最终还是把法军赶出了阵地。法军在一线指挥战斗的达乌元帅的坐骑被子弹击中，他本人也被震伤，只得离开战场。拿破仑得知达乌元帅被震伤、进攻被击退的消息后极为震惊，他命令缪拉前去接替达乌元帅，再次向俄军的阵地进攻，同时增调大量部队支援缪拉，在 1 公里长的俄军防线的正面，共集中了 3 万多名法军和 400 多门大炮，无论是兵力还是火力密度，在当时都是空前的，拿破仑决心以凌厉的攻势一举突破俄军阵地，进而全歼俄军。

库图佐夫判明拿破仑的主攻方向和主要突击部位后，根据敌情的变化也把兵力调往主阵地，双方在主阵地的拉耶夫斯基堡垒区展开了一场狂风暴

1812年9月7日，博罗季诺血战打响，双方死伤严重。俄军首领库图佐夫向莫斯科宫廷表现了一下，但他却精明地保留了军队的实力，算得上两全其美。而拿破仑却只赢得了表面上的小小胜利，没有达到歼敌主力的目的，等待他的将是战线的进一步拉长、军需的不足，以及天气的严寒等诸多艰难的情况。

从俄国撤回的拿破仑军队

雨似的炮击战。俄军炮兵迅速还击，不断将炮弹射向法军队伍中，这些身着艳丽服装的法军，冲过炮火后，马上又投入和俄军刀光剑影的白刃拼杀中。

面对着顽强的俄军，拿破仑的意志第一次动摇了，但他仍不甘心，严令各部不惜一切代价猛攻，因为这是一场关系到两国命运的决战。在博罗季诺战场上，为保卫祖国而战的俄军不愧为英雄的军队，法国人也不得不说："他们宁死不屈的精神真是气吞山河，令人生畏。是将军们的忠诚和士兵们的英勇顽强挽救了俄国，若是别国的军队，早就被击溃了！"

俄军虽然在作战中表现出了极大的勇气，但最终还是被法军击退了，拉耶夫斯基堡垒最终陷落。但法军为此也付出了昂贵的代价，在高高的山冈上，到处都是成堆的俄法两国士兵的尸体。后来法国人写道："博罗季诺成了法国士兵的墓地。"

拉耶夫斯基堡垒被法军攻占后，俄军在博罗季诺会战的失败已成定局，但法军也是元气大伤，一直坚守在阵地最前沿的内伊和缪拉两位法军元帅向拿破仑紧急求援，缪拉元帅用人头担保，只要皇帝这时派来援兵，他定能一举打败俄军。然而拿破仑犹豫片刻后，拒绝动用他的预备队，也就是法国最精良的近卫军，从而坐失了良机。

法军攻下拉耶夫斯基堡垒后，战斗又持续了两个多小时，其中大部分时间都是几千名骑兵的大混战，至下午5时，相互激烈绞杀的俄军和法军都已精疲力竭。库图佐夫很清楚，如果次日再战，拿破仑还有近卫军没有动用，这对俄军来说是一种冒险，他并不想用俄军的命运去孤注一掷，于是决定当夜把部队从战场上撤出，他认为自己已经达到了这场防御战的目的。

第二天凌晨，俄军放弃了所有阵地，实行全线撤退，井然有序地撤出，拿破仑并没有下令追赶。库图佐夫决定做进一步的战略退却，他说服大家放弃莫斯科，把一座空城留给了拿破仑，而俄军的主力退到纳拉河附近。战后库图佐夫说，如果当时拿破仑将他的近卫军投入战斗，俄军无疑是会被歼灭的，但是拿破仑不敢以其最后的预备队来冒险，因此错过了在莫斯科签订和约的机会。

博罗季诺战役双方未能决出真正的胜负，拿破仑攻占了俄军的阵地，使俄军遭到了重大的伤亡，取得了战术上的胜利，也打通了通往莫斯科的道路。从表面上看，俄军是打了败仗，但它并没有弃甲而逃，俄军的有生力量并没有被消灭，还有战斗力，还有夺取最后胜利的信心。拿破仑想通过一次决战全歼俄军、一举战胜俄国的战略目的并没能达到。俄军没有被歼灭，俄国更没有投降，而且还为消耗法军和转入反攻创造了条件。拿破仑深入俄国，难以维持其部队的补给，结果几个星期后，遭到毁灭性打击的是法军，而不是俄军。

9月14日，缪拉率领的法军先头部队开进了莫斯科城，拿破仑占领莫斯科后，坐等俄国沙皇来与他签订和约。但俄国沙皇对拿破仑的讲和倡议不理不睬，俄国人在等待着冬天的到来，到那时，拿破仑这支穿着秋天服装的法国大军将不攻自灭。9月16日夜，俄国人又在莫斯科城放了一把火，全城烈焰腾空，一片火海，法国人的粮草、辎重和住所都化成了灰烬。5周后，考虑到再待下去后果不堪设想，弹尽粮绝的拿破仑不得不下令撤退。

当拿破仑占领莫斯科时，撤出莫斯科的俄军经过重整军队，已完成了反击拿破仑的战略部署，当拿破仑从莫斯科撤退时，库图佐夫已在马洛雅罗斯拉维茨部署就绪，单等着法军的到来，一场新的大战正在等待着拿破仑和他所带领的法国远征军。

失败的代名词
滑铁卢战役

滑铁卢小镇在比利时首都布鲁塞尔以南大约20公里，与欧洲其他国家的许多小镇一样，古朴而宁静，并没有多少特色，但它的名字却是响彻世界。1815年6月，举世闻名的滑铁卢战役就在小镇南面5公里处的田野上展开，从此，滑铁卢与拿破仑联系在一起而被载入了史册。

1812年，处于巅峰的拿破仑亲率60万法军远征俄国，结果兵败莫斯科城下，逃回法国时，他战无不胜的精锐雄师只剩下2万余人。英、普、奥等国见有机可乘，迅速组成第六次反法联盟，在莱比锡战役中一举打败法军，战败后的拿破仑被流放到地中海的厄尔巴岛。1815年3月，拿破仑乘坐小船抵达法国南岸，登上法国领土的拿破仑一路上受到法国士兵的拥戴，未放一枪一弹就顺利进入巴黎，重新登上了法国皇位。

拿破仑重返巴黎的消息传到维也纳后，正在维也纳召开会议的欧洲各国都感到震惊和不安，以英国、俄国、普鲁士、奥地利、撒丁五国为首的国家马上组建了第七次反法联盟，并组织了70多万军队从四方扑向法国，而且到了秋天的时候，联军还会有 30 万人加入对法战争。返回法国的拿破仑仓促间仅仅组建了不到 30 万人的正规军，双方力量对比悬殊，面对现状，拿破仑决定发起主动进攻，以图各个击破多国联军。

然而此时的法军与昔时大不一样了，在进攻俄国的战役中，法军的精锐丧失殆尽，而且在拿破仑的队伍中，存在着一个严重问题，那就是低级军官对拿破仑极为忠实，但是那些高级军官却与拿破仑有了隔阂。在拿破仑被流放期间，那些高级军官曾拥戴波旁王朝，并宣誓为波旁王朝效忠，这就使得拿破仑在人员任免上，犯下了许多灾难性错误，出现了许多所用非人的现象。

1815 年 6 月，拿破仑乘多国联军尚未准备完毕，迅速集结部队，跨过桑布尔河，进入比利时，在沙勒罗瓦地区对布吕歇尔元帅率领的 12 万普军发动了出其不意的进攻。这一仗法军虽然获胜，但战果并不是很理想，法军第一军团因为迷路，没有及时赶到战场，第六军团又距离过远，调动太迟，致使林尼之战成了击溃战，而不是预想的歼灭战，被击败的普军慌忙向布鲁塞尔撤退。6 月 17 日，拿破仑将法军三分之一的兵力交给了格鲁希元帅去追击败退中的普鲁士军，自己亲率近 8 万军队挺进到比利时境内滑铁卢的圣让山阵地前。此时，天降暴雨，法军在泥泞的道路上艰难地向前推动着大炮，而英国威灵顿将军指挥的 7 万多英军已在高地上筑好工事，正在严阵以待。

拿破仑本欲在 18 日上午 9 时对威灵顿军发起进攻，但是近卫炮兵的德鲁奥将军说服了他，理由是地面过于泥泞，火炮无法操作。于是，拿破仑决定把发动主攻的时间延至下午 1 时。然而对威灵顿来说，现在每一个小时都黄金般的宝贵，他正

第六次反法同盟打败拿破仑后，欧洲各国举行了一场国际会议即"维也纳会议"。会议讨论了整个欧洲在拿破仑战争后的形势问题，滑铁卢战役前夕，法国和反法同盟签署了《第一次巴黎和约》，战胜国重新瓜分了欧洲的领土。

从此图可看出滑铁卢战场的概貌：惠灵顿将军队部署在圣让山以南的山脊上，从而堵住通往布鲁塞尔的最后一道防线，防御体系西面以一座乡间别墅为据点，中间以一座农庄为缓冲，东面则以两座农庄为前哨，这样，整个防御体系像三只伸向前的拳头，将拿破仑的进攻割裂开来。

等着布吕歇尔元帅率领的普军赶来增援。一贯重视时间的拿破仑没想到，他白白浪费的 5 个小时，将要决定法军的命运。

战役打响以前，拿破仑又一次骑着自己的白色坐骑沿着前线，从头至尾检阅一番。当拿破仑骑马从队前经过时，战鼓激越，乐队奏起乐曲，"皇帝万岁"的欢呼声久久回荡，进攻队列场面庞大壮观。11 时，法军开始用榴弹炮轰击山头上那些身穿红衣的英国士兵，接着，内伊这位法军的"雄中之杰"，率领步兵发起冲锋，决定拿破仑命运的时刻开始了。

法军越过低洼地带，向英军驻守的山冈奋勇冲去，英军依托有利地形顽强抵抗，炮弹像骤雨般落到法军头上，法军伤亡惨重，数次进攻都被打退。下午 1 时，法军发起了对英军阵地的第四次进攻，指挥官内伊的战马被打倒，他换了一匹继续指挥，这已是他被打死的第五匹战马了，但法军的这次进攻还是失败了，不过英军也到了精疲力尽的地步。双方统帅都在盼着自己的增援部队能赶快到达。威灵顿等待着布吕歇尔率领的普军，而拿破仑盼望着格鲁希元帅那近 4 万名法军。

此时的格鲁希离战场并不太远，至多只有 3 小时的路程，当激战的炮声传来时，格鲁希元帅正在一户农民家里进早餐，所有的人都毫不怀疑，皇帝已经向英军发起攻击了，一次重大的战役已经开始。军团司令吉拉尔将军一再力谏："赶快向开炮的地方前进！"可是格鲁希却说在皇帝撤回追击命令之前他决不偏离自己的责任，并未意识到拿破仑的命运现在已经掌握在他手中。第一次世界大战时的英国海军次长费希尔勋爵曾说过："战争中的第一原则是不服从命令，任何傻瓜都会服从命令！"作为独当一方的统帅，格鲁希太不称职。

晚上 7 点，拿破仑孤注一掷，把最后的后备军都调入到进攻的行列，近卫军的

6000多名士兵在拿破仑面前列队接受最后一次检阅。这些英勇的官兵身穿蓝色长衣，头戴插着高高的红色羽毛的熊皮帽，肩扛步枪，刺刀闪闪发光，排成纵队投入战斗。近卫军的兵士们一排一排爬上陡坡，拼死向前冲去，欧洲的命运全系在能否攻占山头这一举之上。现在双方都已没有后备部队了，谁的增援部队先到，谁就会赢得这次战役的胜利，两位统帅都在用望远镜观察着远方树林的边缘。突然，摆脱了格鲁希追击的普军先头部队像一阵烟似的在丛林中出现了，随后普军的大批人马浩浩荡荡地从树林里穿了出来。

普军到来这一消息迅速在法军中传开了，军心浮动的法军开始惶惶不安起来，晚上9时，在如水的月光下，英、普联军突破了法军的防线，拿破仑的部队乱成一团，无法坚持下去，崩溃的法军只得四处溃逃，战场上响起了"近卫军撤退啦"的喊叫声，这种声音非常可怕，而且从来没有人听到过，溃逃的人流卷走了一切，也卷走了拿破仑本人。这场持续了12个小时的决战终于结束了。第二天清晨，接到战报的欧洲各国君主们总算松了一口气，他们战胜了那位不可一世的法国皇帝拿破仑·波拿巴。

在世界战争史上，滑铁卢大战以战线短、时间短、影响大、结局意外而著称，"滑铁卢"这三个字也从此成为"失败"的代名词。这场战役出现了许多偶然的因素，比如大战前的天降大雨推迟了拿破仑的进攻时间，格鲁希在听到了滑铁卢的炮声的情况下竟然因为"没有接到统帅命令不能轻易行动"而原地不动等。正如维克多·雨果所说："滑铁卢是一场一流的战争，而得胜的却是二流的将军。"那些战后来凭吊古战场的人们对威灵顿毫无兴趣，而拿破仑的铜像却傲然耸立在一座高高的圆柱形基座上备受人们推崇。

拿破仑在滑铁卢战役失败后返回了巴黎，6月22日，被迫再次宣布退位，第七次反法同盟获得了最终的胜利。同年10月，拿破仑被流放至大西洋中的圣赫勒拿岛，从此再也没有返回法国。1821年5月5日，拿破仑在岛上郁郁而终，结束了他那富有戏剧性的一生。拿破仑的第二次执政时间总共只有100天左右，历史上称为"百日皇朝"。

拿破仑在滑铁卢战役中失败的因素很多，除客观上的天气因素外，在指挥上也有许多过失，但最主要的是用人不当，许多重要将领都不称职，这是拿破仑失败的根本原因。

图中是被押送到圣赫勒拿岛的拿破仑，身后是他挑选的随行贝特朗、蒙托隆、拉斯加斯三位伯爵以及古尔戈将军。

近代北美洲经典战役

海陆军协同作战的出色范例
魁北克战役

1756 年，英法之间正式宣战，史称"七年战争"，卷入这场战争的并不只是英国和法国，还有其在欧洲的盟友以及在全世界的殖民地，法国、奥地利、西班牙、俄国联手对付英国和普鲁士的联盟。战火很快就从欧洲大陆蔓延到北美、印度和加勒比群岛。在北美，这场战争被称作"法国与印第安人的战争"，这种称呼似乎不够准确，其实是法国人与印第安人联合起来抵抗英国人的战争。

1758 年，英国对法国在北美的殖民地加拿大开始了远征。英军兵分三路，一路从纽约出发，经由哈德逊河向北推进，进攻蒙特利尔，另一路向西横扫，沿伊利湖迂回，包抄尼亚加拉要塞，而英军的主力部队是第三路，沿圣劳伦斯河而上，目标是法军在加拿大的军事和政治中心魁北克。当年底，法国人在加拿大边境上的几个主要要塞都被英军先后占领，已经打开了通往加拿大的门户，英国人的下一个目标就是魁北克。

魁北克是法国移民在 1608 年建立的，它是北美法属殖民地新法兰西的首都，魁北克这个名字，来自当地的土著语，意为"峡湾"，顾名思义，是指该市正好处于圣劳伦斯河的开口处。上游十分狭窄的圣劳伦斯河到此处豁然开阔，地处交通要冲的魁北克不仅是加拿大的天然良港，也是加拿大的重要门户。1759 年，北美大陆两个最大的殖民者英国和法国在加拿大展开了最大也是最重要的一场会战——魁北克战役。

英军用于进攻魁北克的主力由海陆两支军队混合组成，陆军主要是由苏格兰人组成，约 9000 余人，由詹姆斯·沃尔夫少将指挥，海军则有包括 40 艘战列舰在内的 100 余艘各种船只以及 3 万多名水兵，这支在北美洲最大的舰队由查尔斯·桑德

1758年，英国攻占了路易斯堡，这是法国在圣劳伦斯河河口一个居高临下的堡垒。

斯海军上将指挥。

法军在魁北克只有3600人的正规军和由1800名印第安人组成的军队，一旦魁北克失陷，那么整个新法兰西也将不复存在。在此之前，新法兰西的总督沃德勒伊和驻军总司令蒙卡姆已经预感到英军将会对魁北克展开军事行动，在向法国本土求援无效的情况下，蒙卡姆制订了防御计划，紧急组织了1万多名民兵协助防守，但这些未经训练的民兵并没有多大的战斗力。背水一战的蒙卡姆也明白攻守双方实力相差悬殊，不过，作为久经沙场的老将，他依然相信自己的部下，同时也自信自己丰富的作战经验。

蒙卡姆在四面有围墙的魁北克城里只留下较弱的防守力量，而将主力都部署在圣劳伦斯河沿岸的工事中，并用凿沉的旧船封锁圣劳伦斯河的入海口。从7月开始，英法双方就在圣劳伦斯河沿岸的攻防战中展开了近2个月的拉锯战。由于法军占据了有利的地形，英军的进攻没有取得实质性的进展。但在作战中，英军也得到了一个重大发现，他们在沿圣劳伦斯河南岸向上游的侦察过程中，发现了魁北克城西边有一处约50米高的峭壁，其脚下的弗伦湾非常适合停靠登陆小艇，可供部队大规模登陆，假如在夜里登陆的话，几乎不会被发现。只要攀上峭壁，就能进入亚伯拉罕平原，直抵魁北克城下，而法军在那里并没有部署重兵。

9月12日晚，英军开始了精心策划的行动，查尔斯·桑德斯的英国皇家海军率先对圣劳伦斯河沿岸发起大规模佯攻，英军战舰猛烈炮轰魁北克下游的沙滩，并大张旗鼓地用小艇装载着海军陆战队员，似乎新的登陆行动已经迫在眉睫。与此同时，沃尔夫少将率领的2000名先头部队却悄悄地从利维斯港出发驶向弗伦湾。英军这一晚的运气不错，皇家海军的佯攻把蒙卡姆的注意力完全吸引了过去，使他误以为英军发动了总攻，根本没想到英军真正的登陆目标却是在魁北克城西部的弗伦湾。

第二天黎明，英军已有1000余人登陆上岸，并顺利攻占了峭壁上的高地。紧接着大批的英军从那里渡河，也登上了那个高地，奇袭大获成功。而蒙卡姆此时仍在博波尔，直到下午6点钟，他才知道英军已经渡过了圣劳伦斯河。

约6000英军出现在魁北克城外的亚伯拉罕平原，同时英国海军的军舰也开进了圣劳伦斯河河口，蒙卡姆担心魁北克城抵挡不了英军的围城，拒绝了幕僚坚守城池的建议，率领4000法军出城迎战，并将剩下的兵力全都部署在圣劳伦斯河岸边，交给新法兰西总督沃德勒伊指挥，以防英军声东击西。

　　沃尔夫少将在亚伯拉罕平原上把他的部队以两列排开，严阵以待，英军不仅在数量上略占优势，更重要的是素质上也明显高于法军。此时赶来增援魁北克城的1500名法军正从圣劳伦斯河上游赶往英军的后面，但蒙卡姆却毫不知情，平常办事极为谨慎和有条理的他这次并没有耐心等待最佳的进攻时机，法军以三个平行纵队，一路喊杀着冲向英军的人墙。在离英军200米的时候，法军就迫不及待地发射了第一次排枪，每前进十多米就向英军发射一次排枪，而英军却丝毫不为所动，没有做任何反击。当法军在离英军40米的距离上发射了又一次的排枪后正在重新装弹时，全线英军突然发射了他们的第一次排枪，这枪声震耳欲聋，如同炮响，在英军威力巨大的双管枪的齐射下，一瞬间便有成片的法国士兵中弹倒地，训练有素的两排英国步兵交替装弹射击，在法国人还没来得及从第一次所受打击的惊恐中恢复过来时，又再次遭到猛烈的齐射。

　　两次齐射就使法军伤亡1000多人，当英军第三次齐射之后，法军的队形陷入了空前的混乱，随着英国人的冲锋号声，5000名英国士兵挺着刺刀发起全线冲击。混乱中的法国士兵完全丧失了斗志，开始四下溃逃。在这次历时只有半小时的亚伯拉罕平原战役中，英军指挥官沃尔夫和法军总司令蒙卡姆全都受伤身亡。

　　在圣劳伦斯河河口观战的英国海军上将查尔斯·桑德斯见法军已败，便指挥英国大军发动了全线总攻，先打败了匆匆赶到战场的法国援军，然后在炮舰的协助下，对魁北克城展开了围攻。在亚伯拉罕平原会战当天，新法兰西的总督沃德勒伊就已经从魁北克城逃走了，城内剩余的守军最终在5天后向英军投降。

　　英军攻取了魁北克城以后，新法兰西再也没有力量能阻止英军的前进了。1760年9月，法军最后的部队在蒙特利尔宣布投降，法国从此丧失了在加拿大的所有殖民地，整个新法兰西全部落入英国人的手中。

　　在魁北克战役中，英军成功奇袭弗伦湾并决胜于亚伯拉罕平原，是英国陆海军紧密合作的结果，堪称近代战争史中海陆军协同作战的

在魁北克战役中，法军统帅蒙卡姆和英国指挥官沃尔夫全都受伤身亡。

出色范例。这次会战的结局对新法兰西是毁灭性的，1763 年，英法两国签署了《巴黎和约》，结束了 7 年战争，在这个条约中，法国正式把新法兰西割让给了英国。

北美独立战争的转折点
萨拉托加大捷

　　1777 年，北美独立战争进入了关键时刻，英国政府为了在最短的时间内击败北美大陆军，调集了三路军队，想要占领哈德逊河流域，以此来切断北美大陆军同新英格兰之间的联系。可是，对于这次战役的组织，伦敦方面从一开始就搞得非常糟糕，其作战计划相互抵触。由于交通阻断，使得这三路军队的指挥官之间很难沟通，结果在三路军队中，只有自加拿大出击的伯戈因将军率领的一路，得以顺利沿哈德逊河向南进击。尽管在出发前伯戈因招募了一些新兵，使他的军队增加到 9000 余人，但在这种情况下，伯戈因几乎不可能完成他的使命。

　　这是个千载难逢的机会，北美大陆军总司令华盛顿当然不会放过，他立即调动军队在纽约州的萨拉托加一带迎战伯戈因率领的英军。与伯戈因对阵的北美大陆军的指挥官是新到任的霍雷肖·盖茨少将，盖茨是一个谨慎和缺乏想象力的指挥官，

乔治·华盛顿塑像

他接任后不久，便把部队布置到哈德逊河上游一个名叫比米斯高地的地方，那里是一个天然的防御阵地，在盖茨所部的修筑下，变得更加坚固无比。

　　盖茨手中共有 28 个步兵团、240 名轻骑兵和 26 门火炮，共计 1.3 万人。这些部队多是新近从新英格兰招来的民兵，严重缺乏训练，不过他手中也有一张王牌，那就是丹尼尔·摩根上校的狙击团，狙击团的 600 名火枪手都是一流的，这是北美第一支狙击部队。盖茨的部队要比伯戈因的部队人数多，并占据着有利的地形，而且在时间上也对他有利。

　　孤军深入的伯戈因是拖不起的，他的给养仅能维持一个月，兵员不减少就算不错了，而盖茨的兵员却几乎每天都在增加。在即将开始的战斗中，盖茨可以用于战斗的部队几乎是伯

戈因军队的两倍。为了解决粮食问题，英军必须要速战速决，伯戈因于是亲自挑选了1600名最精锐的官兵，携带10余门大炮，在弗雷泽和里德塞尔两位准将的协助下，向盖茨的北美大陆军发动了一次进攻。

9月19日清晨，伯戈因的军队在浓雾中出发，在茂密森林的掩护下，英军士兵背着沉重的装备，沿着他们很不习惯的灌木和森林地带曲折前进，兵分三路向北美军的阵地接近。上午9时，太阳出来了，阳光照在英军士兵的身上，使他们红色的外衣显得格外鲜艳。虽然有森林的掩护，但还是很快就被北美大陆军发现了，北美大陆军的先头部队敲响了军鼓，进入阵地准备迎战。

缺乏进攻意识的盖茨将军原意是要依据坚固的阵地进行防守，但他手下一个叫阿诺德的师长指出，如果让英军进入到炮火的有效范围，那么英军占优势的炮火必将给北美大陆军造成极大的损失，依阿诺德之见，不如主动出击，将英军阻击在丛林中。盖茨将军部分采纳了阿诺德的意见，虽然没有全军出动，但将摩根狙击团派到了阵地前的森林地带，狙击行进中的英军。

当伯戈因的部队正在通过一片树木茂密的丛林地区时，他的士兵开始纷纷被狙击手击中，混乱中的英军漫无目标地四下还击，但摩根的狙击手还是不断地把伯戈因的士兵送进地狱。伯戈因将军感到了恐慌，因为他损失了许多的军官——那些军官们穿着鲜艳漂亮的服装，很容易被摩根狙击兵首选为射击的靶子。在这场近距离的战斗中，伯戈因所携带的大炮根本无法发挥作用，但他的炮手却伤亡很大。

关键时刻，在侧翼担任掩护任务的弗雷泽准将给了伯戈因力所能及的援助，弗雷泽带领的英军掷弹兵投入了战斗，2门六磅炮弹的大炮几乎以平射角度向敌人发射霰弹，由于德国雇佣兵的猛打猛冲，迫使摩根狙击团不得不用轻武器袭扰弗雷泽的部队，不让他们给伯戈因的中路英军以任何支援。随着夜幕的降临，伯戈因的中路英军终于从摩根狙击团的狙击中脱身而出。

不过脱身出来的伯戈因不久就得到了一个坏消息，他的好朋友弗雷泽准将阵亡了。原来弗雷泽总是骑在一匹白色的战马上指挥战斗，这固然鼓舞了士气，然而却使他成了摩根狙击手的活靶子，一个名叫蒂莫西·墨菲的狙击手击中了他，当2名掷弹兵把他抬到军营时，他已经停止了呼吸。弗雷泽的阵亡对伯戈因是个极大的打击，因为弗雷泽不仅是他的好朋友，而且也是一位优秀的军官。

这时的英军已经伤亡了大约500多人，损失了8门火炮，而且军心已经开始动摇，但伯戈因仍然有希望先守住防御阵地，然后再把军队安全撤出。可是，北美大陆军中那位崇尚进攻的阿诺德再次打乱了伯戈因的计划。

阿诺德是一名难以驾驭的北美大陆军指挥官，在此之前，由于他与盖茨的争吵而被盖茨剥夺了指挥权，但是战斗打响后，他便冲出了兵营，像着了魔似的在战场

英军于萨拉托加一役中战败，1777年10月向美军投降。

上来回奔跑，将那些被打散了的部队重新组织起。阿诺德很快意识到英军的阵地防守严密，无法一举攻占，于是他便指挥部队绕到它的后面发起进攻，从而攻破了英军的防御。

此时，北美大陆军的布鲁克将军率领一支人数众多的纽约州增援部队开到战场，这对盖茨来说更增加了胜利的把握，战场上的天平已明显失衡。伯戈因已经意识到，除了立即退到萨拉托加以外，别无出路。

为了防止被切断退路，英军放弃了大炮，迅速后撤到萨拉托加，但盖茨的军队如影随形，穷追不舍。在萨拉托加，伯戈因面临着1万多名北美大陆军和民兵的围攻，盖茨并不急于进攻，他采取了饥饿战术，并用缴获的英军大炮，不断地猛轰英军的防御阵地。

无力再战的伯戈因决定让士兵们各自背一些粮食连夜强渡爱德华堡周围的浅滩撤退，但他的计划还没来得及实行，侦察兵就送来情报说，这些浅滩的对岸有大量的北美大陆军驻守，而在爱德华堡和乔治堡之间的高地上，也架设有北美大陆军的大炮，此时北美大陆军已对英军形成了包围，伯戈因不得不放弃了撤退的计划。

伯戈因所部陷入了绝望的境地，他们手头的粮食只够维持三天，为此伯戈因召集了一次有全体军官参加的军事会议，会议开的时间很短，参加会议的军官们一致认为，有必要与北美大陆军签订一个在体面条件下投降的条约。

10月14日，在高级军官们的一致同意下，伯戈因将军向北美大陆军的指挥官盖茨求和，出于各方面原因，盖茨同意了伯戈因所提出的投降条件。10月16日，伯戈因在《萨拉托加条约》上签字，第二天，伯戈因率残部5800人正式向北美大陆军投降，萨拉托加战役结束。

萨拉托加大捷是世界史上一场著名的战役，在这次战役中，年轻的北美大陆军战胜了训练有素的英国正规军。在战斗中，英军阵亡600多人，北美大陆军阵亡300多人。由于英军的投降，使北美大陆军获得了大批急需的军用设备和武器，北美大陆军的装备状况获得了很大的改善。此后，北美大陆军连战连胜，还得到了法国的援助，最终北美获得了独立，萨拉托加大捷也因此成了北美独立战争的转折点。

"打开密西西比河的钥匙"
维克斯堡战役

密西西比河是美国最大的河流，被称为"众河之父"，它河宽水深，有优良的航道。在美国南北战争期间，密西西比州是南部联邦的大后方，这条大河保障着南方联军的军事供给，南部邦联利用它运输了大量部队和军需品，成为南部军队的一条重要补给线。在密西西比河边，有一座著名的小城，名叫维克斯堡，它是重要的水陆交通枢纽，也是扼守密西西比河大动脉的军事重地，被称为"南部邦联的直布罗陀"。

维克斯堡位于亚祖河与密西西比河交汇处的高耸陡崖上，高出水面70多米，河水在此急剧转弯，然后流向墨西哥湾。它的背面是崎岖的山地，到处是茂密的蔓藤和散发着瘴气的死水潭，只有几条穿过茂密林木的小路通向维克斯堡，很早以来，它就具有重要战略价值。南部邦联的军队在维克斯堡设有坚固的工事，并配有大炮，居高临下控制着整个河面。保卫维克斯堡的南军司令佩贝尔顿将军本人是北方人，但妻子是南方人，南北战争爆发前夕，佩贝尔顿离开北方联邦军队，参加了南军。

1863年春天，为扭转战局，北军在格兰特将军的率领下沿密西西比河南下，直取南军战略要塞——维克斯堡，格兰特挥师8万，准备先攻下维克斯堡，把南军拦腰斩断。但要攻占维克斯堡可不是件容易的事，城堡上南方军的大炮封锁了河面的各个方向，北军的船要想从此经过很难。在这之前，格兰特也曾进攻过维克斯堡，但南军摧毁了他的运输船只和补给船，他只好撤退。现在他决定再试一试，但这次他不打算向维克斯堡发起正面进攻，而是在下游渡河，然后再转回来从维克斯堡的后面发起进攻。

格兰特将军将他的部分军队带到距离维克斯堡10公里之外的一个地方，命令士兵们放下手中的枪，拿起撬把。他们将挖一条运河，试图让自己的船只避开南军的大炮，绕过河流急转弯的地方，通过运河绕到下游，可北军费了好大力气挖筑的运河经过工程人员观察后得出的结论是根本不能用。

4月，格兰特决定放弃迂回战术，他制订了一个大胆而冒险的作战方案，从河面上硬闯，他先将北军的主力沿河向下运行到维克斯堡下游30公里处的一个渡口，然后命令海军船只乘夜偷偷绕过维克斯堡，希望能够不被敌人发现。16日夜，北军的船只开始乘黑夜向下航行，他们将发动机都关了，悄无声息地顺河而下，企图绕过维克斯堡，然而还是被维克斯堡的守军发现了，维克斯堡的大炮开始射击，尽管有夜幕的掩护，许多船只还是被打中了，但只有一艘船被击沉，其他受损的船只都

北方军队卓越的军事将领格兰特

在格兰特的指挥下，联邦军在1865年4月攻占了"南部邦联"的首都里士满，赢得了南北战争的最后胜利。

安全地到达了维克斯堡的下游地区。4月末，北军开始向密西西比河东岸运兵，2万多人的先头部队在东岸登陆。

南军指挥官佩贝尔顿将军想乘北军立足未稳将他们赶下河去，派约翰斯顿率领一支近万人的精兵出其不意地向才过河的北军发起了进攻，这些北军正停留在一处低地上，既无堑壕防护也无火炮，只好仓促应战。双方展开了一场前所未有的混战。炮声、枪声、呐喊声混成一片，战斗一直持续了12个小时，南军占领了关键性的阵地，北军则不得不退守到河边，数千名士兵被困在陡峭的河岸下面，形势对北军非常不利。

背水一战的北军士兵顽强抵抗，勇猛异常，激战中，约翰斯顿在带队冲锋时身负重伤，南军无人指挥，一时组织不起有效的进攻。夜幕降临了，天突然下起倾盆大雨，双方军队都被淋得透湿，而赶到战场的北军炮艇却把猛烈的炮弹倾泻到南军头上，失去了指挥官的南军队伍只好撤回维克斯堡，北军取得了首场胜利。

渡过密西西比河后，北军采用了巧妙的运动战，格兰特将军并没有马上去攻打维克斯堡，而是先攻占附近一个重要的铁路枢纽站，切断了维克斯堡与外界的联系，随后又占领了南军驻守的杰克逊城——那里是维克斯堡的补给基地，最后才对维克斯堡进行四面围攻。

几经激战，北军先后攻克维克斯堡外围防线，南军只能将防线收缩，最终，8万北军兵临城下，维克斯堡被团团围住。5月中旬，北军开始攻城，但南军据城反击，北军被击退。5月下旬，北军补充弹药后再次向维克斯堡发起攻击，枪炮声惊天动地，双方的士兵都打得十分顽强，北军一度突破了南军数处防线，占领了城郊的一个阵地，但南军的士兵硬是拼刺刀将丢失的阵地重新夺回，北军最终被顽强的南军击退。

北军的多次进攻都未成功，因为维克斯堡城的防御工事实在太坚固了。格兰特于是改变了战术，决定对维克斯堡进行围困，等到城里弹尽粮绝，再迫使守军投降。维克斯堡被严严实实地围住了，在北军强有力的防范下，南军的救援军队只能眼睁睁地看着佩贝尔顿将军的军队被围在维克斯堡城而无能为力，维克斯堡的命运已经注定了。

城堡中很快就弹尽粮绝了，饥饿成了城中市民和守军最大的敌人，人们不得不以蛇和老鼠充饥。佩贝尔顿意识他们已经没有什么希望了，于是向格兰特请求投降谈判，格兰特要求南军无条件投降，但佩贝尔顿坚持要求允许他和他的部下返回自己的家乡，同时保证这些人不再投入战争。

格兰特最后同意了佩贝尔顿的条件，7月4日，佩贝尔顿交出了他所剩下的3万军队和维克斯堡城，这是美国南北战争中俘虏人数最多的一次战役。几天后，一艘轮船从圣路易斯开来，沿密西西比河直达新奥尔良，全程航行一路畅通无阻。通过维克斯堡战役的胜利，北军控制了密西西比河，完成了对南方内河的封锁，南军被从中拦腰斩断，成为首尾不能相顾的两个彼此孤立的部分。对维克斯堡的占领，也解除了北军向南方中心地带进军的后顾之忧，内战的形势对北方越来越有利了，所以说，维克斯堡战役是美国南北战争北方开始走向胜利的转折点。

罗伯特·李的"滑铁卢"
盖茨堡战役

罗伯特·李将军是南北战争期间美国南部邦联军队的总司令，也是一位出色的将军，他在战略上借鉴、吸收拿破仑的经验，熟练掌握了调兵遣将的艺术，擅长以寡击众、以少胜多。1863年5月，李将军率所部在钱瑟勒斯维尔战役中，以少胜多，击败北部波多马克军团，让林肯感叹"不足6万饥寒交迫的叫花子把13万精兵杀得丢盔弃甲"！

南军虽然在钱瑟勒斯维尔战役中获胜，但李将军失去了他手下最出色的将领斯通威尔·杰克逊，杰克逊是在和他的部下返回南军防线的时候，被误认为北军而被己方士兵误射而伤重不治的，李将军在听闻噩耗后，叹息道："我右臂已断。"

钱瑟勒斯维尔战役后，李将军下令，南军要于6月向宾夕法尼亚州中部的盖茨堡进军。盖茨堡并不是一个军事要塞，南军之所以要夺取它，是因为这座城镇是通往各处的道路枢纽，李将军希望在盖茨堡击败乔治·米德所率领的北军，指望这一行动可以帮助被围困在密西西比河东侧维克斯堡要塞的守军脱困，同时可以威胁宾夕法尼亚的费城、马里兰的巴尔的摩以及华盛顿特区，期望通过这次胜利，可迫使北部联邦承认南部邦联的独立地位。

7月1日，南北双方的军队在盖茨堡展开了一场空前惨烈的大战，战斗初始，南方军队占有人数上的优势，以2.5万名军队面对1.8万名北方军队，在当天的战斗中，北方军队处于劣势，伤亡惨重，岌岌可危，但在关键时刻，北军将领汉考克集合了残余的士兵，占据了战场北部能俯瞰全城的高地卡尔普山和公墓岭，进行顽强抵抗。呈鱼钩形的公墓岭是个利于防守的阵地，它凸出的那一面正对着南军。

19世纪美国南北战争时期的大炮

北军据险抵抗，南军猛攻不克，直到这时，南军的前线指挥官尤厄尔将军才意识到自己犯了一个错误，其实南军本来可以在攻击的前夜占领这个制高点的，可当时尤厄尔将军忽略了它，但后悔已晚。南军错过了抢占有利地势的机会，被迫把军队部署在北军据点对面的一块较低处，经过头一天的激战后，北军抓紧时间，连夜在卡尔普山和公墓岭山脊上构筑战壕防线。

但李将军对自己军队的战斗力似乎充满了信心，5月初的钱瑟勒斯维尔大捷和7月1日北军的溃败，都使他对能打败盖茨堡的北军深信不疑，认为只要再增加点进攻压力，就能迫使北军投降。

第二天，李将军集中了南军主力向卡尔普山发动全面进攻，试图先夺取卡尔普山，然后用火炮对公墓岭进行射击，他要将北军分割成两部分而各个击破，这是典型的拿破仑式战术。尤厄尔率领的南军一度冲上卡尔普山的斜坡，北军指挥官乔治·米德少将和他打了一场机动灵活的防御战，向南军右翼发起了一场反冲锋，结果南军的后继部队没能及时在卡尔普山跟进，一小时后，尤厄尔的部队又被赶下了山坡。这是一场艰苦的拉锯战，双方都有重大伤亡，在这一天，双方士兵都英勇作战，但南军的前线指挥官多次失误，虽然占领了一些北军的阵地，但未取得决定性胜利，李将军的主要进攻目标还是没有达到。

北军的指挥官乔治·米德少将决定继续依靠有利地形进行防御作战，而李将军没有采纳部下提出来的翼侧攻击建议，决定对北军中部防线实施正面攻击。过于自信的李将军认为，乔治·米德为加强侧翼的防守，必将导致其公墓岭山脊中央地带防守空虚，于是下令重点攻击公墓岭山脊，让由刘易斯旅长率领的突击队撕开北军的中部防线。

第三天的清晨，一场声势浩大的火炮对决开始了，南北双方动用了300多门火炮进行对轰，一个多小时后，旅长刘易斯率南军的突击队向公墓岭山脊北军的中央阵地发起进攻，这些突击队员们要穿越1000多米的旷野才能接近联邦军阵地，这期间，突击队员们完全暴露在北军近200门火炮和数千支步枪的火力之下。在刘易斯旅长的率领下，身穿灰色军装的南军以整齐的队列迎着枪林弹雨向北军阵地稳步向前推进，而穿着蓝色军服的北军则用密集的炮火和雨点般的子弹迎接他们。

南方联军总司令罗伯特·李（左）向格兰特（右）投降

在枪林弹雨中前进的南军显示出令人难以置信的勇猛，刘易斯用战刀高高挑起自己的军帽，高喊着："来吧，伙计们！把尖刀插向他们！谁愿意跟我来？"在人数伤亡近半的情况下，南军终于冲到了公墓岭山脊北军最后一道防线跟前，刘易斯跃过障碍物，跳进北军的工事中，跟在他后面的还有数百人，南军的军旗终于飘扬在公墓岭的脊峰上。接着就是短兵相接的白刃战，就在北军支持不住时，从两翼赶到的北军迅速向被攻破的缺口合拢过来，将这几百南军重重包围，刘易斯旅长和那些士兵不是被打死就是做了俘虏，公墓岭阵地终于被北军守住了。

黄昏时，南军用于作战的1.6万人伤亡已经接近3/4，李将军现在能做的只能是撤退了，经过一夜的准备，第二天清晨，南军开始有秩序地撤退了。那一天刚好下了一场滂沱大雨，波托马克河水位暴涨，使李将军的队伍无法撤过河去，林肯要求米德抓住这个时机，追歼南军，但米德考虑到自己的部下也损失惨重，只是谨慎地尾随在南军之后，并没有认真截击，使得李将军得以带领残部顺利渡过了波托马克河。林肯虽然对此极为懊恼，但他还是高度称赞了乔治·米德在盖茨堡战役中的贡献。

盖茨堡战役是到那时为止美国历史上流血最多的一次战役，北军在这次战役中伤亡2.6万人，而南军则伤亡近3万人，乔治·米德将军在战斗期间的沉着指挥对战役的胜利起到了积极作用。由于罗伯特·李在这次战役中元气大伤，此后再也未能向北进军，南军从此失去战略主动权，盖茨堡战役因此成了美国南北战争的转折点。

林肯总统在几个月后视察盖茨堡战场时，把发生在那里的战斗与自由、民权联系在一起，做了一个虽然只有10分钟却流传后世的演说："我们要从这些光荣的死者身上汲取更多的献身精神，要使这个民有、民治、民享的政府永世长存。"

德意志统一战争经典战役

毛奇的杰作
萨多瓦战役

在普丹战争后,俾斯麦开始了他统一德意志联邦的第二步,着手孤立奥地利,从而达到把奥地利赶出德意志联邦的目的。当时对普鲁士和奥地利争夺德意志联邦具有决定性影响力的主要是俄、法两个邻国的态度,由于奥地利在克里米亚战争中反对俄国,因此俄国自然可以站到普鲁士一边。对于法国,俾斯麦允诺,战后,莱茵河西岸的德意志邦国归法国所属,承认它对比利时的占有权,法皇拿破仑三世不相信普鲁士可以战胜奥地利,也乐得隔岸观火,于是表明法国将不会站在奥地利一边。解决了两大邻国问题后,俾斯麦又与希望从奥地利手中夺取威尼斯的意大利签订了攻守同盟,规定如果普鲁士与奥地利开战,意大利必须同时对奥地利宣战。

"铁血宰相"俾斯麦

1866 年 6 月 14 日,在俾斯麦的策划之下,普鲁士与奥地利之间的战争终于拉开了序幕。一周后,意大利按照与普鲁士签订的条约,也对奥地利宣战。这样,开战之初,普鲁士就利用与意大利的结盟,将部分奥军吸引到南部战场。

普鲁士方面的战争指挥官是总参谋长毛奇将军,他利用发达的铁路运输系统,迅速将 20 多万军队和近千门大炮集结到了萨克森和奥地利的边境地区,完成了军队的展开。令俾斯麦万万没料到的是,意大利的军队竟然不堪一击,开战没多久就因失败而失去了对奥地利的威胁力,这就使得俾斯麦想让奥地利军队两线作战的计划落了空，普鲁士军队在战场上的优势已经不存在了，战局变得难以确定。

毛奇这次对奥地利的作战计划是"分散行军，集中作战"，普鲁士军队分成了两部分，其中第一集团军的10万人由普鲁士国王威廉一世亲自带领，从普鲁士出发，入侵萨克森，再从正西进攻奥军主力，另一个打击力量是从西里西亚出发的普鲁士第二集团军的10万人，由普鲁士王储指挥，由北向南侧击奥军主力，这个分进合击的作战计划是有很大风险的，奥军有可能先行击破正面的普鲁士军队，然后直接攻击柏林。

但毛奇的判断是正确的，奥军总司令贝奈德克被战争初期的惨重伤亡吓坏了，一心只想早些停止战争，根本没做进攻的打算，他令奥地利军队在萨多瓦和克尼格雷茨之间修筑了防御工事，打算消极防御。他的计划只是阻滞普鲁士军队的进军速度，保证奥地利军队的主力撤过易北河。

战役开始前，普鲁士军队的指挥部并不知道奥地利军队主力的确切位置，但是毛奇对此有一个基本判断，事实证明他的判断是正确的。7月2日，普鲁士军队的侦察骑兵在萨多瓦近郊发现了奥地利军队主力。毛奇当即决定第一集团军在次日对奥军发起进攻，同时命令王储的第二集团军迅速向第一集团军靠拢，按预定计划侧击奥军主力。偏偏这个时候两个集团军之间的联系中断了，毛奇只得命令两个传令官快马加鞭，连夜赶往30多公里外的第二集团军司令部，把命令传达给王储。

7月3日早晨，一批普鲁士士兵和军官簇拥着4个骑马的首脑站立在萨多瓦近郊的一个山头上，中间的是普鲁士国王威廉一世，右边是沉着而自信的毛奇总参谋

普鲁士主要首脑，国王（中）左边是俾斯麦首相和毛奇伯爵
1861年，威廉一世即位为普鲁士国王，开始进行扩军备战。同年任命毛奇为总参谋长，进行军事改革。第二年任命有"铁血宰相"之称的俾斯麦为首相，进行战争准备。

长，左边是普鲁士的战争部长罗恩和忐忑不安的俾斯麦。在他们的眼前是比斯特里茨河谷及周边的大片荒原，一场决定命运的生死拼搏即将在这里进行。8 时整，威廉一世的第一集团军首先向奥军阵地发起了攻击，欧洲有史以来参战人数最多、流血牺牲最惨的一仗就此打响了！这一天在此参战的双方人数共有 45 万人之多。

对于普鲁士军队的指挥者来说，这是一场把握不定的战斗，普鲁士军队自西向东对奥军发起了正面攻击，但遭到兵力占优势的奥地利军队的顽强抵抗，奥军利用有利地形和炮兵的支援，很快就挡住了普鲁士军队的进攻，而且还展开了反击。在奥军猛烈的反冲击和密集炮火打击下，战到中午，普鲁士军队连战役预备队也投入正面攻击之中，作为集团军司令官的威廉一世曾请求先把部队撤下来休整，但被毛奇一口拒绝了，俾斯麦多次把目光投向毛奇，毛奇一直显得很平静。毛奇对自己的部署信心十足，拒绝改变原定计划，他之所以用第一集团军去做正面攻击，就是要以此吸引和牵制奥地利军队的主力，好为第二集团军的侧击创造有利的条件。

此时战场上奥地利军队的形势一片大好，普鲁士军队已经竭尽全力，奥地利军队主动权在握，如果奥军统帅贝奈德克使用奥军的骑兵在此时发动一次坚决的冲击，也许能改变战场上的僵局，将普鲁士军队逐出战场，但是过分谨慎的贝奈德克元帅却没发起骑兵冲锋以扩大战果，奥地利骑兵作为后备军始终按兵不动，白白放走了这个取胜的良机。

　　萨多瓦会战中，普鲁士重创奥军主力，历时 7 个星期的战争以奥地利的失败结束。自萨多瓦战役后，普军节节胜利，国王威廉一世及总参谋长毛奇主张乘胜追击，但俾斯麦坚持结束战争。俾斯麦明白在这场战争的胜利中，已得到他们所需要的——把奥地利的势力赶出德意志。

下午 1 时，战场上依然杀得难分难解，奥地利军队向普鲁士军队发起了一波又一波的猛攻，而普鲁士军队只能竭力阻挡奥地利军队的攻势。普鲁士的将领们都在焦急地向东看，希望王储的部队出现。

终于，站在山坡上的俾斯麦最先发现东边的地平线上有一行树林似的东西向萨多瓦移动过来，他向毛奇询问这是怎么回事，毛奇用望远镜观察了一会儿后，神色庄重地向国王报告："是王储的军队到了，他们正在十分出色地分割奥军，陛下已经赢得了这场战役，而且也将赢得整场战争。"

王储的第二集团军在最关键的时刻赶到了战场，并马上投入了总攻。从侧翼杀来的普军劲旅使毫无防备的奥军整个阵线顿时陷于崩溃之中，普鲁士军队则士气大振。在普鲁士军队的两面夹击下，奥军各部溃不成军，混乱中，奥地利的德鲁维尔旅发动了一场自杀性的反冲锋，这次冲锋是萨多瓦战役中奥地利军队最后的一次冲锋，德鲁维尔旅为此付出了惨重代价。

德鲁维尔旅这次反冲锋也为奥地利军队争取到了时间，奥军近 18 万人的主力在被完全合围之前撤了出去，随着德鲁维尔旅冲锋的结束，普鲁士军队也停止了追击，萨多瓦战役在傍晚时分落下了帷幕。

萨多瓦战役奥地利损失了约 5 万人，普鲁士损失不到 1 万人，可以说是大获全胜。战役之后，奥地利无心再战，向威廉一世请求停战。威廉一世主张一鼓作气拿下维也纳，毛奇从一个军人的角度，当然也希望乘胜追击，不给奥地利喘息的机会。但是俾斯麦的眼光却远大得多，认为将奥地利排除出德意志的战略目的已经达到，普鲁士要想统一德意志，下一个对手将是法国，那才是要对付的强敌，而不想使奥地利成为普鲁士的死敌。而且现在真要和奥地利打下去，法国也绝不会再袖手旁观。在俾斯麦的坚持下，得胜的普鲁士不仅没有进军维也纳，反而与奥地利签订了极为宽大的和约，普鲁士的盟国意大利在这次战争中也获得了它的那份赏赐——原本是奥地利领地的威尼斯。奥地利从此退出了德意志联邦，普鲁士则成立了北德意志联邦，向着德意志联邦的统一迈出了重要的一步。

德意志统一的最关键一战
色当战役

1864 年，普鲁士和奥地利联手发动了对丹麦的战争，丹麦战败求和后，俾斯麦事先答应给奥地利的好处却有意迟迟不兑现，终于引发了 1866 年的普奥战争，经萨多瓦战役，败北的奥地利被迫承认了普鲁士在北德意志联邦的领导权，这给普法战争埋下了种子。

普奥战争前，四分五裂的普鲁士对欧洲其他国家并没有构成太大的威胁，在俾斯麦对付奥地利时，为了让欧洲霸主法国保持中立，曾对法国皇帝拿破仑三世允诺，战后莱茵河西岸的德意志邦国归法国所有，法国因此乐得坐山观虎斗，坐收渔人之利。但普奥战争结束后，此事却不了了之。这使拿破仑三世有被戏弄的感觉。俾斯麦随后又将法国意欲兼并比利时的秘密计划在英国《泰晤士报》披露，引起了许多国家的震惊，从而大大地孤立了法国。

普奥战争结束以后，普鲁士日趋强大，但是，紧靠法国南部的几个德意志邦国仍然没有被普鲁士统一，几个德意志邦国紧靠法国，一旦普鲁士强行出兵，法国是不会袖手旁观的，更何况，德意志与法国还存在历史上久有争议的阿尔萨斯和洛林两地区，对于俾斯麦来说，找个借口与法国打一仗，既可以统一德意志各邦，又可以夺取阿尔萨斯和洛林，这成了他早已预定的战略目标。

随着普鲁士的迅猛崛起，拿破仑三世开始坐立不安了，若德意志获得统一，将对法国的霸权构成严重威胁。法国突然惊觉到普鲁士已不再是以前那个任由摆布的弱小邦国了，拿破仑三世绝对不愿意看到一个强大的德意志在自己的身边崛起，为保持法国在欧洲大陆的霸权，只能全力阻止德意志统一。普法双方的矛盾日益激化，战争一触即发。

1868年，西班牙爆发了一场革命，废黜了国王伊丽莎白二世，实行君主立宪制，西班牙王位出现了空缺，俾斯麦看到有机可乘，于是派人收买了新成立的西班牙临时政府，提议让普鲁士国王威廉的堂兄利奥波德亲王去继承西班牙的王位。俾斯麦这个举动让拿破仑三世无法容忍，因为普鲁士的亲王做了西班牙的国王，普鲁士的力量势必大增，一旦普法开战，法国就将腹背受敌。拿破仑三世为此向普鲁士提出了抗议，结果利奥波德亲王只好宣布放弃西班牙国王候选人的资格。可是拿破仑三世对此仍不满足，他把普鲁士的让步看成是普鲁士的软弱，又令法国驻柏林大使去面见普鲁士国王威廉一世，要求普鲁士做出书面保证，保证今后决不派任何普鲁士王室成员去任西班牙国王。威廉一世对拿破仑三世的咄咄逼人虽感屈辱，但仍表示将在柏林继续讨论这一问题，并将有关情况电告了俾斯麦。

早就在寻机与法国开战的俾斯麦看到时机到了，在征求毛奇等军事将领的意见后，将威廉一世的来电做了一些删减，使原先表示委屈和解的

普法战争时普军所使用的轻型阵地炮

电文在含义上发生了转变，显得对法国人非常不恭敬，似乎威廉一世粗暴地拒绝了法国大使的要求。改动后的电文通过记者传出去后，在法国引起了骚动，法国人认为这是对法国的挑衅，经过法国媒体的大力渲染，法国国民情绪高涨，纷纷要求政府出兵教训普鲁士。

企图保持欧洲霸权地位的拿破仑三世本来就想侵占莱茵河西岸的德意志领土并阻止德

普法战争是法国与新统一的德国为了争夺北欧的主导权而进行的一场战争。这是一场一边倒的战争，俾斯麦的普鲁士军队在色当打败了拿破仑三世的军队，包围了巴黎。

意志的统一，所以对于俾斯麦的挑衅不但没有回避，反而迫不及待地向普鲁士宣战。拿破仑三世的作战计划是：集中兵力抢先出击，越过莱茵河向法兰克福推进，迫使南德意志各邦保持中立，然后联合奥地利直取柏林。

法国对这次战争充满了信心，拿破仑三世对部下说："我们只不过是到普鲁士做一次军事散步！"战争开始时，拿破仑三世把号称40万的大军调到前线，准备采用先发制人的策略，一举攻进德意志境内。可是当他到达前线后却发现，法军的实际情况并不是他所预想的那样，在前线的法军只有20万，军事要塞麦茨的兵力还不足10万，而且作战物资也不充足。拿破仑三世把所属部队编成两个军团，南线军团由麦克马洪元帅指挥，北线洛林军团由他自己亲自指挥。1870年8月2日，在萨尔布吕肯地区首先向普鲁士发动进攻的法军仅有3个师，对普鲁士来说，法军发动的只是一次不痛不痒的攻势。

俾斯麦对与法国的开战早有准备，在法军宣布开战两天后，由普鲁士王储指挥的普军就成功阻止了麦克马洪部的攻击，在先头部队遭受较大伤亡后，法军就开始了后撤，普军趁势杀入法国境内。8月6日，普法两军激战于法国的沃尔特，由于普军在兵力和火力上均占有优势，麦克马洪只好下令再次后撤。由于法军放弃了天险孚日山，致使巴黎的大门洞开。

毛奇在获悉拿破仑三世随军督战后，命令普军第三军团和新编第四军团北进迎击，法军接连败北，普军主力在斯比西林击溃了洛林军团，也发起了战略追击，从后方切断了法军的补给线。

战场上这一系列的剧变，使拿破仑三世目瞪口呆，他把洛林军团的指挥权交给巴赞元帅后，自己去了南线的麦克马洪军团，一周后，巴赞的洛林军团就被普军团

色当战役后，拿破仑三世与俾斯麦会谈，右为俾斯麦。

团包围在梅斯要塞的孤城中，只能坐待援军。

初战的失败产生了意想不到的政治影响，由皇后摄政的巴黎政府出于维护本身统治的需要，担心前线的撤退会引起巴黎民众的革命，所以一再干预前线指挥员的作战部署，阻止一线部队向纵深后撤，拿破仑三世不得不随麦克马洪所率领的12万大军退

守军事要塞色当，普军随即包围了色当。9月1日，20万普军在800多门大炮的掩护下对色当发起了总攻，法军的部分防线很快就被普军突破，法军被逼退到核心要塞的附近，在这期间法军组织了几次突围，但都被普军击退。次日，拿破仑三世率9万多残军向威廉一世投降，色当战役落下了帷幕。

色当一战，普鲁士和德意志各邦国的联军伤亡不到1万人，而法军伤亡和被俘人员则超过了13万人，此外，普军还缴获了大批武器和作战物资。色当惨败的消息传到巴黎后，立刻引起了巴黎市民的暴动，法兰西第二帝国被推翻，摄政的皇后欧也妮仓皇出逃，特罗胥将军成为新共和国的首脑。10月末，噩耗再次传来，被围困在梅斯要塞近两个月的巴赞军团由于弹尽粮绝也被迫投降了，18万法国大军全都做了普军的俘虏，法国的两大野战军团至此全部覆灭。

得胜的普军一路向巴黎挺进，1871年1月，巴黎陷落，普法两国签订了停战协定，法国为这次战争赔款50亿法郎，并失去了阿尔萨斯和洛林这两个工业发达、矿产丰富的地区。这次战争结束了法国在欧洲的霸权地位，威廉一世在俾斯麦的辅助之下，终于完成了德国的统一大业，强大的德意志帝国一夜之间从大炮中孵化出来了。它的出现，改变了整个欧洲的态势，欧洲从此进入了各强国角逐的时代，直到第一次世界大战爆发。

近代世界其他经典战役

两个强盗的撕咬
旅顺争夺战

19世纪末，各帝国主义国家疯狂争夺殖民地和势力范围，对已经瓜分完毕的世界进行重新分割，当时被称为"东亚病夫"的中国成了各列强掠夺的主要对象之一。1894年，日本出兵入侵朝鲜，对中国发动了甲午战争，逼迫中国签订了《中日马关条约》，割占了中国的辽东半岛，并将朝鲜纳入其势力范围。

为了获得不冻港旅顺，沙俄早就觊觎中国东北，日本妄图独吞中国东北就触犯了沙俄的利益，引起了沙俄的不满，沙俄联合法、德对日本施压，最后中国赔偿给日本白银3000万两作为"赎辽费"，赎回了辽东半岛，史称"三国干涉还辽"。逼日还辽不久，沙皇俄国便以"还辽有功"为借口，攫取了在中国东北修筑中东铁路及其支线等特权，又强行租借旅顺和大连。

日本对中国辽东半岛的野心一刻也没有停止过，沙俄占领了旅顺口后，为了与沙俄在该地区进行争夺，日军向旅顺口派遣了大量的间谍，刺探有关俄军的防御部署及相关的情报。在得到了英国和美国的支持后，日本迫不及待地准备用武力迫使俄国让步，一场强盗之间的大厮杀，即将

1904年2月8日，日本偷袭俄国太平洋舰队，日俄战争爆发。

在中国东北的土地上展开。

旅顺要塞位于辽东半岛最南端，东距大连 30 多公里，南临黄海，西北接渤海，与山东半岛隔渤海海峡相望，是渤海的咽喉、京津的门户，位置十分重要。俄国人得到旅顺要塞这个不冻港后，如获至宝，1900 年把它的太平洋分舰队基地移到了这里，并耗费巨资，把它修建成为东方最强大的要塞。

1904 年 2 月，日本决定对俄国开战。为了保证陆军在辽东半岛登陆，消灭在东北的俄军主力，决定先夺取旅顺要塞。从军事实力对比来看，沙俄兵力是日军的数倍，没人相信日军会取胜，俄国驻辽总督阿列克塞耶夫在知道日俄谈判破裂的消息后，并没有采取应变措施，直到日军偷袭旅顺军港前几小时，俄国驻旅顺军港的舰队参谋长威特赫夫特将军还盲目乐观地认为，"战争与和平的问题操在我们皇上手里"。

2 月 8 日午夜，正当俄国军官在旅顺要塞举行庆祝舰队司令施塔克将军夫人命名日晚宴的时候，日本海军中将东乡平八郎率领的联合舰队主力已经偷偷接近了停泊在旅顺要塞港口的俄国军舰，并向俄国战舰发起了突然袭击，连发 16 枚鱼雷。从梦乡中惊醒的俄国水兵急忙掉头逃往旅顺港内，有两艘战斗舰和一艘巡洋舰当时就被击沉。

不断传来的爆炸声，使旅顺要塞的俄国军官又蒙又惊，不知出了什么事，直到真相大白后，才慌忙返回各自的战舰组织还击。东乡平八郎企图消灭停泊在旅顺港内的俄国分舰队主力，但在俄国分舰队的舰艇和海岸炮兵的射击下被迫退却，俄舰队司令担心中日本人的埋伏，下令各舰不得追击，避守要塞港中不战。旅顺港先后经过清朝北洋舰队和沙俄海军的修筑，防御工事非常坚固，有各种堡垒、炮台和大炮，沙俄的要塞司令施特塞尔又是一个侵华老手，所以尽管旅顺港被日本人包围了，他仍然相信旅顺是攻不破的要塞。

2 月末，日军企图用沉船的办法堵死旅顺港的出口，但未能成功，3 月初，俄国太平洋分舰队新任司令官马卡罗夫海军中将到达旅顺，他不想困守旅顺港，采取了和前任司令完全不同的战术，在加强基地防御的同时，积极出海与日本海军交战，但是在出海作战时，马卡罗夫所乘坐的装甲舰"巴甫洛夫斯克"号因触水雷而沉没，马卡罗夫身亡。俄国海军从此胆战心惊，只好躲进港内不敢出去，日军掌握了制海权，放心大胆地运送陆军在辽东半岛登陆。在日本海军的护送下，日本的第二军和第三军先后在辽东半岛登陆，很快占领了大连，切断了旅顺和辽沈之间俄军的陆上联系，旅顺成了一个彻底孤立的据点。

由于旅顺受到威胁，俄军统帅部采取了抢救舰艇的措施，6 月 23 日，俄国分舰队试图冲出旅顺港开往符拉迪沃斯托克，但在途中碰到日本舰队，俄舰队司令维特格夫特不敢交战，又返回了旅顺。8 月 10 日天刚亮，20 多艘俄舰再次驶出旅顺港，向符拉迪沃斯托克突围，但在中午与日舰遭遇，在几个小时的海战中，维特格夫特中炮倒毙，俄舰失去指挥，顿时大乱，再次逃回了旅顺，从此不再有突围的打算，舰队被用来参加要塞的炮火防御及对陆军进行火力支援，近300门火炮和大量弹药都交给了要塞的守备部队。8月中旬，日军统帅部向旅顺派出一名信使，要俄军交出要塞，遭到了拒绝。

日俄战争爆发前近半年中，旅顺要塞的防御有了很大改善，设置了高压电网，还埋设了地雷，守军增加到4万余人，火炮600多门，各种战舰30多艘。日军对旅顺要塞发动数次强攻，由于俄军的顽强抵抗，日军遭受重大损失后，不得不暂时放弃了迅速攻占旅顺要塞的企图，被迫转为长期围困。

8月19日，日本第三军在司令长官乃木希典的指挥下，首先对通往旅顺的咽喉金州发起了总攻，与驻守此地的5000俄军展开了厮杀，双方争夺的焦点是控制金州的南山，日军在猛烈炮火的掩护下对南山发起了猛攻。当时日军仅有少量进口的法国轻机枪，而俄军已广泛配备了杀伤力极大的马克沁重机枪，并且有坚固的防御工事。激战中，日军几乎是踏尸冲锋，经过一整天的激战，终于攻克了南山阵地。此役日军伤亡超过4000人，乃木希典的长子乃木胜典也在此战中阵亡。

金州失守后，负责旅顺口防务的施特塞尔主张放弃旅顺外围阵地，俄军全部退到旅顺要塞之中，等待增援。此时包围旅顺要塞的日军兵力已经达到6万余人，配有火炮400门，日军还出动了50多艘战舰封锁了旅顺的出海口，但只要旅顺要塞掌握在俄国手中，它的舰队就随时可以威胁日军的海上交通线，不占领旅顺，日军就无法在东北进行大规模的地面作战。因此，在休整了将近一个月后，日军调来了许多攻城重炮，准备对旅顺要塞再次发起强攻。

9月中旬，日军担任主攻的第一师开始攻击旅顺要塞的西部防线，其主攻目标是203高地。203高地是旅顺要塞的制高点，遍布战壕的铁丝网、俄军用重炮和马克沁重机枪构成恐怖无比的火力网，使阵地上日军尸横遍野，堆积如山。杀红了眼的乃木希典亲自督战，命令士兵只准前进，不准后退，经过数天恶战，在这块长不足300米、宽不

日俄战争中的俄国海军军舰

在这幅漫画中，一个俄罗斯"食人妖"正准备吞下一个日本士兵。反映了当时内外交困的沙俄对于战争胜利的渴望。

到 50 米的小山包上，日军倾泻了 1 万多发炮弹，可 203 高地依然久攻不下。乃木希典的次子乃木保典也在战斗中丧命，乃木希典心急如焚，病倒在床。无奈之下，日军只好暂时停止攻战。这次进攻，日军死伤了近 8000 人，而俄军伤亡则不到 5000 人。

12 月初，8 万多日军以人海冲锋的方式又向 203 高地发起了第三次总攻。乃术希典下令从各师抽调了 3000 多人，组成了敢死队，进行夜袭。敢死队员每人身上斜挂白带子，以便互相辨认。乃木希典走到敢死队面前，高叫着说："你们都是大日本帝国的优秀子孙，要以生命报效天皇，向着敌人冲杀！"敢死队员在武士道精神支配下，拼死进攻，阵地数次易手，还是久攻不下。日军总参谋长从辽阳总部运来了 280 毫米口径的巨炮，并辅以坑道爆破，在前后伤亡了 1.8 万人后，12 月 5 日，日军终于攻占了 203 高地。

日军占领高地后，立即将重炮拖到高地上，炮轰旅顺要塞俄军的其他阵地和停泊在港内的俄国战舰，俄国舰队试图突出港湾，但由于港外有日舰封锁而未能成功，结果俄军大部分主力战舰都毁于日军炮火，被俄国人称为旅顺俄军防御"灵魂"的要塞陆防司令康得拉钦科将军也在炮火中毙命。赞成投降的福克将军被任命为陆防司令，1905 年 1 月，4000 多走投无路的俄军无心再战，只好向日军投降，旅顺要塞落入日军手中。

旅顺要塞的陷落和俄国太平洋分舰队主力的被歼，使日俄战争发生了重大转折，日军此后可以抽出手，竭尽全力去围歼防守在奉天地区的俄军。双方在奉天又一次交锋，经过几十天的拼杀，俄军再次遭到了惨败，日军占领了奉天。到这个时候，双方都已经精疲力竭，而且损失惨重，再也无力把战争进行下去了，不久，俄日开始了谈判，把在中国辽东半岛的权力转让给了日本。

日俄战争中的旅顺争夺战持续了近 1 年的时间，日军累计参战 10 万多人，伤亡近 6 万人，俄国守军有 5 万余人，伤亡 3 万多人。旅顺要塞的失守，决定了俄军在这场战争中的失败。日俄战争结束后，日军在该次战役中争夺最为残酷的 203 高地用取自高地的炮弹皮和子弹壳铸成纪念塔，乃木希典亲笔在纪念塔上题写"尔灵山"三字。到此，这场两个强盗在中国土地上的撕咬暂时告一段落。

逐鹿东洋
对马海战

日俄战争爆发后，随着陆地和海上一连串的失利，俄国的太平洋舰队被东乡平八郎指挥的日本联合舰队重创并被封锁在旅顺港内，俄国沙皇尼古拉二世为了保住旅顺港这个太平洋的出海口，决定从波罗的海舰队和黑海舰队抽调舰船，编组为"太平洋第二分舰队"，开往远东增援，试图从海上解救旅顺要塞的危机。

太平洋第二分舰队原定1904年7月出发，因准备工作跟不上，推迟到10月中旬。出发前，沙皇尼古拉二世登上了停泊在塔林港的舰队旗舰"苏沃洛夫"号战列舰，检阅了这支即将远征的舰队，在沙皇的祝福声中，这支由40多艘各种战舰和20多艘辅助舰船组成的太平洋第二分舰队离开了芬兰湾，驶向了遥远的太平洋海域。

这支俄国舰队原定的航线是从波罗的海经非洲南端的好望角直达符拉迪沃斯托克（海参崴），全程近2万海里，而中途一个基地也没有。按照当时的国际法，交战国的军舰不得在中立国的港口停泊，这个规定给俄国舰队造成了巨大困难。

俄国的太平洋第二分舰队刚刚从欧洲起航，日本海军军部的情报人员就一直密切注视着这支庞大舰队的行踪，有关情报源源不断送到了日本联合舰队的指挥室里。日本海军大将东乡平八郎获悉俄国舰队驶往远东这一情况后，立即放弃了原本紧急驰援进攻旅顺要塞的计划，把攻击的重点由旅顺要塞转向了俄国的太平洋第二分舰队。

为了迎击前来增援的俄国舰队，东乡平八郎将其联合舰队的主力集结在对马海峡北岸的朝鲜镇南湾，然后进行紧张的应急训练。他拟订的作战计划是：日军战舰采取以逸待劳的策略，在俄国第二太平洋舰队抵达符拉迪沃斯托克之前，趁其长途航行、舰船失修、人员疲惫而造成战斗力低下时，在日本海与俄国舰队进行决战。为了达到这一目的，东乡平八郎采取了一系列伪装措施，他把自己的庞大舰队悄悄隐蔽在对马海峡，另外派出一些大商船伪装成铁甲舰，故意在台湾海域游弋，造成日本海军主力要在那一带截击俄国舰队的假象，诱使俄国舰

俄国在19世纪70年代设计的圆形铁甲舰已经使用蒸汽机作为动力，但航速仍很慢。

队为消极避战而转道对马海峡。

俄国舰队原先得到的命令是驰援旅顺港，解除日军对旅顺要塞的封锁，但是在他们到达马达加斯加时，就已得到了旅顺要塞失守和俄国太平洋第一舰队覆没的消息，这使得大多数俄国舰队的官兵惊恐万分，许多将领主张从原路返回圣彼得堡，但舰队司令官罗日杰斯特文斯基为了给俄国捞回点面子，固执地遵照沙皇的命令继续东航，驶往俄国在远东的军港符拉迪沃斯托克。

罗日杰斯特文斯基所指挥的这支庞大的俄国太平洋第二分舰队表面上实力相当雄厚，拥有 10 多艘新老战列舰，但舰队中的新旧战舰之间难以协调行动，新服役战舰的官兵不仅作战素质低下，而且士气普遍低落，加上 8 个多月的漫长航行，旅途的疲劳已使整个舰队的战斗力急剧下降，而此时的日本海军在东乡平八郎的严格命令下，正在抓紧日夜操练，本着"百发百中的一门大炮要胜过一百门百发一中的大炮"的宗旨，日本军舰射击精度提高得很快，以逸待劳的日本联合舰队已经做好了充分的准备，迎战即将到来的俄国太平洋第二分舰队。

俄国太平洋第二分舰队在航行至台湾以北海域时发现了日本的伪装舰队，罗日杰斯特文斯基果然中计，错认为这是日本海军的主力，决定暂时先避开它。当时俄国舰队驶往符拉迪沃斯托克有三条路可走，即宗谷海峡、对马海峡和津轻海峡，其中对马海峡航线最近。从对马海峡到符拉迪沃斯托克只有三天航程，罗日杰斯特文斯基选择了对马海峡。他没有料到，他的这个决定，恰恰使自己钻进了东乡平八郎为他布下的口袋阵，从而成就了东乡平八郎在海战史上的威名。

1905 年 5 月底，俄国舰队开进了对马海峡，水兵们一路上的抱怨终于停止了，近 2 万海里的航程终于快走到尽头了，大半年的辛苦再过三天就可以结束了，由于认为已经甩开了日军的主力舰队，俄国舰队官兵们紧张的神经也松弛了下来，大家把多余的煤和燃料全抛进海里，以使战舰的速度能够提高一些。

5 月 26 日夜间，俄国舰队中的"奥勒尔"号医院船上的贵族妇女们违背了罗日杰斯特文斯基关于灯火管制的命令，结果被正在对马海峡南口海区担负侦察监视任务的日本海军的侦察船"信浓丸"发现了它的灯光，第二天拂晓，尾随而至的"信浓丸"看清了缓缓北上的俄国舰队，并立即向联合舰队司令部发出了"发现敌舰队"的密码电报，一接到"信浓丸"的报告，东乡平八郎的旗舰"三笠"号战列舰上即刻升起了意为"国家命运在此一战，全体官

日军舰队司令东乡平八郎

兵奋勇杀敌"的信号旗，随即率领舰队向沙俄舰队全速扑去。

27日凌晨，俄国舰队驶进了风平浪静的对马海峡，中午时分，两支舰队在对马海峡的冲岛附近相遇了，东乡平八郎指挥的日本联合舰队突然出现在俄国舰队的面前，罗日杰斯特文斯基几乎不敢相信自己的眼睛："日本的舰队不是正在台湾海峡游弋吗？怎么在这里会出现一支庞大的舰队？"

此时的东乡平八郎对俄国舰队的实力、航向、航速和队形已是了如指掌，而罗日杰斯特文斯基对日本舰队的情况却是一无所知。在发现了日本舰队后，心情紧张的罗日杰斯特文斯基连续指挥失误，先是命令舰队由行军队形变成纵队战斗队形，由于各舰航速不一，结果造成了很大的混乱，在日本舰队即将迫近时，心血来潮的罗日杰斯特文斯基又忽然命令舰队改成横队队形，结果再次引起了混乱。

当两舰队相距4海里时，为了抢占上风处，防止烟雾迷惑炮手视线，日本舰队突然来了一个180°的大转弯，日本舰队的这个大转弯是冒了极大风险的，因为这时日本舰队几乎成了俄国战舰的射击靶子，虽然罗日杰斯特文斯基立刻抓住了这个有利时机，俄舰在万米距离上首先开炮，但俄国舰队也正处于改变队形的混乱中，加上作战素质低下，结果形成盲目射击，并没给日本舰队造成多大的损失，仅击伤日舰3艘，丧失了良好的战机。日本舰队在完成风险极大的转弯后，占据了有利的方位，利用其航速优势压向俄国舰队正前方，迫使俄国舰队偏离了原来的航向。

东乡平八郎的旗舰"三笠"号战列舰冒着"苏沃洛夫"号的猛烈炮火向俄舰逼近，在距俄舰3海里处，"三笠"号上所有的大炮突然一齐开火，第一排炮就击伤了"苏沃洛夫"号，第二排齐射后，"苏沃洛夫"号损失严重，俄国舰队的指挥官罗日杰斯特文斯基和"苏沃洛夫"号的舰长双双负伤，炮塔和无线电都被击坏。海战刚开始不久，罗日杰斯特文斯基的旗舰"苏沃洛夫"号就被迫退出了战斗，这使得俄国舰队在开战之初便丧失了指挥，陷入了混乱中。

俄国舰队力图摆脱日本舰队的截击，但俄国舰队的战舰新旧混杂，性能差距导致全队最高航速只有11节，而日本舰队全队的最高航速可达到16节，日本战舰充分发挥其航速快的优势，迅速机动，占领了俄国舰队前进方向的有利位置，并对俄国舰队猛烈炮击。更加糟糕的是，俄国舰队经过大半年的远航，人员十分疲惫，同时又不注意侦察，对敌情一无所知，毫无作战方案，各舰舰长只知道集中火力打击敌方旗舰，并向符拉迪沃斯托克方向逃跑，对日本舰队根本无法形成有效的攻击。

下午2时，双方的距离已经缩短到不足1海里，日本舰队排出了有利于射击的"T"字队形，在日本战舰猛烈的炮火下，俄国的战列舰"苏沃洛夫"号、"奥勒尔"号、"波罗丁诺"号和"奥西里亚比亚"号先后被击伤击沉，夜幕降临后，东乡平八郎

反映日俄海战的版画

日本舰队对旅顺港实施严密封锁，给躲在旅顺港内的沙俄太平洋分舰队出海作战造成威胁，迫使俄军向海参崴突围。双方在黄海海面上展开了激战，俄军惨败。黄海海战后，日军取得了海上主动权。

又派出了40多艘鱼雷艇对残余的俄国舰队实施鱼雷袭击，白天被击伤的俄国战列舰"苏沃洛夫"号和"亚历山大三世"号都被鱼雷击沉，另外两艘装甲巡洋舰被击毁，而日本只是付出了3艘鱼雷艇的微小代价。

当天夜里，俄国海军少将恩奎斯特对于前去符拉迪沃斯托克已经失去了信心，趁着黑夜把他率领的4艘新式快速巡洋舰掉头南下，开往中立国菲律宾，得以逃生，而这时的东乡平八郎正率领日本联合舰队的主力全力截击继续赶往符拉迪沃斯托克的俄国残存舰队。28日清晨，刚刚接管罗日杰斯特文斯基指挥权的涅博加托夫率领剩余的战舰拼命向符拉迪沃斯托克方向逃跑，但在中午前遭到了日本舰队的围攻，毫无斗志的涅博加托夫下令悬挂白旗投降，就在符拉迪沃斯托克港口的大门前，俄国太平洋第二分舰队投降了。

经过两天的海战，进入对马海峡和日本海的40艘俄国战舰中，除3艘驱逐舰突破重围驶入符拉迪沃斯托克军港，还有4艘逃往中立国菲律宾外，被俘9艘，其余都被击沉，俄国阵亡将士5000多人，被俘6000人。罗日杰斯特文斯基海军中将也受伤被俘。这一战几乎打掉了沙俄海军全部的家当，而日本海军仅损失鱼雷艇3艘，死伤不到1000人。

对马海战的结束，宣告了俄国在历时近两年的日俄战争中的彻底失败，尼古拉二世完全失去了赢得战争的希望，而日本方面鉴于人力物力的巨大消耗，也无力再把战争打下去。1905年9月，双方签订了《朴茨茅斯和约》，俄国承认日本在朝鲜和中国辽东半岛的特权，旅顺口和大连湾以及附近领土领海的租借权均移让给了日本。不仅如此，俄国还失去了库页岛南部及其附近的许多岛屿。

对马海战的结果充分证明了马汉的海权学说，同时也证明了战列舰在海战中无可替代的霸主地位，从此催生了"无畏"级战列舰和战列巡洋舰，将大舰巨炮主义推向了巅峰。对马海战的影响并不仅局限在军事方面，它直接左右了俄国和日本这两个国家的命运：海战的失败动摇了沙皇在俄国的统治地位，使俄国在列强中脸面尽失；而日本却从此跻身于世界海军强国的行列，成了远东地区首屈一指的国家。

美国加入世界争霸战
美西战争

19 世纪末，美国完成对西部的开发，走向了帝国主义时期。垄断财团为寻找原材料和新的市场投资场所，迫切要求美国向海外扩张。为建立向拉丁美洲和远东及亚洲扩张的基地，美国将矛头指向西班牙。当时的西班牙是一个已衰落的殖民帝国，在国际上处于孤立的境地。古巴、波多黎各和亚洲的菲律宾均为西班牙殖民地。美国选择西班牙，欲夺取其殖民地，以满足美国对拉丁美洲和亚洲进一步扩张的战略目标。1895 年 2 月，古巴发生反对西班牙统治的武装起义，美国借机意欲干涉，遭到西班牙的拒绝，双方矛盾激化。

美国当局加紧做好战前准备，一方面广泛地进行外交活动，一方面加强军事装备，扩建军队。为加强海军力量，美建造了许多大型巡洋舰和战列舰。1898 年 2 月，西班牙驻美公使攻击美国总统的信件被公开，激起了美国内部反西班牙的情绪。2 月 15 日，以友好访问为名的美舰"缅因"号突然在哈瓦那港爆炸沉没，造成美官兵 260 余人死亡，美国怀疑西班牙是事件的制造者。美国当局下令封锁古巴港口，并在周围海域布设水雷。4 月 24 日，被逼无奈的西班牙只好对美宣战。次日，美对西宣战，美西战争全面爆发。

美军的作战目标极为明确，依靠强大的海军力量，先突袭菲律宾的马尼拉海湾，再打击古巴的西军，从而占领拉丁美洲及亚洲的西属殖民地。

5 月 1 日凌晨，美国海军上将乔治·杜威率领舰队，凭借良好的航海技术，乘着黎明前黑暗的掩护突然驶进马尼拉湾。西班牙要塞哨兵发现后开炮轰击，但均未命中。美军随即进行还击，停泊在港湾的西班牙舰队，慌乱中组织反击，但有的舰船还未起锚就被击沉。要塞上的炮火虽然猛烈，但命中率却低得可怜。杜威命令美舰队火力集中向西班牙的旗舰猛攻，7 时许，旗舰被击沉。

美军猛攻被困在孤岛上的西班牙军队。

在美西战争中，美国以其强大的海军力量在马尼拉湾重创西班牙舰队，从而登上了争霸世界的舞台。

失去指挥的西班牙舰队更是乱作一团，只有被动挨打的份儿。中午，西班牙舰队遭到全歼，马尼拉湾被美军封锁，西班牙在太平洋的制海权落入美军手中。马尼拉突袭成功，极大地鼓舞了美军。6月，美国打着"帮助古巴独立"的旗号，计划从圣地亚哥港登陆。此时的古巴，反西民族革命全面爆发，西班牙军队大多被古巴革命力量牵制。西军利用圣地亚哥港呈瓶状、出入口狭窄、易守难攻的地形优势，用军舰和水雷在港口构筑了严密的防线，使美军无法前进一步，只好将出口紧紧围住。

为迫使西军接受海战，美军对周围地形做详细侦察后决定，海军陆战队从港口东面不远的关塔那摩湾强行登陆，从陆上对圣地亚哥港形成包围之势。6月10日，600名海军陆战队人员出发。虽然关塔那摩湾防守相对较弱，但仍遭到西军的顽强阻击，美军伤亡很大。防线最终被突破，美军成功登陆。7月1日，美陆战队先后攻占了圣地亚哥港东北部和东部的据点埃尔卡纳和圣胡安，形成了对圣地亚哥港的包围之势。陆上的攻势给停泊在圣地亚哥港内的西班牙舰队造成严重威胁。7月3日，他们开始试图冒险冲破美军的封锁。上午9时许，3艘巡洋舰和2艘驱逐舰在"玛丽亚·特雷莎"号旗舰的率领下率先冲出，严密封锁港口的美军集中火力向港口发射，西舰船逐一被击沉。这次海战不到3小时就宣告结束。7月17日，圣地亚哥守兵投降。8月12日，美军趁势攻占了波多黎各岛。8月13日，在菲律宾人民起义军的配合下，美陆军攻占了马尼拉市，西班牙在殖民地的力量被美军彻底歼灭。

1898年12月10日，双方签订《巴黎和约》，美国如愿得到了古巴、波多黎各和菲律宾，西班牙仅得到美国给付的作为割让菲律宾补偿的2000万美元。

这场战争使美国走向对外扩张，标志着美国进入帝国主义时代，开始了帝国主义重新瓜分世界领土的新时期；西班牙对拉美及太平洋殖民地的丧失，使其从帝国的政治舞台中退却。

为黄金而流血
英布战争

19 世纪中叶，南非的荷兰殖民者后裔布尔人为摆脱英殖民者的威胁控制，侵占了黑人的居住地奥兰治河和林波河之间的广大地区，建立了德兰士瓦共和国和奥兰治自由邦。这与英国在南非的殖民利益发生了冲突。1884 年和 1886 年，德兰士瓦发现当时世界上最大的金矿。欧洲移民纷纷涌入非洲淘金，人数剧增，其中英国人居多，不久就超过了当地的布尔人。布尔人对外来者实行严格的限制，而英国为夺取金矿的控制权，多次与布尔人发生冲突，双方矛盾日益激化。

布尔人感觉到战争是不可避免的，于是，德兰士瓦和奥兰治于 1897 年结成军事同盟，建筑防御工事，从德国购买先进的野战枪、机关枪等武器，积极扩军备战。1899 年 6 月，英军以布尔人对英侨民不公为借口，向德兰士瓦边境集结军队，双方矛盾激化。英国拒绝了布尔人让英军撤离边境的要求，11 日，布尔军向英军发起进攻，英布战争爆发。

1899 年 10 月，英军调集大批援军，企图从开普敦沿铁路线向奥兰治和德兰士瓦进军，一举占领其首都。布尔人却计划在英援军到达前占领纳塔尔，向英殖民地开普敦进攻。12 日，布尔总司令约伯特率领军队向纳塔尔发起攻势。约伯特命令散开队形，充分利用地形筑建野战工事，进行伪装前进，使英军分不清主力目标的准确位置，增加了英军的攻击点。英军采用密集队形，既不实施机动，也不进行伪装，战术呆板。布尔军队士气高昂，装备先进，使英军遭到重创，伤亡惨重。布尔人攻下纳塔尔后，又一举占领了埃兰兹纳各特，趁势将万余名英军包围在莱迪史密斯、马弗金、金伯利。接着，约伯特采用围城打援的策略，

布尔人伏击英军火车　版画

战争的第一阶段（至1900年1月），布尔人聚集了一支 4 万人的部队，处于攻势，击败了英国 2 万人的部队。19 世纪最后一周对英国人来说是士气低沉的一周，伦敦报纸称之为"黑色星期"。

连续击退增援的英军，英军损失近 3000 人。

1900 年 1 月，不甘失败的英军频频调兵，从印度、加拿大、新西兰和澳大利亚调集 25 万大军支援南非。英军调整军事将领，更换新式武器，在总司令罗伯茨的率领下，重新部署兵力，改变进攻策略。布尔军由于围攻的城市较多，牵制了众多兵力，进攻力量被大大削弱。罗伯茨于是将战略重心从纳塔尔转移到易于攻击的奥兰治河流域。

2 月，英军在奥兰治河的北岸，分东、北两路向奥兰治发起进攻，英军采用迂回战术，顺利从后面绕过防御坚固的克罗里埃，直扑金伯利。围城的布尔军仍以散形队形顽强抵抗。战斗极为激烈，英军伤亡较重，但终因人数优势击败布尔军，切断其后退之路。27 日，布尔军被迫投降。东路英军于 27 日经 4 次激烈的进攻，冲破图盖拉防线，围困莱迪史密斯的布尔军面临腹背受敌的境地。28 日，布尔军被迫撤围。几个城市的围困解除，英布战争转向有利于英军的方向发展。

3 日，英军乘胜追击，依靠人数的绝对优势分进合击，两翼包抄，迫使布尔人退出坚固的防御阵地。英军顺势占领了奥兰治首都布隆方丹。5 月 31 日，攻克约翰内斯堡。6 月 5 日，德兰士瓦首都比勒陀利亚失陷。德兰士瓦、奥兰治被英国吞并。

1900 年 9 月，处于绝对劣势的布尔军队退出城市，在博塔和德韦特的领导下，分成若干小纵队，开始了旷日持久的游击战，对英军进行顽强的运动突袭。他们破坏交通线，抢截英军辎重，使英军不得安宁，遭受到更大的损失。为挫败布尔人的游击战，英军被迫将军队增至 45 万人，并对乡村实行"焦土"政策，大肆烧杀抢掠。同时采用集中营的办法，拘禁大批群众，企图断绝布尔军的供给。另外，还广泛建立碉堡，秘密监视布尔军动向。

1902 年 4 月，双方均感觉消耗巨大，无力再战，决定和谈。5 月 31 日，双方签订了《弗里尼欣和约》，布尔人承认德兰士瓦和奥兰治两国并入英帝国。英帝国承认布尔人的自治。

英布战争是又一次帝国主义重新瓜分殖民地的战争，是帝国主义时代到来的一个主要历史标志。英布战争使英布殖民者合流，共同剥削和奴役南非人民。英布战争中布尔人的战术使军事学术得到了许多新的发展，对世界军事史具有重大的影响。

三代为独立而战的布尔武装战士

在这次战争中，所有年满 14 岁的布尔人都要投入战斗。虽然他们没有受过专业训练，也没有精良的装备，但他们坚信自己所从事的事业是正义的，这使他们成为英国人可畏的敌人。

第一次世界大战经典战役

巨炮与坚城的较量
列日要塞攻坚战

第一次世界大战的初始之战是由德军入侵中立国比利时揭开序幕的，而其中比利时的列日要塞首先接受了战火的洗礼。列日城是德国进入比利时的大门，连接德国、比利时和法国北部的四条铁路线都在这个战略城市中会集，然后向比利时平原作扇形展开。控制这些铁路干线是实施"施利芬计划"的先决条件，因为德国的120多万迂回大军的后勤补给主要依赖这几条铁路线的运输，只有拿下列日，组成旋转右翼的德国第一、第二和第三集团军才可以行动。

就在奥匈帝国向贝尔格莱德开炮的第二天，比利时的布鲁塞尔接到了德国送去的照会，照会中说："德国收到可靠情报，法军拟将沿着吉韦至那慕尔一线推进，欲通过比利时国境进犯德国的意图已不容置疑，根据自卫之需，德军必须先发制人，以阻止这种敌对性的进攻。"德国希望比利时能让德军借道比利时，比利时政府的回答是："我们将捍卫自己的中立，比利时不会背叛它对欧洲的责任，一定要用自己的力量击退对其权利的每一个攻击。"在比利时存在的 83 年中，阿尔贝国王的国家从未打过一次仗，并且因为它的安全有赖于作为一个"永久中立国家"，直到 1910 年为止，军队甚至没有一个总参谋部。

德国人认为，比利时人所谓不惜一战的说法，不过是"绵羊的梦呓"，1914 年 8 月 4 日清晨的雾气

一战中协约国的征兵海报

图为德军将领小毛奇，自1906年继任总参谋长后，对施利芬计划作了部分改动，削弱了西线进攻的力量。

尚未散尽，按照"施利芬计划"，西线德军前锋第一集团军和第二集团军共 10 万余人，携带 200 门大炮，在司令官艾米赫的指挥下，突进比利时，迅速冲向比利时境内的默兹河天险，直奔比利时最重要的列日要塞。德军如果冲过默兹河，那么通向比利时首都布鲁塞尔的大门就被打开了，按照德国的战略设想，是几乎不停顿地通过比利时，预计没有或很少遭遇抵抗。在柏林，小毛奇依然希望比利时人为了面子起见开了几枪之后，或许仍会接受劝告，达成谅解，正是因为这样，德国最后一份照会只是说"以兵戎相见"，暂时还避不宣战。

比利时的阿尔贝国王新动员的军队由 16.5 万人组成，其中大约半数部署在列日和布鲁塞尔之间，比利时的战略目标是依靠列日和那慕尔的炮台推迟德军的前进，直到法、英军队能够到来。列日指挥官热拉尔·勒芒将军，得到派来的后备军的增援，使他的兵力达到 4 万人，并奉阿尔贝国王之命，防守列日到底，直到英法援军的到来，但事实上他们是不可能坚持那么久的，这一点每个人都心知肚明。英国人是行动了，派出了由约翰·弗伦奇率领的人数为 6 个师的远征军奔赴欧洲战场，但日期是 8 月 14 日，是在比利时失陷以后。英国远征军到达了法国的亚眠，这支部队的主要目的是支持和配合法国陆军阻止或击退德军入侵法国或比利时领土并最终恢复比利时的中立。但在临出发前弗伦奇受到嘱托，一定要尽最大努力把死亡和损耗减到最低限度，在被要求参加任何调动时，如果有风险，弗伦奇应当首先请示本国政府，并且一再向弗伦奇强调，他的指挥权是完全独立的，在任何情况都不受任何联军将领的约束，这样的安排显然是把英军作为核心力量来加以保存而一笔勾销了统一指挥的原则，这些原则决定了英国远征军在以后的作战中以保存自己实力为主的作战风格，毕竟他们是在为别国打仗。

列日要塞位于默兹河与乌尔特河汇合处，它北邻荷兰边界，南靠阿登森林，是德军取道比利时进攻法国的咽喉。要塞周围筑有 12 座炮台，环形炮台群周长 50 余公里，炮台间隔 3～6 公里，部署有各种火炮 400 门，各炮台筑有厚度为 3 米的钢筋混凝土永久工事，是一座众所周知的全欧洲最固若金汤的城池。列日要塞的几座桥梁是默兹河上仅有的几条公路的渡口，列日要塞又是把比利时、德国与法国北部连接起来的四条铁路线的枢纽，因此它是向前推进的德国部队运输给养的必经之地，所以在占领列日要塞并将其周围的堡垒打哑以前，德军右翼部队将无法行动。为迅速夺取列日要塞，德军参谋总部从比洛第二集团军抽调 6 个旅加上两个骑兵师组成一支 3 万人的部队，由艾米赫将军指挥从东、南、北三个方面向列日进攻。

冲到默兹河边的德军发现河上的桥梁都已被破坏，便立即架舟桥渡河，这时驻守列日要塞各炮台的比利时守军立即用大炮和机枪向德军猛烈开火，渡河德军猝不及防，纷纷落水，死伤无数。艾米赫见状一面命德军继续发起进攻，一面调来 200门大炮向列日要塞的各炮台轰击，顿时，默兹河两岸炮声隆隆，硝烟弥漫，双方进行了激烈的炮战与攻防战。德军的巨大数量带给了守军莫大的恐慌，这是德军的大型军团首次出现在比利时人面前，尽管德国人没有高估自己的军力，但是显然低估了比利时人的勇气，在优势敌军面前比利时军队决心抵抗到底。

艾米赫直到此时仍然认为比利时人会不战而降，他派了一位使者打着休战的旗帜，要求列日投降，否则的话，他宣称，这座城市将遭到空袭。勒芒服从他的国王的命令，拒绝投降。德国的齐柏林飞艇出现在了列日的上空，这是世界上首次空袭，飞艇丢下了十多颗炸弹，只是给列日的守军一点威慑，几小时后，德军大炮开始狂轰东面炮台和城市本身，但坚固无比的炮台仅仅被削去一些混凝土而已。德军日夜进攻列日，不顾一切再次投入大量兵力，几乎是需要多少就投进多少，以便按期攻克目标。但三天三夜却毫无进展，德军参谋总长小毛奇闻报大惊，再这样下去势必要延误整个西线的德军的进攻行动，他马上派德军第二集团军副参谋长鲁登道夫上校率军前去增援，并从参谋总部调运巨型攻城武器运往列日。鲁登道夫接过该旅指挥权后，于第二天下午奇迹般地突入堡垒圈内的制高点，在制高点上架起大炮向周围比军堡垒猛轰。是日，鲁登道夫又派人打着休战旗帜前往劝降，但仍然被拒绝。鲁登道夫又派人冒充英军混到列日要塞司令部门口，企图绑架勒芒将军，结果也没有得逞，派去的官兵反被全部击毙。

小毛奇在开战时对奥匈帝国军队的总参谋长康拉德说过，他预期到战争第 39天西线便已决出胜负，因此答应从第 40 天开始派遣德国部队到东线支援奥匈。尽管德国人估计比利时人不敢应战，但是德国人的彻底性要求做到对于一切可能发生的情况都要有所准备。问题就在于要设计一种用于攻克堡垒的能在陆上运输的重型大炮。德军攻击列日要塞初期的野战炮对列日的钢筋混凝土地下工事有如挠痒痒，反而被杀伤了大量的战斗人员，只好等待大炮到来，而大炮再慢也终究有到达的那一天，到了那一天所有的账都会结算清楚。

当攻城炮尚在途中时，德国政府作

列日要塞旧址

1914年8月20日，当德国大军从布鲁塞尔的街头穿过时，惊恐的比利时平民在旁观望。

了最后一次努力，试图说服比利时人在其国土上让出一条通道，以便过境。8月9日，杰勒德受托向他在布鲁塞尔的同僚转送一份递交给比利时政府的备忘录。"既然比利时部队不顾力量悬殊，对优势兵力进行了英勇抗击，从而保持了它的荣誉"，备忘录写道，德国政府恳求比利时国王陛下和他的政府别让比利时继续忍受战争的恐怖。如果德国部队能获得一条自由通过比利时的走廊，德国准备与比利时缔结任何有关协定，并"庄严保证"它绝无意侵占比利时领土，一俟战争形势发展许可，德国部队将撤出该国领土。美国驻布鲁塞尔和海牙的两位公使都婉拒转达这个建议，最终通过荷兰政府的协助，该份备忘录在8月12日送达阿尔贝国王手中，但国王表示拒绝。

德国人的进攻利器终于运来了，就是5门绰号"大贝尔塔"的巨炮，这是有着50厘米口径的攻城榴弹炮，可以把一吨重的炮弹射到15公里外，每颗穿甲弹有一个定时信管，只在目标被穿透后才定时爆炸，再坚固的炮台在它的轰击下也将化为瓦砾。小毛奇仍然希望不必动用这些大炮而能顺利通过，可是如果比利时人执迷不悟，真的不惜一战，德国人指望用它一举攻克这些堡垒。炮击开始了，一吨重的炮弹自天而降，炮弹爆炸时的尘土、碎片和硝烟形成巨大的圆锥形，升入300多米的高空，地动山摇宛如发生了地震。在"巨无霸"的连续轰击下，到8月16日，12座炮台中的11座遭到连续猛轰后屈服了，勒芒指挥部所在的隆森炮台是最后一座炮台，被直接命中而摧毁，勒芒本人也在炸昏后被俘，被救活之后送到艾米赫将军面前，他交出指挥刀说："我是在昏迷中被俘的，务必请你在战报中说明这一点。""你的指挥刀并没有玷污军人的荣誉，"艾米赫答道，同时把指挥刀还给了他，"留着吧。"

战争中往往会出现意想不到的坚点，所谓坚点就是本应该很快达成的小目标付出巨大的代价也迟迟不能达成。如果没有巨型攻城炮，列日将毫无疑问地成为坚点，列日将至少阻挡德军一个月；如果援军及时赶到，马恩河战役就可能不复存在，而被列日战役代替。因攻克列日之功，鲁登道夫和艾米赫被德皇威廉二世授予功勋十字章，这是德军最高军功奖章，鲁登道夫更是开始了他一生事业的飞跃，成了德国军界一颗耀眼的新星。列日之战终于以德军取胜而告终，但德军在要塞前伤亡惨重，损失上万人。

8 月 20 日，胜利的德军开进布鲁塞尔。一队队手持旗杆矛、戒备森严的德国枪骑兵骤然出现在街头，但他们只是可怖的军事示威游行的先遣部队而已，后面接踵而来的队伍，其兵力之强、威势之盛，几乎难以置信，观看行军的人群默默无言，对这支队伍的浩浩荡荡、绵延不绝、精良绝伦，不禁茫然咋舌。刚入城时的德军还是比较文明的，但由于遭到了比利时人的冷枪袭击，他们开始枪击平民，以报复冷枪狙击，人质都被处死，房舍遭到炮击或烧毁。

扭转乾坤
"马恩河奇迹"

对于法国来说，马恩河会战是一次干净漂亮的战略性胜利，它导致了"施利芬计划"的彻底破产。马恩河会战结束后，第一次世界大战的西线战场从此形成了对峙的局面。1914 年 8 月，德、法两军经过法国边境之战后，法第四、第五集团军和英国远征军于 9 月初撤至马恩河以南，在巴黎至凡尔登一线布防，德军在占领了比利时后，其五个集团军的近百万人马，像一把挥舞的镰刀，从比利时斜插入法国，走在最右面的是克卢克指挥的德国第一集团军，约 30 万人，被视为右翼的主力和向巴黎进军的主攻部队。他们杀开了一条近 130 公里宽的地带，浩浩荡荡向巴黎方向挺进。

随着德军的滚滚南下，巴黎像一条巨大的防波堤隐约地出现在他们前面，这里不但是法国的心脏，还是世界上最大的堡垒，任何人不用正式的围攻不能指望进入巴黎，而德军的大炮此时还部署在安特卫普前线，所以还没有开来足够的军队进攻巴黎。8 月 30 日，克卢克的第一集团军在右翼击退了法军第六集团军的几支分队，

从其规模、时间长度、交战人数及引起的后果来看，马恩河战役可说是历史上最大的战役之一。

马恩河战役中的德军战壕

在中路发现英军撤退时仓皇丢弃的大批弹药和辎重，他的左翼报告法军第五集团军已被打得抱头鼠窜，克卢克感到决定性的时刻已到来，他决心不让对手获得丝毫喘息之机，决定向巴黎和凡尔登之间进军，以彻底击败法国的第五集团军！这时克卢克的第一集团军的先头部队已挺进到距巴黎仅有 24 公里的地方了，法军总参谋长霞飞指挥的法军主力为阻遏德军右翼所做的努力已告失败，德军即将席卷巴黎的姿态使法国首都陷于一片惊慌中，法国政府也迁往波尔多。老将军加利埃尼出任巴黎军事长官兼巴黎部队司令，他是在政府答应调拨三个军给他的情况下任职的，从洛林新组建的第六集团军主力急忙赶到巴黎附近的亚眠，准备投入保卫首都的战斗。

自开战以来德军似乎是无往不胜的，阿登会战、桑布尔河会战、蒙斯会战，几乎所有重要会战都是以英法的败退为结局。在整个 8 月中，德军的右翼都在不断发出捷报。德军向马恩河和巴黎前进，打击他们路上遇到的任何协约国部队。此时德军大本营和德皇都沉浸在胜利的喜悦之中，人们都认为法军和英军都已被打败了，只有小毛奇忧心忡忡。此时间谍的报告表明，虽然平民都离开巴黎，部队却开到了，但小毛奇并没能及时把这个情报转送给正在前线指挥作战的两位关键性的陆军将领，即德军第一集团军指挥官克卢克和第二集团军指挥官比罗。情形正如小毛奇所担忧的那样并不乐观，8 月 25 日，东线由于俄国提前到来的攻势而告急，而此时西线的战场已被认为胜局已定，小毛奇从第一集团军和第二集团军分别抽调一个军去支援，这样进攻过程中的右翼非但没有得到原计划增援 6 个军的加强，反而削弱了 2 个军。克卢克的第一军团已将英国远征军赶出战线，在克卢克看来，英军目前已毫不相干了。在其右翼，德军与法军实施了一些轻微冲突。好斗的克卢克认为法军现在处于其左翼，由于他不能和小毛奇取得联系，于是他抛弃了最后一点点"施利芬计划"。8 月 31 日，他将进军方向转向东南以进攻法军第五军团。这一转向将使他从巴黎以东通过，他对法军正在首都筑垒地域集结一无所知。到 9 月 2 日，克卢克的左翼抵达马恩河畔的沙托－蒂耶里，其右翼抵达瓦兹，靠近尚蒂伊。

8 月 31 日，德国第一集团军的漏洞被法国人发现了，被胜利冲昏头脑的德国第一集团军，为了追击败退中的法军，居然改变了行军方向，绕到巴黎的东南部，孤军冒进，而将自己的右翼暴露在了法军面前。从 9 月 2 日起，小毛奇对克卢克向内转后侧翼暴露的情况越来越感到不安，他给克卢克下了一道命令，要求保持与第二集团军的距离，但克卢克根本不愿执行这道命令，他认为这将使法军获得喘息的机会。9 月 3 日晚，克卢克的德军第一集团军抵达马恩河，而他所追赶的法第五集团军和其外侧的英国远征军已在当天早些时候渡过了马恩河，克卢克不顾柏林最高统帅部要他与比罗的第二集团军保持齐头并进的命令，准备立即于次日清晨渡河，继续他追逐法国第五集团军的行动。

打从撤退开始时法军总参谋长霞飞就说过"在我的两翼有包抄的有利位置时我将发动进攻"，但是在什么地方、什么时候、怎样才有这种条件呢？到目前为止他似乎还没有看到这个时机，但是被授权指挥第六集团军、负责巴黎防务的老将加利埃尼却发现了这个反攻的转折点，加利埃尼的法国第六集团军的职责是防守巴黎，但在 8 月 31 日加利埃尼得到报告说，德军第一集团军正折向东南朝贡比涅进军而不是继续向巴黎进发，"他们把侧翼送上门来了！"加利埃尼心头不禁一阵狂喜。这个消息第二天得到英国与法国飞行员的证实，到 9 月 2 日夜幕降临时，到达巴黎北边附近的莫努里将军的第六军报告，在桑利斯至巴黎一线之西没有德军，也就是说，由于德第一集团军的冒进，已经造成了德军的战线出现了一个很大的漏洞，加利埃尼立刻看出这一稍纵即逝的机会，他决定尽快对德军暴露的右翼进行侧击，并说服霞飞停止向塞纳河后撤，立即在全线恢复攻势。显然这一战略行动取决于霞飞的同意和英国远征军的配合。此刻，霞飞也在忙着反攻的事，不过不是在考虑具体地点和时间，而是在撤换指挥极不顺手的第五集团军司令朗勒扎克。

9 月 3 日晚，加利埃尼的信使把他的反攻计划带给了法军总参谋长霞飞，他要求霞飞批准他已经命令莫努里的第六集团军执行的这个行动，并竭力主张巴黎和凡尔登之间的全部法军在他发动攻击时同时进行总攻，但霞飞对他的这个方案并没表现出多大的兴趣。出于对霞飞的绝望，加利埃尼乘车驶往英国人驻防的默伦，希望能赢得他们的支持，但并未如愿。在此时的柏林，从德皇到普通百姓都认为法军即将被彻底消灭，德国的胜利即将到来，只有总参谋长小毛奇心里充满疑窦："胜利者必然有俘获，但追击法军以来我们的俘虏在哪儿呢？在洛林有 2 万，其他地方合计起来，也只不过一两万人而已，再说缴获的大炮数量也较少，法国人是不是在有计划地撤退呢？"

9 月 4 日晚 9 时，加利埃尼走到电话机旁打电话给霞飞，再次重申了自己的主张，霞飞感觉到了这位勇敢的下属那种强烈而明显的指导行为，而且显然也看到了这一举动的重大意义，终于同意了加利埃尼可以在 5 日攻击马恩河以北的敌人。随即霞飞回到他的军官小圈子，对聚集在那里的军官们说："先生们，让我们在马恩河战斗吧。"然后下令于 6 日进行大决战。现在骰子已掷下去了，从凡尔登到巴黎，百万大军一齐向后转，把 100 万把刺刀和 1000 门大炮指向了入侵的德军。9 月 5 日，当德国的第一集团军到达巴黎东面，可以望见埃菲尔铁塔时爆发了马恩河会战，此时德国人再也无法前进了，法第六集团军先遣部队和德第一集团军的右翼在乌尔克河地区爆发战斗，法军首次使用临时征用的出租汽车把第六集团军一部由巴黎运往前线，克卢克将军察觉到自己的第一集团军的右翼和后方受到了威胁，遂由马恩河阵地抽调两个军加强乌尔克河防务，9 月 6 日，英法联军全线转入了反攻。

撤退到凡尔登与巴黎间的法军要花相当时间转变方向，这些庞大沉重的队伍只有经过好几小时甚至几天才能有效地掉转它们的移动方向。就在法军转过身来开始前进时，迎面碰上了追赶他们的德军，他们极其镇定地立刻停下来向德军开火，德军在其枪弹前纷纷倒下，德第一集团军的攻势被止住了，经过数日的血战，德军从 8 日起渐渐不支。德第一、第二集团军陷于孤立之中，面临着被法军包抄的危险。9 月 8 日，关键时刻，弗伦奇率领英军的 3 个军悄悄地插进了德第一集团军和第二集团军之间的缺口，将德国第一集团军与第二集团军隔开了，这使克卢克和比罗陷入被分割包围的境地。但弗伦奇面对两个师的德军警戒部队，总觉得自己正在进入一个巨大的埋伏圈。三天内英军在这个缺口里小心探路，竟只推进 40 公里，从而成为后世笑柄。如果弗伦奇以一个真正的骑兵老将的姿态，迅速插入，便可轻松地从背后将克卢克集团军包围起来。9 月 9 日，比罗的第二集团军和克卢克的第一集团军不得不于同一天向后撤退，第二天，德军统帅部下令全线撤退，马恩河会战至此结束。

1914年在马恩河战争中受伤的联军士兵到达比利时。

马恩河会战以德军的失败而告终，英法联军在宽达 200 公里的地带内，8 昼夜推进 60 公里，伤亡 25 万人，德军损失 30 万人。这次进攻是一次高度机动的战役，它成为西线战场 1914 年战局中英法联军反败为胜的转折点，意味着德军企图在西线战场迅速歼敌的战略计划彻底破产。在这场战役中，因为德第一集团军的贪功冒进，致使英法联军有机可乘，从而导致了德军主力部队被分割包围，原本想要用分割包围的战术打败法国的德军，到头来却自己败在这一招下。在马恩河会战中，没有公认的战功，也没有产生与之相应的轰动，只是疲乏的军队沿着300多公里战线，进行松弛而绝望的战斗，然后一方主

今日马恩河

动撤出了战场。但这场战役打破了德国人速战速胜的希望，使战争进入了一种持久战和消耗战的模式，由此欧洲便被拖入了战壕战的深渊，无数的人力物力被丢进了战壕的无底洞中。而这正是德国人拖不起的，在马恩河战役以后德国便再也无法获得绝对胜利的机会了，正如9月10日小毛奇向德皇报告的那样："陛下，德国输掉了这场战争！"德军从马恩河地区开始撤退了，撤退到埃纳河北岸事先选好的阵地，当联军进一步逼近时，西线战事的前景渐渐变得明朗起来。联军虽没能把德军从埃纳河驱离，但"施利芬计划"的功亏一篑迫使德军中止了他们的前进，小毛奇当众落泪，不得不通知德军撤退。当年12月下旬，当战线稳定下来之后，法国政府及议会均从波尔多迁回巴黎。

马恩河之战，大都由沿着300多公里前线无数凶猛的、短促的、混乱的冲突和战斗组成。为了避免在马恩河溃散，德军退得井然有序，成功地击退了协约国的追兵。德军士气依然良好，但最高统帅部却深感绝望，因为这一场败仗粉碎了德军不可战胜的神话，同时，也使小毛奇丢失了前程，因为失利，小毛奇随后在9月14日被解除指挥权，由埃力克·冯·法金汉接替。马恩河战役是法国的一次战略性胜利，协约国军队粉碎了德军的速战速决的计划，保住了巴黎。这场会战的战略性结果十分巨大，德国人丧失了其优先击败法国再转过身来对付俄国的唯一机会。当德国人的胜利似乎唾手可得、法国人的灾难迫在眉睫时，协约国军队却在马恩河畔转败为胜，所以法国人把这场战役称为"马恩河奇迹"。马恩河战役结束后，第一次世界大战的西线战场就形成了胶着对峙的局面，以机枪和堑壕为核心的堑壕战从此一直延续了四年，直到战争结束。马恩河战役结束后，防线已被勾勒出来，德军在别处寻找突破口，其注意力开始转向北边的佛兰德斯。

东线奇迹
坦能堡会战

由于在攻克列日要塞突出的表现，鲁登道夫被选择接替瓦尔德泽为第八集团军参谋长，德皇和小毛奇接见了他，对他简单介绍了情况。3 小时后，他乘一列专车开往东线，专车一路上预定只在一个地方停车，就是在汉诺威，第八集团军的新司令官兴登堡将在那里和他会合。此时的东普鲁士，在东面，莱宁坎普夫的俄军第一集团军有 24 个超编步兵师，它以无数骑兵为先行；在南面，萨姆索诺夫的俄军第二集团军的实力稍逊于前者，但此集团军对东普鲁士德军仅有的防御力量仍占有优势。面对双重的敌人，德军第八集团军必须一分为二，否则有被两个俄国集团军压碎的危险。德军指挥部利用了俄军两个集团军之间的缺口，并从截获的俄军明码电报中得知了他们的行动计划，于是在 8 月 21 日命令部队停止退却，24 日，新任德第八集团军司令兴登堡和参谋长鲁登道夫利用发达的铁路网，重新部署部队。施蒂芬在他的计划中已指明一项对此局面的解决策略！鲁登道夫毫不犹豫地采取了这个大胆的办法，在审视了俄国两个集团军在东普鲁士所处的位置之后，决定先攻击萨姆索诺夫的第二集团军，然后在莱宁坎普夫来不及驰援前者之时，转身向其发动进攻。

俄国骑兵侦察的报告说，德国的阵线暗示要进行侧翼袭击，这使萨姆索诺夫降低了追击的速度，他发电给吉林斯基，建议暂停前进。但吉林斯基深信德军正在按照普里特维茨的计划退却，把萨姆索诺夫的警告看成是怯懦。他安然坐在离前线300 多公英里的沃尔克指挥部里，命令萨姆索诺夫不要再扮演懦夫角色，继续进攻。德军前任指挥官普里特维茨惊慌失措地决定停止贡宾嫩的战斗进而大撤退的行为，蒙蔽了俄军指挥官的头脑，这种欺骗效果是无论怎样仔细策划都无法达到的。此时的萨姆索诺夫将以他那些疲惫不堪而且后勤严重不足的军队面对德军在东普鲁士的全部力量，鲁登道夫知道莱宁坎普夫所部的俄军第一集团军在他后方，急于先同萨姆索诺夫的第二集团军决一死战，他命令第一阶段的战斗于 8 月 25 日打响。德军一直在监听萨姆索诺夫没加密的无线电通信，现在已了解所有俄军部队的部署，并知道了他们明天的行动计划。

德军从马祖里湖区退却的两个军发出了天才的一击，鲁登道夫留下由两个师组成的掩护队牵制来自后方的俄第一集团军，调遣第八集团军的几乎全部兵力去攻打来自南边的俄国第二集团军。经两天激战，德军击退了萨姆索诺夫的第二集团军两翼部队，而对其中路三个军形成包围态势。8 月 27 日黎明开始，对俄军来说是世界末日，德国信号兵截获了萨姆索诺夫求援的电讯，但吉林斯基和莱宁坎普夫都不理睬他的请求，饥饿和士气低落的俄军，无可避免地溃散逃走。尽管处境危险，萨姆索诺夫还是命令他的中央部队进攻，造成德国人的短暂的不安。8月27日，萨姆索诺夫的右翼遭到来自北面的德军第十七军和第一预备役军的打击，他的左翼遭到弗朗索瓦勇猛的第一军的迂回和包围，而他的正面遭到第二十军的打击。8月28日，俄军开始了反突击，俄第十三军和第十五军猛攻德第一军阵地，战斗空前激烈，萨姆索诺夫亲临前线指挥，但是饥饿又疲劳的俄军已经达到了耐力的极限，无力突破德军防御，到8月29日清晨，弗朗索瓦将他的部队插入俄军后部，包围圈合拢了，剩下的事就是对试图逃脱大网的一股股乌合之众大开杀戒。俄军被围于科慕辛森林地域，士气彻底崩溃，已经无法进行有组织的抵抗，夜幕降临之际，走投无路的萨姆索诺夫在卡罗利南戈夫的一片小树林里开枪自杀。

鲁登道夫属下的弗朗索瓦军长看到萨姆索诺夫的部队正在解体，他知道剩下唯一要做的事就是拦截因混乱而失去战斗力向波兰慌乱逃跑的俄国兵，在接下来的三天中，弗朗索瓦的薄弱包围网，一网捕获了6万名俄国战俘，而德国人一共捕获9.2万名俄国战俘，俄国人的总伤亡人数是25万，约有500门大炮被缴获，而德军损失仅1万人。到30日晚，鲁登道夫对取得完全胜利感到心满意足，他也满意于他已经构筑起对付莱宁坎普夫的防线，莱宁坎普夫的骑兵师此刻终于接近科慕辛地域，几乎可以俯瞰他们的友军刚刚覆灭的战场，下一步就要轮到他们了。8月31日，获胜的德军开始向北转进，准备打击俄第一集团军，将俄军彻底赶出国境。这时从西线来的两个步兵军和一个骑兵师也陆续到达，加上这批生力军，德军在数量上也超过了对手。到9月1日夜晚，坦能堡战役的胜利者已转向新的任务，这个新任务应该是什么，胜利者没有丝毫的疑虑。霍夫曼说得很简洁："萨姆索诺夫的军队实际上已经被歼。他所率的五个半军，其中有三个半非死即俘，所剩约一个半军不得不返至华沙附近整编，现在我们可以腾出手来对付莱宁坎普夫了。"

直到8月27日，

由来自欧洲各地的历史爱好者重现的坦能堡战役的恢宏场景之一

吉林斯基才认识到他的第二集团军已处于真正的危险之中，他命令莱宁坎普夫率第一集团军前去救援，但莱宁坎普夫只是虚晃了一枪，并未及时赶到战场。吉林斯基关心萨姆索诺夫的命运，命令莱宁坎普夫的第一集团军去找现已不存在的第二集团军的方位，因为获胜的德国第八集团军对其部队集中了火力，莱宁坎普夫担心退路被切断，也落得个萨姆索诺夫的下场，他没有费心跟吉林斯基打交道，便命令所部撤退，以两个师的兵力从正面实施反突击，掩护主力撤退。这两个师进行了最英勇的反击，完全成功地达到了目的。这次反击持续了一整天，致使德军围歼俄国第一集团军的企图未能得逞。在随后的马祖里湖战役中，俄第一集团军被俘 4.5 万人，伤亡约 10 万人，损失火炮 150 门，德军肃清了东普鲁士的所有俄军。正如西线的马恩河战役一样，坦能堡 – 马祖里湖区战役产生了巨大的后果，全世界都感觉到了这场大战役在军事上、战略上、政治上和心理上的冲击波。两个俄国集团军被击溃，总共损失约 30 万人，所谓俄国"蒸汽压路机"的神话破灭了。的确，俄国人并不是以压倒一切的力量来对付敌人，而是拖着沉重的脚步茫然地迈向死亡。他们的失误是如此之多，以致成了所有的军事院校都采用的反面战例教材。

兴登堡有意将此次会战称为"坦能堡会战"。坦能堡是德国境内的一个小村子，在历史上 1500 名波兰人和立陶宛人曾在这里给德国骑士团以毁灭性打击。在给他夫人的信中他却写道，他没有因此次胜利而忘乎所以，荣誉是上帝恩赐的。小毛奇把坦能堡会战胜利的消息压了一段时间才公布，以抵消马恩河会战败北带来的消极影响，对德国人来说，坦能堡的捷报有助于掩盖马恩河的败绩。

"狮子搏兔"
戈尔利采突破

由于在西线的战斗陷入了僵局，难以取得决定性的进展，奥匈帝国的局势开始显得重要起来，一贯主张西线至上的法金汉第一次违背自己的意志开始关注东线了，德皇希望能借此一举重创俄军以达到迫使俄国单独讲和的目的。但法金汉不这样想，他从来也不认为对俄国的作战能够速战速决，他只是想对俄国来一次沉重的打击，只要能在一段时间内削弱俄军的实力就心满意足了，因此只有 4 个德国新编军被派到了戈尔利采前线。

为了不让从法国调离的德军引起敌人的注意，德国人搞了一些小动作以吸引协约国的注意力，4 月中旬，德军在伊普雷施放了毒气，德国人在手头缺乏兵力的情况下，轻率地就将毒气这种致命武器暴露了，英法真是应该好好感谢东线的俄军。

图为在戈尔利采-塔诺攻势中被俘的上百万俄军士兵中的一部分。

为了使这次军事行动获得最大限度的成功，德国人建议奥匈帝国军队应该以退却的方式诱敌深入，将敌人引入匈牙利，但奥军统帅康拉德不同意。他既不愿意放弃自己的领土，也不愿意鼓励他的军队退却。

5月初，戈尔利采战役开始了。这场战役的打法和德军以往的传统作战方法完全不同，这次德军并没有采取以往那种大规模迂回包抄的战术，而是直接从中间突破。在戈尔利采正面宽约50公里的战线上，由四个德国军组成的德第十一集团军在4月份完成了战役集结。为了确保战役的胜利，德军还特地为奥军配备了一批优秀的军官并准备了充足的弹药。为了不被俄军发现正在集结的部队，德军让自己的前沿部队都穿上了奥军的军装。

俄国人对即将来临的攻击完全没有察觉，驻防加利西亚的西南方面军指挥部对于德军准备进攻的情报置若罔闻，他们认为西南方面军的主要任务仍然是对付德国第八集团军以及奥匈第三集团军的部分兵力。而对付这些德军，俄国人认为完全没有什么问题。关于战场指挥权的问题，考虑到奥匈帝国方面的尊严，战场上的指挥权虽然交给了德国的马肯森将军负责，但又规定马肯森隶属于康拉德的奥军司令部领导。当然，这只是形式上的，事先已经商定，在战斗中康拉德并不向马肯森发出任何指令。4月底，德国第十一集团军已经全部进入攻击位置，这时俄军已经发现了前线骤然增多的德军，但是俄军的指挥官季米特里耶夫并没有请求增援。炮击在5月1日开始了，整整轰击了一天一夜，俄军的大炮几乎没有任何回击，他们的炮弹奇缺，根本没有对战的能力。德国人的炮击摧毁了俄军的所有工事。次日凌晨6时，在一阵异常猛烈的炮击之后，随着德军炮击向俄军后面的移动，德军发起了冲锋。第一线的俄军没有抵抗，拼命向后逃去。直到德军冲到俄军的第二道防线，才受到俄军的阻击。

图为奥古斯特·冯·马肯森像。他因对戈尔利采的突破大败俄军而于1915年晋升元帅。

5月4日，俄军的后备军试图进行反攻，但他们的反攻无济于事，只不过起了掩护前线溃败的部队撤离的作用。德、奥两军并肩出击，全线突破了俄军的防线。经过7天的战斗之后，败退的俄军大部被歼，俄军损失惨重，有14万人被俘，所有的武器都落入德军的手中。到了6月中旬，俄军被迫放弃加利西亚，退到了布罗德以西20公里和布恰奇以西15公里一线。德奥军在戈尔利采的突破，使俄军在1914年开战以来和在喀尔巴阡战役中取得的胜利全部化为乌有，而且还出现了即将丧失波兰的危险。

"西亚病夫"的雄起
达达尼尔战役

对达达尼尔海峡的进攻是第一次世界大战中一场具有代表性的战役，英国海军大臣温斯顿·丘吉尔是突破达达尼尔海峡的最卖力的倡导者，他于1914年圣诞节前夕曾提出疑问："难道除了把我们的军队送去啃佛兰德斯的带刺铁丝网以外，就没有其他的办法了吗？"丘吉尔希望在欧洲战场以外开辟一条"外围战"，他的目光投向了衰老帝国土耳其所控制的达达尼尔海峡。占领达达尼尔海峡的回报是丰厚的，此举可以建立一条经由黑海到俄国的可靠补给线，最终迫使土耳其退出战争，建立一条巴尔干战线，援助塞尔维亚，这样奥匈帝国或许会崩溃，真可谓一箭双雕。

但无论这次战役在战略上有什么优点，实行这样的作战行动都是极其冒险的。丘吉尔说服了海军上将们，动用皇家海军试图突破那些马尔马拉海入口处的要塞，他们抱着这样的希望：一旦那些战舰通过海峡，他们就能够进攻君士坦丁堡并造成土耳其的崩溃。但是来自土耳其陆地炮兵的顽强抵抗与在海峡布下的水雷一起挫败了这一企图。地跨欧亚的土耳其是连接欧亚两洲的陆上通道，所控制的博斯普鲁斯海峡、马尔马拉和达达尼尔海峡则是重要的海上通道，且战略地位格外重要，自古以来就是兵家必争之地。正如一位英国历史学家所说："这里的主人如果不是强悍的狮子，那就要成为别人猎取的羔羊。"奥斯曼土耳其帝国的末代苏丹恰恰成了悲剧性的"羔羊"。

一度称霸欧洲的奥斯曼土耳其帝国，到19世纪上半期迅速衰落，中央政权不断削弱，被奥斯曼帝国长期统治的地区处于四分五裂状态之中，已成为昔日帝国的"遗产"，这为早已觊觎的欧洲列强打开了争夺的方便之门。在这些"遗产"中，首都君士坦丁堡和两条海峡对各列强最具有吸引力，因为它们是沟通黑海与地中海的咽喉要道，是联结欧、亚、非三大洲的"金桥"，是重要的战略要地。实际上，自从 1908 年青年土耳其党的革命推翻老苏丹，建立了以他的比较通情达理的弟弟为首而由"统一与进步委员会"主持的政府以来，在随后的 6 年中，土耳其确实已经开始返老还童。"一战"前夕的 1914 年 8 月，德国与土耳其政府签订了《军事同盟条约》，将其拉入同盟国集团，11 月 2 日，又促使土耳其对协约国宣战。英、法乘机发兵中东，全面夺取土耳其帝国的地盘。英国进兵的主要方向就是奥斯曼帝国统治下的西亚地区，英军于 11 月 22 日占领了巴士拉。

英国本来没考虑在加利波利这个地方开辟战场，只是尼古拉大公于 1915 年 1 月送了一封信给基钦纳勋爵，请求英法开辟土耳其战线，以缓和俄军在外高加索的压力。这激发了英国陆军部的兴趣。5 个月前俄国曾不顾一切战略上的考虑，答应协约国的要求，在东线进攻德国以减小西线的压力，现在俄国在波兰同德军、在高加索同土耳其军同时争斗，大公企求某种对别处土耳其军的牵制行动，海军的或陆军的都可以。此时的协约国和同盟国在法国北方及比利时一角的战线上正陷入僵持状态，双方都在北海到瑞士的道路两旁大挖战壕、相互对峙，这致使双方在 1915 年里都鲜有机会突破战争的重围，军事策划人员越来越希望开辟新战场，法国也希望采取"外围战略"来打破僵局。在英海军大臣丘吉尔的积极倡议下，英国皇家海军制订了向德国力量最薄弱的盟国奥斯曼土耳其发动水陆两栖袭击的计划，决定乘机夺取具有战略意义的达达尼尔海峡和博斯普鲁斯海峡，占领土耳其首都君士坦丁堡，以迫使土耳其退出战争。

丘吉尔所支持的这一计划，其实施结果糟糕透顶，所以直到现在仍备受各方谴责，因为英国人犯了一个重大失误——他们严重低估了土耳其人及其作战技术，认为达达尼尔的陈旧防御是非常脆弱的，土耳其靠近君士坦丁堡的沿岸两座兵工厂，

英法海军的战舰排成一列穿过达达尼尔海峡的入口。

都暴露在战舰的近距离平射火力之下，一支协约国舰队能够不费力地穿过达达尼尔。土耳其军也认为直到 1915 年 2 月 25 日，在加利波利半岛的任何地点成功登陆将是可能的，用陆上兵力攻占海峡也将是比较容易的。英国皇家海军出发了，他们穿过达达尼尔海峡进入了马尔马拉海，企图征服君士坦丁堡（即今伊斯坦布尔）。如果能够成功歼灭土耳其的势力，俄国便能从南部边界运送部队前去支援对德作战，再加上罗马尼亚、保加利亚、希腊等中立国的参战，协约国与同盟国之间的力量平衡将发生极大的改变。德土联军指挥部获悉英法企图后，在德国军事顾问利曼·冯·桑德斯将军的劝说和帮助下，土耳其将其在达达尼尔海峡的防卫力量都集中在离爱琴海最近的 12 海里处，并扩大了海峡入口处的雷区，增设了保卫雷区的炮台，还在从入口到凯费兹岬之间高高的海岸上安装了可以移动位置的榴弹炮。此时达达尼尔海峡防卫的唯一弱点是大口径炮弹不足，而不是防御工事不够坚固。

由 18 艘英国主力舰、4 艘法国战列舰和辅助舰只组成的英法联合海军机动部队，于 1915 年 2 月 19 日驶进达达尼尔的入口处，卡登上将准备在加利波利半岛登陆。作为土耳其西南延伸部分的加利波利半岛，有近 100 公里长，6 ~ 16 公里宽，岛上荒芜多山，俯视达达尼尔海峡的许多山脊和陡坡为土军提供了优良的防御阵地，拥有 380 毫米口径大炮的联合舰队很快打哑了土军的炮台，随即派出突击部队登陆。当突击部队向海峡旁的山峰攀登时，却遭到了土军隐蔽在悬崖后面的炮火的袭击，舰队向土军阵地盲目开火，没有获得什么战果，联军的首轮登陆行动宣告失败。卡登上将是个敏感的人，不具备纳尔逊那样的毅力，因紧张而病倒，后来在濒于精神崩溃的情况下被当作伤病员送回国，职务由海军上将约翰·德·罗贝克继任。

3 月 18 日，罗贝克海军上将奉命指挥又一次海上进攻，几乎大功告成，下午 2 时前，土耳其守军火力减弱，几乎停止射击，炮手们士气低落，有些火炮遭到破坏，通信器材被摧毁，火力控制系统也受损，但是命运之神来了个 180° 大转弯，背弃了英国人。在发起进攻前，海峡已经被反复扫荡过，都认为海峡 8 公里以内没有水雷了。可是，英军不知道，一只土耳其小船在主要布雷区外放了一排新水雷，当 16 艘军舰企图强行闯入狭窄的海峡通道时，2 艘战列舰、1 艘战列巡洋舰触雷沉没，3 艘驱逐舰受重创，罗贝克只好令所有幸存的舰只返回爱琴海。英国人不知道，此时的土军，弹药已经消耗了一大半，剩下的穿甲弹已不足 30 发，而水雷则已用光了。

战舰的惨重损失彻底改变了协约国的策略，英国人决定放弃单纯使用海军作战的方案，而实施陆海军联合作战，由登陆兵夺取加利波利半岛和达达尼尔海峡地区的筑垒工事，以保障舰队突入马尔马拉海，然后从陆上和海上实施突击，攻占君士坦丁堡，现在该轮到陆军出场了。

混乱的巴尔干
保加利亚与塞尔维亚之战

　　著名的东方快车之路——德皇威廉二世曾希望有朝一日它将成为"柏林—巴格达铁路"的主要连接段——是经过塞尔维亚的，事实上，这个武装起来进行战斗的小国对同盟国的补给线和德国在巴尔干半岛的战略行使着否决权。罗马尼亚不听招呼，土耳其必须得到援助，塞尔维亚则从中作梗，法金汉确信必须消灭塞尔维亚，同时争取保加利亚。

　　有"上帝的后花园"之称的保加利亚是欧洲东南部巴尔干半岛上的一个国家，它与罗马尼亚、塞尔维亚、马其顿、希腊和土耳其接壤，拥有一支战斗力强悍的陆军，一旦它决定倒向何方，巴尔干的战局必将有重大变化。战争开始时，保加利亚多少有些亲德的嫌疑，其实这也不难理解，在"一战"爆发前，德国和奥匈帝国都曾经给过保加利亚大量的贷款支援。大战爆发之后，协约国和同盟国在巴尔干诸国展开了一系列宫廷活动，双方都对有"东方的普鲁士"之称的保加利亚开出了一系列报价：正企图强行攻占达达尼尔海峡的协约国开出的价码是让它重获 1913 年丢给土耳其的东色雷斯（君士坦丁堡除外）。由于德军在法国和波兰的胜利，同盟国的报价显得更加诱人——整个马其顿、西色雷斯、南多布罗加和萨洛尼卡全部归保加利亚，塞尔维亚本土的尼什以及阿尔巴尼亚的几小片地区则作为额外的奖赏。

　　为了彻底击败塞尔维亚，德国急切地要将保加利亚拉到同盟国一边来，整个 1915 年 7 月期间，在索非亚举行了德国人与保加利亚国王斐迪南的谈判，在感情上一直亲德的保加利亚政府对俄国所蒙受的巨大灾难及其军队的全面撤退留下了深刻印象，但此时英军在加利波利半岛上的战斗支配着他们的行动，因此，保加利亚不为德军在东线的节节胜利所动，而是静候南方战事的结局，到 8 月 15 日，英军全线失败，保加利亚才决定加入同盟国。

1915 年 9 月 6 日，保加利亚与德国签订了秘密的友好同盟条约和参加对塞尔维亚作战的军事协定，约定在德、奥两国沿多瑙河和萨瓦河发动联合进攻的一星期之内，保加利亚攻打塞尔维亚前线的东侧。9 月 23 日，保加利亚发布动员令，军队开始沿保塞边

空战中的保加利亚 Roland D.II 战斗机，一战中保加利亚的机徽也是铁十字。

境和保希边境集结。

如果说罗马尼亚人是巴尔干的那不勒斯人，那么保加利亚人就是低地苏格兰人，保加利亚人顽强、勤劳、节俭、沉默寡言，以倔强著称，当地有句谚语这样说："保加利亚人可以坐在牛车上猎到野兔。"大战中，保加利亚最想得到的是马其顿，这也是它的国王——在欧洲被称为"狡猾的斐迪南"——的一个目标，因为拥有马其顿不但可以控制爱琴海岸，而且可以掌握连接中欧和南欧以及中东的山谷和铁路。

保加利亚的威胁态度引起了塞尔维亚的密切注意，塞方立即着手做军事准备，英法则努力劝告塞尔维亚将马其顿割让给保加利亚以避开迫在眉睫的危险，但有同样的执着和勇气的塞尔维亚人拒绝了这些建议，并准备迎击他们所痛恨的巴尔干邻国的进犯。塞尔维亚集合它的军队以抵抗保加利亚从东边的入侵，但它不知道德军正准备从北面进行突袭。对塞尔维亚的致命打击，是由德国一位叫亨奇的上校参谋策划、由德国陆军元帅冯·马肯森指挥的，共有四个集团军，其中奥匈第三集团军、德国第十一集团军从北面进攻，保加利亚第一集团军从东面进攻，另一个保加利亚集团军，即由索非亚直接控制的第二集团军则从东南方向开进塞尔维亚，切断通向萨洛尼卡的铁路线。完成集结后的保加利亚在 1915 年 10 月 1 日对塞尔维亚宣战，斐迪南在他慷慨激昂的宣战诏书中声称："欧洲战争很快将胜利结束，我号召保加

图为一群保加利亚军官的合影。对这样的一个人口小国，1918年时派出的85万人在他们看来确实是一支大军。

利亚武装力量和人民起来保卫国家，向背信弃义的邻居开战，解放遭受塞尔维亚奴役的我国兄弟，我们的事业是正义的、神圣的，上帝保佑我们的军队！"

现在，进攻塞尔维亚已经万事俱备，四个集团军即将从三面扑向那个人数很少但凶猛的民族，一个德国集团军和一个奥德混成集团军正在向多瑙河、贝尔格莱德和萨瓦河进军，保加利亚第一集团军已部署到位，准备向历史名城尼什攻击，保加利亚第二集团军准备回身向南，切断起自萨洛尼卡的铁路，使这个在劫难逃的国家与世界隔绝，得不到任何形式的援助。当时只有 400 万人口的保加利亚，军队的人数却超过了 50 万，全部动员起来可达 85 万，他们被分为三个集团军，第一集团军在北，第二集团军在南，开赴马其顿前线，协助从北面和西北挺进的德奥军队。保军人数占压倒性优势，而且刚刚参战，士气正旺，毫无疑问地占了上风。从这年秋季起，塞尔维亚受到德国、奥匈和保加利亚三国军队的大举进攻，由于伤寒流行，在这一年的夏天约有 15 万塞尔维亚士兵染病，丧失了战斗力，三面受敌的塞军无力抵抗，只得向南撤退。塞尔维亚军队被迫通过塞尔维亚和黑山向阿尔巴尼亚方向撤退，塞尔维亚政府和塞军最高指挥部决定将政府、议会和军队一起经阿尔巴尼亚撤退到亚得里亚海滨地区。从塞尔维亚政府认识到他们的危险程度之时起，首相帕希奇就一直不停地呼吁求援，西方协约国必须给他派遣 15 万人的军队，否则肯定全盘皆输，他强烈要求，最起码协约国应扫清铁路线上的敌人以保证塞军的退路，但是英法两军参谋部表示，采取这样的行动根本不可能。

在此次战役还没开始时，协约国就已预见到了这次进攻，由法国将军萨拉伊指挥的 3 个师的先头部队就已经在希腊港口萨洛尼卡登陆，但随着保加利亚第二集团军切断了通向萨洛尼卡的铁路线后，就阻止了萨拉伊的部队与处于困境的塞尔维亚军会合。萨拉伊的部队退却到萨洛尼卡，置身于绰号为"鸟笼"的坚固防御阵地，准备抗击保加利亚军和态度不明确的希腊军队的进攻。总数达 42 万的塞尔维亚军队中，只有一些零星的小部队得以越过阿尔巴尼亚的群山，逃到亚得里亚海东岸免于被俘，16 万军队和 900 门大炮则成了保加利亚人的"战利品"。

德、奥、保三国对塞尔维亚的威胁所造成的间接后果，是使得英法不顾希腊的中立，于 10 月 5 日在萨洛尼卡港联合登陆，但在随后的战斗中败于保加利亚第一集团军，被迫退回希腊境内。置身在萨洛尼卡的堑壕军营中的协约国军队，一面修筑公路、码头和铁路，一面待援，这样度过了 1916 年的头几个月。他们占领了希腊的领土，而这个国家显然是中立国，他们没有接到明确的指示，伦敦给五个英国师的命令把它们局限于发挥一种模棱两可的、基本上是原地不动的作用。

塞尔维亚全境已被德国、奥匈和保加利亚三国军队占领，1916 年 8 月，罗马尼亚经过几次犹豫后，答应同协约国一起战斗，条件是奥匈帝国垮台后，它要求得到特兰西瓦尼亚的全部领土，布科维纳和巴纳特也要割让给它，同时它还要求俄国军队进入多布罗查地区，以协助它保卫南部边界免遭保加利亚的侵犯。1917 年 6 月，希腊也站到协约国一边投入战斗，使巴尔干战场的形势对同盟国越来越不利。

雾中出击
赫尔戈兰湾海战

　　西欧战争似乎迫在眉睫之际，英国的本土舰队和德国的公海舰队都进入了战斗泊位，英国本土舰队的主要战斗力都集中在大舰队，大舰队的指挥官是海军上将约翰·杰利科勋爵，主要基地在奥克尼群岛中的斯卡帕湾，辅助基地在苏格兰的港湾里。大舰队中包括 20 艘一级战列舰和 4 艘战列巡洋舰，它的主要作用是防止德国军舰逃进大西洋，保卫北海，监视公海舰队，在出现有利机会时将德国的公海舰队歼灭。

　　海上力量对战争的影响从一开始就感觉到了，从大战爆发起，海上封锁的威力尽管动作迟缓，初期不尽完善，但逐渐加强，终于像巨蟒那样无情地越缠越紧。英国人运用他们强大的海上力量来对付德国，同时极大地得利于它那得天独厚的地理位置。英伦三岛恰好与欧洲大陆西侧隔海相望，对北海和德国通向波罗的海之路形成包围堵截之势。1914 年战争爆发前夕，英国皇家海军的力量远比德国帝国海军强大。皇家海军一共拥有无畏级战舰 21 艘，英国的"伊丽莎白女王"号无畏舰上装备了 8 门 380 毫米口径的巨炮，射程约 13 公里，是普通战舰上火炮射程的三倍，德国海军的主力公海舰队，有 14 艘无畏舰，战争爆发后，德军的公海舰队被封锁在基尔和威廉港中，消极避战。

　　英伦三岛的位置扼守住北海的出口，德国的公海舰队实际上已成了英国大舰队的囊中之物，大舰队只要在那儿停泊一个舰队就收到了封锁德国的效果。显然处于劣势的公海舰队是不会出来向集结在那儿的大舰队挑战的。而在另一方面，雷场、潜艇等的威胁也制止了大舰队进到亚德湾攻击德国舰队，英国的目的是把公海舰队引诱出来消灭。而德国人则想运用计谋一点一点地逐个歼灭大舰队的各个部分，以此把它削弱到自己能对付的水平。对这两支世界上最大的舰队来说，战争的大部分时间是在令人厌烦的待机中度过的，英国舰队在奥克尼群岛上的斯卡帕湾和苏格兰的克罗马特阴冷的基地上待机，而德国舰队则藏身于赫尔戈兰岛的火炮和赫尔戈兰湾布雷场的背后，在亚德湾的不来梅港和威廉港待机，较陈旧的舰艇部署在波罗的海基尔港。

　　随着陆上节节败退，英国海军中求战的呼声越来越高，英国潜艇部队司令凯斯准将接到报告，每天傍晚德国的轻型巡洋舰都护送驱逐舰到赫尔戈兰湾做夜间巡逻，黎明时巡洋舰与驱逐舰在赫尔戈兰湾西北20海里处相会，护送它们回港。凯斯认为这个规律对英国舰队是个机会，就起草了一份突袭敌人的计划，即利用潜艇当诱饵，把强大的水面增援舰只布置在视界以外，把德国人引到赫尔戈兰湾以西的海面袭击。由于凯斯的一再坚持，和大英帝国皇家海军传统尊严熏陶下的中下级军官渐渐流露出来的不满，致使英国大舰队司令杰利科上将不得不同意了凯斯的诱敌计划，以己方的3艘潜艇和2艘驱逐舰分队前往德国海域，扮成围歼德国驱逐舰分队的假象，以吸引德军大部队出巢，并继而一并歼灭之。整个计划要求快打快撤，尽量减少暴露在敌人大门口的时间，务必赶在德国援兵到来前结束战斗。为求保险，凯斯要求从大舰队中调出第一轻巡洋舰中队做近接支援，还申请出动大舰队主力做后盾。但杰利科上将不允许因为一次小打小闹的突击而影响到大舰队的正常巡逻，他干脆利落地拒绝了这一"非分"要求。

就在行动开始之前，杰利科审查了作战计划，认为其中的突击兵力不足以应付突发情况，且远在亨伯河口的远距离支援群根本无法及时提供支援，于是在凯斯和蒂里特出发后，他命令贝蒂中将率领第一战列巡洋舰中队"雄狮"号、"玛丽女王"号和"大公主"号及古德诺夫准将指挥的6艘轻巡洋舰与第二战列巡洋舰中队会合，紧随蒂里特开赴赫尔戈兰湾。1914年8月26日午夜刚过，第八潜艇支队就从哈里奇港启程前往战区，凯斯乘坐驱逐舰"静默猎犬"号随行指挥，蒂里特也在这一天上午9时登上了旗舰"林仙"号，轻巡洋舰"林仙"号火力强，速度快，但服役才仅仅15天，各种设备还缺乏磨合和调校，所以当27日蒂里特舰队动身时，"林仙"号的战斗状态仍令人担心。他们在28日凌晨抵达赫尔戈兰湾，并且在大雾弥漫的海面上发现了德国驱逐舰分队的黑影，大雾造成的低能见度使得英国潜艇只发现了16艘德国船只中的6~7艘，而5公里左右的能见度也让德国人没有注意到英国潜艇发射来的鱼雷，倒霉的德国驱逐舰"V-117"

图为整齐地停泊在德国基尔运河上的德国鱼雷艇。

号不幸被击中，德国人迅速反应过来，并马上调整了队形。

德国驱逐舰分队司令瓦里斯中校立即下令展开搜索队形向西追去，同时用无线电发出"湾内出现敌潜艇"的警报，停泊在赫尔戈兰岛的第五雷击舰支队随即发动，准备出发去消灭英国潜艇。7时，双方水面舰艇发生了首次接触，德国第一雷击舰支队此时已经向西毫无结果地搜索了两个小时，突然发现了向南穿雾而出的蒂里特舰队。邻近的担负着保护驱逐舰编队重任的德军两艘轻巡洋舰"斯德丁"号和"弗劳恩洛布"号，加上不远处的第五驱逐舰编队总计 18 艘大小舰只纷纷加入战团，这种场面当然在蒂里特的算计之中，隐藏在浓雾中的他的舰队开始向着中央的团团黑影而去，并率先开火，双方的实力对比如此均衡，这也使得早有预备的蒂里特舰队在一开始的炮战中占据了优势。与此同时，"林仙"号与"弗劳恩洛布"号陷入了苦战，"林仙"号虽然在数据对比上显著优于对手，但它磨合时间太短的缺点却影响了战斗力，两门102毫米炮卡壳，另有一门被打坏，鱼雷发射管报废，一时间只有舰首的一门152毫米炮能够还击，场面极为被动，所幸击中对手要害，使得"弗劳恩洛布"号不得不拖着右倾的舰体退出战斗。

如同英国人计算好的那样，他们的出击果然吸引了不少的德国船，只要能够按照既定的计划继续发展下去的话，那么胜利几乎百分百地站在自己这一边。蒂里特准将放下望远镜，不由得意起来，但他的好日子也正是在这一刻结束的：同样是由于能见度的问题，他并没有发现德国舰队附近的大批增援部队正在源源赶来。

在与"弗劳恩洛布"的恶战中，"林仙"号的锅炉水管被打了个洞，这时航速已不足 10 节，蒂里特决定利用战斗间隙进行紧急修理。11 时，"林仙"的航速已经恢复到 20 节，除两门 102 毫米炮以外的全部火炮均恢复使用。当轮机重新轰鸣之时，德国的反击也即将开始。德国轻巡洋舰原本是分散出动，因此都是各自到达并投入战斗，首先出场是"斯特拉斯堡"号。蒂里特准将的旗舰"林仙"号和它身边的 4 艘英舰成了德国海军从侧翼驰援过来的 7 艘巡洋舰编队攻击的首要目标，"林仙"号等 5 艘驱逐舰本来是以五对二，与德海军先期驰援过来的"斯德丁"号和"弗劳恩洛布"号两艘巡洋舰对攻还算游刃有余，但是德军新生力量的到来让战局一下子扭转了过来，眼见势头不妙，"林仙"号迅速向已经在途中的古德诺夫的巡洋舰编队发出了求援信号。

当蒂里特疲于应付德国舰走马灯式的进攻时，英军此次行动的最高指挥军官贝蒂和他的 5 艘战列巡洋舰、4 艘驱逐舰正徘徊在西北 48 公里处，他不能坐视蒂里特遭到围攻而无动于衷，但他也清楚地知道德国人在午后不久就可以出动战列巡洋舰甚至是战列舰队，届时他的 5 艘战列巡洋舰自保尚且存疑，更不用说救援，胜利的天平每一分钟都在向德国一边倾斜。此时近 80 艘的大小舰只在海面上展开了厮杀，德军由于救援距离近和应急反应机制的完善，在战斗开始时稍稍占据了上风，"林仙"号在数艘德巡洋舰的联合打击下，于一次剧烈的爆炸后结束了它短暂的服役生涯，作为诱饵的蒂里特准将，完成了他诱饵的使命，德国舰队这条大鱼吞没了他。在没有战列舰和战列巡洋舰参战的情况下，轻型巡洋舰就成了这次海战目前的主角了。贝蒂在犹豫中向身边的菲尔德上校征询意见："你觉得我们该怎么做？我应该前去支援蒂里特，但如果损失一艘宝贵的战列巡洋舰，全国都不会宽恕我。"当时并未肩负责任的菲尔德脑子里只是"急切地想寻找刺激"，便脱口而出："我们当然要去。"于是贝蒂下定决心，11 点 30 分，贝蒂的战列巡洋舰队向东南方急驰而去。

大战既然已经拉开了序幕，那么在家门口作战的德国人就没有理由有所保留，在这外围由水雷和潜艇联合封锁着的封闭海域，德国人正在继续调兵遣将，他们的目标就是将这批英国舰艇全部困在这里。正当威廉港的巨舰们正在关注战况之余焦急地等待着涨潮来临，以使他们能够出发赶往交战海域的时候，他们得到消息，英国 5 艘战列巡洋舰编队正在往战场赶来。英军战列巡洋舰队的进入，使战场形势陡转，见势不妙的德国轻型巡洋舰开始逃离。"科隆"号的运气显然不够好，贝蒂凭借战列巡洋舰的速度优势，轻松切断了"科隆"号的退路，几分钟内，"科隆"号就成了一条废船。随后另一艘德国巡洋舰出现在贝蒂面前，这是刚刚抵达战场的"阿里阿德涅"号，它对于战况还懵懵懂懂，在"科隆"号身上刚发生过的一幕再次上演，仅 10 分钟，它就完全被大火和浓烟包裹。德国人期待已久的潮位终于到来了，随着欢快的汽笛声，6 艘战列巡洋舰率先驶往交战海域，而此时英国人的 5 艘战列巡洋舰已经抵达交战海域，并且凭借着不对称的火力和吨位对海面上的德国驱逐舰

风高浪急，一艘UB-3级潜艇在北海东南面的德国赫尔戈兰湾附近破浪而行。

和轻型巡洋舰编队展开了绞杀，当然，海面上的德国人也已经得到了后方的消息，他们现在的目的只有一个，宁可自己丧身于此，也要将英国人的这批舰艇留下。由于大雾，许多德国轻型巡洋舰逃脱了厄运，如果天气晴朗，它们在英国战列巡洋舰面前必定是九死一生。

即使是在一边倒的畅快战斗中，贝蒂心中的弦依然崩得紧紧的。此时杰德河口水位已经升高，德国的主力舰队可能已经在途中。下午1时，贝蒂向湾内全体英国舰艇发出撤退信号，此时距离他加入战场还不到40分钟。随着浓雾的渐渐淡去，以"布吕歇尔"号为首的德国6艘战列巡洋舰编队抵达交战海域，为了这一刻的到来，德国人已经付出了惨重的代价。英国舰队得手后并不恋战，捞起部分德舰落水官兵后迅速撤离，当中午涨潮后德国战列巡洋舰赶到现场时，英国人早已踪迹全无。赫尔戈兰湾突袭战是第一次世界大战的第一次海上舰队交战，无疑，英国人在大洋舰队眼皮底下痛击德国舰队的行动，令德国海军颜面尽失，大洋舰队虽坐拥巨舰重炮且近在咫尺，却由于低潮所阻，只能眼睁睁看着英国舰队扬长而去。捷报传遍了不列颠，对于不了解过程、只在乎结果的大多数英国人来说，这个期盼已久的胜利无疑是一针兴奋剂，但对于局内人士来说，这次胜利与灾难之间只有一线相隔。这场海战对于德国的海军战略产生了重大影响，德皇于是下令舰队"保持守势，避免可能导致更大损失的作战活动"。在此期间，德国位于中国青岛的太平洋远东舰队则开始了一场海上游击战。

"游击舰长"冯·施佩
科罗内尔海战

1914年海上战争的重头戏，是在远离英国海岸的地区演出的。在漫长的贸易航线上，角逐已经开始了。战争爆发时，有5支悬挂德帝国国旗的武装商船袭击者舰队分布在世界各海域，其中包括巡洋舰"柯尼斯堡"号、"卡尔斯鲁厄"号、"德累斯顿"号、"莱比锡"号、"纽伦堡"号和"艾姆登"号，加上海军中将施佩指挥的一个分舰队——其中最重要的舰只是装甲巡洋舰"沙恩霍斯特"号和"格奈泽瑙"号。大战之初，德国海军将主力舰队龟缩在德国西北部的威廉港和基尔港基地，偶尔出击一下北海以起到骚扰的作用，而在世界各大洋，仅有8艘德国军舰在活动。由冯·施佩海军中将率领的东亚分舰队，由4艘战舰组成："沙恩霍斯特"号和"格奈泽瑙"号装甲巡洋舰、"埃姆登"号和"纽伦堡"号轻巡洋舰。另外，"德雷斯顿"号和"卡尔斯鲁厄"号轻巡洋舰在加勒比海游猎，"莱比锡"号和"柯尼斯堡"

号轻巡洋舰分别在墨西哥西海岸和东非沿海活动。

1898年，德国人在中国的青岛获取了一个海军基地。第二年，德国又从西班牙人手里买下了加罗林群岛、马绍尔群岛和马里亚纳群岛大部。后来德国又把它的很多殖民地岛屿发展成了加煤站。1914年夏，有6艘德国巡洋舰在德国远东海军中将格拉夫·冯·施佩的指挥下在太平洋活动。冯·施佩的舰队本来以中国青岛和大洋洲的加罗林群岛为基地，由于8月23日日本加入协约国，施佩在东亚和西太平洋没了立脚点，只好一路打家劫舍向南美西海岸进发，途中偶尔停顿袭击敌国港口并且补给燃煤。由于大战开始后日本对中国青岛的虎视眈眈，德国在青岛的海军基地已是危如累卵，冯·施佩鉴于日俄海战中俄国舰队被日本舰队封锁于中国旅顺港中的教训，决心让他的舰队及早离开青岛这个危险之地。6月份的最后一个星期，冯·施佩率领他的1.2万吨的装甲巡洋舰"沙恩霍斯特"号和"格奈泽瑙"号，从青岛启程，在紧接英国宣战后的8月5日，这两艘强大的军舰在靠近所罗门群岛之处，9日，它们在卡罗林群岛加煤后便消失在有无数岛屿的浩瀚的太平洋，没有人能告诉它们将在何处重现。英国人以加罗林群岛为中心，画出半径日益加大的圈子，搜索它们可能突然出现的许多地点。

冯·施佩在德国海军中以勇敢多谋著称，他知道，只要他敢驶向西太平洋或留在中太平洋，他终归是要被穷追猛打的。于是他决定向南美西海岸巡航。与德友好的智利会给他加煤以便继续行动。他拒绝把袭击商船作为自己整个舰队的主要任务，但派遣"埃姆登"号带着一艘加煤船向西横渡太平洋以便在印度洋袭击英国船队。

冯·施佩舰队的主要任务是攻击英国商船和运兵船，他在这方面取得了巨大成功，但使他留名青史的主要还是和英国皇家舰队之间的作战。

1914年10月28日，"埃姆登"号突袭槟榔屿，击沉俄国轻巡洋舰"珍珠"号和法国的"莫斯奎特"号军舰。此外它还不断地袭扰英国船只——捕获21艘，摧毁的船只和货物价值1000万美元以上。施佩在从容不迫地驶向南美洲的途中，在复活节岛收编了装甲巡洋舰"莱比锡"号和轻型巡洋舰"德累斯顿"号。这时他得到英国巡洋舰已经在南美西海岸一带活动的情报，便马上向那儿驶去。10月底德国分舰队已在智利沿海巡航，"莱比锡"号打破无线电静默，想让英国人以为在这一水域只有一艘德国军舰。

这是德国海军上将冯·施佩的肖像。

此时冯·施佩的实力已可以与任何一支皇家海军分舰队交战，英国皇家海军为了保护本土并监视德国的公海舰队，将大部分兵力部署在北海—多佛尔—直布罗陀一线，在大洋上只留下了几只巡洋舰分队以对付德国海上袭击舰。其中，前印度舰队在海军少将克里斯托弗·克拉多克爵士率领下搜索"德雷斯顿"号和"卡尔斯鲁厄"号。英国人认为有迹象表明德舰在智利海岸加煤，并怀疑在麦哲伦海峡有德舰的一个燃料基地，因此英国海军部给南美军事基地指挥官克拉多克的电报说："沙恩霍斯特"号和"格奈泽瑙"号很可能到达西海岸或麦哲伦海峡，当你有占优势力量时，应立即使用中队搜索麦哲伦海峡，随时准备返航保护普拉特河，或者根据情报向北搜索远至瓦尔帕莱索，摧毁德国巡洋舰并破坏德国贸易。克拉多克意识到他有可能与冯·施佩展开一战，但英国海军部对此态势反应迟钝，原来许诺增援给克拉多克的是"防御"号装甲巡洋舰，结果派来的却是速度为十二节的前"无畏"级战列舰"卡诺帕斯"号，让克拉多克尤为失望的是，这艘老爷舰上的后备役官兵素质低下，炮手们竟然从未施放过舰上的大炮。

两天后英国人得到消息说"沙恩霍斯特"号和"格奈泽瑙"号在萨摩亚海外出现，这使英国人大大松了口气，因为在那里他们没有猎取的目标，那里的近岸锚地的防守部队十分强大，不容任何登陆部队从防御工事前面向他们吼叫。一周后，德舰出现在帕皮提，向该岛炮击，炸毁半个市镇，击沉港内法国小炮舰"热忱"号后在当天早上离开，向北驶去，再次消失在巨大的太平洋深处。10月31日，"格拉斯哥"号截获了一艘德国军舰与补给船之间的电报，克拉多克认为这艘军舰正是从大西洋逃出来的德舰"德雷斯顿"号并断定它正在单独活动，他立即命令"格拉斯哥"

号与舰队会合后一起向北开进，由于火力强大的老式战列舰"卡诺帕斯"号速度太慢追不上快速的德舰而被留在了后方，克拉多克率4艘英舰以30公里的间隙呈扇形向北搜索前进。克拉多克不知道他上了冯·施佩的当，德舰在驶向南美洲

1914年11月1日的科罗内尔海战，证明了英国舰队远远不是德国东亚舰队的对手。

的途中时，施佩得到英国巡洋舰已经在南美西海岸一带活动的情报，便马上向那儿驶去，他有意让"莱比锡"号打破无线电静默，让英国人以为在这一水域只有一艘德国军舰，施佩的计划成功了，克拉多克因嫌老式战列舰"卡诺帕斯"号速度太慢而放弃了它，这使得他丧失了对施佩的火力优势。

德舰到了智利海岸，在一个孤岛上加了燃料，得知英国轻巡洋舰"格拉斯哥"号在科罗内尔，施佩决定试图切断英舰的退路，怀着这个目的他率领整个舰队于11月1日向南行驶，几乎与此同时，克拉多克将军开始他的大举北进，希望抓住"莱比锡"号。大约下午4时左右，克拉多克看见北边有几艘军舰的浓烟，4点45分，"格拉斯

图为科罗内尔海战失利后随舰同殉的英国舰队司令克里斯托弗·克拉多克。

哥"号能辨认出"沙恩霍斯特"号、"格奈泽瑙"号和一艘德国轻巡洋舰。两军都处在对方视野之内了，两军指挥官都吃惊地发现对方不只是一艘巡洋舰，"沙恩霍斯特"号和"格奈瑟瑙"号开始准备战斗，它们比自己的主要对手"古德霍普"号和"蒙茅斯"号有着绝对的优势，英国人的这两艘军舰上只有"古德霍普"号上的2门229毫米口径火炮能与德国人的两艘装甲巡洋舰上的16门203毫米口径火炮相提并论，而德舰是以出色的射击技术著称的，另外德国人还拥有一种指挥仪系统，英国巡洋舰上却没有。由于英舰航速并不比德舰低且距离较远，克拉多克满可以向南撤退，待与"卡诺帕斯"号会合后再与施佩一搏，但克拉多克不愿背上临阵脱逃的罪名而辱没皇家海军的声誉，更担心一旦丢失目标再难找到，他决定马上攻击，6点刚过，克拉多克向在300公里外火力强大的"卡诺帕斯"号发信号示意："我现在要攻击敌人。"英国舰队驶向德舰，意欲迫使德舰在日落前进行战斗，两个舰队里的官兵，离家如此遥远，在这种波涛汹涌的大海上彼此面对面，他们中十有九人注定死亡，英国官兵就死在那个晚上，德国官兵死于一个月以后。

晚7时，太阳落入海面，余晖将英舰的身影清晰地映在地平线上，而德舰却隐没在渐浓的夜幕中，克拉多克带队向东南方向疾驶，以期迅速缩短双方距离并用近战与施佩一搏。双方相距1.2万公里时，施佩命令用203毫米口径的主炮向英舰开火，而克拉多克只有4门229毫米口径的火炮能够得着德舰，而夜色中的德舰的方位只能从炮口闪光来判断，英军从一开战就陷入了毫无还手之力的境地。这是一场一边倒的战斗，德舰的一次最早的齐射就打哑了"好望"号前面的主炮，它与"蒙茅斯"

号很快着火，"好望"号在一声巨大爆炸后只成为一个发光的斑点，不久便消失得无影无踪，"蒙茅斯"号处于绝对的无助状态但拒绝投降，被"纽伦堡"号击毁，像"好望"号一样沉入大海，"格拉斯哥"号和"奥特朗托"号两艘轻巡洋舰逃离了战场。冯·施佩以两艘装甲巡洋舰在远距离上有条不紊地轰击英舰，在一个小时内就击沉了其"好望"号和"蒙茅斯"号两艘装甲巡洋舰，而施佩的舰队只被无足轻重地命中六发，只有两个人受伤。

这一战果迫使剩下的英国轻巡洋舰逃走，同时还切断了来自秘鲁和智利的硝酸盐、铜和锡的船运。此次海战被认为是海战史上的一个经典战例，克拉多克虽然战败了，但也减少了德国人继续取胜的机会，因为施佩的分舰队把203毫米口径大炮的弹药消耗了一半，而在这一地区又根本得不到补充。在科罗内尔取得胜利后，施佩表现出一位勇敢绅士的尊严，他不以瓦尔帕莱索德国殖民地的热情欢呼为意，也不谈论建筑在战死者之上的胜利。他谈起人们献给他的鲜花时说："它们可以用在我的葬礼上。"在瓦尔帕莱索住了几天后，他和他的军舰再次消失在蓝色的大洋中。

英国海军部一收到科罗内尔海战的坏消息后，马上决定不再把战列巡洋舰增援部队只用于本土附近水域了。科罗内尔海战前两天，刚刚被丘吉尔重新任命为海军部第一次官的费希尔勋爵命令海军中将多夫顿·斯特迪勋爵率快速战列巡洋舰"无敌"号和"坚强"号以最快的速度驶往福克兰群岛，英国情报部门估计施佩会在那里重新出现。

冤家路窄
福克兰群岛海战

科罗内尔海战以德国舰队的完胜而告结束，由于是在水面舰艇正面交战中失利，这使英国海军部大为震动。由于克拉多克的攻击行动导致他本人和1600多名部下丧生，很难用勇敢或是鲁莽来形容他的举动，这令英国皇家海军非常难堪，也激起了皇家海军的复仇欲望。加上同时担忧冯·施佩将率舰队绕过合恩角进入南大西洋，英国海军部费希尔海军上将迅速向英国殖民地调派增援兵力以扭转不利局面，下决心一定要跟踪并击溃冯·施佩的巡洋舰队，当施佩还陶醉在胜利的喜悦中时，一支强大的英国舰队正在南大西洋集结，开始为他掘下坟墓。

冯·施佩现在暂时控制了南美海域，他拥有多种选择的机会。他可以折回太平洋，重复执行使英国饱受挫折的神秘战术。他可以沿南美西海岸北上，去往巴拿马运河，但执行这个选择，他有与向南驶来的英日中队进行战斗的可能性，当然如果遇上了，他也能够躲开作战，因为他的军舰速度较快。最后，他还可以横渡大西洋，在途中可能袭击福克兰群岛，并出其不意地到达南非海岸。诸多的可能性，让英国海军部大为头痛。12月初，施佩的舰队奉命回国，施佩带领着他的1.2万吨的装甲巡洋舰"沙恩霍斯特"号、"格奈泽瑙"号、"莱比锡"号以及轻型巡洋舰"埃姆登"号、"纽伦堡"号、"德累斯顿"号向南大西洋的福克兰群岛海域开去，当月6日上午他召集舰长们开会。由于冯·施佩的东亚分舰队亟需燃料补充，舰长们建议进攻斯坦利港以便摧毁那儿的无线电电台，俘虏英国总督，缴获那儿的库存煤。施佩接受了这一建议。

克拉多克的舰队失败后，英国海军部立刻作出反应，向冯·施佩可能去的各个水域派出了强大的增援兵力，从大舰队中抽出的两艘战列巡洋舰"无敌"号和"不屈"号从达文波特秘密启航，于12月7日到达福克兰群岛，与原来驻泊在那里的5艘舰艇会合，组成了一个新的舰队。事情就是如此巧合，就在斯特迪舰队到达福克兰的第二天，冯·施佩的舰队也一路奔波赶到了该海域。12月8日上午，冯·施佩在福克兰群岛海域命令"格奈泽瑙"号和"纽伦堡"号向斯坦利港进军，搜索并用炮火拿下无线电台，这时英国人正在港内加煤准备南行，信号塔上看到了两艘德国巡洋舰时，斯特迪的舰艇措手不及，不能马上出击，正驶向港口入口的"格奈泽瑙"号看到了英国战列巡洋舰的三柱形樯杆，马上用信号旗发出警报。就在英军吹哨集合进入"临战状态"时，德军慌忙后退，先退出15海里了。试图袭击斯坦利港口的装煤站和无线电站的冯·施佩舰队遭遇了正在该港口加煤的英国巡洋舰队，这支舰队属于刚刚调到南大西洋的强大增援部队，其中包括两艘令人生畏的新式高速战斗巡洋舰"无敌"号和"不屈"号，其指挥官是多弗顿·斯特迪海军中将。

冯·施佩舰队正向这个群岛接近，斯特迪同冯·施佩一样感到意外，因为刚刚到达的英国人正在给军舰加煤和维修，还没有做好战斗的准备。英海军将领自己也承认，抛锚停泊而没有升火的斯特迪舰队被发现时处于不利地位，如果德国人坚持及时发动攻击，则英舰队的结局将是凄惨

海军中将斯特迪领导的英国舰队在福克兰群岛海战中取得了胜利。

的，然而此时的冯·施佩只想逃跑，相反，斯特迪却报仇心切，他命令舰船开始追击。

德国全部5艘军舰现在可以看清了，约在240公里以外，斯特迪考虑到时间宽裕，他调整速度，战列巡洋舰只保持约20节的速度，这个速度足以赶上德舰，因为德舰长期在太平洋上逗留，一直未进港口，行驶时不能超过18节。尽管如此，"莱比锡"号还是开始掉队，11时，匆匆逃跑的冯·施佩收到了最令他担心的报告，他的舰队已被那2艘英国战列巡洋舰追上了。冯·施佩认识到英国战列巡洋舰上占优势的305毫米口径重炮很快就会开火，如果继续保持兵力集中，就将全军覆没，于是他决定牺牲自己的3艘主要军舰，以便让两艘较小的驱逐舰逃跑。冯·施佩发信号给轻巡洋舰叫它们逃往南美海岸，然后他与"沙恩霍斯特"号和"格奈泽瑙"号回转身面对追赶者。为减少损失，斯特迪命令跟随战列巡洋舰作战的"卡那封"号装甲巡洋舰拉开距离，自己亲自率领"无敌""不屈"号战列巡洋舰，单独与施佩的主力"沙恩霍斯特"号和"格奈泽瑙"号对垒，这一调整使德军在射程、火力和航速上完全处于劣势。

随后发生的海战优势在英国方面，德舰试图靠近距离，使它猛烈的152毫米口径火炮发挥作用，英舰则竭力保持距离，并以305毫米口径大炮向德舰倾泻炮弹，"沙恩霍斯特"号连同它的将领和全体人员在下午4时下沉。"格奈泽瑙"号在无望的劣势下以最大的毅力继续战斗到下午6时，在绝对无能为力的情况下它打开海水阀，在大洋冰冷的海水下失去踪影。此次作战持续了5个小时，德国除一艘轻巡洋舰外，其余军舰全部被击沉，而英国军舰无一损失，斯特迪歼灭了冯·施佩的海军舰队，为科罗内尔的失败报了一箭之仇。1915年7月，德国在海外的最后一艘轻巡洋舰"柯尼斯堡"号，被英国"塞文"号和"默西"号击沉，除了在亚德的公海舰队和基尔的波罗的海舰队之外，协约国实际上已经消除了德国的水上力量在公海上的威胁，确保了自己的海上交通线不受干扰。从此，英德双方降下了远海战争舞台的幕布，再也没有其他战舰离开德国去袭击英国的贸易航线了。

破译密码
多格尔沙洲伏击战

1914年8月5日，英国"长矛"号驱逐舰用舰炮击沉德国辅助布雷艇"柯尼金·路易斯"号，此时仅为宣战后13个小时，由此打响了海战的第一炮，拉开了"一战"的海战序幕。8月28日，英国海军于黎明时分袭击赫尔戈兰湾，德巡洋舰"科隆"号、"美因茨"号和"阿里西尼"号及"V-187"号驱逐舰被击沉，其他5艘轻型舰只被击伤。

海战节节失利，为了报复，德海军对苏格兰和英格兰沿海地区采取打了就跑的不定期袭击，德国人将报复的眼光盯上了多格尔沙洲。多格尔沙洲是北大西洋最著名的渔场之一，德国海军决定先拿渔场上的英国渔船开刀。1915年1月下旬，北海上浓雾弥漫，德国海军中将希佩尔率领一支舰队悄悄离开威廉港，直驶多格尔沙洲。这支舰队由3艘战列巡洋舰、1艘装甲巡洋舰、4艘轻巡洋舰和19艘驱逐舰编成。按计划，鉴于巡洋舰的航速较快，预计编队将于24日拂晓抵达多格尔沙洲东南部海域。虽然当时天色未明，仍然决定不再向沙洲靠近，以免英舰队插入编队与赫尔戈兰湾之间而被截断归路。坐镇在旗舰"塞德利茨"号上的冯·施佩，心中正算计着如何教训英国的拖网渔船并敲掉那些轻型的护渔军舰。

德国人的计划倒不错，可他们不知道自己的行踪对手早已了如指掌，在战争第一个月中，被击沉的德国轻巡洋舰"马格德堡"号使协约国发了一笔横财，在波罗的海海底清查这只船的内部时，俄国潜水员刚巧碰到了一只铅制的箱子，里面有德国电报密码和北海平面海图。一份密码被送给了英国海军，因此协约国能够破译德国海军的机密无线电通讯。后来德军更换了密码，但还是瞒不了英国皇家海军，他们同时研制了定向无线电接收机，来确定德舰的位置。这次，英国破译的德国海军密码及时发挥了作用，在得到德舰出航的消息后，英国海军部立即命令其大洋舰队指挥官贝蒂率领战列巡洋舰"雄狮"号、"猛虎"号、"皇家公主"号、"新西兰"号、"不屈"号，在戈迪纳夫的轻巡洋舰的伴随下，驶入北海，同于多格尔沙洲东北海域活动的蒂里特会合，集结完毕的贝蒂舰队已拥有战列巡洋舰5艘，轻巡洋舰7艘，驱逐舰33艘，他们要在这里伏击施佩所带领的德国舰队。

24日，在北海的多格尔沙洲，德国"赛德利菲""德弗林格尔""毛奇"号战列巡洋舰和装甲巡洋舰"布吕歇尔"号进入了英国"雄狮""猛虎""皇家公主""新西兰""不屈"号5艘战列巡洋舰的埋伏圈。上午7时，德军先头侦察舰"科尔贝格"号轻巡洋舰与英军轻巡洋舰"阿雷苏萨"号遭遇，炮战随之开始。

英国战列舰"猛虎"号的炮塔特写。该舰属于附加了空中侦测功能的火力加强型战舰的早期测试版。

半小时后，施佩发现了远比自己强大的整个英国舰队，见偷袭无望，迅速掉头向赫尔戈兰湾回驶，企图甩掉英国舰队，贝蒂下令舰队全速追击。贝蒂的旗舰"雄狮"号一马当先，穷追不舍。德舰队向东南狂奔，"布吕歇尔"号装甲巡洋舰行驶在施佩纵队的最后。8时，双方相距20公里左右，"雄狮"号开始向德军舰队开火，殿后的"布吕歇尔"号首先中弹，9时，率先冲入敌阵的"雄狮"号向施佩的旗舰"塞得利茨"号连发重炮，致其重伤。10时左右，贝蒂所乘坐的旗舰"雄狮"号被德舰"德弗林格尔"号击伤，"雄狮"号全舰电力中断，无法使用无线电和灯光信号指挥作战，不久就落到了队伍的后面，于是贝蒂指示穆尔率领其他舰只继续追击敌舰，务求全歼。可是不久发生的指挥混乱，使得原本希望在即的歼灭战化成了泡影。

在这场混战中，德军损失战列巡洋舰"布吕歇尔"号，重伤2艘，死900多人；英受损2艘，死15人，"雄狮"号被"德弗林格尔"号305毫米主炮命中两发。德防护性能良好的"布吕歇尔"号中70多发大口径炮弹和7枚鱼雷后，仍能吸引英舰两个多小时火力方沉，而英"雄狮"号仅中弹两发就支持不住了。"布吕歇尔"号装甲巡洋舰在一场激烈的但毫无指望的战斗之后沉没了，而施佩的其他军舰却成功地逃走了。当时掉了队的"雄狮"号上的贝蒂发出的信号是"攻击敌后部"，他指的是还在开火的德军舰队的最后一艘战列巡洋舰，但是正在"新西兰"号上接替指挥英国舰队的穆尔少将却以为贝蒂指的是原先在德军后部的"布吕歇尔"号。穆尔带领整个舰队一起用暴风雨般的炮弹轰击现在不过是东北方一堆着火残骸的"布吕

在多格尔沙洲行动中，德军"布吕歇尔"号战列巡洋舰在一个致命的打击之下翻了船。

歇尔"号。"布吕歇尔"号是德国第一艘重火力、高航速、能与英国的战列巡洋舰作战的巡洋舰，安装六座双联210毫米炮塔，前后各一座，左右舷各两座，呈六边形配置。以巡洋舰的火力来说，可谓充分。但不幸的是，它现在面对的是英国的"无敌"号战列巡洋舰——装备8门305毫米大炮，是武装到了牙齿又身手敏捷的大家伙。当施佩的舰只在东南地平线上消失时，贝蒂把他的司令旗移至战斗巡洋舰"皇家公主"号，中午12时，英国海军部来电报警告他，德国的整个公海舰队已经开出，要把施佩的舰群护送进亚德湾。在贝蒂向英国返航时，主力舰队开到现场，协助把打坏的"雄狮"号拖回罗赛斯修理。多格尔沙洲之战未能以更有决定性的英国胜利告终。英国海军高级军官们得知具体情况之后普遍感到气愤，他们认为在这种情况下穆尔应当根据常理行事，而不应该毫无疑义地盲目执行命令。费希尔勋爵吼道："只要他身上有一丁点儿纳尔逊的气质他就会追下去，而不管什么信号！像纳尔逊在哥本哈根和圣文森特角那样！战争中的第一原则是不服从命令，任何傻瓜都会服从命令！"穆尔因此丢了他的职务。

多格尔沙洲海战之后，德国人认为英国舰队在24日早晨出人意料地出现所导致的遭遇战绝不是一次偶然，说明他们的计划在某种程度上或全部为敌人所知晓，所以导致他们的巡洋舰与数量众多的敌舰遭遇，从那以后他们的水面舰艇轻易不再出动，而是更多地依赖他们的潜艇战了。

"奔向大海"
埃讷堑壕战

"奔向大海"是第一次世界大战初期，英法联军与德军于1914年9月在瓦兹河和加来海峡之间广阔地区实施的一系列机动作战的称谓。1914年9月马恩河战役和埃讷河战役结束后，在马恩河战役中失利的德军撤到了马恩河北面的埃讷河畔，德军企图在埃讷河畔进行防守反击，交战双方在瓦兹河至瑞士边界地段进入阵地战。与英法联军僵持对峙3个星期后，双方都意识到正面突破是不可能了，于是都开始试图包抄对方的侧翼。法军总参谋长霞飞企图对德军右翼实施迂回，以迫使德军撤离埃讷河、瓦兹河、索姆河和埃斯科河地区，同时救援比军防守的安特卫普。德军总参谋长法金汉则决定从洛林地区抽调第六集团军增援右翼，力图挫败英法联军的计划，并迂回到联军的左翼。

还在德军转而面向追击他们的协约国军队时，他们在西线已经有了一个最坚固的阵地，德军驻守在离山顶3.2公里的较高的北面，藏身在覆盖着正面和斜坡的浓密的灌木丛后面。在夜间浓雾的掩护下，英国远征军朝着通向高原的小路前进，当雾在明朗的朝阳下消散时，他们遭到交叉火力的无情扫射，那些突入山谷得不到大雾保护的人，也遭到了同样的打击。

"一战"时，由于许多新式武器的使用，特别是重机枪的使用，使得从正面攻击堑壕阵地变得十分困难，在战斗开始以后，德国和协约国军很快就意识到，正面进攻得到的只是本方人员的伤亡。从 1914 年 9 月一直到 1918 年 3 月德国发动春季攻势这段时间内，西线战场上的作战双方几乎在任何时候都在壕沟内对峙。"一战"的堑壕战非常惨烈，与其他战争一样，"一战"中士兵的最大杀手就是疾病，战壕里的卫生条件很差，常见的感染包括痢疾、斑疹伤寒和霍乱等，双方的堑壕之间叫无人区，在战斗中有时会有短暂的停火，让双方带有红十字臂章的人员进入无人区抬回自己一方的伤兵的尸体。

当英德两军之间的延翼竞走在新港达到了终点之后，双方所想寻求的机动性战争遂突然停止了。基钦纳勋爵说："我不知道还应该怎么做——这根本不是战争。"可是不幸得很，这却正是战争，每个二等兵都知道这个事实。丘吉尔是当时的海军大臣，他说："面对着这个死结，一切的军事艺术都哑口无言了，指挥官和他的参谋人员，除了正面的攻击以外，就再无任何其他的计划。"

现在双方为了避开对方的正面火力减少伤亡而选择向对方的侧翼进行迂回机动，不约而同地向对方的北侧进行包抄，在包抄对手的同时也不断挖掘纵横交错的壕堑并配置大量重机枪来防止对方攻击自己的侧翼。当发现对方已经挖好战壕架好机枪之后又继续向北迂回，最后双方的军队一直把连绵不断的战壕防御工事从瑞士边境挖到了比利时和法国北部的北海之滨才停下来。局势很快变得明朗，双方都拿对手无可奈何，而且又没有一方想退却，战斗演变成了相持不下的僵局，这将对抗的双方在今后四年中都固定在了这一条狭

沿着西部战线发生的战斗，都是在那些有着带刺铁丝网和机关枪守卫的战壕中打响的。那里的条件令人触目惊心，有的是过膝的泥泞土地、不断的机关枪扫射、狙击和突然袭击。于1916年发生在法国的索姆河战役和凡尔登战役，便造成了200多万人的死伤。

长的地带上。这一时期被称为"奔向大海"，10月中旬"奔向大海"战役结束后，战线从利斯河延伸到伊泽尔河，德军计划攻占法国加来港，摧毁英军补给基地，迫使英国退出战争。协约国军队决心坚守伊普雷、迪克斯迈德、尼乌波特一线，相机收复比利时全境和法国北部。

表现法德战争的一幅宣传画

在一个月的"奔向大海"作战中，德军伤亡13万人，协约国军队损失约10万人，由于兵力相当，行动不够坚决，致使双方迂回到对方侧翼的企图均未实现。大量使用骑兵、广泛利用火车和汽车输送预备队，是此次战役的主要特点。1914年10月中旬，包抄侧翼的竞赛终于因为到达了英吉利海峡而结束，但是德军仍不罢休，企图攻破联军的防线，德军选择了一个进攻点，这就是比利时西南部的小镇伊普雷。10月，德国参谋本部新任总参谋长法金汉下令在佛兰德斯发起进攻，想把协约国军队逐出安特卫普和海峡各港口。然而，德国的后备军已经如此空虚，以致投入了一支8月份才开始训练的毫无经验的大学生部队。德国占领了安特卫普，但这3.6万名大学生后备部队中，只有6000人毫发无伤地幸存下来，其中的一人就是阿道夫·希特勒。这些缺乏经验的志愿军在机枪和自动步枪交织的火线中成片倒下死伤惨重，后来，德国人把第一次伊普雷战役称为对无辜者的大屠杀，联军虽然勉强守住了防线，但是却付出了极大的生命代价。

10月20日，德军第四集团军和第六集团军的3个军对伊普雷实施主要突击，对伊泽尔河实施辅助突击。22日，德军强渡伊泽尔河，并在西岸设防，28日，比军打开尼乌波特海水闸门，水淹德军。30日，德军被迫撤退。伊普雷地区的作战行动到11月20日结束，此役双方均未能达成战役企图，西线从此进入阵地战阶段。从1914年8月4日德国第一集团军和第二集团军进入比利时到1914年11月第一次伊普雷战役结束，连续几个月的激烈战斗让交战双方疲惫不堪，法、英、德将近50万士兵在战争中倒下了。马恩河战役结束后，西线战场就形成了胶着对峙的局面，在你来我往的攻防中，双方都加强了防御，交战双方纷纷深挖堑壕，加强掩体，设置带刺的铁丝网，以构筑固定阵地。1914年的战局是对各交战大国的兵力和能力的检验，战斗的结果使双方的短期战争和毕其功于一役的计划化为泡影。仅限于利用动员的军队和动员的储备物资，只靠军事工业而不是靠国家整个经济能力的战略也遭到破产。在西线战区，从瑞士到英吉利海峡形成一个总宽达300多公里的阵地。

"让法国人把血流尽"
凡尔登战役

小毛奇输掉马恩河战役后，接任德国参谋总长的法金汉对 1915 年的作战构想是在西线采取守势，在东线一举击败俄军，再挥师西进。但实际情况是英法军队在西线的局部进攻大大牵制了德军的力量，使德军在东线没有足够的兵力给俄军以致命性的打击。因此，法金汉决定停止对俄国的进攻，把主要突击方向对准西线的英法军队，想让法国的血流光。

当 1915 年行将结束时，德国指望未来的一年是有希望的一年，奥德部队同他们的新盟国保加利亚一起，击溃了巴尔干的塞尔维亚军队，迫使其残部在希腊寻求庇护；沙皇尼古拉的军队败北后仍然晕头转向，容许德军把将近 50 万军队调往西线，现在德国可以放手驱动它的力量来对付法国在防守上的战略据点，而不至于危及另外地方的阵地了。

1916 年初，第一次世界大战进入了第三个年头，随着"施利芬计划"的破产，德军指挥部改变了作战部署，计划在东线进行防御，而在西线重点对法军右翼部队所依托的"凡尔登突出部"实施突击。这是德军新任参谋总长法金汉提出的。他把这次行动计划称为"处决地"，目的是进攻一个法国不愿放弃的军事要地，让法国在那里投入全部兵力，然后加以歼灭，使法国在军事上崩溃，从而逼其投降。法金汉公开叫嚣："要让法国把血流尽！"

凡尔登是英法战线伸入德军防区的突出部，它像一颗伸出的利齿，对深入法国北部的德军侧翼形成严重威胁。它的南侧面对着圣米耶尔反突击部，穿过凡尔登城是默兹峡，东面是默兹高地的岩石陡坡，前面是肥沃的沃夫尔平原。凡尔登战线位于默兹高地之上外围堡垒前方的 5 公里处，德、法在这里曾有过多次交手，但德军皆未能夺取要塞，如果此次德军能一举夺取凡尔登，必将沉重打击法军士气。同时，占领了凡尔登，也就打通了德军迈向巴黎的通道，占领了巴黎，法国就不攻自灭了，剩下的英、俄两军就不足为惧了。

德军进攻凡尔登的企图是先发制人，争取在英法军队发起进攻之前，突破法军战线，以改变战略态势，并借以大量钳制和消耗法军兵力。担任进攻的部队为德国皇太子威廉任司令的第五集团军，下辖 7 个军共 19 个师，有火炮 1200 余门，在这些大炮中间，有 13 座震天动地的 420 毫米的攻城榴弹炮，飞机约 170 架，后来陆续增至 50 个师，约占西线德军总兵力的一半。法军凡尔登筑垒地域横跨默兹河两岸，正面宽 112 公里，全纵深 18 公里，筑垒地域由四道防御阵地组成，前三道为野战防御阵地，第四道是由凡尔登要塞永备工事和两个筑垒地带构成的坚固阵地，居高临下，易守难攻，由法军第三集团军防守，5 个师防守凡尔登以北地区，3 个师防守凡尔登以东和东南地区，另 3 个师作为预备队配置在凡尔登以南默兹河西岸地区。

在法金汉的设想中，19 个德军师和大量火炮将使法国部队精疲力竭，血流成河，凡尔登将成为一块砧铁，法国军人将被德军火炮在砧铁上锤打致死。法军以爱国激情坚守固定的阵地，可能在那里被炮火炸得血肉横飞。当然，如果法军不愿悲壮牺牲，如果他们认为不必为守住筑有空堡垒的凡尔登的这几个山头而做出巨大牺牲，那么，德国人的天才的计划也必然失败。但法国人是不会弃守凡尔登的，因为"它是骄傲地面对梅斯的伟大要塞"。1816 年 1 月开始，法金汉就悄悄结集部队准备攻打凡尔登，同时，德国表面上是向香贝尼增兵，做出要在香贝尼发动攻势的姿态。法军总司令霞飞果然上当了，他认为德军会向香贝尼进攻，然后从那里进军巴黎。德国人正在继续往凡尔登方向悄悄结集兵力，随着结集迹象的渐渐明显，英法联军终于弄清了德军的真正意图，霞飞慌了神，火速下令向凡尔登增兵，但到 2 月 21 日，仅有两个师赶到凡尔登，而这一天，德军开始向凡尔登进攻。

德军于 2 月 21 日 7 时发起进攻，为隐蔽主突方向，德军炮兵在宽 40 公里的地面上同时实施炮击，德军炮群以每小时 10 万发以上的密度向法军阵地倾泻炮弹，从而掀开了凡尔登战役的序幕。炮击持续了 12 个小时，200 多万发炮弹和燃烧弹密密麻麻地落在凡尔登周围 23 公里左右的三角形地带，航空兵首次对法军阵地实施轰炸，摧毁部分防御阵地，力图在法军前沿阵地造成一个"死亡地带"，让德国士兵踏着死尸前进。在杀伤了法军大量有生力量后，皇储的德军第五军团向构筑防御工事严密但守备兵力较少的凡尔登地区发起了攻击，德军当天就占领了第一线阵地。德军在 13 公里的战线上发动了全面攻击，突破东面的外围机动防御地带，退却的法军没能确保杜奥蒙堡垒这一关键的阵地，而这几乎是致命的，凡尔登的命运和整个法国的防御体系均处于千钧一发的危险境地。德军进攻开始后，法军总司令霞飞决心调集一切可以动用的陆军和空军部队，准备在凡尔登地区同德军决战，他要让凡尔登像锚一样钉在战线上，并以此显示法国坚强的决心。德军攻势如潮，凡尔登岌岌可危，2 月 25 日，

这张明信片表明了法国人民争取胜利的决心，图中一名手持刺刀的护士守护在两位年轻士兵身旁，标语是："为了祖国，休息吧，同志。"

凡尔登向南64公里的一条来自巴勒迪克的次等狭窄道路，是法军的主要运输动脉，被法国人称为"圣路"。

60岁的贝当临危受命，当天夜里就赶到了凡尔登。贝当首先建立了一条督战线，凡是退过督战线的人格杀勿论，并下令：宁可牺牲自己，也不丢失一寸土地。

在战役过程中，所有的公路和铁路交通线均被切断，凡尔登和法国后方的唯一联系是一条通向巴勒迪克的64公里长的二等小公路，通过它贝当建立起了有组织的供给体系。尽管不断遭德军炮兵袭扰，但是军用卡车的洪流不断地从这条"神圣之路"上通过，大约每15秒钟就有一辆车出入突出部。固定的修路班组不断填平被德军火炮炸出的大坑，法军沿巴勒迪克至凡尔登的公路用汽车运送了大量的人员和物资，先后投入兵力共71个师，约占法军总兵力的2/3。法金汉做梦也想不到，短短的一周时间，法军竟有这么多援军赶来，一方面是吃惊，再一方面心中暗暗高兴，因为这正是他所希望的，他要让法国人在这里把鲜血流尽！贝当这方也在紧张部署，他命令增援部队马上开赴前线，修筑战壕，安放大炮，准备迎击德军。

到2月底，德军的第一次猛攻已被遏止，双方的大部队在要塞周围相互厮杀，越来越多的增援部队和弹药源源不断从整个法国和德国涌向战场，越来越多的满载伤员的火车从这里迅速地像落潮般退去，这已经成为德、法之间一场实力与军队荣誉的考验。法、德两军均怀着满腔的怒火继续战斗，誓要把对手撕得粉碎，德军大炮的威力，日复一日给人数较多的法军造成惨重的损失。战斗开始时对于法军来说是十分艰苦的，德军有27个师，1000多门大炮，而法军只有10万人，270门大炮，但好歹顶住了德军的进攻，待法国援军赶到之后，双方开始了拉锯战，德军未在头几天一举拿下凡尔登，已经失去了战机，双方都在向凡尔登增兵，摆开了决一死战的阵势。3月6日，德军发动第二次进攻，攻击突出部的西侧，初期取得一些成功，但是贝当下令实施反击，夺回失去的每一寸土地，又阻止了德军的进攻。在3月剩下的时间内，一系列的攻击和反攻交替进行，使战场被尸体堆满。法军实施快速的轮换，以接替在战斗中精疲力竭的部队。在以后的战争期间有句话变成了法军的战斗口号，即"绝不让他们从这里通过"。

这时，贝当被提升为集团军司令，尼韦尔接替在凡尔登的指挥。激战到4月，法军的兵力已与德军相当，德国人急了，首次使用了毒气弹，但法军仍将德军的攻势一次次阻止在要塞前。在双方的炮战中，一个法国炮手无意中击中了有45万多颗大口径炮弹的德国地下弹药库，引起了这次大战中最大的一次爆炸，这批为法军所不知的弹药，隐藏在斯潘库尔森林里，但不小心装上了引信。到4月初，整个防区的德军的每一门381毫米和419毫米的大炮，都被法国炮兵摧毁，法国军事分析家和历史学家帕拉断定，在最后击败入侵者中，这件事情起了决定性的作用。到5月，德军的损失已经达到了极限，皇太子建议法金汉休战，然而，由于关于法军伤亡重大的乐观情报的误导作用，总参谋长婉拒了皇太子的建议，相反，他下令为攻取凡尔登进行最后一次努力。6月初，德军再次发动大规模攻势，进攻沃克斯堡，但100名守军的拼死抵抗使德军伤亡3000余人。经7天激战，德军切断了沃克斯堡与法军其他阵地的联系，这时其水源已耗尽，堡垒已被炸成废墟，终于迫使沃克斯堡守军于7日投降。

6月下旬，德军首次使用光气窒息毒气弹和催泪弹猛攻苏维耶堡，在4公里宽的正面上发射11万发毒气弹，给法军造成重大伤亡，一度挺进抵距凡尔登不足3公里处，但终被击退。在10个月的厮杀中，双方军队发射了4000多万发炮弹，加上难以数计的成百万发的子弹。在连续不断的炮击、喷火器进攻、毒气战和白刃战都不能撼动防守者时，德国工兵在法国阵地下面挖洞，爆炸了威力很大的爆破地雷，炸成了许多有十层楼深的坑。这里的士兵整天躲在战壕里，还没有与敌人照面就损失了3/4的兵力。战斗导致了恐怖的大屠杀，大炮成了屠夫，而陆军士兵则成了屠刀下的牛犊。正当全世界的目光集中于凡尔登惊心动魄的疯狂激战之时，东方的重要军事行动已到了一触即发的地步。俄国正每天、每小时地恢复力量，同时集结其取之不尽的兵源和日益增多的军火，1915年连续遭受了一系列惨重失败的俄国，经过自己的努力和协约国提供的资源，现在已经在战场上建立了60个组织有序并有武器装备的军，取代了开战之初原有的35个军，并分别部署就位。

7月，为配合凡尔登战役，

凡尔登战役中，奋战在前线的法国士兵。

法国凡尔登山沃克斯堡顶端

英法联军在索姆河发起进攻，同时凡尔登的法军也发起反突击，这一切迫使德军指挥部不得不在凡尔登一带转入防御。德军作战六个半月，仅攻入法军防御纵深 10 公里，未能达成战役突破。这时，为对付俄军在东线发动的布鲁西洛夫攻势，迫切要求增兵东线，使德军从凡尔登地区抽调了 15 个师。8 月末，法金汉被解除总参谋长的职务，由兴登堡和鲁登道夫搭档接替了他。他们决定立即停止进攻，以免遭受更大的损失，继续在西线实施防御作战，德皇批准停止进攻。到秋天，法军在芒让的指挥下由防御转为进攻，10 月末，法军夺回了杜奥蒙堡，到 11 月时，法国用 17 万部队、700多门火炮和 150 架飞机进行大规模反击，夺回了伏奥堡，从那时起，德军不断地被一米一米打了回去，法军前进到他们原在 2 月 25 日所防守的地区。在几个星期的平静之后，芒让再次发起攻击，到 12 月中旬，法军战线几乎推至战役发起前的位置，并俘虏 1 万多名德军，缴获了 100 多门火炮，凡尔登战役落下了帷幕。

在极为艰苦的凡尔登战役期间，法军损失近 55 万人，而德军损失近 44 万人，德国预定在 1916 年战局中迫使法国退出战争的战略计划，在凡尔登战役中遭到破产，历时 10 个月之久的凡尔登战役结束。凡尔登战役是第一次世界大战的转折点，是德军从进攻转为防御的转折点，是协约国军从被动转为主动的转折点。整个战役中，法金汉本想"让法国的血流光"，实际上德国的血也快流光了。因为凡尔登战役中双方伤亡巨大，所以凡尔登战役又称为"凡尔登绞肉机"。凡尔登战役以法军取得防御性的胜利而结束，而法军的这一胜利彻底打破了德军想一举歼灭法军主力、迫使法国投降的如意算盘。

没有赢家的阵地战
索姆河战役

自 1914 年以来，索姆河是比较平静的。如果这一点蒙蔽了霞飞的话，他是没有看到德国在沿河的两个方向为加强阵地所做的准备。在坚实的白垩土中，他们精心构筑了分隔开来的地下坑道网，深度有 12 米多。这些堡垒包括厨房、洗衣房、急救站等设施，以及庞大的弹药储备。电灯——那时在平民中是罕有的奢侈品——由柴油发电机提供电力。即使最沉重的轰击，也不会打穿这个地下综合体。

索姆河之战，是霞飞发动的，这场战役是协约国在 1916 年总战略进攻计划的一部分，法国第六集团军和英国第四集团军在福煦将军的统一指挥下，要共同联手突破囤驻在富科库尔和埃比泰讷地区的德国冯·贝洛将军第二集团军的防御阵地，其目的是突破德军防御，以便转入运动战，同时减轻凡尔登方向德军对法军的压力。由于索姆河地区没有什么战略目标，英国指挥官道格拉斯·黑格爵士在最初被告知这个战役时，宁愿选择更便于进攻的像佛兰德斯这样的防区。虽然他并不属霞飞管辖，但他的方针是，如果他感觉不到什么灾祸临头时，在法国以听从法国指挥官的意愿为宜。

凡尔登战役开始前，英军就开始调集部队，大量的弹药供给被运送到索姆河，联军计划在凡尔登牵制德军，在索姆河发动大规模进攻，击溃德军，取得决定性的胜利。德军则利用几个月空闲时间不辞辛苦地把索姆河的防御工事变成了坚不可摧的堡垒。索姆河战役开始前，德军就已经使索姆河地段的防线成为世界上最坚固和最完备的防御工事之一，这条号称“最坚强”的防线，包括三道阵地和一些中间阵地，主要阵地有坑道工事，阵地前面有多层铁丝网。1916 年 1 月，英国的志愿应募制为征兵制所取代，从加拿大、澳大利亚、新西兰、南非和印度进一步抽调援军。黑格提议推迟这个战役，直到这些后备军使协约国占巨大的优势。他还等待更多的枪炮、弹药和一种新的秘密武器——为了保密，诨名叫作“坦克”的机枪破坏器——的到达。但霞飞不听这些。黑格在他的 5 月 26 日日记中写道：“我提到的时间是 8 月 15 日，霞飞马上很激动，大声说如果到那时我们还无所作为，法国军队就要被消灭了。”

一种势在必战的感觉笼罩了索姆河战场，英军热情高昂，指挥官们信心百倍，决定性胜利的结果似乎就在眼前，以致谁也不能阻止决战的尝试。整个春季法军战斗在凡尔登，牺牲在凡尔登，无数成年男子祭献在那座铁砧祭坛上，新来的英军相信，他们将击败德军并攻破德军入侵法国的战线，他们信赖自己所率部队的献身精神，他们为即将到来的战役积贮了空前巨量的大炮和炮弹。霞飞原来的计划是提供两个法国集团军和一个英国集团军，在一条 96 公里的战线上进攻。但当法国军队在凡尔登被击溃时，参加索姆河战役的法军锐减了。最后的阵

坦克在一战中首次被英军使用，大大推进了战争进程。

容是，法国部分在一条 39 公里的战线上收缩到 13 公里。霞飞开头答应分配的 40 个师被减少到 16 个师，但在进攻那一天，只有 5 个师到场。从一开始，这个战役的担子就由英国人挑起了。如今，英国远征军新任司令官道格拉斯·黑格面临着两个重大问题：一方面，德军掩蔽壕堑和铁丝网对任何进攻而言都是一种严重的障碍，另一方面，这些刚从各地调来的士兵缺乏专门战斗训练，应该通过发动一系列直接的小规模进攻，使他们获得必需的战斗经验。但黑格对此完全置之不理，他决定先向德军发动大规模的炮轰，然后向已经遭到毁坏的德军阵地进军。

　　霞飞筹划已久的攻势由于凡尔登的危机而推迟了好几个月，现在终于以异常惊人的持续 7 天的炮轰拉开了序幕。1916 年 6 月 24 日，索姆河两岸雷鸣般的炮声打破了清晨的宁静，英、法联军隐蔽的炮兵群对德军阵地开战以来最大规模的炮击。空前猛烈的炮火使德军阵地顿时陷入一片硝烟和火海之中，地动山摇，不时有德军的掩体和障碍物飞上天空，在德军阵地上空，英、法军的校射飞机不停地盘旋，给地面炮兵指示目标，纠正弹着点，同时，战斗侦察机则不时地向德军阵地扔下炸弹，而后俯冲扫射。七天中，德军阵地共承受了 150 万发炮弹。这是惊人的场面，许多协约国士兵在夏夜爬出他们的堑壕，就是要亲自看看在德军阵地上像星星那样闪亮的爆炸。

　　7 月 1 日清晨，炮击终于停止了，初升的太阳照耀着硝烟渐渐散去的战场，经历了一周炮击的德军阵地上死一般寂静，英军吹响了进攻的号角，无数士兵爬出堑壕，勇敢地向无人区冲去。英军认为，他们对德军连续七天的狂轰滥炸，一定扫平了所有的障碍，没想到德军的防御工事仍然是固若金汤，隐藏在防御工事后面的德军架起了马克沁机枪，对蜂拥而至的英军展开了大屠杀，在机枪的扫射下，英军遭到重创。对防守者来说，索姆河防区提供了最好的有利条件：进出口都隐蔽在村庄住房和附近树林中，而对面山腰上露天堑壕线的白垩土的轮廓十分分明。德军还可以在 4500 米的距离内，对协约国军队一览无遗。防御堡垒逐个升高，迫使协约国的进攻者要冒着火力一级一级地爬上来。德军在白垩土丘陵地带的据点，还有蜂窝状的钢筋混凝土重炮炮位，横断交通壕和防御地堡。在索姆河以北，尽管英国第四集团军的两个军占领了德军防御前沿第一阵地，但其余三个军和第三集团军的第七军的攻击却被击退，并遭到重大伤亡。在索

世界上第一辆坦克——"小游民"

姆河以南的方向上，法军取得了一定进展，法军异常猛烈的炮火压倒了对方，在德军士兵还没有从掩蔽部爬出来之前，法国士兵就到达了德军阵地前沿，仅经两小时战斗，法军第二军就占领了德军第一阵地及支撑点。

黑格保存着连续的记事录，进攻半小时后，他高兴地记下："所有报告都是令人满意的，我们的部队处处都越过了敌人的正面堑壕。"实际上，在德军火力下，在到达正面堑壕线之前，他的部队成千上万地倒下来了。德军根据地图上的坐标线，把枪炮火力准确地对准阵地前方的每一平方米发射，到日落时，夜幕笼罩了依然炮声隆隆的战场，无人地带遍布着6万多死伤的英军，或死或伤或成为德军的战俘，这是英国陆军史上在一天之内遭受的最沉重的损失和最残酷的屠杀，在过去历史上的战役中，没有在一天之内有这种惊人损失的记录。此后，战斗降格为小规模军事行动，在较小的战线上继续进行。这时德军意识到英法联军在索姆河发动的进攻规模是空前的，其目的绝不只是牵制凡尔登方向的德军，德军迅速抽调兵力，把索姆河方向的部队增加到了40个师，但联军并未放弃进攻的企图，他们打算用一种新式武器来加快战役的进程。

7月9日，英、法联军又恢复了进攻，但这时的德军已大大加强了兵力，使得双方的兵力对比从英、法军占2.8倍的优势下降到只占0.6倍，英法联军已几无优势可言。到7月10日，英军第四集团军伤亡近10万人，不得不暂停进攻，此后几天，虽然英、法军士兵冒死冲锋，但依然进展缓慢，双方很快进入胶着状态。7月13日，英军实施夜间进攻，并突破德军的第二道防线。英军骑兵冲入缺口，这是在西欧最后一次大规模地使用骑兵。但是其他预备队没能及时赶到，骑兵很快便被机关枪扫倒，随后被德军的反冲击消灭，此举亦封闭了突破口，联军的进攻渐渐演变为一系列战果较小而代价高昂的小战斗。8月底，在由军事上失败所带来的政治压力下，威廉二世撤销了法金汉的职务并以兴登堡和鲁登道夫代之。鲁登道夫从索姆河战役中总结出一种弹性防御的作战理论，只不过这种战术上的改变来得太晚，并没能影响到索姆河战役，但新的战争学说却转变了德军在今后两年中的进攻方式。

1916年索姆河战役时期的英国单兵装备

9月15日清晨，黑格在巴波姆西南发动又一次较大的进攻。之前，英军坦克已悄悄地用船运至西线，18辆坦克出现在了战场上。战斗中，坦克引导步兵实施进攻，德军士兵们望着这些从未见过的"钢铁怪物"惊呆了：怪物在泥泞的弹坑间如履平地，压倒了曾经阻挡过无数步兵的铁丝网，越过了堑壕，将德军的工事碾压得支离破碎；怪物还用机枪和火炮猛烈射击，打得德军尸横遍野。在最早的战斗中，一辆坦克发现进攻的步兵在弗莱尔前面被铁刺网和机枪挡住，它便爬过德军战壕，在战壕后横冲直撞，完好无损地立即迫使据守战壕的300多名德军投降。不论何处，只要一辆坦克达到目的地，它的出现就足以使惊呆的德军非逃即降。尽管坦克的出现对德军达成了突然性打击，但这时的坦克威力还不够，亦不可靠，速度太慢、数量太少，英军虽取得了实质性进展，但并没有达成突破。9月底，英法联军在索姆河以北18公里再次发动新的进攻，在这次攻击中，英军又使用了13辆坦克助战，德军统帅部命令前线部队及时总结对坦克作战的经验，并利用一切手段摧毁坦克。结果，英军坦克有9辆或陷在弹坑里，或被德军击毁，只有4辆坦克与步兵一起占领德军一线掩体，控制了索姆河和昂克尔河间高地的棱线。

猛烈炮轰持续了一月又一月，由英雄们组成的威武之师一月复一月在这可怕的轮战中被打得七零八落，接着冬季来临，从天而降的倾盆大雨叫人寸步难行，成千上万的车辆、几十万士兵和几百万颗炮弹将无边无际的泥土搅成血红色泥浆代替了爆炸扬起的尘土，战斗仍在继续，大炮仍在怒吼。11月，滂沱大雨不断，英军投入的3辆坦克，陷在泥里不能自拔，只能以火力支援步兵攻击，进攻行动难获战果。随着战斗的进展，进攻与防御的条件更趋平衡，战壕被夷平，铁刺网被彻底摧毁，战斗越来越成为弹坑累累的旷野战，几星期过去，交战双方的损失在不断增加。到11月中旬，气候的限制使战斗已无法进行，双方的物资也已近枯竭，交战双方都衰弱得无以为继，持续4个月的索姆河战役黯然收场，英法联军损失了62万人，德军损失了65万人，其中包括很大一部分军官和军士。

索姆河战役和凡尔登战役互相联系又互相牵制，德军以凡尔登战役牵制了英法联军在索姆河的力量，而英法联军则以索姆河战役牵制了德军在凡尔登的力量，但是双方都没有达到进攻的目的。虽然索姆河战役是在难分胜负的情况下宣告结束的，但此役对法国来说仍有不可低估的

索姆河战役场面

意义。首先，它大大减轻了法军在凡尔登要塞所承受的压力，其次，它使德军在人员、物资方面均受到惨重损失，以至于再也无法恢复原先所拥有的那种超强的战斗力。双方都不会忘记这次战役所带来的恐怖，后来彼此都设定了更注重既定目标的战术，且用各种各样的武器和交通工具来支援步兵；同时，它也促成了突击队进攻的诞生，并首次应用渐次性掩护炮火。这场战役也证明德军并非天下无敌，很多英国士兵认为，尽管付出的代价沉重，但德国人最终是会被打败的。德国军队的自信心则相应地每况愈下，战争形势开始逆转。

一次攻袭毁了仨皇帝
布鲁西洛夫突破

第一次世界大战进行到 1915 年底，东线由运动战转入阵地战，双方进入堑壕战阶段，180 万俄军与 106 万德奥联军如两头疲惫的公牛在寒风中对峙着，俄军这部巨型"蒸汽压路机"在泥泞的东欧大草原上已是寸步难行，损失超过 100 万。同年年底，俄军从加利西亚和波兰撤退，俄国危在旦夕。直到 1916 年初，俄军状态才开始有所改善，各种装备和补给开始源源流向前线。至此，在高加索对土耳其的成功作战之后，俄国最高指挥部决定发动一系列有节制的进攻，以缓和德军对西线的压力。俄国决定于当年 3 月在那拉奇湖北面发动攻势，这次战役以其指挥者的名字被命名为"布鲁西洛夫突破"。

1916 年 3 月 17 日，俄军西南方面军司令部里来了一位瘦削精干的将军，他就是新到任的司令布鲁西洛夫上将。布鲁西洛夫是一名贵族骑兵军官，曾指挥过第八军团，他的想象力加上对细节的关注，使他的指挥成为 1916 年俄军成功的最主要的因素之一。还在当集团军军长的时候，其刚烈倔强的脾性就已为人所知，他过人的胆略和非凡的才能更为其部下所钦佩。这次新任方面军司令，俄军大本营给他下达的任务是向卢茨克实施辅助突击，然而布鲁西洛夫却在脑海里酝酿着一个大胆的进攻计划：全线突破德奥军防线，彻底扭转东欧战局！布鲁西洛夫受命全面指挥西南边境的军队后，决定放弃俄国传统的"人浪"消耗战略，转而使用突袭战术，他建议沿着奥匈联军的前线发动进攻，并周详地计划了整个战略部署，其中包括发动四次全面进攻，当时，他指挥的四支军队均参与其中。然而，绵亘战线的形成给他出了一道难题：迂回两翼合围歼敌，这在战争前夕被认为是最好的机动样式，但敌人宽广的正面排除了在防御敌方侧翼解决胜负的可能性，集中兵力，在某个选定的地段实施正面突破，往往容易暴露己方意图，不能达成战役突然性。当过军校校长的布鲁西洛夫曾经教导自己的学生永远不要迷信教科书，这一次他决心用自己的行动做出表率。

布鲁西洛夫的考虑远远超出其他沙皇军官，他为进攻在细节上做好了一切计划，并对部下强调了一切必需的准备工作，使他们因此完全了解了奥军的防御情况。布鲁西洛夫认为同盟国拥有功能完备的铁路系统，可以迅速把增援部队运送到受到威胁的地区。因此，他决定扩大打击面，这样就可以牵制住敌军的增援部队，使其不得抽身。布鲁西洛夫选择了奥匈帝国的军队作为进攻目标，并开始了细致的备战工作。布鲁西洛夫摒弃了英法军队采用的在一个地段上突破防御的做法，准备在方面军所有集团军地带内，即在四个方向上同时实施突破，使敌军难以判断主攻方向，这样就达到了主要突击的战役伪装，使敌预备队不能向主要进攻方向实施机动。鉴于意军在特伦蒂诺受到重创和协约国请求俄国提前开始进攻以把敌军从意大利战线引开，大本营决定提前两个星期开始西南方面军的进攻。

6月4日，布鲁西洛夫的四路俄军同时进攻，连奥匈后备军队也遭受了此次攻击，布鲁西洛夫的第八军团则在卢茨克的普里皮亚特沼泽南部进行大规模进攻，结果摧毁了奥匈第四军团，两天内便成功占领了这座城市。在南部的更远处，第十一军团突破敌军战线，击败奥匈第一和第二军团，而第九军团也占领了奥匈联军的阵地，虽然奥军猛烈反击，但奥军的防线最终还是被攻破了，奥军损失了60万人，其中40多万人被俘。到6月中旬，加利西亚的奥匈军队实际上已经土崩瓦解。东线的溃败使德奥军事首脑惊骇万状，他们急忙从西线和意大利战线调集援军，以堵住突破口，7月中旬，德国和奥匈帝国利用更便捷的交通线路，德军从西线赶来增援，奥匈帝国的援军也从意大利赶来，使被动局面开始有了转机，德军对准俄军较为薄弱的北翼进行坚决反击。在南部，俄军已远至喀尔巴阡山脉，因补给不足而被迫放慢了前行的速度，在北部，德军设法阻止了俄军的前进。

俄西南方面军的成功突破未得到其他方面军的及时支援，俄军大本营不善于组织各方面军的协同动作，形势迫切要求将主要突击从西部转到西南方向，但大本营直到7月9日当德国已在此集

布鲁西洛夫正在研究地图，以准备他的下一拨攻势。

结重兵时才定下这一决心。7月中，俄军向坚固设防的科韦利发动了两次进攻，俄军大本营战略预备队布拉佐夫将军的特别集团军也参加了进攻，这两次进攻酿成了斯托霍德河上的持久血战。此役，布鲁西洛夫的士兵总共俘获大约20万人及超过700门大炮，并使军队向前推进了80公里，最后由于缺乏能够进一步追击敌人的援军，布鲁西洛夫只好暂停继续攻击的计划。这次战役俄军伤亡合计为5万人。到了8月份，布鲁西洛夫还在顽强地向前推进，但由于后勤补给困难，俄军伤亡极大，终于在9月20日被迫停止进攻，当树叶变成金黄色的时候，东线战场重又归于沉寂。俄军在布鲁西洛夫攻势中大败奥军，使俄军的攻势最终压倒奥军。不幸的是，辉煌的开头与黯淡的结尾并不相称，这场胜利没能扭转东部战场的最终局势。

俄军西南方面军的进攻是一次大规模方面军战役，尽管方面军的胜利并不是决定性的战略胜利，但在整个战争进程中却具有重要意义。为迟滞俄军推进，德军不得不从西线和意大利战线抽调30多个步兵师和3个多骑兵师，这就减轻了法国在凡尔登的压力并迫使德军停止在特伦蒂诺的进攻，法金汉因此被迫辞去德军总参谋长的职务。对奥匈帝国而言，其影响更为糟糕，它的军力被消耗殆尽，促使奥匈君主制度迅速走向解体。布鲁西洛夫的成功使罗马尼亚人确信奥匈帝国正在崩塌，8月，他们以惊人的速度对中欧列强宣战，虽然最终的结果证实，它的参与无足轻重，因为那时德国和奥匈帝国尚拥有足够的兵力摧毁罗马尼亚并控制其宝贵的资源——小麦和石油。这样，罗马尼亚加入战争的唯一结果，就是更加延长了本来已使俄国精疲力竭的战线。

1916年11月，86岁的奥地利皇帝兼匈牙利国王弗朗茨·约瑟夫一世因战争失败郁郁而终。他是这个古老政权的最后一个代表者，在这次世界大战中，他那长达67年的统治宣告结束，在此期间他经历了跨两个世纪的历史大舞台上的风云变幻，幸运的是他没有看到悲剧的高潮——他所统治的帝国的崩溃。布鲁西洛夫攻势大大减轻了法军在凡尔登受

1916年在法国进行演习训练的俄军

到的压力，挽救了意大利，同时宣告了德奥这两大君主制帝国覆灭的开始。在号称不可能被攻破的德奥阵地上，布鲁西洛夫因创造了"以一点为主，多点同时突破"的新战法而闻名于世，成为第一次世界大战中俄国唯一的"名将"，布鲁西洛夫攻势也以其辉煌的战绩，永垂史册。

严寒中的攻势
埃尔祖鲁姆战役

俄罗斯帝国与奥斯曼土耳其帝国可谓世仇，俄国对奥斯曼帝国的重要地理位置一直是虎视眈眈，一心想要抢占奥斯曼帝国的首都君士坦丁堡，好打通它从黑海进入地中海的通道，只是碍于欧洲各列强的阻挠而无法得逞。从17世纪起到"一战"结束，俄国与奥斯曼土耳其之间为争夺高加索、巴尔干、克里米亚、黑海等进行的一系列战争，陆陆续续前后共长达240年，平均不到20年就有一次较大规模的战争，而其中重要的就有11次。俄国4败7胜，虽然所夺取的领土并不大，只有摩尔多瓦和高加索两个山地基督教小国，但是沉重打击了奥斯曼土耳其的权威，动摇了它的统治。1916年的埃尔祖鲁姆之战只能算是11次俄土战争中的一次。

在1914年的战争进程中形成了一些新的战场，德国战舰"戈本"号的加入，使土耳其站到了同盟国一方，从而出现了近东战区。这个战区包括了高加索、达达尼尔、叙利亚、巴勒斯坦、苏伊士、阿拉伯和美索不达米亚等战场。在高加索战场上，俄国的高加索集团军曾在1915年的萨雷卡梅什战役中击败了土耳其的军队。在

1916年，又对土耳其控制下的埃尔祖鲁姆发起了进攻。埃尔祖鲁姆位于土耳其安纳托利亚高原的东部，是土耳其最大省份埃尔祖鲁姆省的省会，它是土耳其东部山区最大的城市与军事要塞，位于肥沃平坦地区，靠近卡拉苏河与阿拉斯河的分水岭，海拔约2000米，控制着卡拉苏－阿拉斯谷地通道，自古以

这是一支俄军补给运输队。东线战场糟糕的道路系统给所有参战国都带来了不少麻烦，而春季河水解冻和秋季大雨倾盆时的路况则更是糟糕透顶。

来便是兵家必争之地。同时埃尔祖鲁姆又是土耳其最冷的地方，被称为土耳其的"寒极"。

1916 年初，达达尼尔海峡战役刚刚结束，俄军高加索集团军乘土耳其的军队未及脱身，决定先发制人，在土耳其援军到达前向埃尔祖鲁姆发动进攻，企图以向心突击歼灭土军第三集团军。俄国高加索集团军为歼灭土耳其第三集团军并攻占其补给基地和重要交通枢纽埃尔祖鲁姆要塞，实施了一场突然的进攻战役。土耳其第三集团军则依托埃尔祖鲁姆要塞，在亚美尼亚高原难以通行的帕兰德肯、萨布里、卡尔加帕扎勒等山脉组织防御，企图在得到援军加强后转入进攻并粉碎俄国的高加索集团军。

1 月 10 日，俄军首先发起进攻，因为在攻击前俄军采取了精心的伪装而达成了战役的突然性。俄军真正有能力的将领之一尤登里奇率军从卡尔斯出发，在宽广的战线上向埃尔祖鲁姆进军。尽管进攻是在寒风凛冽和遍地积雪的零下 30 多度严寒条件下进行的，但是俄军突击群的部分兵力仍然在 1 月 14 日前突破了土耳其军队的防御，前插到克普里考伊东北的土耳其军队的后方。1 月 18 日，在克普里考伊，克里姆指挥的土军第三军团遭到俄军的突袭。刚刚得以逃脱包围的克里姆仓皇退到了埃尔祖鲁姆，损失了约 2.5 万人，其中很大一部分是由于在零度以下的山区中冻伤的。随后，俄军调集了 16 门重型攻坚炮和 180 门野战炮，在 2 月 11 日清晨发起了强攻，仅一天便攻占了埃尔祖鲁姆要塞北面的两座堡垒，要塞在 16 日被攻克，2 月中旬，尤登里奇猛攻埃尔祖鲁姆，在三天战斗中，突破其堡垒线。土军被俘 8000 余人，俄军缴获火炮 315 门，到 25 日，土耳其军队西撤 100 多公里。与此同时，在海军舰只的支援下，俄军沿黑海海岸发动了辅助攻势。4 月 18 日，占领了特拉布松，此举使俄军的后勤供应大为便利。

俄军突击群的胜利使土耳其第三集团军在克普里考伊、哈桑卡莱地区面临着被合围的威胁，迫使土耳其军队指挥部不得不下令撤退，俄军乘胜追击退却中的土耳其军队，一气进抵埃尔祖鲁姆工事的外廊代韦博因山。俄军攻占了埃尔祖鲁姆、特拉布

在第一次世界大战中，火炮受到重视，身管也越来越大。这是1916年的一个炮兵阵地。

宗、埃尔津詹等城市。土耳其第二、第三集团军均受重创。巴拉托夫的远征军 1 月开始进攻，5 月在巴格达方向前突到土耳其—伊朗边境。这次战役，俄军以损失 1.7 万人的代价歼灭土耳其军队 6 万多人，沙俄军队在尼古拉大公的率领下占领了埃尔祖鲁姆，打通了进入安纳托利亚高原的道路。

6 月，恩维尔帕夏计划实施两路反攻，维希普帕夏率第三军团沿黑海沿岸地区进攻，艾哈迈德伊兹姆帕夏率领新组建的第二军团向比特利斯推进并迂回到尤登里奇的左翼。尤登里奇于 7 月 2 日以其特有的快速性和判断力开始机动，在埃尔津詹分割了土军第三军团，并在 7 月底将其彻底击溃，土军损失 3.5 万多人。随后尤登里奇转身攻击土军第二军团。但是加利波利的英雄凯末尔为土耳其取得了胜利，8 月 15 日，他攻取了木什和比特利斯。但在 8 月末，尤登里奇重新占领木什和比特利斯，随后，双方均早早地进入冬季营地。直到 1918 年，随着《布列斯特—立托夫斯克和约》的签订，俄国军队才撤出了埃尔祖鲁姆，而土耳其将军凯末尔也以埃尔祖鲁姆为基地，率部驱逐列强，建立了土耳其共和国。

意大利"背信弃义"
卡波雷托战役

1915 年 5 月 23 日，观战近一年的意大利终于参战了，但它不是站在昔日的盟国一边，而是对奥匈帝国宣战。作为大战的参加者，意大利在地中海狭窄的蜂腰部处于有利的海上地理位置，陆上战场则不怎么有利，它的军队数量多，士兵具有农民的刚毅和攀登阿尔卑斯山的技能，还有一位饱经风霜的 65 岁的军队总参谋长——路易吉·卡多尔纳。此人具有战略头脑，但缺乏战术知识，正是他把意大利军队推向了毁灭。

当大战爆发时，欧洲主要的强国中只有意大利在这场冲突中置身事外。在第一次世界大战前，意大利是"三国同盟"的签字国，"三国同盟"是一个包括德国和奥匈帝国在内的共同防御公约，尽管德国人对意大利不存什么指望，但在战争爆发之前却征询了这个盟国的态度，因为奥匈帝国要对塞尔维亚进行战争，虽然意大利与德国之间有正式的盟约，但意大利的野心集中在上亚得里亚海以及巴尔干半岛沿岸，这使得意大利与奥匈帝国之间的利益日渐冲突。意大利在与德国的盟约关系中所得到的利益，根本比不上奥匈帝国战败可能带来的潜在利益，故在开战之初，意大利选择了中立。准确地说，它选择了待价而沽，以获取最大利益。但当英国人开始达达尼尔海峡战役之后，意大利人开始着急了，从正常情况来看，英国人应该很快会拿下土耳其，然后在东方开辟新的战线，那样的话，意大利就没有更多可以利用的价值了。

1914 年，奥匈帝国在东线的挫败，使德国不得不去支援其盟国，以对付即将冲过喀尔巴阡山山口并扫荡匈牙利平原的俄国人。奥匈帝国对塞尔维亚的另一次轻率的进攻也同样是损失惨重。由于奥匈帝国屡战屡败，意大利显然不大想再保持中立了，而德国最高统帅部担心，意大利成了协约国一方的交战国，会改变形势，使奥匈帝国遭受摧毁。这个时候，英国人抛出了橄榄枝，许诺只要意大利参战，它对奥匈帝国的领土要求一概可以满足，意大利权衡利弊，转而投入了英、法、俄的协约国阵营，并于 1915 年向德、奥宣战，出兵近 90 万人、1700 门火炮，进攻奥匈帝国。但是，意军在伊松佐河所实施的多次进攻均未成功，这让德奥将其视为"叛徒"而恨之入骨。此后，奥军统帅康拉德将军称其为"背信弃义的意大利"。

意大利参战后，近 70 万的部队已经逼向新防线上的奥军，那些防线是他们被迫沿伊松佐河及蒂洛尔建立起来的。到 9 月，意大利军队实际进入战线的接近 100 万之众。康拉德最希望的就是打击背信弃义的盟友、他深恶痛绝的敌人，因为这个敌人在进行了最卑劣的讹诈之后，在苦苦挣扎的邻居背后捅了一刀。意大利的叛变增强了协约国的信心，法军总司令霞飞认为 1916 年的作战计划应该是：由俄国和意大利首先在东线和南线发动攻势，在战略上牵制德奥军队，然后再由英法联军在西线大规模出动，一举歼灭西线的德军，从而彻底改变战局。虽然协约国首脑们一致赞同霞飞的计划，但没有就向德军发动大规模进攻的时间达成一致，于是，发动进攻的时间被推迟到 1916 年 3 月再确定。

尽管康拉德对意大利发出一连串的威胁，但没有力量付诸实施，奥军正在俄国的进攻中挣扎求存，只能抽出 10 万士兵来守卫它与意大利之间的边界。奥匈知道，任何意大利的突袭都将是上坡的战斗，奥匈还知道，等到其他战线上的压力一有减弱，就会有部队解脱出来，他们就能比较容易地长驱直入，穿越北部的意大利平原。意大利人在自以为讨得了最好的价钱之后，于 1915 年

1916年，意军部队开往前线，为又一次的伊松佐攻势做准备。

5月23日，正式对奥宣战了。它趁德、奥遭到英、法、俄两线夹击之机，出兵进攻奥匈帝国南部，奥军因主力部队陷于俄国战场，决定在意大利方向实施防御，重点防御伊松佐河地区。战前，奥军控制伊松佐河所有渡口和东岸的巴因西扎高地及卡尔索高地，并在托尔明诺和戈里齐亚筑有坚固的桥头阵地。

对意大利来说，唯一可供使用的陆地战场就是它的北部边境，从瑞士到亚得里亚海之间600多公里长的地域，这条战线单就地形而言就足以使人望而生畏。除了自然障碍之外，奥匈军还增添了人为的工事。早在战前，奥匈出于对这位假盟友的不信任，就在边境构筑了野战工事。意大利对奥匈的战争基本上都是围绕伊松佐河、阿尔卑斯山展开的，在遍布沼泽地的伊松佐河平原后面，便是高入云端的阿尔卑斯山，由奥匈帝国训练有素的阿尔卑斯军守卫着。在这条呈曲线的山脉面前，奥匈军居高临下，占尽了优势，有人把它称为"自古以来人类进攻过的最强大的设防地域"。一位战略家总结道，意大利的困境是，"不攻占山脉，伊松佐河是不能渡过的；而不渡过这条河，山脉是不能攻占的"。意大利在动员日集结了36个师，其兵力远远超过了部署在边境线的奥匈军队。但是东线戈尔利采—塔尔努夫突破战役德奥早已大获全胜，因此当意大利军队在6月23日投入第一次伊松佐河战役时，奥匈已有20个师集结在意大利战线上或其附近，均由欧根大公指挥。意大利进行的是一场艰难的战争，面对五大国中最弱的奥军，意军以数倍的优势兵力，在两年多中发动了11次战役，伤亡超过100万人，却仅取得了微不足道的推进。

1916年，奥军统帅康拉德出于对意大利的轻蔑和仇视，于5月间从特伦蒂诺发动了进攻，他这样做是违背德军参谋总长法金汉的忠告的，也没有德军的支援。奥军在特伦蒂诺一带集结兵力发起进攻，意军缺乏火炮，又未构筑纵深防御阵地，致使奥军主力突破中央防线，占领了阿尔谢罗和阿夏戈两城，打开了进入意大利北部平原的门户，对意军伊松佐河战线后方构成威胁。20日，意军总参谋长卡多尔纳下令全线撤退。奥军的反攻初期虽取得了一些战绩，但因实施正面进攻伤亡很大，加上补给困难，地形易守难攻，至6月初攻势锐减。随着俄军在东线发起的强大攻势以及意军的反攻，6月底，奥军放弃了一大片所占的土地，撤退到他们精心准备好的防御阵地。此役奥军没能达到既定的战略目标，反而消耗了大量的人力和物力，削弱了东线对俄军的防御力量，导致了布鲁西洛夫攻势的灾难发生，实在是得不偿失。

1917年俄国爆发革命，使德奥联军从两线作战中稍微缓和过来，经伊松佐河战役第11次交战，奥军也伤亡惨重，无力单独对意军展开进攻，只好被迫向德军求援，德军7个师火速驰援，德奥联军遂决定给意大利沉重一击，主攻部队由德奥联军15个师组成，另有两个奥匈集团军配合作战。意大利军有50多个师，但士气低落，战术也很笨拙，对于至关重要的卡波雷托地区，意军竟然没有重兵把守。德奥联军由德国将军贝洛指挥，贝洛计划在托尔明诺、普莱佐一线实施突击，由奥第十、第五集团军分别在右翼和左翼配合行动。1917 年 10 月 24 日凌晨，德奥联军炮兵对意第二集团军阵地发射毒气弹和高爆炮弹，摧毁了意军的掩体、指挥所、交通线和炮兵阵地。隐蔽集结在菲拉赫的贝洛指挥的德第十四集团军经 6 小时炮火准备后，以数个突击群对普莱佐、托尔明诺之间地段的意第二集团军发起冲击。虽然山地地形和兵力上的优势有利于意第二集团军进行防御，但其第一梯队只有 4 个师，因而对德军的抵抗很不得力，防御正面很快被突破。德第十四集团军在卡波雷托渡过伊松佐河，向乌迪内发起进攻。

德奥联军绕过意军坚固的据点，向纵深穿插，于托尔明诺方向攻占卡波雷托，并在普莱佐方向推进了数公里。意大利第二集团军兵力分散，难以阻挡德奥联军的冲击，意军参谋总长卡多尔纳于 10 月 26 日下令全线撤退。意军第三、第四集团军也在左右两翼受到奥军的攻击，被迫一起撤至伊松佐河以西，准备固守塔里亚门托河防线。意军试图在塔里亚门托河畔组织防御，不但毫无成效，反使意第二和第三集团军彻底溃败，11 月初，德奥联军渡过塔里亚门托河，迫使意军残部撤向皮亚韦河。整个战局似乎表明，意大利将不得不乞求和平。意军的失败和溃退引起英法联合指挥部的恐慌，遂向意大利派遣了 11 个师的援军，由于德奥军的战线过长，进攻才慢慢地停了下来。此时德国已无力继续在战场上保持进攻态势，而奥匈单方面又不具备在战争中彻底打垮意大利的实力。由于来自英法联军的大力援助，意军终于遏制住了奥德联军在皮亚韦河畔的进攻，于 11 月底稳定了战线，在大战的最后几个月，这些联合兵力很轻松地打败了沮丧的奥军。

此战意军损失 32 万人、2500 门火炮，从伊松佐河西撤 100 公里，德奥联军以损失 2 万人的代价夺回意军在伊松佐河战役前 11 次交战中占领的大片土地。卡波雷托战役使意大利几乎屈膝投降，如果德奥联军有足够的铁路和汽车运送兵力，如果兵败如山倒的意大利没有获得 11 个协约国师的支援，卡波雷托之战很可能具

奥匈帝国军队在火焰喷射器的掩护下向意军阵地压进。

有决定性的意义。但不管如何，意大利还是撑过了这沉重的一击，而德奥军的胜利并未改变自己的战略被动，俄国虽然退出战争，但美国却加了进来，一年后德奥投降，意大利遂以"战胜国"的身份捞取到了好处，从奥匈帝国那里吞并了不少领土。看来意大利在"一战"中的决策还是对的，尽管被人们所鄙视。

化学武器首次登场
伊普雷战役

　　伊普雷是比利时东部的一个小城市，使这个小城市名扬欧洲的是第一次世界大战，在"一战"中，这个小镇共发生了三次著名的大战，交战双方伤亡人数达50万之众，特别是毒气的首次投入战场，更是使这个地方从此载入史册。

　　1914年10月中旬"奔向大海"战役结束，德军占领安特卫普后，英法军队退守伊普雷一线，德第四集团军乘胜追击，德军计划攻占英军据守的伊普雷突出部，为占领沿海港口开辟通路。10月底，德第四集团军在韦尔菲克至德勒蒙地带展开，向伊普雷东南的英军阵地发起猛攻，突破英军第一道防线，英军伤亡惨重，固守待援。随即在法军的支援下，英军重新建立了防御阵地，双方就此展开了拉锯战，德军连续三个星期集中一切力量对英军的防线进行狂轰滥炸，由于求胜心切，德军一度派出未经严格训练的年轻志愿者投入战斗。这些缺乏经验的志愿军在机枪和自动步枪交织的火线中成片倒下，伤亡惨重。后来德国人把第一次伊普雷战役称为对无辜者的大屠杀。到年底，双方各自损失10余万人，从此，西线从瑞士边境至加来海峡形成一条绵亘的战线，进入了阵地战阶段。

　　1915年4月的一天清晨，微风习习，只见在德军的战线上升起了一道一人多高的黄绿色的烟墙，这道烟墙随着风向，缓缓地飘向英法联军阵地。烟中带着一股刺鼻的怪味，英法士兵被呛得喘不过气来，眼睛痛得睁不开，喉咙

被毒气熏瞎双眼的英国士兵在等待救援、准备撤退。

像被火烫了似的，英法守军顿时一阵大乱，阵线迅速崩溃，跟在烟云后面的德军戴着简易防毒面具冲了过来，未遭任何抵抗，一举突破了英法联军防线。原来，德军此次战役目的是试验一种秘密武器——氯气，并掩护部队向东线调动，这是人类战争史上第一次出现的毒气战（当然，在这之前的东线战场德军曾对俄军使用过一次，只是那次由于气候的原因没产生什么效果，因而并未引起俄军的注意）。这一次，德第四集团军向伊普雷突出部的英第五军、法第二十军阵地连续施放了6000罐共18万千克的氯气，造成了英法联军1.5万人中毒，其中5000人死亡，导致英法军防守的战线正面10公里、纵深7公里的地带无人防守，德第二十六军冲向缺口，迅速占领朗厄马克和皮尔克姆，并向伊普雷－科米讷运河推进。然而，德军并没有准备利用这一突破，而且因为在东线的集结，德军亦没有可使用的预备兵力。英军第二军团就地实施反攻，经过激烈而艰苦的战斗终于阻止了德军的进攻。这次战役中，德军伤亡约3.5万人，而协约国方面为7万人。4月25日清晨，德军再次施放毒气，绿色的毒雾贴着地面飘向协约国阵地，加拿大士兵经历了英法士兵同样的遭遇。

这次"毒袭"的发明者是德国化学家弗里茨·哈伯，氯气的比重大过空气，它能与人体中的水反应生成盐酸，因此造成对人体的伤害。吸入大量的氯气可以使人致死，但是它很容易通过眼睛和鼻子察觉到，不过暴露在氯气中的士兵，即使大难不死，肺部也要受到永久性的损伤。德军的毒气袭击激怒了英国，5月26日，英军指挥部也下达了毒气袭击的命令，英军士兵打开了毒气钢瓶，氯气施放了出来，德军对化学战没有准备，不少德军士兵中毒倒下，幸存者也丧失了战斗力，成为英军俘虏，从此化学战成为"一战"中的一种战争样式。英国人反应这么迅速，可见对此种武器也是早有准备的，只不过让德国人把首先使用毒气的恶名背上，弗里茨·哈伯也因此被科学界的许多人称为"恶魔"，尽管他对人类也做出了巨大的贡献——从空气中合成了氮，等于是把空气变成了面包。

1917年3月，俄国"二月革命"爆发后，英法联军担心德国乘机向西线调兵，决定在伊普雷地区先发制人，经过长时间准备之后发起了第三次伊普雷

法军堑壕里的迫击炮

图为临近伊普雷的泰恩摇篮墓地，近1.2万名士兵葬于此，其中8400人的墓碑上只刻着"大战中的一名士兵，上帝知道他的一切"。

战役。战役于7月底开始，英军集中3300百多门火炮做猛烈炮火轰击准备，并大量施放毒气。德第四集团军组织"弹性防御"，把主力部署在纵深相机反击，迫使联军每前进一步都需要付出重大代价，德军的新战术和恶劣气候再次迟滞了联军的进攻，双方再次恢复成相持状态。绵绵不断的秋雨也开始了，倾盆大雨持续了两个星期，佛兰德斯平原本是一片沼泽地，加上多年炮弹的猛烈轰炸，此时遇上大雨，已变成了一大片可怕的烂泥坑，泥淖深得足以淹死人，疲倦的士兵们在隔泥板铺成的狭窄小道上蹒跚而行，一头扎进炮弹坑的伤员就有被淹死的危险，从小道上滑倒的骡马往往淹死在路边的炮弹坑里。面对着这片泥淖，英法联军不得不停止进攻的脚步，德军就利用这一间歇来加强了自己的防御。8月16日，协约国的进攻重新开始，兰格马克被攻占。由于道路泥泞不堪，黑格不得不再次中断攻势，尽管如此，他仍希望能进一步巩固胜利果实。英军工兵利用夜色掩护，用厚木板和原木在"泥海"上筑路，但到了白天便被德军发现并遭炮轰，这些道路不得不筑了一次又一次。

从1914年到1917年，双方在伊普雷进行了三次大的战役，双方都大量使用毒气，总共死伤50多万人。最初释放毒气的方法是在风向合适的时候将装着毒气的气罐打开，很显然，如果风向判断错误，这种方法就没有用了，再加上气罐一般都位于战壕前方，敌军的炮击很可能击碎它们，所以在实战中使用起来很不方便。在后来的战斗中，毒气改由火炮或迫击炮来释放，在那时的炮弹中，大部分都安装了毒气。1917年，德军使用了具有糜烂作用的芥子气炮弹，伊普雷的上空，再一次飘起了可怕的毒雾，这是一种能引起人体生脓疱的烈性化学武器，它同泥水混合后可在施放后很长时间内保持持久的杀伤力。据统计，在第一次世界大战中，交战国都使用了化学武器，其种类达45种之多，毒剂量达13万吨。毒气攻击的显赫战果引起了交战各国的极大重视，从此，一些国家竞相研制化学武器，并开始了化学武器与防化器材之间的角逐。由于交战双方使用毒剂酣战不休，使得德国未能有效地将西线军队调往东线对付俄国。双方在伊普雷共用了毒剂12万吨，中毒总人数达130多万人，死亡 9 万人。德国的美梦破灭了，法英等国也大伤元气。

第一次装甲集群突击
康布雷坦克战

　　坦克在索姆河战役的意外成功，启发了历史上第一支坦克部队的参谋长富勒，1917 年 8 月，富勒提出以坦克为集团展开奇袭的坦克战新思路。但是，富勒的理论没有受到英国军方的重视，1917 年 9 月，法比边境面临德军强大的压力，英国第三集团军司令朱利安·宾奉命发动一次进攻，把德军从法比边境引开，富勒的坦克战新思路一提出就遭到了上级的否决，但是宾将军采纳了富勒的建议，决定动用装甲部队，发起一次坦克战。1917 年 11 月，对坦克的优点十分确信的富勒决定把所有坦克集中在一起，利用康布雷的坚实地面发动一场大规模进攻，这场进攻起初设想为大炮进攻，却另有人提议，坦克亮相背后的主要目的就是当作铁丝网清理器来使用，这样炮兵就无须承担这一重任。如果要追击敌军，它便成为追击的骑兵。不管事实如何，坦克指挥官肯定热切希望战争能真正证明它们的价值。

　　由于当时的坦克在泥沼中行进困难，富勒开始寻找能大量部署坦克的干燥战场，他找到了康布雷。康布雷位于法国西北部，南面的土地开阔平坦，地形非常适合坦克机动。而且德军在康布雷的兵力不到两个团。为了达到奇袭的效果，直到康布雷战役开始前两个星期，军队才开始集结。直到攻击开始前两天，士兵还不知道要使用坦克。英军的保密工作让德军对此一无所知。英军首次大规模使用坦克，对德军发动进攻，根据战役意图，英国第三加强集团军，不经炮火准备，在步兵、航空兵和炮兵的协同下，在长达 12 公里的正面上以坦克突击突破德第二集团军的防御，占领康布雷，向瓦朗谢讷发起进攻。为了取得最出人意料的效果，英军没有使用通常的毁灭性掩护炮火。

坦克再厉害也挡不住炮弹的威力，图为在康布雷战场上被炸得支离破碎的坦克。

11月20日上午，坦克出发了，薄雾掩护着它们前进，渐次性掩护炮火落在它们面前。担任防御的几个师在德军中属于战斗力最差的"二流"部队，又无可投入使用的后备队，大多数德国士兵因这些叮当作响的庞然大物的逼近而深感不安，随后纷纷逃离战壕，因此阵地很快丢失，仅在10个小时之内，前线军队便向前推进了8公里，德军伤亡近5000人，英国坦克及其支援的步兵所夺取的地方，超过他们在三个月的帕森达勒进攻战中的收获。

在康布雷战役中，英军采用了坦克突破堑壕的新战术。坦克以三辆为一个战斗单元，第一辆坦克突破德军的铁丝网工事后，并不急于突破堑壕，而是迅速转向，平行于堑壕机动，以侧面的机枪为后继坦克做掩护；接着，第二辆坦克沿着第一辆坦克开辟的道路进入第一道堑壕和第二道堑壕的中间地带，对两边的敌军进行射击，随后，第三辆坦克也如法炮制，对第三道堑壕里的德军进行攻击。英军坦克和步兵的突然冲击使德军军心瓦解，11时30分，英军占领了德军第一、第二阵地；16时占领了德军第三阵地。

英军在全线向纵深推进了10公里，只有居民点弗莱斯克耶尔没有占领，因为英军坦克在那里遭到了德军密集炮火的阻拦。进攻的头一天，英军实际上已突破德军防御，仅用378辆坦克和4000名坦克兵抵抗6个步兵师，并使得德军付出约5000人伤亡的沉痛代价，同时还俘虏8000多人，缴获100门火炮和350挺机枪，但由于在组织坦克与步兵协同方面有不少缺点，英军未能扩大战果。由于英军后续部队的缺乏，进行防御的各种准备也大为不足。结果不到一周，康布雷附近的英军阵地便遭到德军的凶猛反击，德军第一次采用鲁登道夫及其参谋人员制定的新的进攻方案，很快把英国人赶回到发起进攻前的地方。

富勒的坦克战新思路虽然一提出就遭到了上级的否决，但事实证明富勒是对的，康布雷战役是一次成功的坦克战，坦克战术第一次出现在战场上，步兵与坦克协同的战术也第一次出现在战场上。康布雷战役是坦克战走向成熟的一个标志，坦克作为陆战之王的王者之风开始

英军迫击炮阵地，可见其所用的迫击炮口径很大。

在康布雷显现。11 月末到 12 月初，德军对英军近 12 个步兵师、1700 多门火炮和 1000 多架飞机构成的突出部实施反突击，反突击之前，进行短促的炮火准备，结果德军收复大部分失地，俘虏约 9000 人，缴获 716 挺机枪、148 门火炮和 100 辆坦克。英军将 73 辆坦克投入战斗，才得以制止德军的反突击和推进。

12 月的第一周，暴风雪阻止了所有军事行动。两周来的战斗使英军伤亡了 4.5 万人，德军损失的人员大致相同。有 1.1 万多名德军被俘，英军被俘的约 9000 人。最重要的是，坦克在康布雷的战略部署表明，适当使用充分数量的机动装甲车辆能够转变战斗形势。事实上，坦克在康布雷战役中所发挥的作用被人们普遍看好。但协约国军队最高指挥部在 1918 年却没有再继续采用大型坦克进攻，也就是说，真正的坦克时代尚未来临。

英军以最小的伤亡取得令人震惊的胜利，坦克成了战争之神，虽然它在战场上的作用毕竟有限。但英国人完全能够以坦克的火力作为取胜的关键，发动一两场大规模进攻。遗憾的是，英国远征军中的高层指挥人员没有真正认识到这种武器的潜在威力，因而黑格只是小批量地使用坦克，或者通常将它作为攻坚战的接应，完全依附于炮兵和步兵的协同配合。

对德国的溃败，鲁登道夫最初的反应是慌乱，但他不久就充分恢复过来，命令援军急速开往这个防区。后来他说，新武器"是够讨厌的，但不是决定性的"。

兴登堡有一段更为清醒的评价，他写道："英国在康布雷的进攻第一次揭示了用坦克进行大规模奇袭的可能性，它们能够越过我们未遭破坏的堑壕和障碍物，这不能不对我们部队有显著的影响，在康布雷战役中，双方的有生力量和技术装备都受到巨大损失，并且未分胜负。"康布雷战役是大规模使用坦克的第一个范例，对于军事学术的发展有重大影响。步兵与坦克协同动作原则和对坦克防御原则的形成，均与这次战役有着密切的联系，这次战役被后人公认为是协同战术形成的重要实战标志！

"献给英国的圣诞节礼物"
攻占耶路撒冷

当土耳其于 1914 年 11 月初与德国结盟时，英国在中东的兵力包括一个为保护英波石油公司的财产而驻守在波斯湾的阿巴丹岛的印度旅，几个月后，印度陆军的高级军官尼克松将军把他的部队调往苏伊士运河—巴勒斯坦地区，汤森德在那里率领一个军，土耳其军的实力和英国相等，计有阿瓦士附近的部队 8000 人和幼发拉底的 1.8 万人，可是英国人仍然低估土耳其的战斗力，本来处于守势的土军此时得到有效的增援，正规军及新招募的阿拉伯人合计 2.1 万人正严阵以待。英国人对此一无所知，双方刚一交手，土军即以压倒性兵力优势迫使英印联军后撤至库特拉马拉，并于 12 月 3 日将该镇合围，汤森德只能坚守以待援军。两天的战斗，1.4 万人的英印军队伤亡了 4500 人。于是，汤森德的筋疲力尽的部队带着只够两个月的存粮退到库特拉马拉，追击的土耳其军包围了库特拉马拉，粉碎了一切援救守军的尝试。

后方的英军并未有任何拖延，立即开赴库城。但沿途上土军骚扰不断，到 1 月末，城内的情况日益恶化，军粮已经耗尽，只得屠宰运输用的牲畜充饥。人数众多的印度军人，已濒于饿馁。3 月，城中已是山穷水尽，无奈之下的后方英军使用随军用于侦察的 7 架飞机向城中投放食物，当时的飞机很简陋，物品只能悬挂在飞行员的座驾下，在目的地上空投下，为完成任务，飞机不得不冒着被土军击中的危险在低空飞行。自 1914 年 12 月初以来，位于美索不达米亚的库特拉马拉的汤森德，被土耳其和阿拉伯军队围困着，该地守军于 4 月 29 日投降。在 5 个月的围困中，约 1 万人被俘，另有 1700 人死亡，2500 人受伤，大批死于疾病的战士曾经几个星期得不到足够的配给。

在苏伊士运河—巴勒斯坦地区，奔袭与反奔袭，加强兵力与构筑工事是 1916 年大部分时间的特征，阿奇博尔德·默里爵士于 1916 年 3 月接管埃及英军指挥权，该地兵力最大时达 14 个师，但迅速减少到 4 个师，过度紧张的英军在苏伊士运河附近建立了另一道筑垒地域，这是对 1915 年土耳其军队进攻运河的战略性反制措施，但这个反制措施不必要地耗费了大量资金。英国内阁为转移公众对加利波利灾难的注意力，要尼克松攻占巴格达。不熟悉地形的印度士兵，在巴格达东南 32 公里处与土耳其军遭遇。

1916 年是以协约国在外围战区的严重挫败而开始的，加利波利半岛的撤退在 1 月份完成，英国在达达尼尔的失败，使土耳其部队解脱出来，作又一次进攻埃及的尝试，这一次，土耳其人在苏伊士运河被击退，已经渡过这条水道的先头部队大批被击毙。1916 年 8 月，默里将军奉命指挥在美索不达米亚的英印军，他的任务是策划

在美索不达米亚平原上，英军一门8.16千克级84毫米口径野战炮正在开火。

夺取巴格达的战役，受命于 1917 年春攻占加沙以开始对巴勒斯坦的入侵。默里于 1917 年 3 月发动了加沙战役，用 5 个加强师进攻约 3 个土耳其师，胜利已经在望，但由于缺水和参谋人员的错误决定导致了失败，英军撤退了，伤亡 4000 人，土耳其伤亡约 2500 人。4 月，默里再次试图进攻，但这次土耳其的阵地已增加了 1 个师，一场残酷的正面强攻的结果是英国人遭到惨败。

土耳其以 3.5 万左右的兵力，抵挡 12 万人的英军，被俘的土军在 9000 人以上，但其余人的下落没有报告，他们大概不是被杀就是逃走了。这是一次代价很大的战役，英军伤亡了 4 万人，疾病也给部队造成重大损失，默里本人也罹霍乱而死。新派到巴勒斯坦来的是一位绰号叫"公牛"的艾伦比将军，艾伦比请求并得到了增援部队，整个夏季都在进行精心准备，到秋天，他已有 7 个步兵师和 3 个骑兵师做好准备，土耳其方面也得到增援，但为数不多，英军仍至少占有二比一的优势。对英国内阁来说，耶路撒冷是最受珍视的，英国人知道，夺取这个城市在政治上既对奥斯曼土耳其帝国是致命的，又可提高英国士气，补偿在西线的逆势。

"公牛"艾伦比上任时，英国首相劳合·乔治告诉他："我希望你攻占耶路撒冷，作为献给国家的圣诞节礼物。"10 月底，艾伦比向加沙阵地发起进攻，与其前任者的计划相反，艾伦比以 3 个师的兵力在加沙正面实施佯动，同时秘密伺机攻击贝尔谢巴。此举完全达成了突然性，但成功还取决于进攻部队夺取城中水源的能力。若不能夺取水源将意味着攻击部队的失败，并很可能导致整个攻势的失利。艾伦比以步兵对贝尔谢巴实施正面攻击，同时指挥其骑兵向东实施大范围的机动，然后迂回到该城。经一整天的战斗，至黄昏时，骑兵的冲锋达到高潮。澳大利亚骑兵旅跨过土军的铁丝网和堑壕线，冲入贝尔谢巴城内，并夺取了隐藏的水源。守军慌忙撤退而暴露了第七军团左翼。11 月 6 日，艾伦比向北实施打击，将土军两个军团分割开来。随后他派遣其骑兵部队跨过沙漠向大海挺进。土军及时撤出加沙才免于被包围。土军第八军团撤往海岸地区，第七军团则退往耶路撒冷。11 月初加沙被攻占，这次进攻英军胜利了，但不彻底，土耳其人仍牢牢控制着掩护他们退却的一些重要的交通枢纽，退却与追击都

在战争最后几周里，成千上万的土耳其士兵被俘，图中只是部分俘虏。

1917年12月11日，艾伦比将军穿过雅法门进入耶路撒冷，持续数周的战役至此结束。

受到干旱土地上最宝贵的财富水的制约。如今，通向耶路撒冷的道路已经打开了，艾伦比给渴望胜利的英国人带来了诱惑——向耶路撒冷进军！

11月末，艾伦比集结他的兵力，向加沙发动第三次进攻，尽管后勤保障困难而且缺乏水源，艾伦比还是挥师向土耳其第八军团仓促建立的防线发起进攻，迫使土军沿铁路线向北退却。随后，艾伦比转战于耶路撒冷。随着土军增援兵力从阿勒颇赶至，以及法金汉前来实施指挥，艾伦比停了下来。法金汉在大海至耶路撒冷之间重新建立了一道防线，随后，双方在朱迪安山地开展了激烈的交战。英国的实力计7.5万步兵和7000名骑兵，土耳其为4.2万步兵和1500名骑兵，艾伦比的骑兵冲过去，在防守者后面扇形展开，接着土耳其军都被跟在骑兵后面进行白刃战的步兵击溃，加沙也受到英国战舰的重炮轰击，一周后，这种联合突击把土耳其军压倒了，约有1万土耳其士兵被俘。12月8日，艾伦比用4个师对耶路撒冷发起了决定性的进攻，他们拥有制海权这一无价的优势，胜利必然是英国的，土军防线后缩而且崩溃了。

12月9日，土军从耶路撒冷退却，这座圣城终于落入英国人手中。12月15日，土军发动反击但被击退。几天以后雨季到来，作战季节结束，英军巩固了自己的占领地，土耳其军队的残部开始向北退却。艾伦比使英国首相如愿以偿，并且把耶路撒冷这个圣诞节礼物献给了英国，这位胜利的指挥官穿了简朴的军服，徒步走进这座圣城。艾伦比的一击，使土耳其人的士气低落至无法补救，据记载，逃兵在人数上远远超过仍服役的军人。

大炮巨舰的巅峰"聚会"
日德兰海战

自 1805 年特拉法尔加海战以来，英国一直保持着海上霸主的地位，它的庞大舰队耀武扬威地游弋于全球的各个海洋上，第一次世界大战爆发后，尽管德国加强了海军力量，但在舰只数量和排水吨位上仍然落后于英国，火炮口径和数量也不及英方。因此，在战争开始后的两年半时间里，英国海军凭借其优势对德国实行海上封锁。

长期的封锁，给德国经济造成了严重的影响，德国人一直想打破这种局面。1915 年 1 月，德国海军中将希佩尔率领大洋舰队主力离开威廉港海军基地，在到多格尔沙洲的途中与英国主力舰队遭遇，双方展开大战，结果德舰敌不过英国舰队猛烈的炮火，在损失了 1 艘军舰之后只得悻悻而归，此后，德国人想摆脱英国封锁带来的困境的愿望越来越迫切。时值大战第三个年头，尽管飞机、坦克、毒气等新武器纷纷亮相，但都无法突破对方的阵地，在海上，德潜艇倒还干得不错，但英国的海上武力毕竟是强大的，庞大舰队游弋于北海上，德国运输补给线被切断。怎么样打击英舰队呢？德国公海舰队有这样的实力吗？德皇威廉二世咽不下这口气，任命好斗的舍尔上将为公海舰队司令。

1916 年，德国新上任的舰队司令冯·舍尔海军上将，带着一个艰巨的使命，开始了他的工作。第一次世界大战进行两年多了，形势还是不明朗，战争的消耗使德国越来越感到吃力，皇帝威廉二世令舍尔必须突破英国的海上封锁，确保殖民地的物资运到德国。

舍尔以公海舰队为后盾，用潜艇、飞艇和水雷发动了一场来势凶猛的进攻战役。他多次出击，企图迫使英军分散其海军部队，以便各个歼灭。这一年的头几个月以海空袭击、反袭击、水雷袭击和轻型舰队之间的零星冲突为特征。以好斗著称的舍尔雄心勃勃，决心与英国海军来一次真正的会战，彻底扭转无所作为的尴尬局面。舍尔制

日德兰海战场景

日德兰海战集结了英德两国海军的精华，双方共出动战舰254艘。这次海战，进一步确立了"大舰巨炮"主义理论，促使各国海军更加重视发展以战列舰为核心、以大口径舰炮为主要突击兵器的海上舰队。

订的计划是，派出小规模舰队到英国海岸及港口骚扰，打了就跑，英国海军如果不追击，就搅得英国海岸永无宁日，一旦英国海军追击，就将其诱至德国海军预设的战场，由德国海军主力突然出现，打对方一个措手不及。

1916年5月30日，一份军事密报送到了英国海军司令杰利科面前："敌'吕佐夫'号等5艘战斗巡洋舰正沿日德兰海岸航行！"杰利科担心当英国的大舰队一出现，它就会溜走，于是寻思出了一个实际上与德军一样的方案：让贝蒂中将率领一支较弱的舰队向德舰迎战，经过短暂的炮击后，就退向潜伏在远处海面的主力舰队，然后一举歼灭德国舰队。5月30日，贝蒂率领由4艘战列舰、6艘战列巡洋舰、14艘轻巡洋舰、27艘驱逐舰、1艘水上飞机母舰组成的英国诱敌舰队，从斯卡帕湾出发，由西向东驶进北海。杰利科则率英国主力舰队——包括24艘战列舰在内的98艘军舰——在西北110公里处的海域随后跟进。同一个夜晚，清一色"无畏"级和"超无畏"级战列巡洋舰组成的德国诱敌舰队，在希佩尔将军的率领下，乘风破浪地驶向波罗的海通向大西洋的狭窄通道——丹麦的日德兰半岛附近，在"诱饵舰队"之后50海里处，是舍尔亲率的公海舰队主力，这是一支包括16艘无畏舰在内的59艘舰只组成的庞大舰队。

5月31日下午2点多，两支庞大舰队的前锋，都驶到了日德兰西北部的海面上，相距仅56公里。贝蒂在西，希佩尔在东，平行地向北行驶，但谁也没有发现对方。3点左右，贝蒂舰队东侧翼的巡洋舰"加拉蒂"号发现东面有一艘丹麦货船，便驶过去查看。同时，希佩尔舰队西侧翼的巡洋舰"埃尔平"号也看见了这艘丹麦货船，转轮向它驶去，这两艘巡洋舰几乎同时认出了对方，下午15时40分左右，双方前卫舰队逐渐相向行驶，各以全部火力猛烈对轰，英德双方随即展开了遭遇战。德国海军的射击技术相当精湛，而且采用了新式的全舰统一方位指挥系统，战至一小时后，英舰"不倦"号和"玛丽王后"号先后被击沉。正在危急时刻，英海军4艘战列舰赶来支援，希佩尔立即命各舰迅速驶离战场，向身后的主力舰队靠拢。希佩尔率领的引诱舰队显然占了便宜，而且他还顺利完成了引诱英舰进伏击圈的任务，下午 4 时 38 分，离"雄狮"号 3.2 公里远的英国巡洋舰"南安普顿"号观察到了跟在希佩尔后面的德国大洋舰队，"南安普顿"号立即向贝蒂发出了惊人的报告："东南方向有战列舰！"英前卫舰队见德国公海舰队的主力出现在眼前，情知不妙，一面掉头急奔，一面向杰利科发报求援。贝蒂发现了公海舰队，舍尔的舰队开始追击贝蒂。

舍尔希望能一举摧毁这支被引诱上钩的舰队，但让他没有想到的是，杰利科正率领英国本土舰队向这里驶来，贝蒂试图告知杰利科具体位置，但他发出的信号一开始被误读了，直到 18 点，杰利科的主力舰队才与贝蒂会合。舍尔在不明英舰队主力出海的情况下，率德舰队追击英前卫舰队。18 时许，英前卫舰队摆脱德舰追击，与舰队主力会合。杰利科判明德舰准确位置后，命令舰队主力迂回驶向德舰，在队形变换尚未完成时，英舰即同德舰交火。几分钟后，双方的主力战舰均已进入射程以内，猛烈的总交战开始了。

德军的战斗巡洋舰遭到了猛烈的攻击，希佩尔的旗舰"吕佐夫"号失去战斗力。在英军一方，立功心切的胡德率"无敌"号冲得离德舰太近，被一阵暴风雨般的炮弹击中，他和他的舰艇一齐被炸上了天，随后"护卫"号和"勇士"号巡洋舰亦被击沉。舍尔判明英大舰队主力投入战斗后，也大吃一惊，想不到对手和他使用了同样的战术，感到继续打下去必吃大亏，便在 18 时 45 分命令德国舰队向南方边打边撤。

6 时 30 分，舍尔在烟幕和驱逐舰攻击行动的掩护下，忽然转变航向，德舰极其困难但非常漂亮地同时掉头 180°，向西行驶，几分钟内他的战舰便脱离了大部分英军战舰的有效射击范围，此举使英军大为吃惊。杰利科没有追击，而是继续向南，因为他知道自己的舰队已插入德舰和其基地之间。

舍尔也清楚地意识到杰利科已分离了他的舰队，19 时整，舍尔再一次转向驶向英舰，向英舰队发起了死亡冲锋，整个德舰队忽然再次进入整个大舰队的火力射程之内，这次德舰似乎不可能逃脱在巨大的炮弹雨幕之下被摧毁的命运。与此同时，德军剩下的 4 艘战斗巡洋舰在"德夫林格"号舰长哈尔托赫

"无畏"级皇帝陛下战舰"奥斯特夫里斯兰"号在从日德兰战场返航时被水雷炸穿了。

德军在1916年日德兰海战中出动的6艘前"无畏"舰之———"波美"号。该舰被英军驱逐舰"福克诺"号发射的鱼雷击沉，所有船员全部罹难。

上校的指挥下，向英军战舰编队实施了极为英勇的冲击，以掩护舍尔的撤退。火炮已损坏的"冯德尔塔恩"号仍在坚持战斗，仅能分散英舰的炮火。"德夫林格"号被打得仅剩船架，但仍继续战斗。德军的战斗巡洋舰在很近的距离上绕过英舰编队，接着德驱逐舰冲向杰利科的战列舰实施鱼雷攻击并释放烟幕，杰利科谨慎地躲过鱼雷，而使舍尔逃走了。当他重整编队时，舍尔再次掉头180°并已消失于西方，令人惊讶的是，德军的战斗巡洋舰在其"死亡冲锋"中竟没有被打沉一艘。

在旗舰"铁公爵"号上密切观察战况的杰利科意识到，在入夜前已无法全歼德国大洋舰队，便命令英舰利用航速优势，截断舍尔回港的航路。由于担心受到鱼雷的攻击，杰利科的大舰队并没有随后追赶，而是直奔德舰回港的航线而去，他要抄近道截住德舰，以待明日再狠狠打击它。此时，舍尔知道，如果他的舰队继续待在海上，到天亮就有被歼灭的危险，必须趁晚上才能冲破英舰的封锁，因此，日德兰海战的最后一幕，便在深夜开始了。

舍尔知道英国的舰队现处于他和德国的港口之间，而且杰利科正在去控制他进入这些港口的通路，他还知道他的舰队再也经不起一次总交战。经过仔细分析和推算，舍尔决定转向东南，趁夜从英国主力舰队的后面冲杀过去，然后经合恩角水道返回基地，为此，舍尔把所有能用的驱逐舰都派出去拦截英国主力舰队，掩护德国舰队主力突围。按照舍尔的命令，德国驱逐舰拼死一搏，如狼群一般，从不同的方向袭击英国主力舰队，给英军造成混乱和判断失误，使杰利科摸不清德国主力舰队在哪个方向。23点半，在夜幕的掩护下，德国舰队猛然插入英国舰队的后防线，双方在黑暗中相互碰撞，在照明弹、探照灯和着火舰只的炫目光辉下混战。英舰"铁公爵"号忽然陷入德舰的包围之中，在5分钟之内便被击沉了，1小时后，英舰以强大火力在交战中渐占优势，德舰队见众寡悬殊，势难取胜，遂在夜幕掩护下，释放烟雾撤退。在撤退中，德战列舰"黑森"号将德轻巡洋舰"埃尔平"号撞沉，英装甲巡洋舰"黑王子"号被德战列舰击沉，德老式战列舰"波墨恩"号被英驱逐舰鱼雷击沉，次日凌晨，在密集的炮火、鱼雷袭击下，德国公海舰队终于杀开一条血路，向威廉军港狂奔，杰利科岂肯罢休，率英国舰队紧追不放。

德国海军在通向威廉军港的必经之路赫尔戈兰湾一带布下的无数颗水雷发挥了作用，舍尔在水雷阵中东转西弯，将舰队带回了军港。失望的杰利科不敢冒险进入水雷区，无奈地调头返航，带着他的主力舰队返回基地。这场盛况空前的海上争霸战历时12小时结束了，杰利科很清楚他没能摧毁德国的公海舰队，而且英军的损失实际上要比德军大。这场有史以来最大的战列舰决战结束了，英国参战149艘、德国116艘，在大战中，英国损失了3艘主力战列巡洋舰、3艘装甲巡洋舰和8艘驱逐舰，6艘舰艇遭受重创，共损失11.5万吨，伤亡7000人。德国损失1艘老式战列舰、1艘战列巡洋舰、4艘轻巡洋舰和5艘驱逐舰，其他4艘舰艇受到重创，共损失6.1万吨，伤亡3000人，双方损失近二比一，德国取得了战术上的胜利。

在这场海战中，杰利科过于谨慎，而贝蒂又过于大胆，希佩尔则最高明。德舰的火炮比较优良，舰艇也比英国的坚固得多，英国人失去了威望，但仍掌握着制海权。在1916年剩下的时间内，德国公海舰队实施了一次胆怯的出击，但以失败而告终，双方没有接触而各自掉头返回。当时舍尔是被虚假的报告蒙骗，而杰利科则担心遭到潜艇的伏击。9月，德国公海舰队的轻巡洋舰袭击了英国海岸，几艘辅助巡洋舰则溜出了英军大舰队的封锁，肆意骚扰大西洋的商业航运。然而总的来看，德军在海上的行动主要集中于实施潜艇战，德军击沉了巨大数量的协约国船只，到年底，平均每月击沉的船只吨位达30万吨。

日德兰海战是英德争夺海上霸权的一次较量，也是历史上交战双方使用战列舰编队进行的最后一次海战，之后的海战就由航空母舰和飞机来决定胜负了。就这场海战的胜负得失而言，德国海军略占上风，但就战略意义而言，英国仍保持了对德国的海上优势，德国的舰队依然被困在近海的几个港口，德国企图打破英国海上封锁的目的未能实现，全球海洋仍然是英国海军的天下，大洋舰队困在港内毫无作用，仍然是一支"存在舰队"。正如美国《纽约时报》所评论的那样："德国舰队攻击了它的牢狱看守，但是仍然被关在牢中。"贝蒂谈到海军力量的有效使用时断言："英国主力舰队的正确战略，不再是不惜任何代价力求使敌舰出战，而是使它留在基地，

日德兰海战情形

交战中，德军射击技术和舰艇操作水平较高，"同时转向"战术运用娴熟，但舰队实力处于劣势；英军虽握有主动权，但行动不坚决，也失去歼敌良机。

直到形势变得对我们更为有利。" 从此以后，这两大舰队再没有发生过冲突，两年半以后，德国输掉了这场战争。

11月，杰利科被任命为海军大臣，要对付公海舰队更大的威胁——潜艇。贝蒂接任主力舰队司令官。日德兰海战的战略意义极其重大，任何一方取得决定性胜利都会改变这场战争的进程。事实上，英国保持着远距离封锁的压倒能力，德国则越来越多地转向潜艇战。舍尔在日德兰海战后在给德皇的报告中说："德意志帝国海军能予敌以巨创，但即使在公海上取得最有利的战果，也不能迫使英国和解，我们的地理位置与岛国相比的不利之处，不能靠我们的舰队来补偿。"他最后说，"无限制潜艇战是必不可少的，哪怕冒同美国作战的风险也罢。"

日德兰海战的另一个间接后果是英国陆军大臣基钦纳爵士之死。5月底公海舰队出港以前，一艘德国潜艇在奥克尼群岛外围布下了水雷。基钦纳乘坐巡洋舰"汉普郡"号去俄国执行任务，6月5日，"汉普郡"号触雷，很快在波涛汹涌的海洋中沉没，全舰人员几乎都葬身海底。就基钦纳的名望来说，他的死是及时的，他已在内阁中失去了威信，尽管他组建和训练的"新军"成为他留下的一块纪念碑。

独辟蹊径的地道战
阿拉斯战役

1916年，参战的任何一方都不存在真正的成功：凡尔登战役严重削弱了法国；英国在索姆河也没得到什么特别的好处；俄国国内陷入了革命的边缘。另一方面，奥匈帝国又承受了新的失败，德国也经历了几乎令其无法承受的巨大消耗。交战各方在精疲力竭之中就像一个个被揍晕了的拳击手，惶惑地走进了1917年，没有人看得出这场漫长的屠杀活动行将结束。从 1917 年 2 月起，鲁登道夫准备了一道正面大为压缩但组织严密的防御地带——兴登堡防线，又称齐格菲防御地带。该防线位于从阿拉斯到苏瓦松防线之后约 30 公里处，兴登堡对此表示赞赏，并决定撤到新的防线。缩短的防线用较少的师即可坚守，因此可以提供更多的机动预备队。在德军原来的防线和新的防御地带之间，田野荒芜，村庄和城镇被夷为平地，丛林被烧毁，水源被投毒，道路遭到破坏。实际的撤退从 2 月开始到 4 月结束，整个过程极为秘密。

为了为即将发动的尼韦尔攻势做准备，英军决定发起一场阿拉斯战役。1917 年伊始，阿拉斯又成了同盟国与协约国军队争夺的焦点，同盟国一旦夺占阿拉斯就等于洞开了巴黎的门户，整个法国便岌岌可危。从 1914 年到 1916 年，阿拉斯几易其手，英法守军在一片废墟上加紧修建防御工事。与此同时，攻势凌厉的德军在小镇东部虎视眈眈，他们正在向这里集结重兵，最高统帅路德维希甚至已让人铸好了纪念碑，准备在破城之日将它安放于小镇的中心。

1917 年 4 月 9 日复活节的清晨，在阿拉斯市以北维米镇附近的维米岭拉开了阿拉斯战役的序幕，参加战斗的加拿大 4 个师进行了为期数月的周密准备，对维米岭进行了为期一周的猛烈炮轰，霍恩指挥的英军第一军团与艾伦比指挥的英军第三军团，在猛烈的炮火准备和毒气攻击之后，一举突入法肯豪森指挥的德第六军团的防线之内，英军很快获得了空中优势。在战役开始的第一天，加拿大军队猛攻并夺取了维米岭山脊。高夫指挥英军第五军团在南面实施助攻，没能取得进展。经随后几天的战斗，英军的推进慢慢停了下来，虽然取得了战术胜利，但没能达成突破。

在经历了 1916 年索姆河战役的惨重伤亡后，英法联军得出了一条血的教训：跟装备精良、战术多变的德国步兵师硬碰硬，无异于大规模自杀！他们变更了作战策略，提前三个月在德国人的眼皮底下挖掘出了一条规模宏大的地下通道，复活节这一天，在猛烈的炮火打击和毒气攻击之后，随着英军第三突击师发起进攻信号，2.5 万名英法联军从指定出口冲出地面，奇迹般地出现在德军的面前，向驻扎在阿拉斯的德军第二和第六步兵师发起突袭。紧接着，由霍恩指挥的英军第

一幅描绘阿拉斯战役场面的油画作品

装有两脚架的MG08"马克沁"机枪

一军团与艾伦比指挥的英军第三军团，也一举突入德军第六军团的防线之内。

此时，经过4天血战，西线最坚固、号称牢不可破的维米岭已被加拿大军彻底攻占。此后，英法联军大获全胜，以1000多人的微小伤亡击溃了整个德军师团，成功将战线向前推进了十多公里，身后的巴黎从此高枕无忧。阿拉斯地道战也成为世界军事史上的经典战役，而维米岭之战也成了加拿大军队的荣誉之战。但是由高夫指挥的英军第五军团在南面实施助攻没能取得进展，经随后几天的战斗，英军的推进慢慢停了下来。虽然协约国的军队在阿拉斯战役中取得了战术胜利，但没能达成对德军战线的突破，这次战役英军伤亡近9万人，德军伤亡近8万。

第一次世界大战结束后，人们重建了阿拉斯小镇。为了纪念在此战役中做出英勇贡献的加拿大战士，法国政府将维米岭上的1平方公里的土地赠送给了加拿大，用以建造维米岭纪念碑，以纪念那些在此倒下的加拿大士兵。现在，属于加拿大的维米岭是个战争纪念博物馆，由退伍军人部管理。光阴荏苒，直至1990年，当地一个名叫阿兰·雅克的男子决心对神秘的阿拉斯"地下城"展开调查。起先，雅克发现了"布伦海姆"区域，在接下来的几年中，多片未知隧洞区逐渐浮现。当时的英法联军部队如何进驻地道，以及发起进攻的过程细节也被雅克一一整理出来。如今，阿拉斯小镇当年挖掘的规模宏大的地下城也在修复后改建为博物馆，向公众开放，以展示当年的战况。

"屠夫"引发的兵变
伤亡惨重的"尼韦尔攻势"

1916年10月将终时，凡尔登之战看来要失败了，法军指挥官尼韦尔下令进行奇袭，德军措手不及，退出了早些时候他们攻占的所有地方。对尼韦尔来说，这是鸿运高照的时刻，法国人渴望有一位英雄，就把他称为胜利的缔造者。尼韦尔夸口说，他掌握着胜利的关键，但他拒绝透露他的战略。1916年12月31日，霞飞退休，"凡尔登的英雄"尼韦尔接替了他。

出身于军人家庭的尼韦尔博学多才，能言善辩。他是法军中少有的一名重视宣传鼓动的将军，他认为，军人的勇敢精神来自他们对战争的热情，而军人的战争热情，则需要指挥官的嘴巴来激发。尼韦尔尤其善于通过宣传使上级支持他的计划，特别在上级不理解他的计划时，他更需要这样做。他能在一幅巨大的西线挂图前面，手持一根教鞭，滔滔不绝地介绍他的部队拥有足够的能力打胜这次战役。这位霞飞的继任者血气方刚而且好大喜功，他劝说法国政府实施无情的、猛烈的进攻。他计划对努瓦荣大突出部翼侧实施一次大规模的"巨人般的拳击"，这里是协约国三年来力图消灭的那个突出部，但是德军又一次率先行动了，不过这一次是撤退而不是进攻。从 2 月 25 日到 4 月 5 日，德军在鲁登道夫的巧妙指挥下，退到有利于德军作战的兴登堡防线，撤退最多近 50 公里，这是三年大战中在西线最大的一次运动。

平步青云的尼韦尔将军在被任命为法国陆军总司令时，已 60 岁了，凡尔登战役中那句引起所有协约国遐想的有名的口号"他们不得通过"，虽然常被人认为是贝当所创造，其实是尼韦尔创造的。尼韦尔和他的助手芒让将军筹划了一个计划，他们想发起一个攻势，收复德军在最初进攻凡尔登期间夺取的杜奥蒙炮台。1917 年 4 月的阿拉斯之战，实际是英军为尼韦尔的攻势所做的准备。法国总理潘勒韦被尼韦尔的如簧之舌所打动，表示："将军，如果你进攻的结果，只是收复我们这片广大的领土和它所包含的一切，政府和国家将认为这是一个伟大的胜利。"尼韦尔听后，报之以微笑道："这有什么？不过是不足道的小小胜利而已。我在埃讷河聚集的 120 万士兵、5000 门火炮和 50 万匹马，不是为了这样一点点战果的。"最后，他终于说服统帅部支持他发动这次攻势。

尼韦尔担任法国陆军的最高统帅时，充满了信心。为他的"凡尔登战法"所震惊，人们对他的堂皇宣告是没有争议的，"这个经验是确定了的。我们的战法已经经过试验。我可以向你们保证，我们一定胜利。"尼韦尔的计划，包括由法军与英军对一个巨大的、无掩护的德军突出部位进行双管齐下的强击。1917 年 4 月 16 日，大大加强的米歇尔指挥的法国预备集团军，在从苏瓦松至兰斯 64 公里的战线上向德军发起进攻，以夺取舍曼代达姆。这是一条与战线平行的一系

尼韦尔只在最高司令这个位子上坐了很短的一段时间。

列植被茂密的岩石山岭。芒让的第六军团和马泽尔的第五军团实施主攻，迪歇恩的第十军团实施近距离支援，其后是费约尔的第一军团。法军攻击军团的兵力总数达120万人，共7000门火炮。尼韦尔的计划并不是没有优点的。德国的突出部兵力配备薄弱，易受攻击，在1916年夏的索姆河之战中，防御部队牺牲惨重。不过指挥官们用乐观代替了判断，订出了不可能实现的速度。芒让夸口说，他的部下能以1分钟27米以上的速度跑步前进，并且能继续保持这种步伐至少几公里，对此表示怀疑的意见则受到压制。

尼韦尔是个十分重视宣传工作的指挥官，他非常重视部队的思想动态。在尼韦尔指挥的一些战役中，法军之所以能在不利条件下取得辉煌战绩，除去其他原因外，的确与他的宣传鼓动分不开。然而，具有讽刺意味的是，战争中法军的最大哗变，却发生在他直接指挥的前线部队，这次哗变导致他被免职。在凡尔登，是靠对进攻计划进行冷静但充分的说明来鼓动战士热烈献身的。这一次，尼韦尔担心不那样做他的部队就会背叛，下令进行堪与好莱坞报刊宣传员相比的宣传运动，对战略和目标加以提纲挈领的作战计划都发给士兵，军官对士兵做宣传讲话，以引导他们对决定性的胜利抱有信心，所以不可避免地，德军也得到了这个情报。

尽管德军新的阵地与纵深野战工事相结合，极其坚固，但是，刚愎自用的尼韦尔并没有灰心丧气。他发起的进攻比以前规模更大，也组织得更好。他广泛地散发进攻计划和指令，甚至在伦敦的宴会上对女士们公开谈论即将来临的交战，没多久，德国人对即将发生的事情的了解就和尼韦尔一样多了。

1917年4月9日那个可怕的复活节早晨，英军对德军的兴登堡防线西北翼，即位于该地之维米岭开始发动攻势，在交战的第一周消耗的火炮及弹药约达9万吨。

图为散落在一条低矮小路上的法国士兵的尸体。与尼韦尔的夸夸其谈让协约国付出的高昂代价相比，这点伤亡不过是九牛一毛。

当大炮仍在阿拉斯轰鸣时，由法军四个集团军组成的强大主力部队，于4月16日对德军发起突击，法军在兰斯北部发动的这场攻势被称为"尼韦尔攻势"。法军所要攻击的对象是伯恩的德军第七军团和比洛的德军第一军团。由于尼韦尔自信地公开夸口将取得胜利，德军对法军的进攻早已知晓。在攻击之前，德军飞机驱逐了法军空中观察员，德军炮火不断轰击仍处于行军中的法军坦克。法军的炮火移动弹幕相对于步兵移动过快，而步兵不得不对付德军预先计划的炮兵和机关枪火力以及局部的反冲击。尼韦尔的助手芒让，是法国陆军中最顽强的指挥官，他的部队给他的绰号是"吃人的人"和"屠夫"，他是藐视生命的，甚至藐视他自己的生命。

49岁的芒让是专为战争而活着的，他自称非常赞赏他的非洲部队，可是他毫无内疚地命令他们冲向猛烈的机枪火力。法国精锐的塞内加尔部队被调来针对坚强的据点充当进攻的先锋，法军以大无畏的进攻精神奋勇向前，终于抵达并夺取了德军第一道防御阵地，随后被德军阻止。法军反复实施攻击但没能取得什么进展，整个攻势是一个大失败。在5天的战斗中，法军共付出了近12万人的代价，以至于有人讥讽尼韦尔指挥的此次战役是"尼韦尔的屠宰场"。

俄国的最后攻势
六月进攻

当折磨人的战事在西线连绵不休之时，俄国爆发了一系列重大事件，食物短缺、骇人听闻的伤亡人数，导致1917年头几个月不断增长的示威游行和罢工。3月11日，杜马不服从沙皇要它解散的命令，街道上发生了大规模的游行示威活动，到处都出现了动乱，而军队拒绝参与镇压。3月15日，沙皇在普斯科夫的陆军总部退位，"愿上帝保佑俄国"是他的祈祷词和墓志铭。一天后，沙皇的兄弟尼古拉大公拒绝继承皇位，几天之内，沙皇及其家族成员即被逮捕，罗曼诺夫家族的统治永远结束了。沙皇政府的统治倒台，从时代的角度看，这标志着一切专制统治残余的消失，代之出现的是由一些不成熟的政党组合建立的临时政府。为了加重其混乱，德国允许流亡在外的革命领导人弗拉基米尔·列宁乘坐一闷罐列车通过德国领土返回俄国。

在1917年3月俄国爆发的资产阶级革命中，沙皇政府被推翻，代表地主资产阶级利益的临时政府掌权。与此同时，彼得格勒工兵代表苏维埃政权也建立了起来，两个政权并存的俄国走到了十字路口。临时政府与布尔什维克领导下的苏维埃展开了斗争。临时政府极力主张继续参战，直到协约国取得"最后的胜利"。苏维埃担心军官团队会采取支持临时政府的行动，于是在3月15日以苏维埃的名义发布了著名的"第一号命令"，以此剥夺了军官们的军事管理和训练权。这一命令传遍了整个俄国的武装力量，尽管临时政府下达了相反的命令，但结果却是部队的军纪丧失了，俄国陆军和海军像春天消融的冰块一样崩溃了。

克伦斯基的临时政府为巩固其统治，配合西线英法联军作战，决定于6月对德奥联军发动大规模进攻。其企图是以西南方面军向利沃夫方向实施主要突击，以北方面军、西方面军和罗马尼亚方面军实施辅助突击。在主攻方向上，俄军步兵和炮兵人数分别是德奥联军的三倍和两倍。此次俄军动用的是最精锐和受影响最小的部队，包括许多西伯利亚人和芬兰人。被俄国内阶级斗争的激化及苏维埃在军队和国内的影响增大吓破了胆的俄国资产阶级临时政府，力图一旦获胜就解散苏维埃和士兵委员会，结束两个政权并存的局面，粉碎革命力量，首先是布尔什维克党。如果进攻失利，就把罪责推给布尔什维克党，指控它瓦解军队，并扑灭国内革命。协约国则指望依靠数百万俄国大军在1917年战胜德国。

6月29日，所谓的"克伦斯基攻势"在加利西亚开始了。布鲁西洛夫指挥着为数不多的还有战斗力的俄军部队向伦贝格实施进攻。进攻从7月1日发起，俄第十一、第七集团军从波莫尔扎内以东、别列扎内地区向利沃夫实施突击，楔入德南方集团军防线，不久受阻。在南线与奥匈军作战的拉夫尔·科尔尼洛夫将军指挥的第八集团军却推进了30多公里，在其侧翼的罗马尼亚军队和俄国军队也取得了某些成果，但这只是一个短暂的胜利。为俄军的胜利所震惊的德军统帅部将13个德国师和3个奥匈师由西线调到东线，使其兵力几乎增加一倍。随着德军抵抗的增强，以及俄军后勤供应的中止，俄军的战斗热情和纪律性急剧衰退。7月19日，温克勒尔将军指挥的德奥军队从佐洛切夫、波莫尔扎内地域转入反攻，沿利沃夫至捷尔诺波尔铁路实施主要突击。俄军第十一集团军无心恋战，几乎未作抵抗，便大批撤出阵地，向后方退走。

20日，罗马尼亚方面军所属俄、罗各集团军向福克沙尼、多布罗加发起突击，一度进展顺利并粉碎德奥联军反突击，但因其他战线失利，被迫于26日停止进攻，后在德奥联军反击下撤至国境线。25日，德军攻占捷尔诺波尔，至28日迫使俄西南方面军撤至原出发地以东布罗德、兹巴拉日、兹布鲁奇河一线。俄国战线实际上已经瓦解，整个建制的部队逃亡，在这之后很少有激烈的战斗，德军和奥匈军如入无人之境。在1918年到来之前，德奥军队已经清除了俄军在加利西亚的残余。在整个7月间，俄军仅西南方面军就损失13万多人，各方面军伤亡和失踪的总数超过15万人。6月进攻没有取

由于士气低落，加上军中布尔什维克党积极分子不停地进行革命的政治宣传，俄军在克伦斯基攻势中溃不成军。图为心怀不满的俄军士兵自愿向德军投降。

得进展，失败的主要原因是士兵厌战、不愿为与其水火不相容的资产阶级打仗，俄军各方面军之间协同不紧密，各方面军内部的指挥不力，而且弹药物资缺乏，后备兵力不足。前线的失败，促使俄军部分下层官兵转向革命，主张俄国立即退出战争的布尔什维克党深得人心，让渴望和平的俄国人民倒向了布尔什维克。

1917 年 9 月 1 日，冯·胡蒂尔指挥德军第八军团攻击俄军战线的北端，他在德维纳河的西岸实施牵制性进攻以威胁里加。与此同时，德军三个师通过浮桥渡过该河并包围了要塞，同时，发动进攻的部队向东快速推进。长时间的预先炮火准备已被省去了，而代之以短促而猛烈的集中射击，随后步兵立即实施攻击。这是"胡蒂尔战术"的第一次运用。俄军第二十军团陷入一片惊慌，并向东逃窜。德军仅抓获了近 1 万名俘虏，双方的伤亡都很小。在同一时间，一支小型两栖远征部队占领了里加湾的奥塞尔岛和达戈岛，并且在俄国大陆登陆。

"中心开花"
破产的米夏埃尔行动

由于德国的无限制潜艇作战，使美国找到了加入欧洲战事的借口，美国的参战，使得本已精疲力竭的英法等协约国像被注射了一针强心剂，美国的雄厚工业实力，不久就把战争胜利的天平压向了协约国一方。此时鲁登道夫已入主德国总参谋部多时，作为一个战略家，鲁登道夫完全知道美国参战对德国意味着什么，因此，力争在美国运够充足的兵力之前，结束在欧洲的战事。

1917 年 11 月，俄国爆发了"十月革命"，退出了战争，德国从两面作战的窘境中解脱出来。德军的实际统帅鲁登道夫上将看见了扭转战局的一线曙光。鲁登道夫决意使 1918 年成为决定性的一年，他打算在西线集中他所能用的全部兵力，在美国的干预能决定结果之前，粉碎协约国或赢得有利的和平。由于俄国永久退出大战，整个冬季运兵列车滚滚向西，东线只留下几个师以保证把谷物运往德国，同时密切注意尚无足轻重的苏俄赤卫队。在 1917 年秋季，鲁登道夫的战术专家们提出了一种新的进攻理论——"突击群战术"，在紧跟着的整个冬季，德国一直在围绕这种新的战术，紧张地组织和训练一支由若干精锐师组成的规模不大的集团军。大约有 40 个师的"强击部队"得到了新式装备，补充进最优秀的军士和军官，接受了新的理论指导下的严格训练。鲁登道夫也对局势信心百倍，他的部队现在对新式进攻形式已经很有经验，而且，最重要的是，他们还有人数优势。此时，卷入革命的俄国已宣布退出战争，东部战场的士兵也可以转移至西部，鲁登道夫认为这是一个千载难

尽管德军整体士气低迷，尽管他们在战争中以失败告终，但其像图中机枪部队这样的作战单位还是坚持到了最后。

逢的进攻机会，并在 1918 年春天发起了攻势。

面对德国人即将发动的强大攻势，协约国首脑迫切希望美国增派大批士兵。但直到 1918 年初，他们眼睁睁地看着 37 个师还在美国本土组建和训练，因此对眼前的状况颇感不快。协约国担心美国是否有能力装备和运送一支独立的野战军队，还怀疑美军指挥官和参谋人员是否有能力组织和指挥这样一支部队去抗击身经百战的德国人。实质上，协约国是想把美国部队分别编入法国和英国的现有军队编制之中。1918 年 3 月西部战线看上去很平静，但是英军司令官黑格认为这是德国一场大规模进攻之前的暂时平静，恳求增加兵力，但是首相劳合·乔治和他的战时内阁却无意将更多的部队投入一条已经白白消耗了英国许多精锐部队的战线。劳合·乔治希望在巴勒斯坦捞取收获，至于欧洲的西部战线嘛，只要能守住就行了。削弱黑格的兵力会迫使他保持守势，从而可以保全许多人的生命。再说了，在西线战场上，少去几个英国人，自有别国人去顶上，英国人是会算这笔账的。

在胜利是必然的这一点上，德国高级人物中，很少有人例外，冯·霍尔岑多夫海军上将向帝国军事委员会保证德国潜艇不会让一个美国士兵在西欧登陆。但是，即使一长列一长列的火车运来俄国谷物，也不能抵消协约国封锁对德国人民所造成的影响。食物短缺依然困扰着德国，许多德国人呆呆地面对着他们战时的第四个冬天，在物资匮乏的情况下，有些人的耐心已逐渐丧失。然而德国所面临的形势也潜藏着重大的不利因素，除了精锐的强击部队，德军中的其他部队普遍缺少装备、给养和进行新式战争所必需的训练。再者，其优秀的军士和军官都集中在强击部队，势必造成其他部队战斗潜力的明显削弱。这样，鲁登道夫将不得不抢在美国人到来之前，主要依靠他少量的强击部队取胜，否则德军中的其他部队将不能支撑长期战争。美国远征军司令潘兴是一位雄心勃勃、为人严厉、政治上十分老练的军官，他无意使自己的部队接受协约国的调遣。在首批远征军到达巴黎后，他决定将部队集结在凡尔登和摩塞尔河之间的洛林地区。潘兴的参谋部推断，对这些目标发动一次进攻，就可以拦腰斩断横贯法国的德军防线，并迫使德国接受协约国的和平条约。

到了 1918 年 2 月，鲁登道夫在西线摆开了 178 个师，但比协约国的 173 个师在数量上并不占多大优势。而协约国的空军力量比德国强将近三倍，好在德国战术家在他们需要的地方集中使用他们的飞机，因而抵消了这种优势。在 1917 年的整个冬季，德国士兵接受了渗透战术的训练，该战术曾被设计出来用于夺取里加的战斗，鲁登道夫向威廉皇子解释说："我们打开一个缺口，其余部队跟踪而进，我们在俄国就用这种方法。" 英国远征军司令黑格曾提出了一种纵深防御的策略，这种策略是对付鲁登道夫的"突击群战术"比较有效的方法，但是他的指挥部提供的情况证明，要将他的那种系统连贯的理论传达到整个英国远征军是不可能的。在大部分英军的防御阵地，步兵一直处于敌人炮火轰击下的前沿阵地上，炮兵与步兵之间缺乏协调配合，黑格和他的参谋人员明显缺乏实际指挥能力。而德军这些部队均由一些战斗经验丰富、年轻力壮的精干人员参加，按预定计划，在战斗开始前就利用协约国防御部队的间隙和薄弱部分，突入到协约国防御纵深之处，战斗打响后，由大部队向正面之敌发起攻击，而渗透部队则从后面割断其防御体系，再夹击已成孤立据点的前线防御阵地。

英国和法国部队驻扎在旧的索姆河战场阿拉斯和拉菲尔之间的地区，鲁登道夫将选择此地作为进攻点，决定采取突袭的进攻方式。英军接受了保卫法军边境阵线的任务。从 3 月 10 日开始，德军炮轰香巴尼的法国防御工事，并对凡尔登和兰斯两地发动牵制性突击。那天英国的空中观察员报告，有大批敌军乘火车或经公路向与英国第三和第五集团军对峙的防区运动。3 月 21 日，持续 5 小时的炮轰拉开了进攻序幕。在薄雾、毒气和烟幕弹掩护下，进攻如火如荼地展开。德军发起的代号"米夏埃尔行动"的进攻，旨在打击作为协约国防御柱石的英军，在近 100 公里长的前线，英军和德军的 65 个师展开了生死较量。在这次战役中，德国再次使用了毒气。在第一天的进攻中，渗透战术发挥了作用，经过特别训练的德军突击部队运用"胡蒂尔战术"，穿过浓雾向前涌进。德军以炮火压制英军的炮兵阵地和观察哨阵地，步兵紧随移动弹幕实施渗透前进，绕过强点，这些阵地将留给后续部队予以清除。德军迅速突破了英军的第一道防线，英第四军团惨败，在战线上形成了一个缺口，迫使英军退到索姆河一线。同时，德军另派出一个师，径取法国首都巴黎，由于德军缺乏足够的后备力量中途而返。 但这次代号为"米夏埃尔行动"的战役，还是被誉为步兵作战技术的典范。

鲁登道夫在 1918 年的第一次攻势，是作战技术的杰出范例，他的军队在 8 天中前行了 64 公里，这在长期的静态防御战争中是创纪录的。在战斗中首当其冲的英军，约有 17 万人伤亡，法国方面是 8 万。英法的被俘人员共计 7 万人，被夺去的野炮在 1100 门以上。当迅速前进的德军缴获了他们的 200 万瓶威士忌酒时，沉默寡言的英国人也震惊了！ 德国依然幻想着早些取得战争的胜利，决定不给协约国

德国的猛攻最终被协约国遏制。

部队以喘息之机，随即于5月27日在佛兰德斯发动了攻势，并在另一个叫作谢曼德达姆的地方采取佯攻。佯攻开始不到一个小时，德军就突破了守军的防线，朝法军的后方挺进。没想到担任佯攻的部队进展如此顺利，鲁登道夫更改了原计划，命令德军在谢曼德达姆的进攻由虚转实，继续挺进。势如破竹的德军又推进到几年前他们败走的地方——离巴黎只有60公里的马恩河畔，但他们的攻势最终还是被赶到战场的美军给挡住了。

当最后的大型攻势纷纷搁浅时，德军离最后的战败已经不远了。突击队战术没能冲破协约国军队的反抗，其坦克让德军感觉压力沉重，士兵军心涣散——这是德军行将覆灭的征兆。

尽管黑格表示反对，高夫还是被英国政府撤职，他溃散的第五军团被罗林森的第四军团司令部接管。英国第五集团军在战场上的失败，迫使协约国做出了建立一个统一指挥部的决定，以便能够迅速地调配部队。福煦被任命为在法国的所有协约国军的总司令。而此时的德军虽然取得了几场胜利，但鲁登道夫也损失了25万受过高度训练的部队，德国的人力严重不足，而美国部队却源源而来，鲁登道夫第一次开始失望了，他发现"敌军抵抗的力量超过了我们的力量，我们决不能被拖进一场消耗战中去"。6月，德军又向协约国军队阵线发动两次袭击，结果却被法国和美国军队所牵制。当时的协约国军队用战机和大炮猛烈轰击德军占领的桥梁，摧毁其补给线。鲁登道夫气数已尽，他的士兵已经没有再继续奋战的勇气和意愿。而在协约国军队方面，每个月却还将有30万美军持续增援。7月，潘兴以8个美军师编成了一个军，由他指挥独立作战，当7月18日协约国的埃讷－马恩河反攻开始时，美国远征军首次以主力部队的姿态出现。到了8月，美国远征军已发展成为由16个师组成的第一集团军。8月8日，在薄雾的遮蔽下，约500辆坦克和英国、加拿大、澳大利亚等国的步兵在炮火掩护下前进，等待着穿过亚眠的索姆河南面。防守薄弱的德军阵线很快便土崩瓦解，退后了13公里。由于士气低落，德军头一天便被俘虏了1.2万人，他们只是象征性地抵抗了一下，接着便扔掉武器，处于守势的德军开始全线崩溃。人力和财力均感疲乏的德国统帅部，在国内动员了青少年和年纪较大者加入战斗也无济于事，德军意识到，不要说胜利，就是争取到比较有利于德国的停战谈判也是不可能了。8月21日，英国第三军团继续强行往北推进，第四军团也重新恢复了前进。协约国军队同时进行的连续进攻看来是打垮德军的关键，英军把渗透战术运用得跟德军一样卓有成效，确保了战场上一往无前的挺进。

美军初试身手
贝莱奥森林争夺战

1918年初，对于德国来说，战争进入了更为艰难的一年，虽然俄国的"十月革命"使俄国退出了战争，使东线的德军得以解脱，但美军的介入，对德国所构成的威胁，却要比俄军对德国造成的威胁要大得多。为了赶在美军主力参与欧战前打垮法、英军队，1918年3月，德军在西线倾其全力对协约国发起了猛烈进攻，并试图在夏季胜利结束战争。

鲁登道夫认为，只有通过一次沉重的打击，才能够彻底改变战局，当他把在东线脱身的德军全部调到西线之后，就开始在英法联军的阵地上选择突破口。鲁登道夫准备在佛兰德斯发起打击。但那个地区的英法联合部队非常强大，足以击退德军在那里的任何进攻，为此鲁登道夫设计了一个方案，设法把一部分法国兵力吸引到别的地方去，从而使佛兰德斯地区的战场形势能够对德国人有利。在这场攻击的正面，是法国著名的埃讷河，埃讷河发源于马恩省圣梅内乌尔德附近的森林，先向北然后向西流去，最后在贡比涅注入瓦兹河，全长约300公里，埃讷省因此而得名。鲁登道夫所选择的战场，就在埃讷河的北岸24公里长的山脊上那条联系法国北部埃讷河和埃莱特河之间的"贵妇之路"。鲁登道夫仔细周到地制订他的作战计划，要攻占这座高达90多米的山脊之前，他的部队首先得要渡过埃莱特河，并穿越其周围到处都是积水弹坑的沼泽地带。在攻占山脊后，德军下一步的目标就是渡过60多米宽的埃讷河，并在协约国的援军到达之前夺取南岸。这次战役要想取胜，关键是要靠突袭。为了达成突袭之目的，德国人精心避开了协约国天天飞行在头顶上的侦察飞机，开向前线的部队都在夜间行进，白天都隐藏在路边的丛林中。

当然，法军参谋部对这个地方也不是没考虑，法军总参谋长贝当也曾一度担心德国人可能会攻占那些陡峭的山脊，但德军成功的伪装，最终打消了贝当的担心，于是防守这一地区的法军大多被调往其他战场，只有几个受过重创的英国师在那里进行休整。就在这次战役爆发的前两周，潘兴手下的战地情报官哈伯德少校曾提出过警告，德军的下一目标将会是埃讷河防区。但福煦和贝当都把哈伯德看作一个未

图中的美军正在用法制75毫米口径野战炮进行炮击。当时美国远征军使用的大炮基本都不是本国产的。

经战斗考验的新手，一个新手竟敢在复杂的情报专业方面进言，这本身就使法军统帅部很感到不快，更何况当时的法军统帅对美军心中还存在着杂念，所以哈伯德少校的告诫未能引起统帅部的重视。

　　1918 年 5 月 27 日午夜，德军的攻击开始了，4000 门德国大炮同时开火，整个埃讷河防区被炸成了一片火海，空气中弥漫的毒气使人窒息。由于法军把主要的部队都部署在了第一线上，所以在德军最初的炮火打击下损失惨重，仅一天，德军就向前挺进了近 18 公里。在随后的三天中，德军势如破竹，突破了"贵妇之路"上的英军防线，一举攻到了离巴黎只有约 60 公里的马恩河地区，巴黎又一次受到直接的威胁。在这关键时刻，法国总理克里孟梭为激励国人而发表了慷慨激昂的演说："德国人或许会攻占巴黎，但这并不能阻止我们继续进行这场战争。我们将在卢瓦尔河岸边作战，我们将在加龙河岸边作战，我们甚至将在比利牛斯山区作战。如果最后我们被赶出比利牛斯山区，我们将在海上继续这场战争。"

　　情急下的贝当只好向正在 160 公里以外的美军求援，虽然在这之前他还力主将这些"缺乏战场经验"的美军分散到英法的各部队中去。美国远征军总司令潘兴接到贝当的求援电报后，马上派正在接受基本军训的 3 个美国师赶往马恩河地区。这些美军是刚成立的队伍，毫无战斗经验，他们所面对的是久经沙场的德军，但士气旺盛的美军愣是把德军阻止在了马恩河的对岸。

　　在这些前往增援的美军中，美国第二师的第四海军陆战旅被派往贝莱奥森林战区援助那里的法军。6 月 3 日，他们遇到正从战场上溃退下来的法国部队，一位法军少校好心地告诉威廉斯上尉前方的形势，并劝他要赶紧撤退，威廉斯上尉听到法国人要他撤退的建议后，脱口说了一句："退却？他妈的！我们刚到这里！"据说这句话很快就传遍了整个美军部队。这个颇具美国西部牛仔风度的美军海军陆战队的指挥官一边骂着粗话，一边率领着他的弟兄们冲向已被德国人占领了的贝莱奥森林。树木茂密的贝莱奥森林，遍布岩块和大砾石，德军用三重堑壕把这座森林布防起来，到处都是可以互相支援的机枪掩体和一排又一排的铁丝网。一份错误的法国情报，使海军陆战旅指挥官哈伯德错误地以为贝莱奥森林除东北角外是没有德军的，从而忽视了对这个地区的搜索。6月6日拂晓，美国海军陆战队开始了进攻，他们遭到了德军机枪和狙击手的凶狠攻击，成片成片地倒下，然而美国军人拼死向前，一块一块地与德军争夺森林中的每一个角落，经过20多天的苦战，海军陆战队以伤亡近1万人的重大代价，终于夺取了这片森林。对美军英勇顽强的作战风格，就连与他们作战的德国士兵，都不得不感到佩服，把美军称为"魔犬"。

当然，如果只是单纯从军事角度来看，贝莱奥森林之战的成果并不大，或者可以说它是一场得不偿失的战斗，但打败经验丰富的德第十八军团的部队，仍然鼓舞了协约国军的士气。此战对德军心理上的打击是巨大的，它意味美军将作为一个强有力的对手出现的战场上。在这次战役之后，德军在协约国军队的联合打击下，一步步走向失败。"一战"结束后，为了表彰美国海军陆战队在贝莱奥森林的英勇表现，法国政府把这座当时被炮火打成了秃山的森林命名为"海军陆战队森林"，并在名义上归美国政府所有。现在这片森林又重新长起，成了纪念在"一战"中美军在欧洲大陆阵亡将士的纪念地。英法两国原本以为刚组成的美军没有战斗经验，在这之前还一直要求将美军分散到英法的军队中去，但美军的初战告捷，令英法从此对美国军人改变了看法。在这次战役以后，潘兴激动不已，他致电美国国防部："我坚信，我们的军队在欧洲首屈一指，我们的参谋人员不比任何军队逊色。"他甚至拍案怒斥，"谁胆敢再问我美国人会不会打仗，我就对他不客气！"

潘兴意识到，美军的战斗力并不比英法联军差，

贝莱奥森林里的一尊野炮。当年，德国人从浅浅的战壕和狩猎者石屋中开火，美国海军陆战队持续进攻直到获胜。

他担心被法军"暂时借用"的几个美军师会变为永久性安排。为了加强对美国参战各师的统一指挥,潘兴成立了美国驻欧洲远征军司令部。进入 7 月后,抵达西线的美军已越来越多,德军在 7 月 15 日再次试图强渡马恩河,并希望通过此役决定最后胜负。但协约国的军队不仅以密集的炮火挡住了德军的攻势,而且还从 7 月 18 日起对德军发起了反击,在协约国 7 月 18 日的埃讷 – 马恩河反攻开始后,美国远征军终于以一支独立自主的主力部队出现在欧洲的战场上。

最后冲刺
兰斯战役

　　1918 年 7 月,德军为了迅速攻占法国首都巴黎,在统帅鲁登道夫的部署下,从两面包围巴黎的"门户"——兰斯城,想一举攻克兰斯,长驱直入巴黎。为了实现这个计划,采取了高度保密的策略,德军在皇储威廉率领下,庞大的集团军群秘密地进入阵地,在行军过程中,连车轮也用布包裹起来,以避开法国侦察兵的耳目。鲁登道夫计划在 7 月 12 日从两面包抄兰斯城,在兰斯城以西发动的进攻是想跨过马恩河,拉长战线,直逼蒂耶里堡。这将危及巴黎。鲁登道夫写道:"在这次行动之后,我们就立即集中大炮、战壕迫击炮和几个中队的飞机向佛兰德斯阵地发动进攻,而且可能在两周之后就发动这次进攻。"

　　法国第四集团军司令古罗将军根据战争的态势,认为德军即将对兰斯发动进攻,法军情报部门派出一股精干的小分队,连夜闯入敌营,活捉一名俘虏,获悉德军将于 0 点 10 分发起炮击。古罗马上做出反应,命令炮兵部队提前开火。0 点 10 分,一声令下,2000 多门各种口径的大炮同时向德军开火,铺天盖地的炮弹划出道道光亮呼啸着射入德军阵地,顿时火光一片,空前规模的兰斯之战,在隆隆炮声中拉开帷幕。德国人的总攻也开始了,整条战线都喷射着火焰。凌晨 4 点 30 分时,德军36 师的第五掷弹团和其他一些部队开始把隐蔽在芦苇荡和灌木林中的铁舟驶出来,双方炮击产生的毒气和浓烟同早晨的雾结合在一起,形成了浓烟雾。在德国人凭借浓烟雾到达河中心时,美国第三师的人便发现了这些装满了步兵和机枪手的德国船只,立即朝那些船只进行猛烈射击,德军正渡至中流,猝不及防,有几十艘小艇被击沉,损失惨重,但仍奋战渡河,终于以惨重的代价到达对岸,并迅速占领了一个制高点,向美军进行反击。美军三十八步兵团越战越勇,坚守住阵地,与德军抗衡,整个战场一片硝烟弥漫。但是在别的地方,德国人涌过马恩河南岸去攻占美国的前哨,还爬上了通向巴黎—梅茨铁路后面的主要防线的小山。在这里,尽管伤亡惨重，但是美国人还是坚守了阵地。在第三十八步兵团两侧的法国人开始后撤了，但这些美国人坚决不撤。

在兰斯西面，德军聚集了6个师，以强大的优势兵力，突破了意大利第八师的防线，并迅速把他们逼到第二道防线去，进展较为顺利。上午9点30分，情况发生了变化。德军以人海战术，把从马恩河畔的多尔芒到兰斯高地的协约国防线，往后挤压成一个十分危险的楔子形。但这仅仅是暂时的，不大一会儿，有军官报告说，他们的部队在第二道防线前面受到协约国军队的猛烈阻击。兰斯以东大约80公里处，美国彩虹师参

法军在战争后期对德军进行了大反击

谋长道格拉斯·麦克阿瑟正站在主要防线上密切地注视着这场战斗。在德军向已被放弃了的前线战壕猛扑过来的时候，他们看见美军的炮火像雪崩一样向他们压过来，但是他们还是继续前进，因为他们在轻而易举地攻占了头几道战壕以后，胆子变得更大了。到了下午，战斗异常激烈，整条马恩河都被鲜血染红了，德军总司令鲁登道夫仍督促将士发起进攻，为占领兰斯投下最后一注。德军发疯了，似乎都不怕死，前边一批批倒下，后面又涌了上来，但靠这样的人海战术，到傍晚时分才前进了不到5公里。而协约国的炮兵则以逸待劳，整整一天都在接连不断地炮击河对面的德军后备部队，这样前击后炸，处处开花，眼见德军攻势渐渐变弱。

虽然德军现在已经在多尔芒的两边抢占了马恩河对岸许多桥头堡，但是皇储威廉还不满意。他看到报告说：敌人已按计划撤出防线，法军的计划是避开我们的打击，因此，我们的准备性炮击所摧毁的战壕几乎是完全没人的战壕，而且战事没有取得什么进展，部队在敌人的第二道防线前面受阻了。皇储下令准备再次炮击敌人的第二道防线。到了这种地步，鲁登道夫只得下令皇储的第六集团军补充战斗力，准备把这支后备力量投到前线。但是皇储没有接到命令，眼见大势将去，只得于当晚停止了冲过马恩河的行动，并且还停止了兰斯东面的攻击。这下鲁登道夫只得靠马恩河和兰斯之间的两个军准备第二天重新发起攻击。鲁登道夫仍然希望可以突破敌人的防线，他对手下一个军官说："如果对兰斯的进攻现在就可以获得成功，那么这场战争我们就打赢了。"他对被阻止在兰斯东面的第三集团军的进展情况感到不满，便打电话给这个集团军的参谋长，他大声问道："你们的进攻为什么毫无进展？"

冯·克勒维茨中校沉着地回答说："集团军司令下令停止进攻，因为法国人已经把他们的炮兵撤走很远了，法国人正在嘲笑我们的毁灭性炮火。"就在这时，在兰斯附近的茫茫森林中，24个整编师的协约国部队正集结待命，准备来日向德军发起全面进攻，而此时的德军，不仅在数量上少于对方，在士气上更是低沉，而且这些后备力量多数是从东线调过来的，疲军西进早已力竭，更是不堪一击。协约国则让英勇善战的摩洛哥师担任主攻，右侧是美国第一师，左侧是第二师，可谓全是精兵强将，装备精良。

那天下午的战斗打得十分激烈，加上天气炎热，使战斗更加折磨人，德军毫不畏惧地跟着往上冲，疯狂地叫着喊着，但是致命的炮火使他们不得不躲在玉米地里。到傍晚时分，他们令人失望地只前进了5公里，不得不在那一块玉米地的另一边挖战壕自卫。上级对他们的要求超过了他们的能力，对他们来说，末日已经到了。第二天天刚亮，只见在平坦的田野上，大大小小的坦克隆隆地向前推进，喊杀声震耳欲聋，双方刚一接触，德军就乱了方寸，纷纷退却，面对强大的攻势，德军大部纷纷投降，只有少数部队坚守阵地继续抵抗，但很快就被打退。德军见大势已去，只好扔下长枪，不断地喊道："结束战争！"在河的另一边的屠杀更为残忍，协约国炮兵整整一天都在炮击河那边的后备部队，使德军伤亡惨重。皇储没有接到最高统帅部的命令，所以那天晚上他不仅停止了冲过马恩河的攻击，而且还停止了在兰斯

法军在战争后期逐渐掌握了主动权，图为法国空军在对撤退中的德军阵地实施轰炸。

东面的攻击，只有在马恩河和兰斯之间的两个军准备于第二天发起进攻。虽然地面部队抵敌不住，但在战场上空，一批批德国飞机仍不断地向地面的协约国部队进行一次次俯冲扫射，给协约国军队造成很大伤亡。协约国空军驾机升空，迎击敌机，双方在浓烟滚滚的兰斯上空，进行激烈的空战，战斗进行到上午11时，皇储威廉和鲁登道夫意识到局势严峻，因为所有的后备力量全已用上，而占领兰斯长驱直入巴黎的希望已然化作泡影。

法军芒让的部队集结在香巴尼突出部的东端，位于维莱科特雷正西北的大森林。在这个地区的德军素质很差，其中许多人是从俄国调过来的，缺乏对付

坦克的经验。而芒让计划大量使用坦克，7月18日晨，炮声隆隆，协约国军队发起了总攻，皇储威廉意识到，左右侧的几个师都被击退了，作为后备军的几个师也参战了。皇储不相信他的部队能阻挡敌人的进攻，命令部队从马恩河南面的桥头堡撤出来。经过一个下午的激战，强大而英勇的协约国军队终

从法国撤退的德军士兵抛弃了他们从1914年起就占为己有的阵地。

于占领了这个险要的峡谷，德军已失去战斗的信心，一批批撤出战场，仓皇地向后退去，夕阳照射下，站在雷斯森林里18米高瞭望塔上的协约国前线总指挥芒让将军，终于露出了微笑。

兰斯保卫战，虽然协约国付出惨重的代价，总计伤亡达5000人，但这是协约国从防御转入反攻的转折点，是结束第一次世界大战的关键战役。这次战役的规模与第一次马恩河战役虽然不可同日而语，但意义重大。德军因在此次战役中受挫，从此便完全丧失了主动权，无力再发动进攻，而法军不仅通过胜利反攻再次解除了德军对首都巴黎的威胁，而且还由此把战场上的主动权牢牢掌握在了自己手里。兰斯战役，德军所有后备军都已投入了战斗，这意味着，鲁登道夫想占领兰斯从而迫使黑格从佛兰德斯派出更多的增援部队的希望破灭了。在三天的时间里，他对香巴尼的所有希望都破灭了，敌人正在对他构成威胁，这是一种难以置信的转折，部下劝鲁登道夫让部队后撤，出于政治原因他拒绝了，在绝望之下，鲁登道夫说，他将不得不考虑辞职。

美军的"身份证"
圣米耶尔战役

第二次马恩河之战使德军付出了80万无法补偿的部队的代价，而美军则轻易地补充了协约国方面35万人的损失。德国未有喘息的机会。自7月8日开始，德军连续遭受猛击，被迫采取守势，福煦策划的反击，要攻下德军的三个突出部，收复

美国的潘兴将军（右）与法国的福煦元帅在一起。

把亚眠和阿兹布鲁克这两个战略接合点连接起来的铁路线，最初的矛头都指向马恩河以及自 1914 年以来已经存在的圣米耶尔。

1918 年 8 月，潘兴把 16 个美国师编为美国第一集团军，并得到了一个法国军团的补充。每个美国师的人员编制大致相当于两个法国师或德国师，但是美军缺少火炮和坦克，不得不从盟友那里借取。所幸的是，潘兴并不缺少可以倚重的良将，这些初露锋芒的军人在未来的"二战"中都将成为一代名将。马歇尔上校负责协助潘兴制订作战计划，麦克阿瑟准将在第四十二师担任旅长，巴顿上校则指挥第三零四坦克旅。事实上，自从踏上法国土地那一刻起，众多美国军官尽管在不熟悉的地点同不熟悉的敌人即将打一场不熟悉的战争，但他们边干边学，很快就适应了环境，进入了角色，许多人逐渐成为独当一面的行家里手，在他们的指挥和带动下，整个美国陆军成为一支任何人都不可小视的生力军。1918 年下半年，战争主动权转向协约国方面。在 8 月，协约国军队很容易地突破马恩突出部防线，揭示了德军的困境，大为沮丧的鲁登道夫终于认识到不可能获胜了，甚至有利的和平也不再行得通了。这位将军不再轻视美军了，承认随着更多的美军参加进来，形势必然会愈来愈不利。8 月 8 日，英军开始攻击亚眠。黄昏时，英军越过德军防线 15 公里。这是协约国在西线一天之内向前推进距离最远的纪录、战事伤亡最小的战役。德军参谋长鲁登道夫将 8 月 8 日定为德军黑色的一天，这一天共有 3 万德军士兵被俘。

9 月，美军和法军决定在法国圣米耶尔附近地区对德军实施战略进攻，以消除 1914 年 9 月德军进攻凡尔登以南地区时形成的圣米耶尔突出部，确保巴黎—凡尔登—南锡铁路畅通，为尔后进攻德军控制的梅斯—色当铁路和布里埃铁矿盆地提供前进基地，这也是美军赴欧洲后第一次执行独立作战。早在 1914 年 9 月，德军在对凡尔登要塞的围攻中，占领了圣米耶尔。这个突出部的存在严重阻碍了巴黎与法国东部前线的铁路交通。法军在 1915 年曾发动了一次小规模的攻击，试图拔掉这根钉子，但被击退了。潘兴向联军高层承诺，美军将在法国圣米耶尔发动攻势，把德军在联军战线上占据的这个突出部拔除。潘兴坚持让一支独立的美军在自己指定的战线上实施作战，对此，福煦不太情愿地表示接受，拔除圣米耶尔突出部便成为美军的第一项任务。8 月底，配属了法国第二军的美军第一军团接管了与圣米耶尔相对的防区，福煦考虑以协约国的全力发动一次攻势，为此他试图改变潘兴的计划，将部分美军部队配属给法军第二和第四军团。经过激烈争论，福煦接受了潘兴的计划，而潘兴也同意一俟圣米耶尔的作战结束，立即调动美军和法军一起进攻阿尔贡森林。

从圣米耶尔起，突出部的西边一直延伸到默兹河东的树木茂密的高地，南边一直延伸到摩泽尔河横切河两岸的高地。潘兴要求参战部队同时向两边推进，进攻的重点是在南边。与此同时还要对突出部的顶端发起佯攻。为了保证此次战斗的胜利，潘兴集结了55万美军和11万法军。但是，参加这次作战的美国远征军中，超过2/3的部队都无战斗经验。

面对这些坚固的防御体系，潘兴还是决心用美军来拔除圣米耶尔突出部，以此作为联军结束战争的一系列攻势的开端。此时，潘兴手里没有掌握任何空中力量，不过他知道夺取制空权至关重要，于是把这项工作交给了米切尔上校。米切尔计划在战役中全面出击，摧毁德军的空中力量，突击德军的地面部队，为己方空中和地面的有生力量提供安全保障，他最终争取到了1500架飞机的指挥权。

而德军防守圣米耶尔突出部的飞机不足300架。战役开始两天，大部分飞机因天气恶劣不能起飞，9月14日，天气好转，米切尔指挥约500架侦察机和战斗机支援地面部队作战。10月9日，协约国航空部队200架轰炸机轰炸德军集结地，投弹30余吨，并空袭了德军防线后方的交通要道和军事设施等目标，有效地配合了地面部队的进攻行动。在过去的四年里，德军在整个突出部地域用战壕、铁丝网和混凝土碉堡构筑了前沿阵地，并在后面构筑了与之类似的第二道防线。即便联军突破了所有这些防御阵地，他们也还将面对一个由重重壕沟和坚固的地下掩体组成的强大防御体系，那就是德国人精心构筑的兴登堡防线。在兴登堡防线的后面，隐藏着可怕的梅斯和蒂永维尔要塞群。德军在圣米耶尔突出部设置了8个师和2个旅，还有5个师的后备力量，其中相当一部分是奥匈帝国军队。尽管潘兴采取了极其严密的保密措施，德军还是渐渐感觉到协约国部队和物资的集中预示着将开展一次进攻。

9月12日，轰击从突出

前往欧洲的美国运兵船。由于护航系统相当成功，所以搭载着美国士兵的运兵船，在前往法国的途中没有一艘被德军潜艇击中的。

部的南边开始，协约国的 900 门大炮一齐开火，轰击了 4 个小时之后开始进攻。德军统帅部在获悉美军即将进攻后，于 9 月 8 日命令一线守军撤退，但是直到美军进攻前夕撤退仍未结束。9 月 12 日 5 时，经 4 小时炮火准备后，突出部南面的美军步兵在坦克支援下率先发起进攻，8 时，西面的美军也开始进攻。德军因大部分炮兵已后撤，只能进行微弱抵抗。中午，德军主力撤离突出部，13 日，美军左右两翼部队在维尼厄勒村会师，肃清突出部残余德军。在这次战役中，美军共抓获了 1.5 万名俘虏，缴获 250 门火炮，美军伤亡 7000 人。这次胜利在战略上意义重大，因为自 1914 年以来，圣米耶尔突出部一直被德军占领，并对协约国军在香槟的一切机动都构成了威胁。此外，美国第一军团也用此役向所有人证明，自己是有能力的战斗集体，此役也是第一次世界大战中首次由美军组织实施的大规模进攻战役。随后美军在摩泽尔河以西继续进攻，但进展甚微。16 日，美法军队进抵德军既设阵地后停止进攻。经过这次进攻，协约国军队战线缩短 24 公里，但未达成围歼德军集团的战役目的。

这时第一次世界大战已近尾声，在这之后不久，协约国指挥部根据战局的发展决定转入总攻，美国远征军再次在默兹河—阿尔贡战役中获得决定性胜利，远征军第一集团军和法国第四集团军在默兹河西岸实施主要突击，最终突破了兴登堡防线，彻底粉碎了德军的计划，占领了色当一线。由于原先站在同盟国一边的保加利亚、土耳其等国纷纷退出战争和奥匈帝国宣布无条件投降，加之德国国内爆发了十一月革命，德国在此次世界大战中已难以逃脱最终失败的命运。

压垮骆驼的最后一根稻草
亚眠战役

第一次世界大战打到第五个年头，以德国为首的同盟国已相当吃力。1918 年夏天，协约国准备发动总攻，作战的突破口选在德军的防线亚眠。参战的兵力，英法美澳加等总计 21 个师、2000 多门火炮、1000 多架飞机。面对的德军是其第二集团军，其防御阵地的工事十分薄弱，只有 840 门火炮和 106 架飞机。8 月 8 日凌晨，亚眠一带起了大雾，浓雾中，2000 多门火炮齐鸣，几百辆坦克率领 10 万步兵，排山倒海向德军防线冲去。至日落前，已向德军防御阵地纵深推进 11 公里，一天之内，德军伤亡达 2.8 万人，损失火炮 400 多门。在这次战役中，协约国还调集了近 600 辆坦克和装甲车辆。这种新式武器，1916 年在索姆河首次使用，只有十多辆，1917 年的康布雷会战则出动了近 400 辆，取得较大战果，如今，协约国首脑又把坦克作为突破德军防线的利器。浓雾中出现的坦克，依然给德军带来了巨大压力。坦克装

亚眠战役场景

备的轻型火炮和机枪并没有杀伤多少德军，但许多坦克不惧枪弹、势不可当的气势却让德军胆战心惊，在英军的强大攻势下，驻守该地的德军六七个师纷纷逃跑。

鲁登道夫被这突如其来的失败惊得目瞪口呆，在统帅部里，他沮丧地大嚷道："8月8日是德军在这次大战史上最黑暗的一天。"为了做最后的抵抗，鲁登道夫立即下达一道严厉的命令，要求前线德军不惜一切代价死守阵地。同时，他还从其他地段调来6个预备队师，紧急增援亚眠守军，另外7个整编师也奉命前去增援。8月8日的这一战对联军而言也是马恩河会战之后的最大胜利。攻方所付出的代价总共为1.2万人，但却杀伤了德军1.3万人，俘虏了1.5万人和火炮400门，并且突破了敌军正面。现在联军所要做的，就是对他们的初步成功加以猛烈扩张。但因坦克损耗较大，进攻力度也渐渐减弱，进展缓慢，逐渐变为局部性战斗。黑格知道等德国的援军赶到亚眠后，进攻就要困难得多，因此，他于10日亲自赶到前线，指挥联军向德军发起顽强的攻击。黑格一面下令投入更多的后备兵力，英军、法军、加拿大军、澳洲军一律参加战斗，一面下令加宽进攻正面，将全部兵力集结在从阿尔贝尔到瓦兹河长达75公里的战线上，以增加德军防守的难度并减弱其抵抗力。

战斗中，协约国曾想用坦克和骑兵配合作战，事实证明这是个败笔。因为当时骑兵的速度比坦克快，但面临机枪扫射时，骑兵又不敢跟着坦克上前。在战斗中，两个不同兵种根本无法配合。相反，一辆在行动中与骑兵失去了联系的坦克，得以自由发挥，先消灭了一个德军炮兵阵地，接着协助友军杀伤60名德军，后来又连续击毁了几个德军运输纵队，充

在第一次世界大战的最后几天，美军工兵在清理德军遗留下来的铁丝网。

图中是联军在庆祝战争的胜利。

分说明了装甲部队单独行动所展现的强大威力。联军虽然这时已打得筋疲力尽，但因美国89万部队的参战和大量物资补充，联军战斗力大大加强。而德军则因连续作战且得不到多少补给，战斗力迅速衰退。联军瞅准时机，于12日清晨组织了对德军强有力的攻势。德军顽强抵抗，但终因实力悬殊而渐渐不支。至黄昏时分，德军不得不退出亚眠，撤至阿尔贝尔、佩龙纳及索姆河上游一线以东的地区。在澳大利亚军攻占了利翁后，大约正午时，德军首先发出沉重的炮声，接着就在达莫里和弗克斯库尔之间发动了一连串的反攻，虽然被击退了，但这却是会战即将结束的确实讯号。到此时，黑格已经明白，全线的攻势已接近尾声。为了结束进攻和在更北面的地方重新展开攻势，黑格命令停止攻击，12日，骑兵军也撤回充当预备队，这样，亚眠会战正式结束。9月，德军撤至德法边境上的"兴登堡防线"。

亚眠战役标志着德国的最后衰落，从此，德军士气急剧下降，开小差的现象非常严重，士兵们经常聚集在一起高喊："我们不愿为百万富翁打仗！"几乎所有的德国军事将领都明白，胜利的希望已经破灭，继续战争已毫无指望，必须采取非常措施。鲁登道夫无可奈何地说道："现在，我们已无力再击垮敌人，坚持防御以求和平也不可能，眼前的出路只有一条，用和平谈判结束战争！"随后，协约国军又发动了多次攻击，联军的反击战迅速展开。在潘兴指挥下，美国第一军团在9月对默兹河－阿尔贡地区发起进攻，法国人收复了色当。9月底，协约国军开始发动总攻。"兴登堡防线"全面崩溃，德军已无力反抗。随着德军在西线的崩溃，协约国军在巴尔干战线也开始了反攻，突破了保加利亚的防线，保加利亚宣布投降。它的溃败，使同盟国的整个阵线被打开了一个缺口。

自从兴登堡防线被突破后，德军最高指挥部陷入一片恐慌。此时德国国内反战呼声越来越高，已经陷入了混乱的状态之中，鲁登道夫确信，他被人从"背后插了一刀"。德国领导人开始考虑停火，向美国总统威尔逊寻求和平谈判，但威尔逊声称自己绝不会跟一个军事独裁国家谈判。英军则在10月份继续加强进攻，突破了德军在塞尔河的防线。10月27日，鲁登道夫辞职。两天后，德国公海舰队发生叛乱，德国人的不满终于爆发，最终使德国在11月11日签约停火投降，第一次世界大战以协约国的胜利而告终，这其中，亚眠的坦克战无疑是压垮骆驼的最后一根稻草。

近代中国经典战役

冲冠一怒为红颜
山海关之战

1644 年，经过 17 年的转战，闯王李自成所率领的陕北农民起义军从居庸关向中原长驱直入，一举攻入北京，建立了大顺政权。走投无路的明朝崇祯皇帝朱由检在景山上吊自杀，延续了 276 年之久的明王朝灭亡了。在闻听明朝被闯王李自成所率农民军推翻后，清摄政王多尔衮亲自率领八旗军约 15 万人从盛京誓师出征，决定绕过山海关从密云、蓟州一带南下，与李自成争夺天下。

李自成攻克北京之前，明朝驻守宁远的守将是辽东总兵吴三桂，当时的宁远城已是清占领区中唯一的孤岛，在洪承畴、祖大寿等明朝高官业已降清并受到重用的情况下，多尔衮以高官厚禄诱使吴三桂投降，吴三桂不为所动，断然拒绝。明王朝灭亡之后，素有"关宁铁骑"之称的吴三桂部队，是仅存的一支足以让李自成和多尔衮生畏的武装力量，谁得到吴三桂的支持，谁就为自己的胜利增加了一枚分量极重的筹码。

在李自成向北京进发时，明崇祯皇帝曾加封吴三桂为平西伯，命他放弃宁远入京"勤王"，吴三桂在接到崇祯帝的命令后，带领着宁远一带的几十万军民一路西行，准备迁入关内，由于他的行动迟缓，刚过山海关不久，北京城已经陷落。崇祯皇帝殉难的消息传到军中，吴三桂立即调转马头，返回山海关。此时的山海关，北有满族人，南有农民军，吴三桂为了保存个人的利益，在归降农民军还是投靠清军的问题上反复权衡，举棋不定。

进京后的李自成虽然没把吴三桂的 5 万人马看得太

李自成画像

多尔衮像

重，但也明白近在咫尺的吴三桂对北京城安危的重要性，于是派明朝降将唐通等人携带大量金银，赴山海关劝降。在册封吴三桂为侯的同时，还带去了吴三桂父亲吴襄的一封劝降信。这时原明朝京师兵马总管吴襄已在北京被捕，这封信，当然是李自成派人先拟好的稿子，吴襄只是照抄而已。正处在选择之中的吴三桂在接到了父亲的亲笔信之后，最终决定，投降李自成的大顺政权。

吴三桂做出决定后，率领他的军队继续前往北京请降，但就在这时，北京城内却发生了变化。大顺政权为了筹集粮饷，对前明政权的官员拘禁拷打，追赃勒索，吴襄也没能幸免，而且吴三桂的爱妾陈圆圆还被李自成手下大将刘宗敏掳掠而去。率军行至永平县城的吴三桂接到了吴襄派人带来的密信，得知情况后大为惊怒，既恨爱妾被掳，又担心此次入京自己也会落入虎口，于是再次回师山海关，将毫无防范的守将唐通所部1万多军队杀得人仰马翻，占领了山海关，这是吴三桂用行动对李自成表明了自己的态度。

吴三桂重占山海关后，命令将士加固关城，又招募壮士，编练士卒，举行阅兵誓师。但吴三桂心中明白，凭自己的军事实力根本不足以同农民军抗衡，只能依靠咄咄逼人的满族人。为了逃避降清的罪名，还要达到借清之力复仇的目的，吴三桂修书给清摄政王多尔衮，表明要向清"借兵复仇"。接到吴三桂的信后，多尔衮知道形势紧迫，为了防止农民军占领山海关，答应了吴三桂的要求，亲率大军从连山、宁远一线昼夜兼程，逼近山海关。1644年5月25日，清军在距山海关不足10里的地方扎下大营。此时，吴三桂在与农民军激战，但多尔衮有他自己的打算，所以并不急于参战。

李自成得知吴三桂重返山海关后，决定亲率10万大军前去攻打。当农民军迫近山海关时，吴三桂自知寡不敌众，一边派人去李自成军营诈降，以拖延时间，另一边又派人致书多尔衮，请求清军加紧来援。李自成的先锋部队很快到达了山海关的南门，但迎接他们的不是投降的吴三桂，而是严阵以待的关宁铁骑。

抵关当日，李自成再向吴三桂发出逼降通牒，并要吴襄到阵前劝降，但遭到了吴三桂的断然拒绝。招降失败后，李自成立刻部署兵力，令唐通率2万骑兵绕道一片石，与农民军一起夹击山海关，自己则率领精锐骑兵从正面攻关。在农民军势如潮涌的攻击下，吴军退到山海关下，农民军逼近关城，但在城上守军的炮火下，农民军死伤甚众，只好被迫后退。

5月26日晨，农民军再次发起强攻，两军炮声隆隆，终日不断，激战中农民军的一些部队甚至登上了山海关的部分城墙，但还是被赶了下来。战至当晚，关宁铁骑伤亡惨重，吴三桂的军队已呈崩溃之势。吴三桂大为着急，修书给多尔衮，要求清军火速驰援。

接到书信的多尔衮复书吴三桂，提出了要吴三桂将"借兵助剿"改为"投降清朝"。眼见陷入重重包围之中，军心动摇，清军又按兵不动，吴三桂只好出关亲到清营，拜见多尔衮，表示愿剃发称臣。双方达成协议，吴三桂下令开山海关东门，多尔衮当即率领8万清军入关。清军几十年的梦想一朝成为现实，没费一兵一卒，便自己打开了这百万雄师难以攻克的险关。

因为攻坚战一直未能奏效，李自成就在关前投入全部兵力，布下阵势，要与吴三桂野战。清军入关的第二天清晨，多尔衮令吴三桂所部为前锋，肩系白布标志，出关与农民军决战，吴三桂集中了全部的力量，呐喊着冲向了在城外列阵的农民军。身经百战的李自成此时还不知道清军已经入关，对吴三桂军力估计也不足，所以并没留下预备队，而是将军队全部投入到战斗中，然后立马在高岗上悠闲观战。

战到中午，农民军倚仗人多，已经将关宁铁骑合围在中间，关宁铁骑虽然疲惫不堪，但吴三桂非常勇悍，依然拼死顽抗。多尔衮见农民军与吴三桂的军队鏖战半日，正处于疲惫状态，于是下达了出击命令。这时正值大风漫卷，战场上尘土飞扬，能见度很低，蓄锐已久的清军呼啸而出，如出弦之箭，锐不可当，冲入了农民军的阵中。农民军猝不及防，本来是合围吴三桂的，此时反被合围，顿时阵容大乱，大将刘宗敏也身负重伤。

立马于高岗之上的李自成正惊异之际，部下对他说这些骑兵不是关宁兵，必是清兵入关了，李自成这才明白自己的对手并不只是吴三桂。此时李自成手上已无军队可以前去迎战这支满族人的生力军，眼见败局已定，只好下令全军撤退，自己策马向西逃去。农民军在一片"满族兵来了"的惊呼中全线溃败，李自成的残军一直退至永平，而吴、清的联军则追踪而至。

明崇祯山海关镇炮

山海关依山临海，形势险要。1644年4月，吴三桂引清军入山海关，击败李自成。清军由此进入中原。

山海关之战，农民军兵败如山倒，损失了数万士兵。吴三桂与清军一路追杀，逃入永平的李自成下令将吴襄处斩，然后继续西撤，多尔衮率清军顺利地进入了北京城。从此，清王朝取代了明王朝的统治，并最终夺取全中国的统治权。一年后，李自成在湖北的九宫山被杀身亡，时年39岁。

攻占北京后，包括李自成在内的许多将领滋长了骄傲自满情绪，以为大顺朝天下已定，边关很快可传檄而定，因而对宁远总兵吴三桂所率领的数万明军未能给予充分重视。在27日那场决定性的会战中，李自成对清军参战的可能性又判断失误，轻易将全军投入了战场，结果在清军突然发起的攻势面前无力招架，终于导致全线崩溃。

明朝最后的辉煌
郑成功收复台湾

台湾岛自古以来就是中国的领土，它位于中国大陆东南海中，距厦门300公里，南接海南岛及南海诸岛，北连马祖、大陈、舟山群岛，被称为"七省之藩篱，东南之锁钥"，战略位置极为重要。早在230年，吴王孙权便派将军卫温、诸葛直，率甲士万余，航海到达台湾，元代在澎湖设巡检司，管理台湾与澎湖列岛。

17世纪上半叶，荷兰殖民主义者大规模侵略亚洲，开始屡犯台湾岛。1642年，荷兰人大举进犯台湾，很快就占领了基隆、淡水等地，在台湾实行军事管制，血腥镇压当地居民的反抗，并在台湾岛上修建了赤嵌和台湾等城，作为他们占领台湾的基地。

荷兰人霸占中国台湾时，正值满族的八旗军杀进山海关，与南明势力反复征战。随着各地南明残余势力逐渐被瓦解，立足在福建的反清武装被逼到厦门和金门的几个孤岛上。就在其领袖郑成功被清军挤压得几乎喘不过气来的时候，在台湾当荷兰人翻译的何斌因债务纠纷逃到了厦门，何斌向郑成功介绍了台湾的情况，并劝郑成功攻取台湾作为立足之地。

郑成功塑像
清军南下时，郑成功向海上发展，收复了台湾，作为抗清基地。

的确，有海峡天险的台湾沃野千里，进可攻，退可守，且粮食与军用物资充足，正是郑成功当下所需求的，于是决定渡海收复被荷兰殖民者占领的台湾，以作为反清复明的根据地。

郑成功准备收复台湾的消息传到台湾后，荷兰殖民者大为惊恐，为了阻止郑成功的进攻，他们进行了一系列的准备，首先从爪哇岛向台湾增兵600人和舰船数艘，使驻台湾的荷兰军总兵力达到了近3000人，还拥有"赫克托"号、"斯·格拉弗兰"号等多艘战舰，同时在台湾各城堡都储备了大量粮食、武器弹药及其他军需品，以利于长期固守。

荷兰人把主要兵力集中在台湾城和赤嵌城这两座城堡中，并在港口沉下几艘旧船堵塞入港航道，阻止郑成功船队的进入。荷兰人认为，凭此台湾海峡的天险，再用舰船封锁航道海口，加上台湾城和赤嵌城炮台的配合，完全可以阻止郑成功军队的登陆。

郑成功早年跟随父亲郑芝龙与荷兰人打过交道，曾数次大败驻守台湾的"红毛军"，这不但给了郑成功战胜荷兰人的勇气，也让其掌握了知己知彼的主动权。他此次收复台湾所选择的突破点，就是在荷兰人看来根本不可能登陆的鹿耳门港。郑成功的作战方针是首先收复澎湖，作为前进基地，然后乘每月初一、十六两日大潮时水位要比平时高出两米之机，通过鹿耳门港，在台江实施登陆作战，并切断台湾城与赤嵌城两地荷军的联系，分别予以围歼，进而收复台湾全岛。

1661年4月，郑成功率领众将士在金门"祭江"，举行隆重的誓师仪式，一切准备就绪，船舰和将士都集结于金门的料罗湾，22日，在熟悉航路的渔民引导下，郑成功亲率2.5万名将士，分乘30多艘战船，由料罗湾出发，冒着风浪，越过台湾海峡，次日到达澎湖，在澎湖休整了几天后，准备直取台湾。

就在计划进军的当天，赶上了风暴，海面上恶浪滔天，根据事先的调查，要顺利进入鹿耳门，必须利用每月初一和十六日的大潮，如错过时机，就要向后推迟半个月，在这种情况下，郑成功当机立断，决定冒险强渡。4月30日（农历四月初一）晚，郑成功率领船队冒着暴风雨启航，第二天清晨，郑家军的船队抵达荷兰人疏于防守的鹿耳门港外。

鹿耳门地势十分险要，外围有几十里的浅沙滩，郑家军的船队乘满潮之际，驶入鹿耳门港，沿着台江直趋台湾北港，沿途在北线尾登陆了部分军队，主力则在距赤嵌城北约5公里的地方迅速上岸。台湾城上的荷兰人原以为郑家军的船队必从南航道驶入，本准备用大炮进行拦截，没料到郑家军的船队却避开了炮火的拦截，在大炮射程之外从鹿耳门驶入了台江，面对着浩浩荡荡的大队舰船，荷兰人惊得目瞪口呆，顿时束手无策。

登陆成功后的郑家军开始实施攻占赤嵌城堡的计划。赤嵌城周长数百米，高近

奇袭鹿耳门
成功袭取鹿耳门是收复台湾的前奏。

20 米，城堡上有四座炮楼，守在城堡中的荷兰兵有 400 多人。郑家军包围了赤嵌城堡，并切断了城堡与台湾城之间的联系，城堡中的荷军向荷兰驻台湾总督揆一紧急求援。龟缩在台湾城中的荷兰总督揆一属下的兵力约有 1200 多人，别看他们的兵力不多，气焰却是十分嚣张，妄图凭借着自己船坚炮利和城堡坚固的优势进行顽抗。赤嵌城堡被围后，派出三路人马对郑家军实施反扑，水路由战舰向停泊在台江的中国船只进行攻击，北路由贝德尔上尉率兵 300 攻打从北线尾登陆的郑家军，南路则由阿尔多普上尉率领的 200 多人乘船增援赤嵌城。

北线尾是一个不到 1 平方公里的沙洲，南端与台湾城相对，北端临鹿耳门航道，5 月 2 日，贝德尔趁郑家军刚刚登陆，立足未稳，率领 300 多名士兵乘船沿台江岸边急驶北线尾，上岸后即向郑家军反扑。荷军排成战斗队形，放着排枪，逼近郑家军，以为只要他们的枪一响，郑家军就会逃命。没想到 4000 多名郑家军兵分两路，前后夹击，据荷兰人自己的描述是"郑军箭如骤雨，连天空似乎都昏黑起来"。贝德尔发现自己腹背受敌，手足无措，所指挥的荷军士兵完全陷入了恐惧之中，只能抱头鼠窜，落荒而逃。郑家军乘胜猛攻，将这几百个荷兰兵一鼓而歼。

南路增援赤嵌城的 200 多名荷军士兵在阿尔多普的率领下，乘船沿台江南岸驶往赤嵌城，企图为赤嵌城解围，刚一上岸就被郑家军的大刀砍得七零八落，面对着上万的郑家军，阿尔多普只好带着 100 多名残兵逃回台湾城。

水路的荷兰海军以仅有的 2 艘战舰和 3 艘小艇去攻击郑家军的船队，荷兰海军的 2 艘战舰船体很大，设备也非常先进，郑成功出动了 60 多艘战船包围了荷兰的战舰，郑军水师个个奋勇争先，四下围了上去，荷兰海军的两艘战舰再神勇也是招架不住，"赫克托"号首先中炮起火，其他荷兰战舰见势头不妙，在郑军水师的团团包围中掉头逃跑，郑军水师尾追猛打，结果只有 2 艘小艇重伤后逃了回去。荷兰的海、陆作战均告失败，赤嵌城和台湾城就此已成为两座孤立的城堡，相互间的联系也被完全切断了。

被 1 万多名郑家军包围的赤嵌城在水源被切断、外援无望的情况下，只好向郑家军投降。郑成功迫降赤嵌城后，主力随后移师台湾城。台湾城是荷兰殖民者在台湾的统治中心，城堡坚固，防御设施完备。城周长 1000 多米，高 20 多米，城垣坚固如石，上置大炮数十门，而且城堡中尚有荷军 1000 余人，揆一想凭借着坚城利炮继续顽抗。

5 月 5 日，揆一提出以赔款白银 10 万两的方式换取郑家军的撤走，但遭到郑成功的严词拒绝。鉴于台湾城城池坚固，强攻一时难以得手，为了减少伤亡，郑成功决定长期围困，待其自降。于是命令郑家军在该城周围修筑土台，将台湾城死死围住。同时分兵收复岛上其他地区，并和岛上当地的居民搞好关系，得到了当地民众的支持。

荷兰的东印度公司为了挽救他们在台湾的危局，派海军统领雅科布·卡宇率舰船 12 艘、士兵 800 余人增援台湾，还为台湾城内的守军带来了大量的军需补给，这让揆一重新燃起反扑的希望。但行驶到台湾外海的荷兰援军突遭暴风雨袭击，不得已退至澎湖躲避风雨，8 月，郑成功的水师乘势在海上发动进攻。双方激战了一个多小时，郑成功的水师击沉了荷兰战舰 2 艘，俘获数艘，荷兰士兵 150 余人阵亡，迫使荷兰的增援舰队逃回了爪哇。11 月初，郑成功的水师再次击败荷兰的第二批援军。此后，揆一困守在台湾城内，再也不敢轻易与郑家军交战。

在台湾城被围困 8 个月后，第二批郑家军 6000 多人抵达台湾，郑家军的兵力更加强大，1662 年 1 月 26 日，郑成功下令炮轰台湾城外重要据点乌德勒支堡，发射炮弹近 3000 发，当晚破城，龟缩在台湾城内的荷兰残军只剩下 500 多人。由于伤残、疾病，几乎丧失了战斗力，荷兰殖民者最终决定愿在优惠条件下交出台湾城堡。2 月 2 日，揆一代表荷方在投降书上签字，率领 500 多名残兵撤往巴达维亚。到此，被荷兰殖民者侵占了 38 年之久的台湾岛重新回归中国。

在收复台湾的战役中，郑成功正确选择战机和打击方向，利用季风、潮汐出敌不意登陆，同时，以军事打击与政治瓦解相配合，最终获得全胜，这次战役也成了中国历史上大规模渡海登陆作战的成功范例。郑成功收复台湾后，废除了荷兰殖民者的制度，进行了各种改革，兴办学校，大力发展海外贸易，同时号召大陆人民移居台湾开荒种地，使台湾的经济、文化得到迅速发展，在台湾的开发史上写下了重要的一页。

荷兰殖民者投降图

"非创以兵威，则罔知惩畏"
雅克萨之战

黑龙江、乌苏里江流域自古以来就是中国领土，自秦汉以后，各朝各代均在此设官统辖，清朝建立之后，继续对这一地区行使管辖权。为了加强对这一地区的统治，在此地设置了盛京将军、宁古塔将军和黑龙江将军，并发展当地的水陆交通运输，进一步加强了边境地区与内地的政治、经济和文化联系。

16世纪初，俄国仍是欧洲一个不大的封建农奴制公国，清朝初年，沙皇俄国向西伯利亚扩张，并不断向中国的黑龙江流域入侵，几次都被镇守在当地的清军击败。但由于黑龙江流域人烟稀少，清军无法常驻，一旦清军撤回，俄国人便又卷土重来，在该地区为非作歹。

1650年，哈巴罗夫带领由数百俄国武装流浪汉组成的"探险队"，从雅库茨克南下越过外兴安岭到达黑龙江上游北岸的雅克萨。"雅克萨"是满族语的音译，意译为"河湾子"，此地原先是一位达斡尔族头人阿尔巴金的驻地，无论是从贝加尔湖方向，还是从外兴安岭方向，要进入黑龙江中下游都要经过雅克萨，因此它是黑龙江上的咽喉要地。

哈巴罗夫带领的俄国"探险队"侵占了雅克萨城之后，在此地建筑了城堡，以阿尔巴金为名。俄国人以此为根据地，不断向黑龙江的中下游扩张、侵扰。他们四处烧杀抢掠，无恶不作，当地的居民都称他们为"罗刹"，就是"妖魔"的意思。

康熙帝读书像

清朝政府一再要求沙俄侵略者撤出中国领土，但沙俄政府置若罔闻，盘踞在雅克萨等地的沙俄侵略者对清政府的警告不予理睬，反而窜至瑷珲进行劫掠。为了保障东北边境的安宁，康熙皇帝决定以武力驱逐这些进犯的俄国人。

1683年9月，清政府的黑龙江将军萨布素将四下劫掠的俄国人击败，并将他们在黑龙江下游所建立的据点全部焚毁，使雅克萨成了一座孤城。但俄国人依仗着城堡坚固、火器先进，仍然负隅顽抗。

1685年春，康熙皇帝命令都统彭春、副都统郎淡率数百名藤牌军携带攻城用的

"红衣大炮"赶赴瑷珲，与黑龙江将军的军队会合，负责收复雅克萨。5月末，3000多名清军在彭春统率下，携带13门当时最先进的"红衣大炮"和200多把火绳枪，水陆并进，直抵雅克萨城，随即向城中的俄国人头目托尔布津发出最后通牒。但托尔布津自以为巢穴坚固，有兵近500人，还有3门大炮，对彭春的最后通牒不加理睬。

清代"红衣将军"炮

战斗以两军间的相互炮战开始，雅克萨城下炮声隆隆，震天动地。俄国人的许多瞭望塔楼被炸成了粉末，土墙也有数处被轰开。清军在大炮和火绳枪的支援下发动了一次大规模的攻城，与俄国人展开了激烈的肉搏，但被俄国人的顽固抵抗击退了。此战之后，清军不再发动强攻，只是整日用重炮猛轰，俄国人在清军强大的炮火轰击下，龟缩在城内，完全丧失了还击的能力，处于被动挨打的窘境。清军用"红衣大炮"围攻雅克萨3天之后，城中的俄国人支持不住了，眼看朝不保夕，走投无路的俄国人头目托尔布津只好派人赴清军大营乞降，保证"不再来犯"。彭春对这些投降的俄国人采取宽大政策，允许他们携带个人财物离开雅克萨，并提供了必需的马匹和食物将其送至额尔古纳河口，返回尼布楚。彭春指挥清军焚毁了雅克萨的城堡后，也收兵退往瑷珲城。

沙俄侵略者被迫撤离雅克萨后，仍然贼心不死，继续拼凑兵力，图谋再犯。1685年秋，沙皇派兵600人增援尼布楚。当获知清军撤走时，托尔布津率领着这批沙俄侵略军卷土重来，再次窜到雅克萨，并在城里重筑炮台和防御工事，企图长久盘踞雅克萨城。康熙接到奏报后说："非创以兵威，则罔知惩畏。"于是下令黑龙江将军萨布素率军再次驱除沙俄侵略者。

1686年夏，黑龙江将军萨布素率清军2000多人进抵雅克萨城下，在攻城第四天的战斗中，一炮击毙了俄酋托尔布津，俄军改由杯敦代行指挥，继续顽抗。由于清军的进攻受阻于工事坚固的雅克萨城堡之下，于是转入对雅克萨城堡的长久围困。清军在雅克萨城的三面掘壕筑垒，以防俄国人逃窜，并在城西的黑龙江上派战舰巡逻，以切断守敌的外援。清军这次对雅克萨城堡的围困长达10个月，每日对城中炮轰不止。被围困在雅克萨城内的沙俄侵略军为了躲避清军的炮火，只得躲进阴暗潮湿的地穴中。由于缺水断粮，疾病流行，大多数人都丧失了战斗力，800多人的队伍最后只剩下不足百人。鉴于俄军在雅克萨城的困境，彼得大帝派特使在尼布楚和清政府议和，划定两国边界。清政府答应了沙皇的请求，雅克萨城中的俄军残部

油画《雅克萨之战》

得以撤往尼布楚。

雅克萨之战是中国清政府在东北边界为保卫边防而取得的一次胜利，它挫败了沙俄跨越外兴安岭侵略我国黑龙江流域的企图，使中国东北边境在以后一个半世纪里，基本上得到了安宁。雅克萨战役结束后，中俄双方代表在尼布楚谈判。经过平等协商，中俄双方签订了《尼布楚条约》，这个条约从法律上肯定了黑龙江和乌苏里江流域包括库页岛在内的广大地区都是中国领土。

国门第一次被西方列强打开
虎门之战

　　鸦片战争之前，中国一直是一个以自给自足的自然经济为主的封建国家，对外国商品的需求量有限，在中英正常贸易中一直保持着出超的地位。英国殖民者为了改变其贸易状况，开始大量向中国走私鸦片，来获取暴利。英国的鸦片走私不仅造成了中国白银的大量外流和财政危机，还毒害了中国人的身体和精神。为了禁绝这种谋财害命的毒品走私，两广总督林则徐奉旨收缴并在虎门销毁了近300万斤的鸦片，英国以林则徐的虎门销烟为借口，发动了一场对中国的侵略战争。

　　1840年夏，英军自广东沿海北犯，攻陷浙江定海后，在天津大沽口与清政府商定在广州举行谈判，11月，钦差大臣琦善抵达广东，与义律开始谈判。因英国的谈判代表义律所提条件过于苛刻以及琦善擅自签订，使道光帝大为不满，清廷决定从各省调兵万余人赴广东，并派御前大臣奕山为靖逆将军，赴广东主持战事，准备武力抵抗英军的进犯。

　　处于珠江入海处的虎门要塞是从外洋进入广州的咽喉之地，它由一段长约8公里的珠江江面和两岸地区所组成，外濒伶仃洋，内连狮子洋，地势十分险要，清军在虎门要塞的驻军有1万多人，共构筑了三道防线，由广东水师提督关天培在此重点设防。战争爆发前，林则徐曾视察虎门要塞，对关天培的战略布防深表满意。

　　义律因琦善未在英方单方面公布的《穿鼻草约》上签字，又获悉清廷调兵遣将，于是先发制人。1841年1月，义律趁奕山和各省的军队尚未到达广东，先下手发起了虎门之战，率先向虎门的第一道防线沙角和大角炮台发起进攻。

沙角和大角炮台筑于虎门要塞入口东西两侧的山上，是虎门要塞的第一重门户，据守沙角炮台的是副将陈连升率领的600清军，大角炮台上有千总黎志安率领的200名清军把守。1月15日，1500多名英军乘坐7艘战舰和4艘轮船，分左右两队对沙角和大角炮台同时开始了进攻。

右队英军以舰炮轰击沙角炮台正面，压制住清军的炮火，英军的陆战队则从侧后包抄炮台，抢占了沙角炮台后面的制高点，用野炮俯击，沙角炮台的守军腹背受敌，伤亡惨重，守将陈连升壮烈牺牲，沙角炮台失陷，随后，大角炮台也被另队英军占领。

2月23日，英军以战舰10余艘、轮船和运输船多艘开始进攻虎门炮台，虎门炮台是虎门要塞最险要的中心门户，扼守着珠江主航道，在主航道东侧山上建有威远、靖远、镇远三座炮台，西岸山上建有巩固炮台、蕉门炮台，并配有各式大炮近300门，火力可以严密封锁主航道的江面。同时，在江面最窄、水深流急处，还安装了两条拦江铁链，号称"金锁铜关"。但是，上任钦

林则徐画像

广州海战图　清
这幅英国凹版图画中，一艘中国战船因被英国战舰"奈米西斯"号开炮击中而烧毁。此战发生于1841年1月，地点在珠江三角洲亚森湾，在两个小时的作战中，11艘中国战船被击沉，500名船员阵亡，而英军只有几人受伤。"奈米西斯"号是英国的第一艘铁甲战舰。在这样的战舰面前，中国海军的木船不堪一击。

清军广东水师战船模型

差大臣琦善为了讨好英国人，把这些号称"金锁铜关"的防御体系尽数撤除，并大量裁撤守军，导致了各炮台守军势单力弱，每台不过数百人。负责指挥保卫虎门炮台的广东水师提督关天培多次派人赴广州向琦善求援，但琦善仅派兵200人敷衍他，眼看援兵无望，关天培深知身处绝境，决心以死报国。

23日晨，英2艘主力舰轰击威远、靖远和镇远炮台，同时3000多英军从炮台两翼登陆，分路包抄，守军不支而溃，坐镇靖远炮台督战的关天培身负重伤，力战殉国，虎门各炮台相继失守，下午，巩固炮台亦失。2月26日，英军又出动海陆军，连陷虎门各炮台，大虎山、小虎山的清军不战而退，虎门三道防线尽失，英军沿珠江而上，直逼广州城下。

4月初，抵达广州城的奕山将清军分守广州四郊，5月21日夜，奕山令水军2000余人夜袭英船，掷火焚烧，由于英军早有戒备，未能取得预期战果。5月24日，英军对广州发起进攻，广州近郊要地全失，近2万名清军败退到广州城内，英军利用城外高地炮击广州城。在此形势下，奕山竖起白旗求和，接受了英方的条件，与英方代表义律签订了屈辱的《广州和约》，英国人在勒索了600万银元的赎城费后撤出广州和虎门地区。

"将用法国人的头颅重建我们的门户！"
镇南关大捷

19世纪，越南与中国原本是藩属关系。19世纪中叶，法国将侵略矛头转向远东的越南。1883年8月，法国海军中将孤拔率领一支4000多人的舰队攻占了越南的首都顺化，并以此为跳板，准备对中国发动侵略战争。当年12月，法军完成了侵略准备后，向驻扎越南的中国军队发动了大规模的进攻，从而挑起了中法战争。

1884年8月，法军舰队偷袭了中国南洋水师设在福建的基地马尾军港，毫无防范的南洋水师在马尾海战中全军覆没，这打破了清政府苟且偷安的迷梦，不得不在8月末向法国正式宣战。法国舰队全歼南洋水师后，转而进攻台湾，骚扰浙江镇海，

冯子材雕像

形势对中国非常不利。清政府一面命令沿海各地加强戒备，同时派出军队由陆路迅速向越南进兵，试图通过陆战打败法军的入侵。

1885 年 1 月，法军主帅波里也和副手尼格里率领近万名法军从越南的河内出发，发动了谅山战役。尽管清军在人数上占据着优势，但由于在武器上和法军有很大差距，再加上清朝的广西巡抚潘鼎新指挥失当，导致清军一路溃败，退回到中国境内，法军乘胜北进，攻破了越南通往中国的重要门户镇南关。由于法军当时兵力不足和补给困难，在炸毁镇南关的防御工事之后，将军队退到离镇南关 30 里外的文渊城，伺机再发起下一轮的进攻。

镇南关的失陷，使清廷大为震惊，在危急的形势下，新任两广总督张之洞上奏朝廷，举荐当时已经解甲归田的老将冯子材出山，率军抗法。冯子材临危受命，挺身而出，将招募到的兵员改编成"萃军"，随着边关频频告急，冯子材率 10 个营的"萃军"从钦州开拔，奔赴抗法前线，在途中又加招了 8 个营。这样，冯子材一共率领新组成的 18 个营共 9000 多人的部队，马不停蹄地赶往镇南关。

由于广西巡抚兼关外军务督办潘鼎新的落荒而逃，此时的镇南关前线已是群龙无首，冯子材赶到镇南关后，对前线各位将领晓以大义，使他们在抗击法军入侵的战斗中团结起来，在署理广西巡抚李秉衡的提议下，各将领一致推举冯子材为前敌主帅，统一指挥协调各军的行动。

鉴于镇南关原有的防御工事已被法军所毁，冯子材亲自踏勘前线阵地，在镇南关通往凭祥的险要隘口处构筑新的防御工事，抢筑了一条长 1500 多米、高 3 米、底厚 4 米的城墙，并在城墙前挖有深壕，又在岭上修筑了 5 座炮台，居高临下扼守通道，形成一个山地结合的防御体系。

镇南关战役场景画

在兵力部署上，冯子材将自己所部的 9 个营扼守正

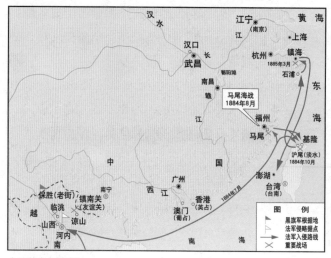

中法战争示意图

面城墙，担任正面防御，由自己所部的另 5 个营防守两侧山岭险要，保障城墙的侧翼安全，其他部队则分守各处隘口，另将湘军统领王德榜部的 10 个营屯关外东南的油隘，用以威胁法军的后路，广西提督苏元春部 18 个营留为后队，以备增援，总计在前线的兵力约有 60 多个营，共 3 万多人。

一切准备就绪后，为了打乱法军的进犯计划，促使法军在援军到达之前就仓促发动进攻，冯子材决定先发制人。3 月 21 日夜，冯子材令王孝祺部主动出击，出关夜袭法军占据的文渊城，击毁了两座法炮台，毙伤法军多人，被袭后的法军果然恼羞成怒，盘踞谅山的法军司令尼格里决定不等援军到齐即发起进攻。

3 月 23 日清晨，尼格里率 2000 多人倾巢而出，趁大雾分两路奔向镇南关隘口，在先进的开花大炮的掩护下，一路法军将清军在东岭上临时赶修的 5 座炮台一举攻陷了 3 座，然后居高临下掩护另一路法军正面进攻城墙。冯子材一面命令各部迎战，一面通告王德榜部和苏元春部速来增援。在眼看隘口防线将被法军突破时，年近 70 的冯子材持刀向士兵们大呼："法军入关，有何面目见两广父老！"然后带头冲入敌阵，与法军展开白刃格斗。战至中午，清朝的援军及时赶到，切断了敌人运送军火、粮食的交通线，并牵制了法军预备队的增援，有力地配合了隘口防线的战斗，终于遏制住了法军的攻势。

第二天黎明，法军的炮火比前一天更为猛烈，几处城墙都被轰塌，有的法军已经爬上了城墙。冯子材下令各军："凡临阵败逃者，一律杀无赦。"危急时刻，在城墙上督战的冯子材下令打开城门杀了出去。年迈的冯子材手持大刀，率大刀队千人，以排山倒海之势冲向敌阵与敌兵肉搏。傍晚时分，王德榜部在消灭了法军的运输队和支援部队后，从关外夹击法军侧后，并配合东岭守军夺回了被占的炮台，腹背受敌的法军被赶下了山岭。

清军夺回了丢失的炮台后，重新掌握了战场的主动权，经过两天激战，歼灭法军 1000 多人。3 月 25 日，冯子材命令发起全线总攻，法军指挥官尼格里在战斗中受重伤，后援断绝、弹药将尽的法军被迫败退。溃败的法军丢下同伙的尸体，溃不成军地逃向谅山方向，中国军队乘胜追击，连破文渊、谅山两城。

镇南关大捷之后，冯子材率军以秋风扫落叶之势，又收复了谷松和屯梅两地。与此同时，刘永福率领的黑旗军也在越南西线发起反攻，大败法军，光复了广威、黄岗屯等地。正当中国军队节节胜利，准备进攻河内的时候，清政府却下令撤军。清政府原本畏敌如虎，趁此战局对中国有利的时机，与法国人签订了《停战协定》，冯子材被迫撤军回国。

镇南关之战沉重打击了法国侵略者的嚣张气焰，在这场大战中，清军各部在冯子材的调度指挥下，密切协同，严密防守，毙伤了法军千余人，使清军在中法战争中得以转败为胜，从根本上改变了中法战争的形势。

中国最惨烈的海战
中日黄海战役

1894 年 7 月 25 日，日本联合舰队第一游击队在朝鲜丰岛海域突然袭击了北洋水师的"济远"号和"广乙"号两艘巡洋舰，随后击沉了英籍"高升"号运输船，俘获了"操江"号炮舰，而清朝北洋水师的战舰只是巡弋在威海至大同江口一线，目的是防止日军侵扰在平壤作战的清军主力的后方，其间对日本联合舰队护送运输船队向朝鲜增援的行动根本不闻不问。

8 月 10 日，日本联合舰队主力共 12 艘战舰迫近威海，清光绪帝和主战派责难北洋水师畏敌不前。北洋大臣李鸿章因此不得不命丁汝昌赴黄海巡航，以平息光绪皇帝的愤怒和缓解舆论的压力。

9 月 15 日上午，北洋舰队主力战舰 10 艘、附属舰 8 艘在丁汝昌率领下，赴鸭绿江口的大东沟，护送 4000 余名入朝援军到朝鲜。这次行动北洋水师虽然不是以寻找敌舰交战为目的，但也做好了充分的战斗准备。各舰皆将舢板解除，目的是防止舢板遭炮击后破片伤人或引起火灾，同时

"济远"号主炮 清

关于甲午海战的美术作品

也表示了舰存人存、舰亡与亡之意。

9月16日，日本联合舰队司令官伊东祐亨中将命第三游击舰队留守大同江，以第一游击舰队的"吉野""高千穗""秋津洲""浪速"号四舰为先锋，自己搭乘总队的旗舰"松岛"号，率领本队的"桥立""千代田""严岛""比睿""扶桑""赤城""西京丸"号等12艘战舰，开往鸭绿江口外的大东沟，沿途搜索中国战舰，17日晨到达大东沟。

9月17日上午8时，北洋舰队的运兵船将部队送到大东沟后开始返航，11时许，"定远"号上的瞭望哨发现西南方向海面上有几簇黑烟，丁汝昌判定来的是日本舰队，于是立即命令各舰进入战斗准备。北洋水师在行进中由双纵阵改为横阵，旗舰"定远"号在中央，舰队呈"人"字阵形。

11时半，日本前队旗舰"吉野"号发现北洋舰队，发出信号，日本舰队以单纵阵前进。以"吉野"号为首的第一游击队4舰领先，本队6舰继后，"赤城""西京丸"号在本队左侧前后相随，逐渐接近北洋舰队。12时50分，北洋舰队旗舰"定远"号首先开炮，由于平时缺乏训练，并没命中目标。

3分钟后，日本联合舰队驶入射程之内，日旗舰"松岛"号开始发炮还击，北洋水师旗舰"定远"号刚一交火便主桅中弹，信号索被炮火所毁，正在督战的丁汝昌身负重伤。战斗刚一开始，北洋水师便失去统一指挥，因此在以后5个多小时的大海战中，北洋水师都是各自为战。但"定远"号在信号索被击毁前丁汝昌下过一道命令："诸舰务于可能之范围内，随同旗舰运动之。"这就决定了即使在旗舰丧失指挥能力之后，北洋水师也摆脱不了被动的阵型束缚。相比之下，日本联合舰队的战法则显得机动灵活。

与日本联合舰队的主力舰相比，北洋水师的主力舰平均航速慢了近四节，日本联合舰队所配置的速射炮的发射速度则是北洋水师后装炮的6倍，由此计算，日本舰队的火力实际上相当于北洋舰队的3倍。但日本联合舰队只拥有巡洋舰，而"定远"号和"镇远"号这两艘战列舰则是北洋水师所拥有的优势。

开战之初，日舰利用其航

速上的优势绕攻北洋舰
队右翼，中方的"超勇"
号和"扬威"号二舰相
继被击中起火，"超勇"
号在烈焰升腾中与数艘
日舰激战，表现了同敌
人血战到底的英雄气概。
2时左右，孤立无援的"超
勇"号在敌舰密集的炮
火下沉没，管带黄建勋

电影《甲午风云》剧照

落水，拒绝救援，从容死难，舰上士兵也大部壮烈牺牲。

在日本联合舰队第一游击队绕攻北洋舰队右翼时，联合舰队本队也与北洋舰队主力展开了对攻，联合舰队本队中航速较慢的"比睿""扶桑"和"赤城"号成为北洋水师的打击目标，"比睿"号和"赤城"号受到重伤退出战斗，随后，日舰"西京丸"号中弹起火也退出战场。

这时，日舰本队已驶过北洋舰队右翼，继续向右转舵，绕至北洋舰队背后，恰好与第一游击队形成对北洋舰队夹击之势。北洋舰队因被包围，腹背受敌，处于不利地位。北洋舰队虽形势不利，但广大官兵毫不畏缩，提督丁汝昌在身受重伤的情况下，仍坐于甲板上激励将士，右翼总兵"定远"管带刘步蟾在丁汝昌负伤后代为督战，指挥进退。

下午2时，在日本舰队首尾夹攻之下，北洋舰队情况危急，"致远"号管带邓世昌见敌舰集中火力攻击旗舰"定远"号，便下令"致远"号加速驶在"定远"号之前迎击日舰。在混战中，一直冲杀在前的"致远"舰受到"吉野""高千穗"等数艘日舰的集中轰击，多处受伤，舰身倾斜。此时日舰冲在最前面的"吉野"号正遇上全身着火的"致远"舰。

早在丰岛海战后，邓世昌就曾对部下们表示："设有不测，誓与日舰同沉！"此时见"吉野"号依仗其船捷炮利，横行无忌，于是决意与之同归于尽，以保全军的胜利。邓世昌对大副陈金揆说："倭舰全靠'吉野'，如将此舰击沉，我军胜利在望。"于是下令全速向"吉野"号撞去。"吉野"号连忙避开，并放鱼雷。"致远"号不幸被鱼雷击中，机房锅炉炸裂，顷刻沉没，邓世昌与"致远"号上的250人同时殉国。

眼见"致远"号沉没，北洋舰队左翼的"济远"号管带方伯谦慌忙率舰逃跑，在逃跑途中，慌不择路的"济远"号将搁浅的"扬威"号撞破一个大洞，"扬威"

中日甲午海战图 清

号当即下沉。"广甲"号管带吴敬荣见"济远"号逃跑，也跟着逃离，在逃跑中离开航线，在大连湾三山岛外搁浅，次日被日舰击沉，几天以后方伯谦被以临阵脱逃罪名正法。

下午2时30分，原停在大东沟口外的北洋水师的两艘铁甲舰"平远"号和"广丙"号从鸭绿江前来助战，驶到北洋舰队右翼后方时正与日本联合舰队本队相遇，两舰立即向日舰发起攻击。"平远"号一炮命中日本联合舰队的旗舰"松岛"号，并引起堆积在甲板上的弹药爆炸，但同时也被"松岛"号所伤，只好退出战斗。

"致远"号沉没，"济远"号、"广甲"号逃跑后，北洋水师的左翼无存，右翼的"经远"号在4艘日舰的攻击下，管带林永升中弹身亡，"经远"号的水兵们在高级军官全部阵亡的情况下自行战斗，直至战舰在烈焰中下沉，炮手仍然开炮不止。当全舰沉没后，只有16人被救起，其余200余人全部遇难。下午3时，北洋舰队和日舰作战的，只有"定远""镇远""靖远""来远"4舰，而日本联合舰队仍有9艘战舰在继续战斗。

激战中，"定远"号和"镇远"号这两艘战列舰中弹都在百发以上，但由于装甲厚重，并没有受到严重损害，联合舰队5艘巡洋舰围攻"定远"号和"镇远"号而久攻不下。战斗中，"松岛"号中了"定远"号一发305毫米巨弹之后，全舰陷入一片火海，当即击毙击伤日兵100余人。至下午5时，太阳快要西沉，此时北洋舰队的"靖远""来远"抢修完毕，重新投入战斗，而日舰"赤城""比睿""西京丸"被"定远""镇远"轰得不知去向，旗舰"松岛"已经瘫痪，"吉野""扶桑"也受了重创，不能再战。面对令日方无能为力的"定远"号和"镇远"号，又见北洋舰队重新集队，伊东祐亨于晚6时下令撤出战场，但他没想到此时北洋舰队的弹药已用尽。

在当时世界上的所有海战中，凡战列舰与巡洋舰对阵，无不是取得完胜，而在此次黄海海战中，日本联合舰队只是5艘被重创，而北洋舰队则是5艘沉没，以中国失败而告终。这场海战突显了清政府的腐败，虽然参战官兵中的绝大多数英勇奋战，终是难挽败局。经此一役，北洋水师再也不敢接受联合舰队的挑战，只能藏身于威海卫，日本从此掌握了黄海的制海权。

北洋水师全军覆没
中日威海卫战役

甲午战争爆发以后，日军在黄海海战中获胜，夺取了黄海的制海权，1894 年11 月下旬攻入中国境内，占领了辽东半岛的重要军港旅顺。为了给清政府以更沉重的打击，日本政府拒绝了清廷的和谈要求，将战略进攻方向转向山东半岛。

12 月中旬，日本海军军令部部长桦山资纪传令日本联合舰队司令官伊东祐亨，要联合舰队运送侵华第二师团在山东半岛登陆，海陆配合，攻占北洋舰队的基地威海卫，企图歼灭自黄海海战后撤退到此地的北洋舰队。

鉴于山东半岛的战略地位十分重要，清政府很早就开始在威海卫重点布防，1894 年年底，山东半岛清兵总数已达 60 多个营，共约 3 万多人，分别由北洋大臣李鸿章和山东巡抚李秉衡统辖。

北洋舰队部分官兵

威海卫位于山东半岛东北部，遥对旅顺、大连，是拱卫渤海门户的北洋舰队的基地，旅顺失陷前，北洋舰队尚存的 27 艘各种舰艇就全部驶入了威海卫军港。威海卫军港的陆上筑有炮台 20 多座，设置大炮 160 多门，守军 1 万人。黄海海战后，李鸿章被日军在朝鲜和辽东的强大攻势所震慑，对山东半岛的防务更加消极被动，严令北洋舰队以"保船"为主，不许出海与日军作战。当得知日军的企图后，李鸿章命令北洋舰队水陆相依，陆军固守大小炮台，舰船依托岸上炮台进行防御。

对中国早有侵略野心的日本长期以来就不断地派遣间谍对威海卫进行严密的侦察，日本大本营断定北洋舰队必定会泊于港内不出，考虑到威海卫军港的正面有坚固的防御设施，难以攻破，于是决定选择清军防御力量比较薄弱的荣成湾内龙须岛以西一带的海岸登陆，由陆路从背后抄袭威海卫。

1895 年 1 月，日军在联合舰队护送下从大连湾向荣成湾进发，20 日拂晓，日本的 8 艘战舰 "一" 字排开，向荣成湾岸上猛烈轰击，掩护部队登陆。当时驻守荣成湾的清军河防营兵少力单，当日舰开始炮击时，河防营的军官率先逃跑，士兵也随着溃逃，日军轻松占领了荣成湾。

日军 3.2 万人登陆完毕后，分两路向威海卫进犯，于 29 日对威海港南岸炮台形成了包围，并发起了总攻。与此同时，日本联合舰队也从海上向威海卫开炮轰击，以配合日本陆军的进攻。

30 日拂晓，日军左翼支队对南岸炮台发起攻击，清军以巨炮从炮台上齐射，丁汝昌率 "靖远" 等五舰在港内以舰炮火力对南岸炮台进行支援，离南岸炮台东面较近的杨枫岭炮台的守军也频频发炮进行支援。清军连续打退了日军的几次冲锋，日军进攻受挫，死伤累累，便改变战术，先占领了南岸炮台西侧的山头。日军依仗兵多势众，又从几个方面同时向南岸炮台发起冲锋，下午 1 时，南岸炮台失守，守卫炮台的清军官兵全部壮烈牺牲。在激烈的搏斗中，日军少将大寺安纯也在战斗中毙命。

2 月 1 日，日军向威海卫以西迂回，攻击北岸炮台孙万龄部。孙万龄率部抗击，但因部

威海卫海战场景

将阎得胜临阵脱逃，致使士兵溃散，炮台无人把守，孙万龄被迫率军撤退。为避免日军利用海岸炮台轰击威海卫港内的北洋舰队，当天夜里，丁汝昌令敢死队登上北岸炸毁炮台。2日凌晨，日军占领北岸炮台，自此，南北两岸炮台尽

威海卫战役方位说明图

落日军之手，威海卫陆地悉数被敌人占据。丁汝昌坐镇指挥的刘公岛成为孤岛，坐困威海卫港中的北洋舰队遂陷于日军的海陆包围之中。

威海卫陆地炮台全失后，北洋舰队失去了后方，刘公岛成为唯一的依托。日本的海陆军可以集中兵力，全力对付聚泊在刘公岛内的北洋舰队。此时，北洋舰队与外界的一切联系全部中断，陷入四面临敌的绝境。从2月4日起，占据了南北两岸炮台的日军和日本联合舰队连日轰击北洋舰队各舰及刘公岛炮台，并在夜间以鱼雷艇小队连续突入港内实施袭击，北洋舰队的装甲舰"定远"号，巡洋舰"来远"号、"靖远"号，练习舰"威远"号，布雷船"宝筏"号等，先后被击沉、击毁。

在此危急时刻，丁汝昌决定使用鱼雷艇对日舰发动袭击，命令鱼雷艇管带王平率鱼雷艇队向敌出击，尽可能击沉敌舰。但王平不但没有袭击敌人，反而率十余艘鱼雷艇从北口突围逃跑，结果遭到日舰的追击，或搁浅或被俘，这使北洋舰队的形势更加严峻。

日军水陆两路配合，连日向刘公岛和北洋舰队发动进攻，但均被击退。在此期间，日本联合舰队司令伊东祐亨曾致书丁汝昌劝降，遭到丁汝昌的拒绝。旗舰"定远"号在5日凌晨搁浅后，仍做水上炮台使用，继续战斗。10日，"定远"号上弹药用尽，管带刘步蟾下令将舰炸沉，并毅然自杀与舰共亡。

此时，北洋舰队在敌我力量绝对悬殊的情况下依然竭力苦战，击退了日军的多次进攻，但粮食弹药都将用尽，士气大挫。2月11日，伊东祐亨命令日本联合舰队再次向刘公岛炮击，刘公岛东泓炮台被击中，两门大口径克虏伯大炮都被炸毁，守军撤出炮台，港内各舰在日军四面八方的猛烈炮击下，难以抵御，只得都聚集在港西侧，暂避一时。

北洋舰队的洋员瑞乃尔等劝逼丁汝昌投降，遭到丁汝昌的严词拒绝，为了避免战舰落入日军之手，丁汝昌下令炸沉各舰，但各舰将领害怕以徒手降敌会取怒倭人，

李鸿章与伊藤博文签订《马关条约》图
　　1895年4月，在日本马关（今下关）的春帆楼内，中日两国代表进行停战谈判，签订了《马关条约》。

竟拒绝执行命令。12日，北洋守军弹药将尽，势不能支。当夜，丁汝昌召集部下，提出冒险突围，多数将领表示反对，纷纷散去。丁汝昌见大势已去，自杀殉国。刘公岛北洋护军统领张文宣、"镇远"管带杨用霖等都先后自杀。丁汝昌殉国后，洋员瑞乃尔等怂恿威海营务处候选道牛昶昞假丁汝昌名义向日本联合舰队投降。17日，日军占领了刘公岛，威海卫海军基地完全陷落。

　　23日上午，日本联合舰队摆出征服者的架势，举行了捕获仪式，北洋舰队的"镇远""济远""平远""广丙""镇东""镇西""镇南""镇北""镇中""镇边"等10艘战舰全部作为日军战利品，被插上日本国旗。下午5时，被解除武装的北洋练习舰"康济"号运载着丁汝昌、刘步蟾、杨用霖、张文宣等人的灵柩，在潇潇细雨中凄然离港，驶向烟台，威海卫战役至此结束，清政府苦心经营多年的北洋水师全军覆没。

　　威海卫和山东半岛的失陷，使京畿门户洞开，清廷无心抗战，一再求和。最后派直隶总督李鸿章为全权大臣前往日本马关，与日本代表伊藤博文议和。在日本的威逼下，李鸿章签订了丧权辱国的《马关条约》，中国割让台湾岛及所有附属岛屿、澎湖列岛和辽东半岛给日本，并赔偿日本军费2亿两，中日甲午战争自此结束。

现代世界经典战役

（1920—1945 年）

"二战" 西欧及北非战场经典战役

闪电战的代表
德波之战

第一次世界大战结束后，战败的德国被迫割让大片土地，"但泽走廊"被划归波兰。通往波罗的海的"但泽走廊"将原本连成一片的德国领土分成了两块，位于"但泽走廊"之东的东普鲁士成了远离德国本土的"孤岛"。德国人对失去"但泽走廊"一直耿耿于怀，希特勒上台后，发誓要报这一箭之仇。他以极快的速度重整军备，在短短的几年间就把德国从《凡尔赛条约》的受辱者变成欧洲最大的军事强国。

波兰位于欧洲东部，东接苏联，西临德国，南界捷克斯洛伐克，北濒波罗的海，战略地位十分重要。德国如果占领波兰，不仅能获得大量的军事经济资源，还能大大改善自己的战略地位，既可以消除进攻英法的后顾之忧，还可以建立袭击苏联的基地，因此，德国在吞并奥地利和捷克后，下一步侵略的目标就定在了波兰。1939

苏德两国签署《苏德互不侵犯条约》，消息传来，希特勒喜不自胜。

年3月，德国向波兰发出最后通牒，要求波兰归还"但泽走廊"，再次遭到波兰拒绝。当天，波兰与英法正式结成军事同盟，英法给予波兰安全保证。有了英法的保证，波兰态度更加坚决。

8月，德国与苏联签订了《苏德互不侵犯条约》，希特勒认为进攻波兰的时机已经成熟了。8月31日晚，一支身穿波兰军装的德国党卫军，冒充波军，袭击了德国边境的格莱维茨电台，在广播里用波兰语辱骂德国，并丢下几具身穿波兰军服、实际上是德国囚犯的尸体，接着，全德各电台都广播了"德国遭到了波兰突然袭击"的消息。

希特勒下定决心"破釜沉舟"，不惜冒与英法发生大战的风险，下达了作战指令，命令德军于次日凌晨发起攻击。他要求德国军人要有铁一般的意志和决心，速战速决，不给波兰以任何喘息机会。9月1日拂晓，德国军队向波兰发起了"闪电式进攻"。两天后，英国对德国发出最后通牒，限期要德国做出停战的保证，否则英国将向德国宣战，随后法国也发出类似

1939年9月，德国军队在维斯瓦河附近迎头痛击了装备落后的波兰军队。波兰西部的多数地区都被纳入德意志第三帝国的囊中，而其中很多人也被转移到德国境内做苦工。

通牒。希特勒对此置之不理，英法被迫对德宣战，第二次世界大战全面爆发。

英法名义上对德宣战了，但实际上却是按兵不动，演出了一场闻名于世的"静坐战争"，坐视波兰孤军苦战。波兰在战前过高估计了自己的实力，他们的计划是主动放弃不可能防守的但泽走廊，在本土抵抗德军6个月，法国答应波兰最早可以在开战两周之后从西线夹攻德国，但波兰人没有想到自己在一周之内就全线崩溃。

开战仅一周，德军前锋已经直抵华沙城下。在德国快要取得完全胜利的时候，斯大林担心自己不能在战争中捞到好处，在波兰还在做最后抵抗时，命令铁木辛哥大将率领50万苏联军队，从波兰的背后捅了一刀。9月18日，德苏两军在布列斯特-里托夫斯克附近会师。大势已去的波兰政府撤到了法国。

在第二次世界大战中，拥有百万大军的波兰作为一个交战国只存在了两个星期，就沦为德国"闪电战"和苏联"背后一刀"的牺牲品，其原因主要是波军对德军的"闪电战"毫无应对措施。在这次战役中，以大量飞机和坦克组成的攻击力量的快速推进首次在战场上使用，使德军的对手毫无招架能力，不久之后，英、法联军

攻陷华沙，希特勒向占领华沙的将士致意。

也尝到了德军"闪电战"的威力而不堪一击。加上英法盟军的袖手旁观以及苏军的趁火打劫，波兰的战败是不可避免的。

曼施坦因的设想
"挥镰行动"

"二战"开始时，尚未出名的德军将领曼施坦因有个神奇的战略构想：德军进攻的主要矛头应放在中央，而不是在右翼。以强大的装甲部队，对具有战略决定性的突破口阿登森林地带，实施主要突击。这是攻其不备、出奇制胜攻入法国的一条捷径，可切断南北盟军之间的联系，分割合围英、法联军，迅速灭亡法国。

时任第十九装甲军军长的古德里安说，除了希特勒、曼施坦因和他以外，几乎再没有任何人对这个计划怀有信心。德军陆军总司令勃劳希契和参谋总长哈尔德认为这是个疯狂的方案，它将使德国装甲部队的精华面临法军侧翼攻击，并可能导致全军覆没。

但希特勒坚决支持这个计划，并以此设计了对英法的进攻方案。1940 年 5 月 10 日，德军开始实施曼施坦因的"黄色计划"，对英法发动了代号"挥镰行动"的"闪电战"，仅用了 5 天，荷兰就投降了，接着德军又用伞兵出其不意地攻克了比利时牢不可破的埃本·埃玛尔要塞。

5 月 14 日，决定命运的一天到来了。一支在数量、集中程度、机动性和打击力量等方面都堪称空前未有的坦克部队从德国边境通过阿登森林出发，分三路纵队突破了法军的缪斯河防线。这是一股令人胆寒的巨大力量，天上有一批又一批的施图

疲惫的比利时军人驱车行进在布鲁塞尔的街道上。

卡式俯冲轰炸机发出凄厉的呼啸，地面是机械化部队扬起的冲天尘埃，大地都在颤抖中。这个钢与火的队伍不是惊慌失措的守军手中的任何武器所能阻挡得住的。德军的坦克师从刚搭好的浮桥上一拥而过，防线上的法军已被击溃，没有被围和被俘的队伍都在仓皇后撤，北部的英、法联军和比利时的 22 个师都已陷入被截断后路的极端危险的境地。在这条战线的后面，英、法联军已经没有值得一提的兵力，德军与英吉利海峡之间已经没有障碍。

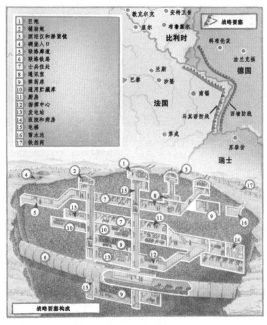

马其诺防线

5 月 15 日清晨，法国总理雷诺用激动的声音打电话告诉第一天上任的英国首相丘吉尔："我们战败了！"丘吉尔不相信，号称欧洲最强大的法兰西军队怎么会在开战的第一周就被打败了。这是不可能的。5 月 16 日，并不了解情况的丘吉尔从伦敦飞到巴黎，问联军总司令甘末林："战略后备部队在哪里？"他怕甘末林听不清，还特意插进一句法语："什么地方有大量的人力？"但甘末林向他摇了摇头、耸了耸肩回答道："没有！"

从来没听说过一支大军在受到攻击时会不留后备部队的！丘吉尔过后说："我奇怪得说不出话来，这是我一生中所碰到的最令我吃惊的事情之一。"

7 个坦克师，集中在盟军防御阵地最薄弱的一点上进行突破，这一仗就是这样打的。用的是坦克、施图卡俯冲轰炸机和伞兵部队，后者在盟军的后方或者在看来是固若金汤的堡垒头顶上降落，造成了极大的混乱。盟军的将领们被一点也没料到的事态发展弄得不知所措。丘吉尔后来写道："我简直弄不明白，动用大量快速装甲部队进行袭击这种战术在'一战'后会产生这样大的变革。"

对于德军来说，在战略和战术的执行上，一切都是按计划行事的，只是执行得比预定的计划要好，他们的成就超过了希特勒的最高希望，德军的将领们都给自己胜利的闪电速度弄得乱了章法。

对于自己军队进展的速度，德军最高统帅部也同样吃惊，高度紧张的希特勒甚至突然担心起来，生怕出现第二次马恩河事件。尽管第二天法军崩溃的消息不断传来，希特勒还是非常担心，不断要求他的军队放慢进攻的速度，希特勒对自己的将

德军闪击图

军们喊道："我们会使整个行动毁掉，我们有遭到失败的危险。"

5月17日早上，带着装甲军到英吉利海峡去已经走了1/3路程的古德里安将军奉命停止前进，因为希特勒估计强大的法军将会发动一次出人意料的反攻，希特勒挥舞着拳头喊："1914年的马恩河奇迹决不能重演！"

可是法军并没有什么可以反攻的部队，在众将领的强烈要求下，希特勒只允许他们大规模侦察，正等得手痒难耐的7个德军装甲师接到这个命令后，便不管不顾地全速向英吉利海峡"大规模侦察"前进了。5月20日晚，第二装甲师已经占领了松姆河口的阿布维尔，比利时军队、英国远征军和法军的三个军团都已经陷入重围之中。战况令希特勒欣喜若狂，在他接到陆军总司令关于攻下阿布维尔的电话报告时激动得语不成声。

5月24日，从阿布维尔向英吉利海峡推进的古德里安坦克部队攻占布伦并包围了加莱，并进抵格腊夫林，这个地方离敦刻尔克约20英里。乱成一团的英国军队、法国军队和比利时军队被迫退到格腊夫林与敦刻尔克之间一个很小的三角地带，面对大海，望洋兴叹。突围的可能性是没有了，唯一的希望是由敦刻尔克从海上撤退，而此时，德军的装甲部队已经望见敦刻尔克，并已摆好了阵式，准备投入最后的厮杀。

就在这个时候，前线德军接到了希特勒一个奇怪的命令，要他们停止前进。这对战场上的将军们来说是无法理解的，而这个命令无论从什么理由出发，都无疑是给了盟军一个意外的喘息机会。德军总参谋长哈尔德在日记中愤怒地写道："从最高统帅部发来的这些命令真是莫名其妙，坦克都像瘫痪似的停在那里不动了。"直到26日夜，希

巴黎失陷。德国军队自凯旋门前经过，对于法国来说，这不啻为一种巨大的讽刺。

特勒才取消了停止前进的命令，装甲部队可以继续向敦刻尔克挺进了，但此时已经太迟了，被围的联军已经得到加强防务的时间，他们一边抵御，一边逃到海里去了，30多万联军从海上撤到了英国。

6月5日，敦刻尔克陷落的第二天，德军以压倒性优势从阿布维尔到莱茵河展开了攻势，在"胜利的混乱"中潮水般地涌入法国。6月14日，占领了巴黎，6月19日，在贡比涅，法国政府签订了停战协议，法兰西战役以德国的完胜结束。

希特勒突发的神经错乱
敦刻尔克奇迹

1940年5月10日，德国开始实施"黄色方案"行动，发动了西线攻势，以7个装甲部队为先导的德军，对荷兰、比利时和法国展开了闪电攻势。精妙的策划、卓越的指挥、高度集中的火力加上人员优秀的作战素质，使这场闪电攻势取得了令人瞠目的成功。

5月20日晚，势如破竹的德军装甲师就占领了松姆河口的阿布维尔。5月24日，从阿布维尔向英吉利海峡推进的古德里安坦克部队，以让人目瞪口呆的速度，攻占了布伦并包围加莱这两个重要港口，并进抵格腊夫林，将惊慌失措的比利时军队、法国军队和英国远征军共计40余万人三面围困在格腊夫林与敦刻尔克之间一个很小的三角地带。

前有大海，后有追兵，被围的联军和比利时军队突围的可能性是没有了，他们唯一的希望是由敦刻尔克从海上撤退。而此时，德军的装甲部队已经可以望见敦刻尔克，并已沿运河一线摆好了阵式，准备投入最后的厮杀。

濒临绝境的比利时军队和英、法联军全军覆灭的灾难似乎已经无法避免。然而，5月24日晚上，德军最高统帅部突然发出一道使德军前线将领大惑不解的紧急命令，要德军的坦克部队停在运河一线，不要再向前推进！开战以来势不可当的德军装甲集群战车在乱成一团的联军眼皮底下刹住了，原地待命，直到26日夜。

这道命令无疑是给了面临崩溃的联军一个意

战争初期，德军凭借其强大的火力横扫欧陆。

外的喘息机会，当晚英军开始执行"发电机计划"，从英国本土紧急动员了 850 多艘各类船只，开始了历史上著名的敦刻尔克大撤退。直到 6 月 4 日晨，在德军的鼻尖下撤出了 34 万人，创造了一个叫德国人万万想不到的奇迹。

在德军眼看就要取得这次战役中的最大胜利的时候，怎么会发出这道难以解释的命令呢？下这个命令的原因是什么？谁应该负这个责任？这个问题在有关的德军将领和历史学家中众说纷纭，曾引起过一场大辩论。

以伦斯德和哈尔德为首的将领，把责任完全推到了希特勒身上，而丘吉尔则在回忆录中为这场争论火上浇油，他认为这个命令出自伦斯德，而不是希特勒，他引述了德军司令部的战争日志中的记载为证。在 5 月 24 日早晨，希特勒曾到伦斯德的司令部去过，当时伦斯德建议在离敦刻尔克不远的运河一线上的装甲师应当停止前进，等候更多的步兵部队的接应，希特勒同意了这个建议，认为装甲部队应当保留下来，留待进攻松姆河以南的法军时使用，并说盟军陷入的袋形地带如果太小，就会妨碍空军的活动。就在那天晚上希特勒从最高统帅部发出了正式的命令。

德军总参谋长哈尔德则把矛头指向了德国的空军司令戈林，他在日记中愤怒地写道："从最高统帅部发来的这些命令真是莫名其妙，我们的装甲部队由于元首的直接命令，都将因此完全停止下来！消灭包围圈中的敌军，要留给空军去干！"这个表示轻蔑的惊叹号表明，戈林当时也参与了希特勒的决定，事实上戈林的确曾建

敦刻尔克撤退油画
　　5月26日，英国政府任命多佛尔港司令拉姆齐海军上将为撤退行动总指挥，英国、法国、比利时和荷兰共派出各种舰船861艘。撤退开始后，德军加强地面进攻，并从空中和海上攻击英法运输船队。

议"由他的空军单独来消灭被包围的敌军"。

希特勒为什么发出了这道命运攸关的命令？除了军事上的考量还有其政治上的原因。希特勒当时有两个主要考虑来支持他的这道"停止进攻"的命令：第一个考虑是军事上的理由，他认为那里的地形不适合坦克活动，会造成很大的损失，所以要等待步兵的参战；第二个理由是政治上的，目的是想使英国避免一场奇耻大辱，从而促进和平解决，这一点，与后来副元首赫斯只身飞往英国谋求议和是遥相呼应的。

此外，还有一个希特勒不便明言的隐情，那就是希特勒不希望看到这一辉煌的胜利全部被陆军获得。因为指挥陆军的将领们与他们的元首处于两个不同的社会阶层，古德里安曾这样评价他的元首："这位混世魔王（希特勒），他是我们大家命运的统治者。他出身微贱，所受的学校教育和家庭教育都极有限，并且说话和态度都非常粗俗。"所以有人认为希特勒和陆军军官团还未达成百分百的信任关系。戈林就利用了这个机会，向希特勒建议单独用他的空军来解决被围的盟军，这样一则不用装甲部队来冒险，二则如果这一胜利的荣誉由他获得，元首和纳粹党的威望也会提高。

希特勒显然是过分相信了戈林的保证和施图卡轰炸机的威力，因而批准了这一方案，可惜的是，那几天由于天气的原因以及英国空军的全力拼搏，戈林的保证没能兑现。

再有一个原因，那就是当地是日耳曼人聚居区，这里居民中的纳粹党支持者较多，他们响应希特勒的号召，准备把佛兰德斯变成纳粹党的独立王国，与德意志遥相呼应。歼灭战如果打响，佛兰德斯的日耳曼人聚居区将成为一片焦土，当地居民有遭受重大损失的可能，这是希特勒不希望看到的。

这道对战争过程造成极大影响的命令，是第二次世界大战中德军统帅部犯的第一个大错误，希特勒为什么要下这个命令而放走已成瓮中之鳖的英、法联军呢？这已成为"二战"史上一大谜题。

鹰从天降
攻克埃本·埃马尔要塞

埃本·埃马尔要塞是艾伯特运河防线的一个重要组成部分，是马其诺防线北面延伸部的强大筑垒和重要支撑点，同时也是比利时东部防御体系的核心。它在当时被列为欧洲最重要的防御阵地之一和世界上最坚固的要塞，并被形象地比喻为比利时东边的"大门"、艾伯特运河防线上的一把"锁"。

山雨欲来，比利时人开始躲避战争。

"一战"后，比利时出于对德国这个强邻的畏惧，苦心经营20余年，沿艾伯特运河构筑了一条连绵不断的防线，在防线的中部重镇列日以北的一处高地上，建了埃本·埃马尔要塞。要塞面敌一侧是悬崖绝壁，绝壁下是艾伯特运河。要塞筑有四座半地下炮台，配置近40门巨型要塞炮。炮台外部披有厚厚的装甲，可抵御大口径火炮的轰击。各种明暗火力点比比皆是，火力点间均由坑道沟通。要塞火力控制着横跨运河的三座桥梁，遇有危急情况，随时可断桥阻敌。要塞守军1200人，由乔德兰特少校指挥，全部人员均处于距地面25米以下的掩体内，并备有可供长期使用的饮水、食品以及大量弹药。

在西方盟军看来，这里是"一夫当关，万夫莫开"的天险，而要塞背后便是坦荡的比利时平原，因此，整个比利时安危皆系于此。在这座现代化要塞的建造上，尽管比利时军队绞尽了脑汁，但因要塞主要是为了防御地面进攻，所以有一点他们没有考虑到，那就是敌人有可能来自空中，会降落在炮台和装甲炮塔之间的空地上。

埃本·埃马尔要塞的抵抗并没有人们预期的那样久，德国人在这里大胆使用了经过特殊训练的小股部队于黎明前用滑翔机着陆的战法，这一战法在夺取埃本·埃马尔要塞中取得了前所未有的成功。

1940年5月10日凌晨，莱茵河畔科隆附近的机场上，40架滑翔机在容克–52型运输机的牵引下，依次升空，而近千公里的进攻前线还悄然无声，整个欧洲都在沉睡中。滑翔机内载有400名德军，任务是夺取埃本·埃马尔要塞和运河上的三座桥。一小时后，机群越过德比边境，滑翔机开始解缆，分别向指定的目标飞去。

埃本·埃马尔要塞的顶部是一片宽阔的平台，在直升飞机尚未诞生的时代，滑翔机就是最好的突击工具，没有动力的缺点此时反变成了优点，因为听不到发动机的轰鸣，它们拍打着硕大的翅膀，无声无息，只是落地的一刹那，才发出沉闷的撞击声。德军的唯一失误是一架滑翔机迷航，里面乘坐着指挥官维哲希中尉，成功降落在要塞顶部的只有78名突击队员但没有指挥官。

"全部听我指挥，生死成败，在此一举！"温齐尔中士带领78名突击队员按预先的编组猛冲猛打，疾速向各个坑道口扑去。这地形太熟了，在德国有个埃本·埃马尔要塞的模拟地点，他们足足演练了4个月，就是为了这决定命运的10分钟。

要塞指挥官乔德兰特少校从睡梦中被惊醒，惊醒他的不是哨兵报警的枪响，而是滑翔机在要塞顶层的撞击声。一周之前，西线战云密布，他的上司视察这里，作为要塞司令，他当场拍过胸脯："没有问题！除非德国人插上翅膀。"悲剧就在这里，意料不到的"除非"结果成了事实！

希特勒与占领比利时的将领合影

乔德兰特在指挥所里心急如焚，这时他才发现，工事的所有火力点的射击方向对顶部的敌人都毫无办法！头顶传来巨大的爆炸声，在炮台顶上着陆的德国兵把一种特制的"空心弹"投入到装甲炮楼里，不仅使炮楼失去了作战能力，并且使下面的室内布满了火焰和瓦斯。仅仅10分钟，一座经营20余年、被誉为坚不可摧的要塞，就在78名德军突击队员手中失去了战斗力！

第二天清晨，要塞工事被破坏殆尽，几十门大炮一弹未发。从一个残存的瞭望孔中，乔德兰特看到，大批的德军正跨过失守的运河大桥，开向比利时内地。上午，守卫要塞的1200名比利时官兵只得打出白旗，从要塞里鱼贯而出，向78名德军突击队员投降。在这次攻占要塞的战斗中，德军仅6人阵亡，19人受伤，指挥战斗的温齐尔中士战斗后被授予骑士铁十字勋章并晋升为上尉。

西线战争打响的第二天，柏林广播电台向全世界发布特别公报："德军一举攻克德比边境的艾伯特运河防线，此刻正向比利时心脏地带布鲁塞尔挺进。"宣传部长戈培尔鼓动三寸不烂之舌，趁机大加渲染说：德军的成功，依赖于一种暂时还保密的"最新攻击样式"，在下一步的战争中，此种方式还将大显神威！

攻克埃本·埃马尔要塞之战，可以说是德军空降部队的辉煌史诗，战争的发展在这里又登上一层阶梯——无论进攻还是防御，从此迈入了立体化的时代。

隆美尔辉煌的顶点
托卜鲁克之战

在"二战"的北非战场，当隆美尔指挥的德军旋风般逼近时，英国中东军总司令韦维尔决定坚守托卜鲁克，驻守那里的英军共计6个步兵旅、4个炮兵团、2个反坦克团，3.6万人。托卜鲁克是昔兰尼加最具战略意义的港湾，对德军来说，托卜鲁

托布鲁克的英炮兵守军正向敌军阵地猛轰。托布鲁克对于攻守双方来说都至关重要，一方是志在必得，一方则誓死坚守。

克是良好的补给基地，对英军来说，托卜鲁克是通往埃及的要塞，双方志在必得。

丘吉尔凭他的直觉意识到托卜鲁克是北非命运的关键，他知道托卜鲁克有意大利军队留下的永久性防御工事，隆美尔不拿下托卜鲁克就无法进军埃及，因为那里的英军随时可以切断他的补给线。所以丘吉尔给韦维尔发电报说："托卜鲁克必须死守，决不作撤退打算。"

1941年4月11日，隆美尔包围托卜鲁克并发起进攻，但因为兵力不及英军一半，直至5月9日，仍然被挡在了坚固的托卜鲁克要塞面前，英军获得了昔兰尼加战役以来的第一个胜利。丘吉尔立即致电韦维尔："请将战时内阁最衷心的祝贺转达给所有参战部队，他们进行了最成功的战斗。打得好，托卜鲁克！"

此时的希特勒正一心要大举进攻苏联，没有心思顾及非洲，与希特勒不同，丘吉尔则把北非看得几乎与大英帝国本土一样重要。当英军被赶出昔兰尼加后，丘吉尔不顾本土部队装备不足的事实，断然增兵北非。5月12日，得到增援的韦维尔在丘吉尔敦促下，决定对隆美尔发动代号为"战斧作战"的反攻。丘吉尔雄心勃勃，一心要在北非取得一场"决定全局"的胜利，彻底消灭隆美尔的部队。而韦维尔则比较谨慎，他只希望这次进攻能将敌军赶回到托卜鲁克以西。

6月15日凌晨，"战斧作战"开始，英军兵分三路向德军发起了大规模的进攻，前两天进展顺利，可谓势如破竹。没料到隆美尔在西部正面战场摆放的只是利大意的部队，而作为主力的2个德国装甲师已绕到了托卜鲁克的侧后方。

6月17日，战局突变，按隆美尔的计划，德军两个装甲师从南端突然冲出向北进攻，英军第二和第四坦克旅陷入了包围中。英第四坦克旅一开始就溃不成军，第二坦克旅和赶来增援的第22坦克旅则被迫撤退。激战至黄昏，英军损失了130辆坦克。

德军的行动完全出乎英军的意料，韦维尔急忙下令部队撤退。6月19日拂晓，在炮兵和空军的火力掩护下，德军部队从东南面向托卜鲁克要塞发起了突然进攻。当日上午，德国攻入了托卜鲁克要塞，英军要塞司令莫斯黑德率3.3万名守军向隆美尔投降。这一战隆美尔缴获了足够3万人用上一个季度的物资和大量燃料，至此，隆美尔征服了整个昔兰尼加。

英军在烧毁了大部分的辎重后，全线退回到埃及境内，丘吉尔寄予厚望的"战斧作战"行动以失败告终。此战后，韦维尔被丘吉尔解除了职务，奥金莱克将军接替他成为英中东军总司令。而隆美尔则被希特勒晋升为上将，他的非洲军也升格为非洲装甲兵团。

隆美尔在的黎波里进行战略部署

德国人之大洋梦断

"俾斯麦"号的沉没

"俾斯麦"号战列舰是纳粹德国海军"俾斯麦"级战列舰的一号舰，它的标准排水量4.2万吨，号称欧洲最大的战列舰。该舰长270米，宽36米，装甲厚度330毫米，有8门380毫米巨炮，是第二次世界大战时德国所建造的火力最强的战列舰。这艘以德国著名的铁血宰相俾斯麦命名的军舰是德国海军的骄傲，德国人把它称为"永不沉没的战舰"。"俾斯麦"号充分体现了德国的大炮巨舰主义，企图用它在大西洋上称霸。

1940年8月24日，"俾斯麦"号正式服役。1941年5月19日，"俾斯麦"号在"欧根亲王"号重型巡洋舰的伴随下，悄悄驶出格丁尼亚港，前往大西洋，企图截杀盟军的商船，这是它的第一次也是最后一次出击。舰队由刚瑟·吕特晏斯海军上将指挥，德国人把这次行动命名为"莱茵演习行动"。同日，英国本土舰队新任司令约翰·托维上将收到海军部发来的电报说，发现一支德国舰队出海了，他当即采取行动，派出侦察机前去打探德舰行踪。

5月24日黎明，德军这两艘致命的战舰经过北大西洋冰冷的海域，"欧根亲王"号重型巡洋舰处于领头位置，后面是威力无比的"俾斯麦"号。此时他们并不知道，在约48公里以外的东南方向，2艘英国战舰正全速向他们驶来，准备进行拦截。

原来，在"莱茵演习行动"开始后的三天，英国空军的一架侦察机在挪威的卑尔根附近拍到了它的照片，立即派出了"威尔士亲王"号和"胡德"号两艘战列舰前往堵截。5时，"胡德"号发现了德舰，舰长霍兰下令准备战斗。而"俾斯麦"号舰长卢金斯也从望远镜里看到了"胡德"号和"威尔士亲王"号，他万万没想到碰上的竟然是英国最强大"胡德"号和最新的"威尔士亲王"号！于是下令转向，准备避开英舰。但为时已晚，英舰已经猛扑过来！

因为英国人误将"欧根亲王"号当成了"俾斯麦"号，"胡德"号抢先开火，"威尔士亲王"号随后也向"欧根亲王"号开火，直到打了两轮齐射后，才发现攻击的目标是错误的，立刻将火力转向"俾斯麦"号，但这使英舰浪费了很多时间。"俾斯麦"号上的8门380毫米巨炮也开火了，它的测距仪锁定了"胡德"号，一颗1700磅的穿甲弹击中了"胡德"号的主弹药库，这艘威风一时的战舰瞬间折成了两半，不到10分钟，希特勒的超级武器就击沉了英国海军的骄傲，这真是令人震惊。

"胡德"号沉没后，德舰立刻将炮火指向"威尔士亲王"号，使该舰在重创之下失去战斗力，6点13分，"威尔士亲王"号施放烟幕弹逃出战场，"俾斯麦"号只付出轻微的代价便赢得了胜利，虽也曾中弹，但损失不大，只有几个人受伤。

大为震惊的英国海军马上派出了大批战舰前往围剿，当天，"俾斯麦"号遭到从"胜利"号航空母舰上起飞的剑鱼式鱼雷机的攻击，被一枚鱼雷命中，但仅造成了轻微的损伤，随后"欧根亲王"号继续前进，进入大西洋，而"俾斯麦"号则转向法国的圣纳泽尔以修理损伤，由于油料不够，半途又转向布雷斯特。

英国人很快确定了"俾斯麦"号的位置，英国海军这回铁了心要干掉"俾斯麦"号，舰队新任司令托维坐镇"乔治五世亲王"号，英国几个舰队拉开一个大网向"俾斯麦"号围拢过来。

"俾斯麦"号战列舰

5月26日，16架从英国航空母舰"皇家方舟"号上飞来的剑鱼式战机实施突袭，尽管武器装备精良，"俾斯麦"号依然无法对鱼雷攻击机发动的进攻予以有效还击，这次"俾斯麦"号中了3枚鱼雷，其中两枚并没有造成大的损害，但第3枚却击中操舵装置，这是它唯一的弱点，舰舵被炸歪了，不能转动，战舰开始在海上不停地打转。这些飞机摧毁了"俾斯麦"号的舰舵，它的命运便操纵在英国水面舰艇的手中了。

5月27日晨，英军的主力舰队赶到，包括"英王乔治五世"号与"罗德尼号"战列舰及巡洋舰、驱逐舰，它们用炮弹、鱼雷对操纵失灵的"俾斯麦"号进行轮番攻击，"俾斯麦"号抵抗着数倍于己的英军，由于舰舵失灵，无法控制航向，它被最少数十枚大口径穿甲弹以及数百枚小口径炮弹击中。在没有希望的情况下，德国人自行炸沉军舰，以避免被俘获。英国"多塞特郡"号重巡洋舰随后在距其 2000 米左右发射了 3 枚鱼雷，全部命中。10 时 40 分，"俾斯麦"号终于沉没于布雷斯特以西 300 海里水域。

"永不沉没的战舰"沉没了，大西洋海底成了它的水下坟墓。此次大战，英国皇家海军派遣了大量军舰前往拦截"俾斯麦"号，包括多达 9 艘战列舰及战列巡洋舰和 2 艘航空母舰，即皇家海军约半数的力量，才最终将"俾斯麦"号击沉。6 月 1 日夜，"欧根亲王"号在海上晃了几天后，提心吊胆地逃回了布雷斯特港，"莱茵演习行动"最后以失败而告终。

"俾斯麦"号的神话是建立在击沉"胡德"号上的，"胡德"号在"俾斯麦"号出现之前是世界上最大的军舰，是英国海军的象征。希特勒说过，"俾斯麦"号是一艘复仇之船，它的确完成了这一使命，击沉了"胡德"号，释放了压抑在德国海军心中 20 年的痛，把整个英国带入悲伤中，不过它自己也以自沉的结局画上了句号，随风飘散的，不仅仅是英国海军的骄傲，同时也有德国海军的大洋之梦。

德国空降兵的坟墓
克里特岛空降行动

1941 年 4 月，纳粹德军以势如破竹之势，迅速占领了巴尔干半岛最南端的希腊。希腊军队和驻希腊的英军被迫撤向与巴尔干半岛隔海相望的克里特岛。英国首相丘吉尔为确保英国在地中海、北非和中东的利益，命令撤到岛上的英军坚守克里特岛。

处于爱琴海与地中海交汇处的克里特岛，面积约 8200 平方公里，是爱琴海上的最大岛屿。克里特岛战略地位重要，如果英国控制该岛，盟军便能在地中海东面拥有海空优势，也可以将该岛作为沿巴尔干半岛海岸发动攻击的跳板。

德国人也意识到了克里特岛的战略意义和该岛对德

希特勒正在听取其将领们的作战部署。

第二次世界大战中，德军空降兵在使用80毫米迫击炮。

国的威胁，希特勒是不会允许英国人在他背后留下一颗钉子的。一心想尽快结束这场战役，然后抽出身来全力对付苏联的希特勒把目光盯在了克里特岛，下令征服这个岛屿。

根据希特勒的旨意，德军第11空降军军长斯图登拟定了夺取克里特岛的空降作战计划，并把该计划命名为"水星"计划。在该计划中，攻占克里特岛的作战任务将由伞兵独立完成。4月25日，希特勒下达了攻占克里特岛的第28号作战命令。命令规定：空中作战由第四航空队司令洛尔上将统一指挥，伞兵着陆后的地面作战由萨斯曼上将统一指挥，发起空降作战的日期不得超过5月中旬。

5月20日凌晨，攻击开始。一拨拨的德国轰炸机与低飞的战斗机，以炸弹和机枪猛烈攻击马里门、卡尼亚与苏达湾，摧毁了三处守军大部分的防空火炮以及通信网。德军伞兵随后对克里特岛实施密集伞降，但遭到了地面英军的顽强抵抗，损失惨重，行动的第一天以德国空降兵部队面临灾难性的后果结束。但在当天晚上，空降部队终于控制了三个机场，随后几天，运输机和滑翔机搭载的步兵部队对这些空降兵部队实施了增援。5月26日，近2万名德国士兵在苏达湾登陆。

克里特岛空降战经历了12天血战之后，终于降下帷幕。这是第二次世界大战中德军进行的规模最大的一次空降战役，共空降了2.5万人，虽然最终占领了全岛，但德军被击毙和失踪约4000人，受伤2000余人，损失飞机220架，其中运输机120架，以及大量舰船，这个损失对开战以来一直势如破竹的德军来说是空前的。斯图登因此把克里特岛称为"德国空降兵的坟墓"，希特勒本人也被他最喜爱的空降兵遭到的巨大伤亡深深震动，他向斯图登授勋时说："克里特岛之战表明，空降部队的时代已经结束，空降部队是一个秘密武器，但这一出奇制胜的要素被过高估计了。"夺占该岛之后，德军统帅部再未敢实施类似的大规模空降战役。

克里特岛空降战役是第二次世界大战期间的大规模空降战役之一，此战显示了空降兵作战能力的增强，同时也证明，实施这样的战役，如不与其他军种协同，势必遭到重大损失。美、英、德从此战例中受益匪浅，加快了他们建立空降部队的步伐。

大漠"猎狐"
阿拉曼战役

　　1941年2月，希特勒命令隆美尔率德国非洲军团进入北非，前往援救一败涂地的意大利军队。对于北非战局，隆美尔认为最好的防御就是进攻，他指挥的两个德国装甲师在沙漠上勇猛穿插，全速前进。英军猝不及防，节节败退，仅仅两个星期，就让英军之前两个月的战果丧失殆尽。隆美尔因此名声大振，被晋升为元帅，而英军则称他为"沙漠之狐"，并且谈"狐"色变。

　　1942年6月，隆美尔挥师夺占英军补给中心托卜鲁克，英军损失5万余人，德军前锋推进到埃及北部距开罗只有350公里的阿拉曼地区。由于盟军控制了地中海的制空、制海权，隆美尔的部队因兵力及装备补给不足而无力继续向前推进，被迫转入战略防御。

　　8月，丘吉尔任命蒙哥马利中将继任英第八军团司令。后来被称为"沙漠之鼠"的蒙哥马利抵达阿拉曼前线后，提出了"打过阿拉曼，活捉老狐狸"的口号，在美国武器的大力支援下不断加强军事力量，积极备战。当时，德意军队在北非共驻军12个师，10万余人。他们防守在阿拉曼西南从地中海沿岸至卡塔拉盆地之间的地带，而英军此时在北非已拥有11个师和4个独立旅，总兵力达23万，并且英军掌控着战场的制空权。

　　9月，隆美尔判断英军不会发动进攻，因而飞回德国养病，接替他指挥的是乔治·施登姆将军。蒙哥马利获得这一情报后，制订了"轻足行动"计划，著名的"猎狐"行动由此拉开序幕。此次战役首先出击的是步兵，因为他们重量轻，不会触发反坦克地雷。在步兵向前推进的同时，工兵会为随后的装甲部队开辟一条安全通道。

　　10月23日夜，英军发起进攻。首先实施炮火准备，随后步兵向德意阵地南北两翼发起进攻。25日，英军在战线北部突破了德军的防

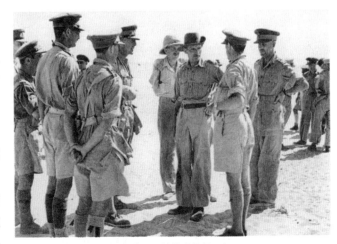

蒙哥马利正在听取参谋人员的战术汇报。

阿拉曼大捷的胜利大大鼓舞了英军的士气，重树了英军的威信，抬高了英国的国际地位。

御阵地，迫使南线德军增援，双方在阿拉曼的大沙漠上展开了一场坦克大战。

人们这样形容当时战场上的景象："沙漠在热浪中抖动，它只能被看作一个被高爆炸药爆炸时产生的尘土笼罩的地方，一个被燃烧着的坦克和卡车产生的烟弄得很昏暗的地方，一个被无数枪支的火光照亮的地方，一个红色、绿色和白色曳光弹满天飞的地方，一个在轰炸中震颤的地方，和一个被双方的炮火弄得震耳欲聋的地方。"

经此一搏，隆美尔只剩下30辆坦克了，而蒙哥马利手上却仍握有600辆坦克的强大攻击力量，尽管双方损失了大约同样多的坦克，但对于英军来说只是一小部分，对于隆美尔来说则几乎是全军覆没。

11月3日，急忙赶回前线的隆美尔下达了撤退的命令，但随即接到了希特勒要他不惜一切代价死守、绝不能后退的命令。希特勒在电报中说："不胜利，毋宁死，别无其他的道路。"隆美尔无奈，只好暂时放弃了后撤计划，传令坚守阿拉曼，指望能够出现奇迹。

不过，隆美尔很快就失望了，就在他的命令传达不久，就得到报告，非洲军司令冯·托马将军正率领部队向西撤退，眼看英军就要完成包围，隆美尔再也顾不上元首的命令了，在战局不利的情况下命令向西撤退。没有运输工具的4个意大利师经过绝望的战斗后，不得不向英军投降。

由于担心隆美尔惯用的"回马枪"，蒙哥马利行动十分谨慎，最终没能完成对德军的包围。11月7日，蒙哥马利下令停止追击，阿拉曼战役宣告结束，英军取得了胜利。4个德军师、8个意军师被歼，伤亡2万，被俘3万，损失坦克450辆、大炮数千门。英军也付出沉重代价，伤亡 1.4 万人，损失坦克 500 辆、大炮 400 门。

这次战役的胜利成为北非战场的转折点，在战略上，使德国占领埃及、控制苏伊士运河和中东油田的希望破灭。在军事上，保证了盟军从中东通往苏伊士运河供应线的畅通。在精神上，此役对盟军坚定信心有着非常重要的作用。用丘吉尔的话说就是："在阿拉曼战役前，我们从未打赢过一仗；但在阿拉曼战役后，我们所向无敌！"

"亚平宁夜空中的闪电"
阿拉姆 – 哈勒法之战

在突尼斯的一座小山旁，树立着一座并不起眼的纪念碑，上面这样写道："弗格尔师：军团的灵魂守望着沙漠。"

这个弗格尔师，在第二次世界大战中，可谓意大利武装力量中的精锐之师，是一支受过良好训练、作战顽强的部队。阿拉曼战役胜利后，丘吉尔在伦敦的一次演说中特别提到这个师，称它为"沙漠雄师"，可见这支部队的顽强赢得了对手的称赞。

意大利是世界上最早组建伞兵的国家，遗憾的是，作为世界空降作战先驱的意大利空降部队的组建、发展与战斗经历一向少为人知。意大利的弗格尔伞兵师组建于 1938 年 3 月，它的前身是意大利驻利比亚总督巴尔博元帅大力支持发展起来的利比亚空中部队。"弗格尔"在意大利语中是闪电的意思，该师士兵大多是从其他战斗部队抽调来的老兵，很多人在阿比西尼亚和西班牙战斗多年，经验十分丰富。

弗格尔伞兵师下辖两个伞兵团和一个炮兵团。这个伞兵师建制偏轻，没有烦琐的后勤体系，炮兵团只装备 47 毫米炮，用来执行反坦克任务，但不适合进行常规的曲射火力支援，而且机枪与迫击炮装备数量很少。在火力方面唯一的优势是装备了贝雷塔 M38 冲锋枪作为个人武器，这样的装备是与它的作战任务相适应的——伞降并对一个关键目标进行奇袭，

阿拉姆哈勒法岭战斗中被德军击毁的英军坦克

设立防御阵地并在有限的时间段内进行防御，最后与常规部队会师。但这些美妙的理论，"闪电"师一次也未能实践，战争的旋涡无情地把它卷到了其他的方向。

德意方面本打算 1942 年春攻击马耳他岛，弗格尔伞兵师为此而展开专训，按计划参与作战的还有一个空运机动轻型步兵师。可惜被胜利冲昏了头脑的隆美尔迫使墨索里尼拱手交出这些部队，弗格尔伞兵师被改称为第 185 步兵师，虽然该师士兵仍坚持自称是弗格尔伞兵，但他们的确从头到尾一直是作为地面部队使用的。他们被派到阿拉曼，和其他三个意军步兵师一起固守阿拉曼防线南段。

弗格尔师参加的第一次战斗是 1942 年 8 月的阿拉姆—哈勒法之战，在 6 天的战斗中，轴心国损失了大量的坦克，脆弱的补给线也被英国空军切断，隆美尔只得转入守势，固守自己的阵地。英国人惊讶地发现，他们所面对的这支意大利部队作战顽强，其战术水平也远非其他意大利部队可比。弗格尔师在巩固阵地的同时，还积极展开一些小规模的偷袭，渗透入英军的防线，从英军那里获取饮用水、食物和武器。该师的反坦克武器极少，他们就用缴获的英军反坦克炮武装起来，在一次夜间防御战中，伞兵们甚至还俘获了第六新西兰旅旅长。

问题是，该师只装备了一些轻型反坦克炮，没有配备任何机动车辆，这在沙漠地带将导致严重后果，而且该师大部是从意大利和希腊经由空运抵达北非，部队根本无法携带本来就不多的重装备，甚至连野战厨房装具都没有！

阿拉曼会战失利以后，隆美尔抢走了意大利部队的全部卡车、给养和重装备，仓皇逃窜，弗格尔师在撤退时因为没有汽车而不得不徒步退回的黎波里，炮手们用人力拖着尚能使用的几门反坦克炮向西撤退——没了这些炮，他们在茫茫沙漠中只能任由英军装甲部队宰割。由于没有任何运输工具，且武器弹药饮水均已消耗殆尽，弗格尔师根本不可能逃出机动能力远高于自己的英军包围，实际上该师的结局已经注定。

阿拉曼战役中投降的意大利士兵

最终，隆美尔来电："弗格尔师要在开阔的沙漠地带组成防御阵地，阻击尾追的英国人，能挡多长时间就挡多长时间。"弗格尔师组织了决死的抵抗，数个营战至最后一人，给英军造成了巨大损失。自身的伤亡也非常高，18 名校级军官有 9 人阵亡，4 人受伤。隆美尔在 11 月 1 日的家信中曾写道：弗格尔师是我方最优秀的部队之一。

弗格尔师在三天的阻击战中打退英军装甲部队和步兵的多次进攻，英军曾数次招降他们，并以骑士风度对意大利伞兵的善战表示了敬佩。11 月 6 日，当英军进入意大利阵地时，意大利伞兵们以最后的姿态向英军表达了他们的轻蔑：没有人摇白旗，所有士兵肃立不动，曾经有 5000 名官兵的伞兵师最后只有 306 名官兵幸存。英第 44 步兵师师长休斯将军说道："我的军旅生涯中还从未遇上像弗格尔师这样的对手。"

弗格尔师虽然几乎全军覆没了，但它的历史并没有画上句号，他们在本土又被重新组建，经历了意大利政局动荡后，这支部队站在了墨索里尼傀儡政权一边，该师的一部分人员最后被德国第四伞兵师吸收，直到"二战"结束。

"沙漠之狐"最后的辉煌
卡萨林山口战役

卡萨林山口战役是"二战"中德国与美国的首次交锋，是隆美尔为了挽回德军在北非的军事劣势而发动的一场战役。在这场战役中，美国陆军为面对德军王牌部队的第一课付出了惨重的代价，其第一装甲师的阿尔基在战后回忆时把它与英国步兵旅在克里木战争时期的自杀性式冲锋相提并论，认为："毫无远见的计划事实上判处了作战行动的死刑。"

阿拉曼战役失败以后，隆美尔率领的非洲军团不断向西撤退，在巧妙地避过了蒙哥马利的几次追击后，已经逐渐向非洲军团的增援部队冯·阿尼姆率领的第五装甲集团军靠拢，在旁人看来，非洲军团已经是落日残烛，被盟军部队两面夹击最终全军覆没是迟早的事了，但"沙漠之狐"隆美尔从来没有这么想，在两支盟军部队做向心运动而自己的部队在不断收缩靠拢时，他可以集中全力来打击任何一个对手。

"沙漠之狐"并不在意从阿拉曼开始的撤退行动，本质上他还是一个攻击

隆美尔指挥作战时不喜欢待在指挥所里，他更愿意在前线上相机行事。

型将领，一个夺回攻势、恢复战场平衡的机会一直是他梦寐以求的。为了避免在两侧合拢的绞索里被慢慢勒死，隆美尔宁愿抢先攻击，来打破这个僵持局面。另外，他也已经知道希特勒正考虑用冯·阿尼姆取代他指挥非洲作战的德军，所以他亟需一场胜利来证实自己"沙漠之狐"的威望。卡萨林山口之战就此开始了。

隆美尔制订了一个并不复杂的反击计划：运用手中仅有的装甲部队穿越西面的数个隘口，并向西北方向穿插，分割并消灭那些"初出茅庐"的美军，"美国人尚无实际战斗的经验，所以我们必须一开始就给他们一个下马威，好让他们产生一种无法磨灭的自卑感"。隆美尔的意图是先击溃美军，然后再掉过头来对付老对手蒙哥马利。他把这次战役定名为"春风行动"。

德军第十装甲师于2月14日清晨开始行动，掀起了一阵沙漠风暴。他们的先头部队击溃了一小股美军掩护兵力以及第一装甲团的一个小型分遣队，在沙暴的掩护下，一个战斗组向山口西部开去，打算击溃那里的美军防守炮位。截至当天中午，德军的坦克已经从四面八方靠近，美军指挥官麦克昆林的指挥部已经暴露在德军坦克射程之中。

在吉特村的美第一装甲师第一装甲团三营的50辆"谢尔曼"坦克对德军展开了反冲击，由于双方无论在装甲兵战斗素养还是坦克性能上都存在比较大的差距，美军付出了44辆坦克被摧毁的高昂的代价，换来的只是稍稍延迟了德军推进步伐的效果。接下来的战斗更是一边倒，德军两个坦克群的钳型攻势几乎把美军战斗群都包围了，下午晚些时候，美军开始撤退。

当天美军损失了44辆坦克、59辆战车、26门火炮以及22辆卡车。最悲惨的是那些37毫米反坦克炮部队，那些反坦克炮对德军新式坦克毫无作用，这使他们遭到了惨重的损失，这以后，所有的37毫米反坦克炮退出了美军一线装备。

图为北非战场上被摧毁的德军坦克，"火炬行动"的实施，使盟军顺利占领了卡萨布兰卡。

阿尔基中校指挥着美国第一装甲师第一装甲团的第二营从马科他连夜赶来，计划在次日进行反击，救出被包围的步兵，把德国人赶回出发地。他对自己眼前的处境尚没有一个正确的认识。2月15日下午1时，阿尔基爬进自己的指挥坦克，下达了攻击命令。攻击部队士气高昂地排成完美的队形，如同教科书上指示的那样保持着合适的间距，带着压倒性的气势向敌军扑去。

下午 3 时，德军突然出现并成功分割了进攻中的美军，阿尔基的第二营被送入了一个经典的圈套，先是被两侧的优势装甲部队挤压，最后在中央被突然的攻击击得粉碎，而这一切都是装甲兵学院教科书上所提倡的！

尽管取得了巨大的胜利，受命于阿尼姆的德军第十装甲师却未能抓住机会乘胜追击，只是向斯贝特拉地区派出了巡逻队来确定美军是否再准备另一次反击。听到这个消息后，隆美尔大怒，但阿尼姆更关心燃油的消耗。他的部队已经完成了预订的计划，到此为止，反对隆美尔冒险进攻的阿尼姆，收回了他的第十装甲师。

卡萨林山口战役共进行了 6 天，造成美第二军伤亡 6300 名士兵，被俘 4000 余人，损失坦克 183 辆和 194 辆半履带式装甲车。由于德军指挥系统紊乱，多次贻误战机，使隆美尔的作战意图最终受挫。尽管"春风行动"最初取得了胜利，但这次反攻很快便宣告破产。

打开登陆欧洲的大门
西西里岛登陆战役

1943 年 1 月，美英决定在西西里岛登陆。目的是占领该岛，以保证同盟国地中海航线畅通，吸引苏德战场德军西调，并迫使意大利投降。这次代号为"爱斯基摩人"的西西里岛登陆作战，由盟军驻北非部队负责实施，总司令为艾森豪威尔。

当时盟军已经肃清了北非战场，又攻占了班泰雷利亚岛，稍有军事常识的人都能够意识到盟军下一个目标是夺取西西里岛。正如丘吉尔所说的："傻瓜都知道下一步进攻方向将是西西里岛！"德意方面也认识到了这一点，因此在西西里岛部署了 30 万重兵加强防守。

为隐蔽战役企图，美英还是采取了一系列欺骗措施，造成进攻希腊的假象，甚至对登陆地域不进行预先火力准备等，这些措施成功骗过了希特勒，使德意空军的 1400 架飞机撤到意大利南部和撒丁岛。

7 月 9 日，天气骤变，恶浪滔天，德意军因此放松了警惕。10 日凌晨，美军第 82 空降师和英第一空降师的 5400 名官兵搭乘 360 架运输机从突尼斯出发，飞向西西

美军重装甲部队登陆西西里岛。图为正在上岸的"谢尔曼"坦克。

西西里岛上的巴顿将军

1943年，巴顿指挥他的军队在极度恶劣的条件下登陆西西里岛，进而解放了意大利。

里岛，以空降登陆开始了西西里战役。3时50分，巴顿和蒙哥马利指挥的16万美英登陆大军分乘3200艘军舰和运输船，在1000架飞机掩护下，在西西里岛的西南部和东南部实施登陆。

海岸意军士气低落，仅进行了微弱抵抗，至中午时分，巴顿和蒙哥马利的部队顺利地登上了各自的目标滩头，西西里岛守军在意军古佐尼中将指挥下开始反击。由于希特勒在判断盟军登陆地点上的严重错误，德军装甲师的反击被盟军粉碎，海岸防线很快被突破。8月10日，德意部队退到墨西拿附近，由于盟军没有切断墨西拿海峡的计划，4万德军和7万意军用六天七夜的时间，完成了向意大利本土的撤退。

巴顿不甘心让蒙哥马利独唱主角，盟军向墨西拿的进军变成了美英两国军队的赛跑，8月17日上午6时，美军先遣部队进入墨西拿，10时，巴顿乘坐指挥车率领一个摩托车队驶进城里。一小时后，一队英军也吹吹打打地进了城，一位英国军官走到巴顿面前，同他握了握手说："这是一场有趣的竞赛，我祝贺你的成功。"当天，岛上的一切抵抗均告停止，西西里岛登陆战结束。盟军占领了西西里岛，从此打开了登陆欧洲的大门。

此役美英军队伤亡约2.4万人，德意军队损失约16万人，另有10万人撤到意大利本土。战役中，盟军首次海上登陆与大规模空降并施，为以后的登陆战提供了经验。

"自愿者和犯人"组成的部队
"跳马行动"

1943年10月，德国党卫军500伞兵营组建于捷克斯洛伐克。早在1937年，党卫军领袖海因里希·希姆莱就想建立一支由自愿人员组成的伞兵分队，但是由于种种原因，这个计划一直未能实现。500伞兵营的组成人员比较复杂，有来自党卫军各单位的志愿兵，以及但泽军事监狱和达豪党卫军惩戒营中一些有犯罪记录的人。

这支部队一般被认为是一支"刑事部队"，其中很多人有过纪律处分记录，多半是因为他们拒绝去执行一些非军事目的的行动，还有一些人曾有不支持纳粹的言论。这些"不光彩"的党卫队人员一进入这支部队便全被恢复了原有的职位，但需要在这支部队中戴罪立功。

党卫军 500 伞兵营的官兵均身着党卫军野战制服，配以伞兵跳伞服和 M38 式钢盔，武器也是伞兵制式的，如无后坐力步枪和 FG42 自动步枪。1943 年 10 月，新成立的党卫队第 500 伞兵营在捷克斯洛伐克开始集训，它的首任指挥官是来自党卫军第十装甲师的党卫队二级突击队大队长赫伯特·吉尔霍夫。在完成了所有训练科目后，伞兵营被派往南斯拉夫，执行反游击作战。

铁托

在1960年第15届联合国大会期间，铁托、纳赛尔、尼赫鲁、恩克鲁玛和苏加诺协商召开不结盟会议事宜，这5个领导人被称为不结盟运动的创始人。

在第二次世界大战中，南斯拉夫是一个特殊的战场，那里抵抗运动的规模远远超过其他欧洲国家。从 1941 年开始，德军相继对铁托领导的南斯拉夫游击队发动了四次"围剿"，但进入 1944 年，游击队变得更强大了。在英国和苏联的帮助下，战场上的主动权已落入铁托手中。整个南斯拉夫农村都在游击队的控制下，德国人及其傀儡只能龟缩在主要交通线上的大城市里。

1944 年 2 月，500 伞兵营接到了第一次任务：突袭在图兹拉的南斯拉夫游击队最高统帅部，目的是要活捉铁托。突袭将于 5 月 25 日铁托生日这一天开始，总共投入 660 名伞兵，一半伞降，一半乘坐滑翔机降落，行动名称为"跳马行动"。5 月 25 日，伞兵顺利空降到指定地区，在那里，他们遭到游击队的阻击，伞兵们只能艰难地一边作战一边向铁托指挥部所在的山洞进攻。他们在从滑翔机上下来的战友帮助下，终于冲进了铁托的指挥部。但铁托提前一步离开了那里，失望的伞兵们只在那里找到了为庆贺铁托生日刚做的一件新元帅制服。

从山洞逃出去的铁托开始着手对伞兵营发动反击，他命令驻扎在德瓦尔城郊的部队火速前来增援。9 时，第六利卡无产阶级师接到命令，从 12 公里外的驻地跑步赶来投入了战斗，500 伞兵营遭到了围攻，损失极大，直到党卫军欧根亲王师赶来支援，才把他们救出重围。这场战斗结束后，伞兵营只有 200 人幸存下来！

"跳马行动"可以说是"二战"中的一次"斩首行动"，由于种种原因而遭到了失败。这次行动在设计上是别出心裁的，符合德军那种一贯大胆而出人意料的打法。

"二战"中规模最大的空降战役
"市场花园行动"

1944 年 9 月 8 日，英国首都伦敦面临着一个可怕的突发威胁，"复仇天使" V2 导弹的出现，使英国人感到惊恐万分。由于 V2 导弹的发射基地设在荷兰境内，为了消除它的威胁，蒙哥马利元帅提出了一个冒险的军事行动计划——"市场花园行动"。该计划是美国第 82 空降师及 101 空降师与英国第一空降师组成空降军团，准备空降到敌后占领莱茵河上的五座大桥，然后等待装甲部队的抵达。

这个计划刚开始就遭到了美军将领的激烈反对，布莱德雷认为这个计划充满风险，简直不像出自极端保守的蒙哥马利之手。盟军最高统帅艾森豪威尔并不喜欢性情古怪的蒙哥马利，对"市场花园"计划也存有疑问，他认为在后勤补给困难的情况下，实施这一计划甚为冒险，但由于盟国高层的压力，艾森豪威尔还是同意了这个计划。盟军的指挥官们无法预见此次战役的结局，他们并不知道，数万名盟军士兵即将因此走向地狱。

自从在诺曼底登陆之后，盟军普遍认为德国已经土崩瓦解了，胜利指日可待。尽管有很多情报可供利用，但对德军装甲部队在该地区的集结规模仍然未予以重视。实际上德军远没有他们想象的那么不堪一击。对于盟军来说，在狭窄的地段上进行纵深突击，把希望寄托在快速和良好的天气条件上，这都是赌博性的冒险行为，但在一心只想快速取胜的时候，当然也值得一试。艾森豪威尔计划用盟军三个空降师加一个波兰空降旅在荷兰的腹地空降，控制住荷兰的桥梁，只需守桥两天，地面部队就能到达。

9 月中旬，德国坦克的轰鸣声打破了荷兰埃因霍温与阿纳姆之间的宁静，在"市场花园行动"主要的空降地区，人们被巨大的引擎声吓呆了：德国人来了，人们看到一队队的坦克、火箭发射车还有大炮！

盟军司令部成员（左起）：布莱德雷（美）、拉姆齐（英）、泰德（英）、艾森豪威尔（美）、蒙哥马利（英）、利·马洛里（英）和史密斯（美）。

9 月 17 日上午，盟军 1600 架运输机拖曳着 480 架滑翔机，在 1100 架战斗机的护航下，从英格兰南部中央的 24 个机场凌空而起，向远方飞去。庞大的机群保持着整齐的队伍，轰鸣声充塞在天地之间，人类有史以来最大规模的空降作战行动开始了！

美国B-26轰炸机

盟军的空降十分顺利，虽然在白天，但并没有遭到德军的抵抗，不过落地后就不同了，德军显然和他们想象的并不一样。对盟军空降部队来说，"市场花园行动"是一次令人沮丧的经历，英国第一空降师在阿纳姆遭到德军两个装甲师的集中攻击，原计划作战两天，而实际上他们孤立无援地坚持了 10 天。在这 10 天中，与盟军后方联系中断，也根本不存在战斗机的空中支援，而飞机空投物资还是根据前几天的指示进行的，结果把 80% 以上的补给投到德军手中。他们在下莱茵河着陆时共有 1 万名士兵，但到 9 月 26 日，仅剩下 2000 余人。突围后的第一空降师被送回英国，再也不能独立执行任务了。

在此次战役中，盟军因错误地估计德军在阿纳姆地区的兵力，空降地域距目标过远，地面部队进展缓慢等原因，没有达到预期目的。英军第一空降师的一位战地指挥官面对那座他们永远也未能到达的阿纳姆大桥哀叹道："那些桥对我们来说太遥远了！"盟军自诺曼底登陆带来的荣耀在荷兰冰冷的雨季、烂泥和混乱中结束了。

"市场花园行动"彻底失败了，德军迟滞了盟军进攻，10 天的"市场花园行动"让盟军的空降部队共损失了 1.7 万人。这次战役表明，敌人仍然很顽强，他们不仅可以成功防守住战线，还可以发动令人吃惊的强大反击。

最后的疯狂
阿登战役

1944 年秋，战争从东、西、南三面向德国本土逼近，德军最高统帅部秘密策划了一次大规模的反攻计划，这个计划是由希特勒亲自设计的，他试图通过西线战场的最后一次攻势，迫使盟军从德国本土撤出，重新夺回西线主动权。

12 月中旬，德军在阿登地区集中了 25 万人，火炮和迫击炮 2600 门、坦克和自行火炮 900 辆、飞机 800 架，希特勒还重新任命已经退休的龙德施泰特元帅为总司令，负责指挥这次反攻。

经验丰富的龙德施泰特和莫德尔对希特勒的计划深表忧虑，然而当他俩从希特勒的特使约德尔手中接过"莱茵河卫兵"作战计划时，见上面有希特勒的亲笔字"不得更改"，命运已经决定了。

由于盟军未考虑到德军在阿登地区进行反扑的可能性，因而未在该地区加强防守，在长达 120 公里的战线上，只部署了美第一集团军的 5 个师，共 8 万多人。结果使德军在阿登地区的兵力占有很大优势。

12 月 16 日拂晓，在密集炮火准备后，德军兵分三路，发动了反击。在这之前，德军还实施了两个特别行动以配合正面进攻。一个是代号"鹰"的空降作战行动，目标是占领美军后方的公路交通枢纽。另一个代号为"格里芬"的行动，则由德军特种部队第 150 装甲旅执行。他们装扮成美军，在德国大部队到来之前潜入盟军阵地，尽可能地制造混乱和破坏，占领战略要地，使美军陷于混乱。之后，德军发起了猛烈进攻，顺利地在美军防线打开一个大缺口，于 12 月 22 日进抵马斯河。

17 日早上，盟军最高指挥部急调美第 82 和第 101 空降师火速增援，19 日又命令巴顿指挥美第三集团军北上驰援巴斯通。坚守阿登地区的美第一集团军则接到命令，要他们不惜一切代价顶住德军进攻，坚守到援军到来。22 日，德军交给坚守巴斯通的美军第 101 空降师一封劝降信，希望他们放弃抵抗，第 101 空降师代理师长麦考利夫准将只回答了一个字："尿"！闻听此事的巴顿哈哈大笑说："想不到麦考利夫还真有语言天赋啊！"

阿登战役前，统领英国军队的蒙哥马利非常乐观："目前德军在所有战线上都在打防御战，他们的处境使他们已不可能发动大规模的进攻战了。"的确，"莱茵河卫兵"计划是一种天才的设计，然而现实却很残酷，现时的德军早已不是两年前的德军了，正如蒙哥马利所言，它已无力发动大规模的进攻战了，德军进攻的势头很快就被盟军制止住了。

使局势逆转的是盟军的空中活动。当天气转晴时，英美空军完全控制了德军的补给线。尽管德国空军飞行员做了最大的自我牺牲，还

阿登战役中的德军正在顽守阵地。希特勒希望德军此役能够集中优势兵力，突破盟军防线，从中切断盟军，使其首尾不能相顾，然后逐一消灭。

战争后期，法国飞机在战场上猛轰德军阵地。从军事上来说，二战开启了空战的时代，空军已经成为无法缺席的一分子。

是无力减轻地面部队的负担，这些来自空中的猛烈袭击，使作战部队最急需的弹药和补给品的输送灾难性地耽搁了，进攻部队的燃料简直是用了今天就没有明天的，在德军先头部队距马斯河只有 3 公里的时候，盟军终于阻止住了德军的前进。

为击退德军的反扑，盟军于 1 月 3 日转入进攻。英国首相丘吉尔于 1 月 6 日致电斯大林，希望苏军发动大规模进攻相配合。苏军于 1 月 12 日在北起波罗的海、南至喀尔巴阡山的 1200 公里的战线上，对德军发起强大攻势，希特勒被迫把准备派往阿登地区的后备兵力 6 个装甲师调往东线，这使得德军再也无力在阿登地区继续进攻了，盟军乘机迅速推进，于 1 月底将德军赶回了出发地。

阿登战役是西线规模最大的一次阵地反击战，有 60 多万德军和 65 万盟军参战，美军伤亡近 10 万人，英军伤亡 2000 余人，德军伤亡超过 10 万。这次战役使德国消耗了最后的精锐部队，再也没有后备力量可以补充，因而成为德军在西线发动的最后一次进攻。

苏德及远东战场经典战役

"我们仍在战斗"
布列斯特要塞防御战

1941 年 6 月 22 日，苏德战争爆发。在德军入侵苏联的三个集团军群中，中央集团军群的任务是越过布格河，占领明斯克，直指莫斯科。而位于布格河东岸的布列斯特要塞首当其冲，成为德中央集团军的第一个攻击目标。

6 月 22 日凌晨 2 时，德军第 45 步兵师突击部队在夜幕的掩护下，悄悄潜伏在布格河西岸的预定攻击位置，布列斯特要塞中熟睡的苏军怎么也想不到，一小时后战争将会首先从他们这里爆发！

凌晨 3 时，猛然轰鸣的炮声打破了夏夜的宁静，苏德战争爆发了。德军集中了12 个炮兵营的重炮，重点轰击布列斯特要塞，德国空军的俯冲轰炸机也越过边境对布列斯特要塞投掷炸弹，要塞刹那间笼罩在炮火硝烟之中。在强大的火力支援下，德军第 45 步兵师经过短促的战斗，直扑要塞中心堡垒。

抵达中心堡垒的德军惊讶地发现，尽管经过强大的火力打击，中心堡垒仍然完好无损，即使是 400 毫米火炮发射的重达 1 吨的炮弹对堡垒造成的破坏也不是十分理想。剧烈的爆炸声将守卫堡垒的苏军从睡梦中唤醒，使其迅速进入战斗位置。第一批攻入中心堡垒的德军

德军炮击布列斯特要塞。

很快被清醒过来的苏军逆袭而挫败，守卫者一举将德军赶出了中心堡垒。

战役爆发的第一天，要塞的4座主要堡垒就被渗透进来的德军分割包围。而几乎所有的高级指挥官此时都不在要塞，因而这些陷入德军重围，天天承受着猛烈火炮轰炸的苏军守备部队之间几乎不存在任何联系。在缺乏弹药、食品和水的情况下，这些部队仍然在孤军奋战，并不断发动反冲击。他们的坚守不仅牵制了大量德军部队，还挡住了德军的补给通道。

为了占领这座久攻不下的要塞，德国人从6月27日起，使用了包括600毫米超大威力迫击炮

德军士兵弯腰穿过苏军的封锁线。

在内的重炮群，对要塞进行了持续2天的疯狂炮击。2吨多重的巨型炮弹飞向要塞，穿透了2米多厚的堡垒壁，在惊天动地的爆炸声中，把巨大的石块抛向天空。

这时德军的前锋已经攻到苏联境内400多公里外的明斯克，远在千里之外的苏联红军指挥部，并不知道自己边境线上的布列斯特要塞还在顽强地抵抗着。布列斯特要塞的捍卫者们，创造了一个"二战"史上的神话——在一个孤立无援的古堡里，面对几倍于自己的敌人，仅用步兵轻武器，在敌占区抵挡了德军的强大攻势30余天。

布列斯特要塞捍卫战，苏军牺牲2500人，另外有一大批官兵被俘，但他们迟滞了德军的进军速度，造成大批德军无法及时参加明斯克战役，使很多苏军部队能够从德军的包围圈中突围撤退，从而为祖国尽了自己的职责，也体现了苏联红军为抵抗侵略者英勇献身的大无畏精神。战后在要塞墙壁上发现了许多苏联军人的题词，如"宁当玉碎，永别了，祖国"。

巴甫洛夫大将被枪毙
明斯克会战

苏军西部特别军区司令部所在地明斯克，是突入波兰境内的一块弧形区域，南北宽度在100公里左右。直到开战以前，驻守此处的西方面军按照军区司令巴甫洛夫的命令，将四个集团军中的三个分别布置在突出部的北、西、南三面，留下第十三集团军居中作为预备队。这样一个简单的部署，导致了整个西方面军的灾难。

1941年6月22日凌晨，德军突然出动数百架飞机轰击了苏联西方面军的26个

机场，击毁苏军飞机 740 架，西方面军的空军在第一天就基本被消灭。德军第二装甲集群从华沙以东出发，迂回布列斯特要塞，向明斯克快速推进。仅一个星期，苏联西方面军便陷入了重围之中。

在这一星期中，作为西方面军司令员的巴甫洛夫始终没能有效地指挥下属部队。战争爆发的第一天，德军中央集团军群就成功包围了 3 万苏军部队，包括布列斯特要塞的苏军。次日，西方面军仓促发起反击。但由于兵力分散，准备仓促，并未对德军形成重点突破。反击部队伤亡惨重，各种作战物资消耗殆尽。

远在莫斯科总参谋部的朱可夫根据空中侦察获得的零星情况，很快意识到西方面军正身处险境当中，他打电话给西方面军司令部，却怎么也找不到司令员巴甫洛夫。苏联统帅部失去了与西方面军司令部的实际联系，对其现状一无所知。

此时，巴甫洛夫正坐在第十三集团军的指挥部中，他对自己其他 3 个集团军的现状一无所知，对德军的下一步行动也一无所知，只是坐在集团军司令部中向各部队不停下达根本无法完成的任务："坚守与反击！"

24 日，德军占领维尔纽斯。巴甫洛夫急令西方面军预备队投入比亚韦斯托克，殊不知正好"配合"了德军的战术部署，将整个方面军的部队全都投入到德军所围成的口袋中，使其面临被合围的危险。29 日，德军第九和第四集团军在比亚韦斯托克以东地域会合，完成了对明斯克地区 50 多万苏军的战略大合围。

朱可夫被斯大林调往西方面军司令部救急，他首先要找到巴甫洛夫，这让朱可夫颇费功夫，终于在第十三集团军司令部把巴甫洛夫找到。从谈话中，朱可夫看出

德军坦克行驶在明斯克城外。

巴甫洛夫对西方面军的现况稀里糊涂，而且指挥极其不力，在这样危急的局势下，显然巴甫洛夫已不能胜任方面军指挥官这一职务。斯大林接到朱可夫的汇报后，立刻撤销了巴甫洛夫的指挥权，由铁木辛哥元帅接替西方面军司令员职务。

7 月 9 日，被围苏军大部被歼，一部分分散突围。据德军战报，此役俘虏苏军约 3.5 万人，缴获坦克 3400 辆、火炮近 2000 门，几乎占

领白俄罗斯全境。

强大的西方面军一星期就完了！斯大林无论如何接受不了这个事实，巴甫洛夫在开战后的种种作为令斯大林愤怒不已。巴甫洛夫被送上军事法庭，让他不能接受的是，他被判处的罪名居然是叛国罪，不过他已经没有申诉机会了。

德军进入明斯克后，对城内的百姓进行了野蛮的屠杀。

巴甫洛夫的结局是悲惨的，他是红军在苏德战争中死亡的最高级将领之一，但他不是死于战场，而是死于自己人的枪下。他的死有一定道理，在战争爆发前几个月的一次演习中，朱可夫指挥的蓝军就以差不多的方式击溃过巴甫洛夫指挥的红军，但直到战争爆发，巴甫洛夫也没有采取任何改进措施。战争爆发后，他竟跑到一个集团军里去，等于放弃了对西方面军的指挥，的确是失职。但他多少也有点冤枉，因为西方面军当时阻挡的是德军的主力，而苏军的主力却是西南方面军，即使让朱可夫指挥西方面军，恐怕也难以改变结局。至于叛国的罪名，则是子虚乌有。

历史上最大规模的包围战
基辅会战

自苏德战争爆发以来，苏军在德军闪电战的打击下节节败退，长驱直入的德南方军群3个集团军和2个装甲集群对基辅一带苏西南方面军形成夹击之势。苏西南方面军司令官布琼尼元帅请求撤退，遭到最高统帅部的斥责。斯大林禁止西南方面军的任何撤退，不久由铁木辛哥元帅取代布琼尼，负责基辅防务。

基辅位于杰斯纳河与第聂伯河的交汇处，第聂伯河由北向南弯曲注入黑海。德军计划夺取基辅，并将苏西南方面军围歼。担任包围作战任务的德军兵力约100万，坦克600辆，飞机500架，指挥官为龙德施泰特。苏西南方面军约90万人，拥有4500辆坦克，1700架作战飞机，指挥官为布琼尼，后为铁木辛哥。在力量对比上，应该说苏军还是占有挺大优势的。

1941年7月5日，德南方军群开始向基辅发起进攻。7日突破了苏军在新米罗

德军炮轰苏联军事重地基辅。乌克兰是苏联的粮仓，基辅的存亡对苏联来说至关重要。

波尔以北的防御，进逼基辅。苏军进行了顽强抵抗和多次反突击，使德军的进攻受到长时间的迟滞，迫使德军统帅部从莫斯科方向调中央集团军群的部分兵力前来增援。

7月16日，德军中央集团军群的前锋古德里安第二装甲兵团攻占了斯摩棱斯克，敲开了通往莫斯科的大门，正当古德里安踌躇满志地准备杀向莫斯科时，希特勒命令他改变方向，与南方集团军群合作，对基辅苏军进行大包围。8月25日，古德里安率第二装甲兵团调头南下，渡过了杰斯纳河，冲破了苏军防线，9月14日，德军两个装甲师顺利在苏军侧后会师，完成了对基辅的合围。

迫于形势，斯大林终于同意被围的西南方面军五个集团军突围撤退。命令一到，苏军的抵抗立刻崩溃，部队陷入了混乱。为了解救被围军队，铁木辛哥先后调集几个集团军的兵力进攻外围德军，然而遭到德军的顽固阻击。苏军突围失败，几个军政要员乘飞机逃出了包围圈。当天，德军对被围苏军发起围歼战，9月26日，最后一支苏军在基辅以东投降，基辅会战结束。这次战役，66.5万红军被俘虏，超过了苏军在明斯克的灾难。

早在德军组织基辅大合围时，苏军总参谋长朱可夫就建议斯大林放弃基辅，全力保卫莫斯科，斯大林答道："真是胡说八道，基辅怎能放弃给敌人？"朱可夫忍不住反驳："如果你认为我这个总参谋长只会胡说八道，这里也就用不着我了，我请求解除我的职务，把我派往前线。"之后，朱可夫被解除总参谋长职务，赴前线担任预备队方面军司令员。

基辅战役是战争史上规模最大的包围战，对德军而言，从战术上看，无疑是一次成功的杰作。但从战略上来看，由于基辅会战，使德军进攻莫斯科的时间推迟了4个星期，对莫斯科会战造成了决定性的影响。对苏军来说，由于指挥失当，导致西南门户洞开，造成了严重的损失，不过，由于西南方面军的顽强抵抗，为防守莫斯科争取了时间，对打破德军的战争计划起到了重大作用。

900天的围困战
列宁格勒保卫战

列宁格勒，现名圣彼得堡，位于波罗的海芬兰湾东岸，涅瓦河河口，它共有 42 个小岛，由 420 座桥梁连接，是仅次于莫斯科的苏联第二大城市。列宁格勒是苏联重要的工业中心和交通枢纽，不仅在政治上有"苏联第二首都"之称，在军事上的地位也十分重要，在入侵苏联的计划中，攻占这座城市被希特勒列为"刻不容缓的任务"。

1941 年 6 月 22 日凌晨，德军按照"巴巴罗萨"计划，分南、中、北三路在苏联西部国境线上发动了大规模的突然袭击。德军"北方"集团军群第十八、十六集团军和坦克第四集团群共 23 个师，以及芬兰东南集团军和卡累利阿集团军共 16 个师，由德军第五航空队及芬兰空军共 1600 多架飞机进行支援，从南北两面向列宁格勒进攻。

为了确保能够一举拿下列宁格勒，希特勒任命陆军元帅冯·莱布为北方集团军群指挥官，并限令冯·莱布务必根据"巴巴罗萨"计划的规定日期，在 7 月 21 日前拿下列宁格勒，希特勒狂妄地宣称，届时他要前往列宁格勒"皇宫广场"检阅军队。

7 月 21 日前德军并没拿下列宁格勒，直到 9 月，德军才推进到位于列宁格勒以南的罗夫卡。那里与列宁格勒市中心的皇宫广场仅有 14 公里，德军的大炮已经能够直接轰击列宁格勒市区，可以说是兵临城下了。面对德军的进攻，苏联西北方面军总司令伏罗希洛夫元帅向当地军民发出号召："在列宁格勒大门口，用我们的胸膛阻挡敌人前进的道路。"作为斯大林的代表赶到列宁格勒的朱可夫否定了一切退却计划，只说了一句话："一步也不能后退，后退就意味着枪毙！"

兵临城下的德军，在苏军的顽强抗击下，已成了强弩之末。尽管希特勒能够从望远镜里看见城里圣伊萨克斯教堂的穹形屋

德军火炮封锁列宁格勒，列宁格勒形势万分危急。

顶和海军部大厦的尖顶，却再也不能前进一步了。当德国第四装甲军团被调往莫斯科后，德军开始准备围困该城，妄图以饥饿征服列宁格勒，希特勒咬牙切齿地说："要把列宁格勒从地球上抹掉，即使列宁格勒要求投降，也绝不接受。"列宁格勒300万军民陷入了一场前所未有的大饥饿之中，每天都有数以千计的人因饥饿而丧生。

自从列宁格勒与苏联内地的铁路交通被完全切断后，拉多加湖就成了列宁格勒唯一能从外界获得一切必需品的水上生命线。拉多加湖中间一段宽约65公里的水域不在德军炮火的射程之内，列宁格勒的军民在冰冻的湖面上修建了一条连接拉多加湖东西两岸的运输线，这条冰上公路成了列宁格勒的"生命之路"。

由于采取了各种强有力的措施，经拉多加湖"生命之路"运进列宁格勒的货物量开始一天比一天多起来了，城中情况日益好转。列宁格勒方面军政治委员日丹诺夫有一次很风趣地对人们说："好啦！我现在成为一个富人了，因为我已有了12天的粮食啦！"

就这样，传奇般的拉多加湖"生命之路"，终于使列宁格勒军民战胜了饥饿的威胁，从而彻底挫败了希特勒妄图困死列宁格勒人的计划。这座英雄的城市，在长达900天的时间里，依靠"生命之路"，粉碎了法西斯德军的围困和封锁，最终取得了列宁格勒保卫战的胜利。

"上帝加入了苏联国籍"
德军兵败莫斯科

自1941年6月德军对苏联发动闪击战后，3个多月突入苏联境内近800公里，苏军接连失败，损失坦克2000辆，飞机1000架，兵员50多万，处境十分被动。在

在莫斯科战役期间，一支苏联红军反坦克炮分队在想尽办法向前推进。

这种情况下，希特勒认为德军若能迅速攻占莫斯科，就会迫使苏联投降。于是他下令，要求德中央集团军群于9月底进攻莫斯科，在冬天到来之前占领该地，并将此行动的代号定为"台风"计划。

10月2日，德军以180万人、1800辆坦克、1.5万门火炮和1400架飞机的优势兵力，在广阔的战线上发动了莫斯科大战，不到半个月的时间，就合围了苏军的两个重兵集团，俘获苏军65万，

到 10 月 20 日，德军前锋兵临莫斯科城下，"台风"行动初战告捷。

这时的莫斯科已成为德军的空袭目标，莫斯科防空部队同德军空军进行了顽强战斗，10 月间，德军对莫斯科进行了 30 多次空袭，共有 2000 架飞机参加，其中 280 架被击落，只有 70 余架闯入莫斯科上空。到 12 月初，德军在付出了巨大代价后，前进到莫斯科运河，遭到苏军顽强抵抗，战斗异常激烈。苏军派了无数新兵和志愿者，甚至是妇女营。每个人都说着一句话："苏联虽大，但已无路可退，我们的身后就是莫斯科！"

上帝似乎也偏向苏军，1941 年的冬季，比往年来得都早，严寒提前一个月降临到苏联的大地，而且这一年的冬季异常寒冷。11 月 27 日，气温骤然下降了 20℃，跌到了 -40℃，漫天的鹅毛大雪终日不停。由于认为在入冬前就能结束战事，德军的冬季装备、保暖服装都不足，陷入了艰难的境地。火炮的润滑油被冻住，步枪枪栓被卡死，身着单衣冻得浑身麻木的德军官兵食不果腹，数以千计的人被冻成残废，伤病损失比战场上造成的损失还要严重，严峻的局面使德军一片惊慌，被迫全线停止前进。

12 月，气温竟降至 -50℃，德军士气严重受挫，而苏军则士气高涨。早在秋季期间，朱可夫就已从西伯利亚和远东地区调回了装备精良的部队到莫斯科，留待反击之用。此时德军进攻能力显然已经衰竭，苏军最高统帅部认为反攻的时机到了。12 月 5 日，

这是关于莫斯科保卫战的绘画，图中苏联红军越过防线向德军发起进攻。

一堆德军在冰天雪地里生火取暖，恶劣的气候、食物的短缺、过长的战线、战略的失策，注定了德军的最后失败。

朱可夫带领 20 个集团军共百余万人的苏军，实施开战以来的首次大反攻，攻势在莫斯科地区全面展开。德进攻莫斯科的中央德集团军群各条战线皆被苏军突破，面临崩溃。希特勒发来严令，要惊慌失措的德军死守每一个据点，一步也不准后退。

1942 年 1 月，苏联西方面军、加里宁方面军和布良斯克方面军同时实施了进攻战役，但由于缺乏实施大规模进攻的经验以及缺少快速兵团，未能全歼德中央集团军群。2 月，得到增援的德中央集团军群实施反突击，苏军态势开始恶化。到 4 月下旬，苏军撤回了外线作战部队转入防御，会战至此结束。

莫斯科保卫战德军损失人员 50 余万，坦克 1300 余辆，火炮 2600 门，不得不改闪击战为持久战，是德国东线走向灭亡的开始。此次战役为斯大林格勒战役奠定了基础，同时也使英、美等西方国家意识到了苏联在"二战"中的重要作用，从而促进了反法西斯同盟的形成。

陆海空军协同防御的范例
塞瓦斯托波尔战役

克里米亚是从苏联南方的乌克兰加盟共和国境内向黑海突出的大半岛，塞瓦斯托波尔位于克里米亚半岛南端，是一个具有重要战略价值的军事要塞。苏联人在此要塞中修建了军用机场，从那里起飞的苏联飞机时刻威胁着轴心国能源基地——罗马尼亚的普罗耶什蒂油田，而驻扎在要塞中的苏军可以随时从黑海登陆，对侵苏德军南线部队进行包抄，由此它成了希特勒的一块心病，希特勒令德军一定要不惜一切代价攻占它。

德国37毫米反坦克炮战斗状态

在 20 世纪 30 年代，苏联对塞瓦斯托波尔要塞进行过全面现代化改进，为要塞防御建筑了十几个堡垒群，配置了射程达 40 公里的双联装 305 毫米巨炮。这种巨炮由 300 毫米厚的装甲全体包裹，炮塔下面筑有三层永固工事，可以说是威力无比。苏军在半岛布置了约 30 万人的兵力，其中除普通红军外，还有海军陆战队和内务部队。这些特殊部队的战斗力、武器装备和军官素质都很强。

一名德军士兵爬上一辆毁弃的苏军坦克，在德军凌厉的攻势面前，准备不足的苏联军队再次吞下失利的苦果。

希特勒特别重视对克里米亚的作战，他决定由冯·曼施坦因指挥的第十一集团军负责对整个克里米亚的作战行动。曼施坦因是纳粹德国在"二战"中众多高级将领中最出色的野战部队司令，指挥过很多精彩的战役，但这个任务对于他的第十一集团军来说，无疑是过分沉重——当时第十一军团仅有 10 万人马，外加两个罗马尼亚军，而且没有装甲师，唯一的优势是掌握着制空权。

1941 年 10 月，德第十一集团军占领了克里米亚半岛的大部分地区后，开始围攻塞瓦斯托波尔要塞。当时要塞守军约有 10 万人，火炮 160 门。德军于 10 月 30 日对要塞发起首次突击，进攻部队包括两个步兵师和一个摩托化旅，德军尝试从北面、东北面及东面攻入市内，但均被击退。

11 月 9 日，苏军将滨海集团军的 3 个师经海上向要塞增援，并派出几艘战列舰和巡洋舰从海上支援陆地上的防御作战。德军攻占要塞的企图遭到挫败后，将要塞团团包围，准备集中所有力量后再发起新一轮的进攻。

12 月中旬，6 个德军步兵师及两个罗马尼亚旅 6 万余人在 1000 多门大炮、160 辆坦克以及 300 多架飞机的支援下，对要塞发起了第二次进攻。12 月底，当德军突入苏军防线约 2000 米后，准备做最后推进时，苏军在新到达的海军独立步兵旅和一个步兵师的帮助下大举反攻，德军被迫后退，第二次进攻又告失败。

为减轻要塞的压力，苏军决定对刻赤半岛实施登陆战役。12 月末，苏军以 18 个步兵师、两个骑兵师又两个骑兵旅、4 个独立装甲旅近 30 万人的兵力，在刻赤半岛登陆，由于曼施坦因正准备再次进攻要塞，苏军的登陆行动初步成功。他们对德军发动了一场"斯大林攻势"，企图收复整个克里米亚半岛。

腹背受敌的曼施坦因玩了一个花招，他将主力悄悄向刻赤半岛转移，正面只留下少量部队虚张声势监视要塞守军，撤开了刻赤半岛正面之敌，舍近求远从苏军力量薄弱的南部出击，以右路突破打败了数倍于己的苏军。此次战斗，德军俘虏了18万苏军，剩余苏军撤离了刻赤半岛。曼施坦因因此被晋升为一级上将。

"斯大林攻势"虽然失败了，但迫使德军从要塞前线调走了大量兵力，在以后的5个月内没能采取进攻行动。要塞守军利用这一时期积极改进防御部署，增补物资，改善了防御态势，在个别地段还把德军击退了数公里。

6月7日，9个师的德军开始实施"捕鲟行动"，当天拂晓，曼施坦因下令对要塞发动了全面总攻。最北部的"高尔基Ⅰ号"堡垒中射程达到40公里的305毫米巨炮压制着北方的主要道路，德军普通的火炮对这个坚固无比的要塞毫无办法。为了突破"高尔基Ⅰ号"堡垒，德军调来了3门超级巨炮，在第一轮的炮击中，重达7000公斤的穿甲弹直接穿透了几十米的防护层，命中了位于地下的弹药库，引起了震撼全岛的大爆炸，从而断绝了苏军北部要塞群的弹药供给。

曼施坦因决意要在要塞防御最强的地方打开缺口，被称为"雷神之锤"的610毫米的"卡尔炮"，把重达2000多公斤的高爆弹下雨一样地倾向"高尔基Ⅰ号"堡垒，堡垒4米厚的永久水泥装甲板都被炸得粉碎，德军的第八航空军倾巢出动，每天出动1000架次对"高尔基Ⅰ号"堡垒进行猛烈轰炸。

6月17日，德军终于攻克了"高尔基Ⅰ号"堡垒，在要塞北面深深地楔入。这是一场惨烈的攻坚战，苏军凭借着坚固的阵地进行异常顽强的抵抗，并一再发动反击。双方都是寸土必争，每一个碉堡和每一条堑壕，都要经过浴血苦战，苏军常常打到最后一人一弹为止。当德军付出惨重伤亡夺取了苏军这个外围堡垒后，其忍受力已达到了极限。此时德军也是伤亡惨重，曼施坦因一方面将预备队派上去顶替前沿部队，另一方面向德国陆军总部要到了3个步兵团的援军。

6月底，德军动用了包括3门巨炮在内的1300多门火炮对要塞中心地区进行了地毯式的轰击，第一天就发射了6.5万吨炮弹，使整个要塞都笼罩在浓烟和烈火中。第二天，德军的航空军出击的次数大大增加，要塞中的建筑全部荡然无存，使苏联守军的补给奇缺，同

1942年夏末，德军在向迈克普地区推进。撤退的苏联人索性将油井给点着了。

时也完全失去了空中掩护。

此时要塞只剩下位于半岛顶端地势险要的塞凡堡，为了夺取最后一个堡垒，曼施泰因改强攻为奇袭。6月29日，德军以一部兵力秘密渡过塞瓦斯托波尔湾，从苏军意想不到的地方攀援而上，使守军陷于腹背受敌的困境。7月4日，退到半岛顶端的9万多苏军残部看到海军的接应已经毫无希望，终于投降。据德方资料，在这次"捕鲟"行动中，俘虏苏军9万余人，缴获火炮近500门，德军损失约2.4万人。曼施坦因终于征服了整个克里米亚半岛，因此被希特勒晋升为元帅。

苏军在德军后方牵制其兵力近一年，虽因寡不敌众最终失败，但此战作为在被敌人合围的情况下长期坚持、顽强防御的范例而载入了军事史册。在这次战役中，苏军建立了纵深防御体系，陆海空军密切协同，进行积极防御。陆军不怕被围，顽强固守，给德军以重大杀伤。航空兵虽处劣势，但给了陆军以极大的支援；海军的舰炮在最紧张的阶段，曾以炮火有力地支援了地面部队的作战，并在保障海上交通上做出了重要的贡献。

运输机发挥关键作用
德米扬斯克战役

1941年11月，德军发动了旨在攻占莫斯科的"台风作战"行动，但攻势在严酷的冬天及来自西伯利亚的红军预备队面前很快停滞了。德军的进攻刚刚停止，就遭到了苏军的大举反攻，许多德军被围在口袋里，这些部队是从莫斯科的大门口撤退回来的。德军的战术退却很快就演变成了一场战略撤退，并且有可能演变成一场大溃败。不过局势在希特勒的强硬命令下没有恶化下去，元首命令他的士兵不许再后退半步，就地转入抵抗，使其形成一个个"刺猬"，这种思想后来形成了所谓"要塞"战术。

1942年1月，德北方集团军被苏军合围在几个口袋型阵地中，其中德

希特勒视察他的帝国卫队，此时的希特勒仍坚定地相信，他的大军能最终战胜一切敌人。

战斗间隙，德机枪手在己方阵地侦察敌情。

军第十六集团军第二军以及党卫军"骷髅师"共约 12 万人被苏军包围在德米扬斯克地区，一时间难以逃脱。这是自战争开始以来陷于合围的最大规模德军集团，但苏军这时没有足够的能力实施进一步的穿插、渗透，尤其没有足够的装甲集团来实施分割歼灭。要一下子吃掉这样一个强大的重兵集团，对于苏军来说暂时是不可能办到的。

2 月 22 日，希特勒宣布德米扬斯克战区为要塞，他把这个包围圈视为验证其新战术的实验场，为此德空军不惜血本，调来了大量的运输机。来自德国本土以及中央集团军群的大量飞机开始飞往距离德米扬斯克约 260 公里的普里斯考。为了应对苏联战斗机的袭击和苏军的地面防空火力，德国人很多情况下必须实施夜间空运。除了运送物资外，这些飞机还运走了大量伤员，并在 3 月将约 10 个营的补充兵力送进了包围圈。这次行动是在党卫军头目希姆莱的亲自干预下实施的。

得到空运物资的德军继续在严寒中抵抗着苏军的进攻，到 3 月 20 日，党卫军"骷髅师"已伤亡了 1.3 万人，有战斗力的兵员只剩下 9000 余人。除了战斗伤亡外，严寒和开始流行的疾病也确实让德军付出了代价，在整个德米扬斯克地区，因患病而失去战斗力的达到 3 万余人。

在古德里安的陈述下，希特勒同意包围圈内的德军突围，由党卫军第二装甲军前去营救。党卫军"骷髅"师充当突围主力，他们企图在一个叫作拉穆舍沃的村庄打开缺口。在包围圈外，大量从其他战线调来的德军都赶到了战场。苏军当然也得到了补充，但其质量低劣到几乎没法使用。其第一突击集团军补充兵员的年龄竟然在 46 ~ 48 岁之间，其体力自然无法和年轻力壮的德国部队相比，所受的训练更是几乎为零。

3 月 19 日，德国人在合围圈外的旧鲁萨地区已经集中 5 个师，他们被交给赛德利茨中将，任务是从旧鲁萨向拉穆舍沃进攻苏军第十一集团军的结合部，以接应正在突围的德军。4 月 14 日，拥有大量新锐部队的赛德利茨发动了猛烈的进攻，在遭到较大损失后，德军在拉穆舍沃村附近打开了一条宽 5 公里、长 40 公里的狭窄通道，并和包围圈内的德军取得了联系。

在这之前，包围圈内的党卫军"骷髅"师师长艾克给包围圈外负责营救行动的党卫军第二装甲军军长豪赛尔发去电报："我们期待着你们，不要让我们失望。"而豪赛尔的回电是："我们也正在等着你们，也不要让我的小伙子们失望。"德米扬斯克包围圈内的德国人终于逃了出去，苏军全歼德军的努力付诸东流。苏西北方面军为此付出的代价高达 24.5 万人，其中纯减员 9 万人，伤病 1.5 万人。不过德军在德米扬斯克也付出了惨重的代价，其"骷髅"师只剩下 6600 人，所有突围出去的部队，也只有 1.3 万人。事后希特勒从"骷髅"师的表现中发现，不顾伤亡的武装党卫军往往比陆军更能胜任他赋予的使命，以此为契机对他的武装党卫军进一步强化，并把高性能的坦克交给他们。

德米扬斯克战役以德军成功突围而告终，此战表现出苏军战役合围经验的不足。毫无疑问，德国空军运输力量在这场战役中起到了决定性作用！正是依靠空中运输，被围德军才能获得食物、药品和弹药。如果不是德国空军的巨大努力，德米扬斯克的德军很有可能会遭到全军覆没的命运。为此战役颁发的臂章的主体装饰就是双剑交叉上的滑翔机，这也充分体现了运输机在这场战役中起到举足轻重的作用。

"二战"转折点
斯大林格勒战役

斯大林格勒位于伏尔加河下游西岸，现名伏尔加格勒，是伏尔加河的重要港口，又是苏联南方铁路交通的枢纽。德军占领乌克兰后，斯大林格勒成为苏联中央地区通往南方重要经济区域的唯一交通咽喉，战略位置极为重要。如果德军占领这一地区，苏联就会失去战争所需要的石油、粮食和重要的工业基础，而德国此时也迫切需要这些资源。在即将发动攻势之前，希特勒对德第六集团军司令保卢斯说："如果我拿不到迈科普和格罗兹尼的石油，那么我就必须结束这场战争。"

按照希特勒的要求，德军最高统帅部拟订了 1942 年夏季南方作战计划，代号"蓝色行动"，德军投入 150 万兵力开始了对斯大林格勒的进攻。7 月 17 日，霍特第四装甲集团军推进到顿河中游，保卢斯第六集团军也前出到顿河大弯曲部，一切都进行得相当顺利。但此时希特勒突然改变了作战计划，他认为攻占斯大林格勒无须那么多兵力，遂于 17 日命令霍特第四装甲集团军从斯大林格勒方向南下，调往高加索地区。这样，向斯大林格勒进攻的德军就只剩下了保卢斯的第六集团军。对此英国军事家富勒写道："和 1941 年一样，因为分散了兵力，希特勒自己毁灭了他的战役。"

7 月 23 日，德军的攻势进入高潮，进展之顺利甚至出乎德军自己的预料，苏联军队在空旷的大草原上很难进行有效的抵抗。然而，第六集团军在战役初期取得的

斯大林格勒巷战场面

9月23日，德军从西面和西南面逼近城市。保卫斯大林格勒市区的任务主要由第六十二集团军和六十四集团军共同担负。市内展开了激烈的巷战，每一条街道、每一个工厂、每一座学校、每一幢楼房，都要经过多次反复争夺。

令人满意的战果使希特勒再次改变了计划。当时苏军正在顿尼茨盆地和顿河上游之间全线后撤，一路向东撤到斯大林格勒，另一路向南退守顿河下游。德军必须当机立断，是集中兵力拿下斯大林格勒还是把主要矛头指向高加索，以夺取苏联的石油。此时的希特勒被一时的胜利冲昏了头脑，他错误地认为苏军已经无力抵抗，斯大林格勒已是唾手可得，于是做出了要同时拿下斯大林格勒和高加索的狂妄决定。

9月13日，德军以18万人及500辆坦克向保卫斯大林格勒的苏第六十二集团军发起猛攻，在几个地段突破苏军防线攻入市区，残酷的市区争夺战开始了。14日，争夺市中心的激战达到了白热化的程度，德军从早到晚冲锋不止，死伤惨重，日伤亡3000多人。据守斯大林格勒的苏六十二集团军战士，抱着与城共存亡的决心和德军浴血战斗，城中每一处残垣断壁都成了抵抗德军的堡垒。在贴身肉搏中，德军占优势的飞机大炮都用不上了，守军的顽强反击，使德军陷入了困境。一个德国士兵在家信中哀叹："我们不久就可以占领斯大林格勒，但是它仍然在我们面前——相距如此之近，却又像月亮那样遥远。"

严寒的冬季终于到了，毫无过冬准备的德军士兵陷入饥寒交迫中，战斗力一天天衰弱下去，战场形势逐渐开始变化。11月下旬，苏军开始实施"天王星行动"，以120万人、1400架飞机、1.5万门大炮开始了大反攻。11月23日，苏军把33万德军困在了包围圈中，弹尽粮绝的德军处在死亡的恐惧之中。德军司令保卢斯在笔记中写道："解围的希望破灭了，疲惫的士兵都在斯大林格勒的地下室里为自己寻找避难所，越来越多听到关于反抗已毫无意义的抱怨声。"

保卢斯向希特勒发出突围撤退的请求，但刚从阿尔卑斯山赏雪归来的希特勒发

来一份急电："不许投降，第六军团
必须死守阵地，直至一兵一卒一枪一
弹。"陷入了绝望之中的保卢斯垂头
丧气地坐在地下室的行军床上，向希
特勒发出最后一份急电："部队将于
24小时内最后崩溃。"万般无奈的希
特勒急忙发出一份电令，升保卢斯为
陆军元帅，其余120名军官也各升一
级。希特勒希望他的封官进爵能加强
德军将士"光荣殉职"的决心，但接
到电令的保卢斯彻底失去了希望。

德军第六集团军总司令保卢斯正在研讨作战方案。
战争开始的一连串胜利让一贯沉着冷静的保卢斯也开始
头脑发热，准备与苏军在斯大林格勒一战定乾坤了。

　　1943年2月2日，持续了6个月之久的斯大林格勒会战终于结束了。9万名德
国官兵——其中包括保卢斯在内的24名高级将领——穿着单薄的衣衫，抓紧裹在
身上的满是血污的毛毯，在–25℃的严寒下，一步一拐地走向寒冷的西伯利亚战俘营。
斯大林格勒会战给了希特勒以致命的打击，德军从此开始步步后退，此战因此成了
苏德战争的转折点。

　　这次战役中，希特勒不了解战况，在进攻时分散兵力，让霍特第四装甲集团军
往返奔走，贻误战机，又不给前线将领一定的临机处置权，使保卢斯这位德国陆军
副总参谋长眼睁睁看着左翼后方存在着被利用的危险而无可奈何，明知应立即向西
南突围但又不敢违背希特勒的命令，最终导致坐以待毙。

"火星行动"
朱可夫鲜为人知的一次败仗

　　1942年春，朱可夫凭借莫斯科战役的威望，升任苏军副总司令，指挥莫斯科战
区的加里宁方面军和西方面军。朱可夫认为，苏军冬季大反攻的侧重点应该是莫斯
科方向，目标是围歼勒热夫突出部的德第九集团军，进而消灭整个德军中央集团
军群。

　　斯大林经过考虑权衡，于9月26日做出决定，同时发动两个战略反攻，目标
分别是斯大林格勒的德第六集团军和勒热夫突出部的德第九集团军。莫斯科方向的
反攻由朱可夫指挥，代号"火星行动"。参战部队为两个方面军，总兵力190万，
火炮2.5万门，坦克3400辆，战机1200架，由朱可夫亲自制订和指挥"火星行动"。

朱可夫元帅正在研究作战方案。作为二战期间最著名的军事将领，他总能及时出现在形势最危急的战场，并扭转战局。

根据朱可夫的战斗经验，他清楚地知道这不是一个轻松的任务。莫德尔的德国第九集团军围绕着勒热夫突出部筑起了坚固的防御工事，还在突出部侧翼的河岸筑垒并清除了公路和铁路上的障碍，以利于防守和在突出部内机动快速调动预备队。朱可夫和莫德尔都知道，谁控制了这些道路，谁就控制了这个突出部。

"火星行动"体现了朱可夫的典型风格，苏军七个集团军将在东、西、北三个方向，以泰山压顶之势对德第九集团军发起向心攻击，其中主攻方向位于勒热夫突出部的东西两侧。朱可夫打算从那里腰斩德军防线，围歼德第九集团军，然后挥师南下，会同其他5个集团军向维亚兹玛发动钳形攻势，进而围歼德军第三装甲集团军。为了避免在恶劣天气下穿越复杂地形，苏军各部队将以装甲集群为突击箭头，对德军防线进行正面强攻。

"火星行动"本来计划于10月开始，但一直推迟到11月25号。长时间的延误给了朱可夫及其方面军司令员以充裕的时间来集结他们强大的部队。为了在进攻方向上尽快取得胜利，朱可夫命令他的方面军司令员在战役之初就集中兵力并投入所有的装甲部队，希望这样做可以切断德军沿勒热夫突出部侧翼的重要公路和铁路，等到11月底溪流和沼泽开始冰冻，行动就可以开始了。

朱可夫的战役部署显然低估了德军防守的坚韧和反击能力，德第九集团军据守勒热夫突出部将近一年，对这块战场了如指掌，他们依托地形构筑纵深防御，将城镇乡村修建成要塞据点支撑防线，精确部署了交叉火力网以杀伤突破苏军。此外，德军中央集团军群拥有强大的战略预备队，战役爆发以后不断增援莫德尔，先后有5个装甲师和1个摩步师奉命驰援。相比之下，屯兵斯大林格勒的保卢斯第六集团军则没有这么幸运。

11月25日，斯大林格勒反攻开始一周以后，"火星行动"正式打响。朱可夫的攻势在勒热夫突出部的东、西和北翼同时展开。苏军两个集团军20万人，坦克超过500辆，所面对的德军大约4万人。虽然苏军有着数量优势，但猛烈的攻势在德军坚固的防线之前只取得微小的战果。3天后，苏军的进攻在付出了巨大代价后停止了。然而朱可夫没有被一开始的失败吓倒，命令继续进攻向南推进，这使得苏军的损失持续增加。

第二周，苏军在东、北、西三面都取得了一定进展，但也都因为德军顽强的纵深防守而显露疲态，不得不转攻为守，莫德尔立刻抓住机会反攻。12月7日，德军反击突破最深的苏军第四十一集团军，德军第一装甲师和德意志摩步师一个团从北面，第十九和二十装甲师从南面，向苏军据守的突出部两侧发动钳形攻势，4万苏军被包围，就地死守，等待救援。

朱可夫意识到形势的严峻，12月12日晨，苏第二十和二十九集团军的步兵在坦克的支援下，从瓦祖扎河桥头堡以南发起了进攻。"前进！为了祖国"的喊声响彻战场，一场激烈而残酷的战役开始了，并延续了一整天。但苏军的进攻没有达到目的，在4公里宽的正面，狂热的进攻遇到了加强过的德军反坦克防御阵地，正面的伤亡惊人，不过朱可夫还是催促继续进攻，进攻持续了3天，直到12月15日因为力量枯竭而崩溃。

德军第九集团军12月15日的战报，算是对朱可夫"火星行动"的盖棺定论："苏军统帅虽然在战役策划和最初实施阶段展示了不俗的技巧和适应性，但随着攻势的发展再次表现出苏军统帅显然还是不能抓住有利局面扩大战果。苏军虽然雄心勃勃，开局进展顺利，一旦遭遇不测和伤亡以后，立刻失去理智，疯狂而徒劳地冲击坚固防线，这种让人无法理解的现象多次出现。在逆境中，苏联人往往丧失逻辑思维能力，决策完全靠本能。苏联人本质上迷信蛮力，崇尚压路机式的战术，盲目遵循战前部署，不会随机应变。"

然而灾难性的失败也没有摧毁朱可夫的斗志，虽然在勒热夫突出部侧翼的行动没有成功，朱可夫仍令第三十九集团军在突出部北部进攻。由于他顽固地不去正视现实，"火星行动"终究变成了一场毁灭性的灾难。斯大林、最高统帅部甚至连朱可夫本人都知道"火星行动"已经结束了。

朱可夫以他鲜明的个性发动了"火星行动"，苏军的攻势规模宏大，而且在人力物力上都占了压倒性的优势，然而他什么目的都没有达到。当然德军的胜利并不比失败好多少，在给苏军造成灾难性损失的同时，那些德国师也打得疲惫不堪。几个月后莫德尔申请放弃

图为"斯大林-3"重型坦克。专为对付德国"虎王"而研制，被西方称为"拥有战列舰级装甲的坦克"。

苏军的战略反攻，遭受南北夹击的保卢斯的第六集团军已从原来的猎人变成了猎物。

勒热夫突出部并得到批准并不是巧合，因为他和他的集团军再也不能承受一次这样的"胜利"了。

对苏军来说，斯大林格勒战役的光辉胜利完全掩盖了勒热夫突出部战役的惨败，朱可夫的仕途丝毫没有受到此次败绩的影响，在苏联官方历史里，朱可夫和华西列夫斯基分享了斯大林格勒战役的功劳。一年半后，朱可夫策划并参与指挥了"巴格拉季昂"攻势，一举歼灭德军第九集团军和第三装甲集团军，总算报了一箭之仇。

在"二战"中的苏德战场上，朱可夫是一颗最为璀璨的将星，作为斯大林最信任的军事将领，他多次在战场上力挽狂澜，起了关键性的作用，以其勇气、智谋、胆识和坚定的意志为战争的胜利做出了巨大的贡献，作为苏军的胜利象征而受到人们的赞扬。虽然也有过失误，但从整个战争中来看，他无愧于一代名将的称号，正如艾森豪威尔所赞颂的那样："有一天肯定会有另一种俄国勋章，那就是朱可夫勋章，这种勋章将被每一个赞赏军人的勇敢、眼光、坚毅和决心的人所珍视。"

曼施坦因的巅峰之作
哈尔科夫反击战

1942 年 11 月，在苏德战场的南翼，上百万的苏军向已被拖在斯大林格勒达 4 个月之久的德国陆军第六集团军及其侧翼掩护部队发动了钳形攻势。随着苏军在 30 万德军后方的合拢，苏德战场的战略转折开始了。1943 年 2 月 1 日，被苏军包围在斯大林格勒的第六集团军残部，在其司令保卢斯率领下向苏军投降，2 月 2 日，在斯大林格勒地区轰鸣了 200 多天的炮声终于停止了。

取得了斯大林格勒胜利的苏联军队并没有停止进攻，从高加索到顿河上游，从俄罗斯南部到乌克兰，苏军都进行了激烈的反攻，在漫长的暴风雪肆虐的大地上，苏军的装甲洪流仍在滚滚向前，斯大林决定乘胜追击德军，光复南部重镇哈尔科夫。

此时在苏德战场南翼作战的苏军分为两个主要突击方向，名将瓦杜丁的西南方面军将攻击德南方集团军群南翼的顿涅茨盆地以吸引德军主力，而戈利科夫的弗罗兹尼方面军则直指德军北翼哈尔科夫。两个方面军共约 60 万人，而面对的德军只有 24 万，优势巨大。

空前的胜利使苏军统帅部的头脑再次发热，如此重大的进攻竟然没有准备预备队来应付突发事件，这就为这场战役留下了失败的隐患。2 月 8 日，苏军西南方面军所属第六十集团军攻占了库尔斯克，2 月 9 日，又攻占了别尔戈罗德。2 月 16 日，沃罗涅日方面军以三个集团军的兵力，击败了由德军原山地步兵第一师师长兰茨指挥的"兰茨"战役集群，攻占乌克兰工业重镇哈尔科夫。

对苏军来说，哈尔科夫不仅是苏联第六大城市，还是一个曾令他们蒙羞的伤心之地，就在 9 个月前，苏军西南方面军向在哈尔科夫的德军发动攻击，结果却撞上了实力强大的德军"克莱斯特"集团军集群，苏军损失惨重，被寄予极大希望的苏军向哈尔科夫的进攻战役却变成了德国军队的进攻序曲。

在苏军发动攻击的初期，德军的战略思想同 1942 年初是一模一样的，也就是掘壕固守，正面对抗。希特勒对这种防守的效果十分迷信，因为正是这一策略使德军在 1942 年初免于崩溃。但 1943 年的苏军已非昔日可比，经过近两年战争的考验，在付出了无比沉重的代价后，苏军已经开始走向成熟。德军新成立的顿河集团军群总司令曼施坦因吃惊地发现，苏联人已经能够很熟练地运用各种装甲战术突破德军防线了，防守他们要比一年前困难得多，尤其是在兵力差距如此大的情况下。

对于在苏德战场作战两年，从摩托化军军长升到陆军元帅的曼施坦因来说，现在所面临的情况是从来没有过的艰难，他指挥的南方集团军群的防线在苏军两个方面军的猛攻下支离破碎，整个战区摇摇欲坠。面对越来越聪明的对手，就必须用更高明的策略，曼施坦因决定布置一个陷阱，以土地作为诱饵，不断地撤退以诱引苏军深入，他要将一个大规模的撤退转变成一个合围歼击战，将追击中的苏军分别歼灭。因此他拒绝了希特勒要他拿下哈尔科夫的命令，前线的德军于是开始慢慢后撤，并以逐次抵抗拖延苏军的进攻速度，这一手显然迷惑了苏军，他们无不认为德军

德军在哈尔科夫实施反突击行动。

德军动用迫击炮打击苏联红军。迫击炮作为一种高效的武器，具有超轻便、火力强、射程远等优点。

在经历大败后，已经元气大伤了，于是愈加大胆地往前冲。曼施坦因进行的南线德军大撤退，就是为了引诱苏军孤军深入，远离后勤基地，现在他的目的已经达到了。

苏军向西南方向的大迂回攻势，给曼施坦因提供了一个大好战机，他可以集中起自己全部的机械化部队，击打苏军毫无防备的右翼。曼施坦因决定暂时不去理会哈尔科夫的沃罗涅日方面军，而集中兵力吃掉冒进的苏军西南方面军，然后回过头去，击溃哈尔科夫方向的苏军，并重新夺占该地区。这个大胆的作战方案，不管对希特勒还是苏军来说，都来得有些突然，但最终希特勒还是认可了曼施坦因的计划。

2月19日，德国人的"虎"式重型坦克开始转动沉重的装甲炮塔，快速运转的履带在苏联大地的茫茫白雪上碾过一道道深深的辙痕，在威力巨大的88毫米坦克炮指向的地方，恶战在即。希特勒向南方集团军群的部队宣布了反攻决定，并且宣称，在这个离德军边界1000多公里的地方，将决定德军现在和未来的命运，因此要求部下在反攻战斗中要"勇敢、沉着、忠于职守"。

苏军对于他们所身处的险境此时还浑然不觉，包括西南方面军司令员瓦杜丁将军在内的苏军将领们一致乐观地认为，德军在冬季大反攻后已经被打得丧魂落魄，只要红军继续追击，他们就会一路逃过第聂伯河，至于反突击则是根本不可能的。

2月20日以前，4个来自法国的满员的党卫军师赶到前线，德军反击兵力的集结已经完成，德军的反击开始了。攻击异常顺利，苏军万万没有想到德国人还能发动反击，截至3月2日，西南方面军所有前方部队均遭重创，其中波波夫坦克兵团被全歼。在击溃苏联西南方面军后，德军主力迅速北旋，把北部的弗罗兹尼方面军拦腰斩断，其攻击矛头苏第三坦克集团军遭到沉重打击。3月14日，德军重新夺回哈尔科夫。

在哈尔科夫失守之后，苏第三集团军于3月17日凌晨突围，在损失了大量兵员，丢弃了众多装备后，这支疲惫不堪的苏军部队终于撤到北顿涅茨河左岸，并被就地编入了西南方面军。第二天，德国"大日耳曼"摩托化步兵师攻占别尔戈罗德。此后苏沃罗涅日方面军一直都在德国的追击下向后溃退。

德军南方集团军群的反攻使苏军丧失了它在俄罗斯南部和乌克兰好不容易获得的主动权，苏军损失约 25 万人，其中阵亡和失踪 10 余万人，伤约 13 万，坦克、大炮损失无数。德军伤亡 6 万左右。此战被誉为曼施坦因的巅峰之战。以如此悬殊的兵力，获得了如此大的战果，曼施坦因由此得到了橡树叶骑士十字勋章。

德国虎式坦克，二战中火力最强、装甲最厚的坦克之一。

到 3 月 23 日，由于兵力的不足，加上冰雪开始融化，道路泥泞不堪，且苏军新增援上来的 3 个集团军已经开到，德军不得不停止追击。而退过了北顿涅茨河的苏沃罗涅日方面军则沿着河岸，在库尔斯克南部建立了阵地，经历了几个月的厮杀，互有胜负的苏德两军终于消耗完了体力，彼此都已经无力再组织大规模进攻，两军都转入了防御，苏德战场进入一个短暂的休战期。

曼施坦因在哈尔科夫取得的胜利，暂时解除了苏德战场上德军的不利形势，使战局僵持下来，第三帝国也因为此战得以多苟延残喘两年。

史上规模最大的坦克会战
库尔斯克战役

斯大林格勒会战后，希特勒撤销了受到严重打击的 B 集团军群番号，曼施坦因成为新的南方集团军群司令。1943 年 2 月，曼施坦因指挥南方集团军群发起反击，重新夺取了哈尔科夫，苏军被迫后撤至库尔斯克南面的奥博扬地域，形成了一个以库尔斯克为中心的突出部。

库尔斯克突出部犹如一个拳头从苏军的战线中延伸出来，在突出部内，是苏联中央方面军和沃罗涅日方面军。考虑到德军在库尔斯克突出部地域所处的有利态势，曼施坦因计划以德军的中央集团军群和南方集团军群从南北两翼向库尔斯克实施向心突击，合围并歼灭整个突出部内的苏军重兵集团——这次战役如果成功，将缩短德军的战线，使德军的机动性大大增加。

曼施坦因的计划遭到德国装甲兵总监古德里安的反对，古德里安认为对库尔斯克的进攻将使德军宝贵的坦克遭受很大损失，希特勒也对此计划犹豫不决，他曾对

正在研究作战部署的德国陆军元帅曼施坦因

古德里安说："自从我开始考虑这次进攻以来一直心情不好。"但别无良策的希特勒最终还是决定采纳曼施坦因的计划。4月15日，希特勒在专门发布的第六号训令中称："这次进攻具有决定性意义，它将使我们得以掌握今年春夏两季的主动权，应迅速完成并取得决定性的胜利。"

德军最高统帅部给这个计划取了"堡垒"的代号，为实施"堡垒"计划，德军调集了中央集团军群和南方集团军群的90万人，2800辆坦克，1万门火炮和2000多架飞机。

在希特勒和他的将军们为"堡垒计划"反复争论的时候，苏军也在计划下一步的行动，面对着德军即将对库尔斯克突出部展开的大规模进攻，苏联沃罗涅日方面军司令瓦图京大将主张发动一场先发制人的进攻，以打乱德军的进攻准备，并夺回在哈尔科夫战役中失去的战略主动权。但朱可夫、华西列夫斯基等人则认为，苏军应先以坚强的防御消耗掉德军实力，然后再发动反攻。斯大林最终采纳了朱可夫的计划，于是苏军开始在库尔斯克转入了积极的防御。

为了这次战役，苏军在库尔斯克突出部地域集结了130万人的兵力，2万多门火炮，3500辆坦克和2000多架飞机。加上突出部北面的布良斯克方面军，南边的西南方面军和后方的预备队草原方面军，苏军用于此战役的总兵力超过了200万，坦克多达5000辆。

为了达到在防御中消耗掉德军实力的目的，苏军精心设计了他们的防御阵地，在纵深超过100公里的防御区内，构筑了数道防线，整个防御体系由大量互相紧密配合的战壕、铁丝网、反坦克火力点和反坦克沟壕以及雷区组成，并在德军可能的进攻方向上，聚集了大量的兵力和火力。做好了充分准备的苏军在静静地等待着德军进攻的到来。

按照曼施坦因的计划，发动进攻的时间最好选在5月上旬，那时地面干燥，利于德军装甲部队的行动，而且此时苏军尚未调集足够的装甲兵力。但因德国的新型坦克未能及时到位以及天气原因，结果一直等到7月初，"堡垒计划"才得以实施。希特勒决定于7月5日凌晨3时发起攻击，但这时德军的先机已经丧失殆尽。

7月4日晚，一个被俘的德军士兵供出了德军的进攻时间，经过分析，苏军统帅部判断德军将在5日凌晨发动进攻，于是决定在德军进攻前先进行炮火反准备，以打乱德军的进攻。5日凌晨2点20分，苏军抢先实施了炮火反准备，对德军各突击集团的集中地域进行了猛烈的轰击，著名的库尔斯克大会战开始了。

苏军的炮击完全出乎德军的意料，突然而至的炮火摧毁了德军部分炮兵阵地，打乱了德军前沿阵地的通讯指挥系统，给正在集结中的德军造成了极大的损失，致使德军原订的进攻计划被推迟了3个小时。6时左右，调整好的德军终于发起了进攻，德军的装甲师一齐扑向库尔斯克苏军的防御阵地。

在当天的战斗中，德军突破了苏军第十三集团军的第一道防线，但在两翼，苏军顽强地守住了阵地。双方战到日暮，德军损失了70多辆坦克，艰难地向前推进了不足10公里。在地面激战的同时，双方的空军也展开了激战。这一天德军飞机出动了1000多架次，苏联空军也出动了600余架次，相对来说，德军占据着空中优势。

7月6日，德军再次发起猛攻，所有战场都在激烈血战，从北面进攻的德第九集团军在两天的进攻中推进了20公里，但付出了死伤2.5万人、200辆坦克和自行火炮以及200多架飞机的代价，在伤亡惨重及弹药大量消耗的情况下，不得不暂停了进攻。

在南面，德军的南方集团军群的三个装甲军在损失了近200辆坦克后，突破了沃罗涅日方面军的第一道防御地带，前进了30多公里，楔入了苏军的第二道防御地带，突进到了奥博扬以及交通要道普罗霍罗夫卡的前方。但苏军在炮兵及空军的强力支援下，瓦图京的沃罗涅日方面军最终挡住了南面德军占领奥博扬的企图。

由于德军的进攻比预计的要猛烈得多，6日傍晚，苏军作为预备队的草原方面军的两个坦克军360辆坦克被调往沃罗涅日方面军，斯大林也亲自打电话给瓦图京，要他不惜一切代价，阻止德军在库尔斯克南部的突破。

7月7日，曼施坦因又投入了新的坦克集团，矛头直指奥博扬和普罗霍罗夫卡。奥博扬是库尔斯克南边的门户，普罗霍罗夫卡是交通要道，德军如果拿下了这两个要地，库尔斯克的苏军防线将陷入危机之中。瓦图京将新调来的预备队全部投入了战斗，终于挡住了德军的攻势，在7日的战斗中，德军只向前推进了数公里，未能达成突破苏军防线的任务。

在这天的战斗中，德军的"虎式"坦克优势明显，而苏军T–34坦克在同样的距离下无

宣传苏德库尔斯克大会战的海报

法对德军造成威胁，大量的苏军坦克在交战距离以外就被德军坦克击毁。虽然德军以较小的损失，摧毁了更多的苏军坦克，但他们却没能攻占奥博扬和普罗霍罗夫卡，而随后源源赶到的苏军援兵使防线更加坚固。

从7月9日起，双方都加大了在库尔斯克的投入，但苏军所投入的力量已超过了德军，到7月10日，德军在苏联中央方面军地带的进攻被完全阻止住了，在沃罗涅日方面军地带内的进攻也告失败。受挫后的德军将主力转移到普罗霍罗夫卡方向，企图从东南方向夺取库尔斯克。

苏联最高统帅部决定对向东南方向楔入的德军实施反突击，7月12日，苏德两军的装甲主力在普罗霍罗夫卡相遇，爆发了第二次世界大战中规模最大的坦克遭遇战。在空旷的草原上，近1300辆坦克纠缠在一起厮杀，一直持续到傍晚才结束。在这场规模空前的坦克大战中，德军损失了400多辆坦克和1万余名官兵，苏军的损失虽然更大，但数量上的优势使苏军获得了最终的胜利。德军经此一战被迫转入了防御。

7月15日，苏联中央方面军转入了反攻。为了迟滞苏军的进攻，已没有预备队的德军不得不从其他地段调来一些部队，此时的德军已然到了捉襟见肘的地步，7月16日，德军在后卫的掩护下，开始退回出发阵地，投入了强大预备队的苏军则开始了全面的反攻。

在苏军的进攻下，希特勒决定中止"堡垒计划"，7月17日，德军开始后撤，

库尔斯克会战是德军最后一次对苏联发动的战略性大规模进攻，双方共投入总兵力超过268万，另有6000辆坦克和2000架飞机，战斗空前激烈。

到 23 日，双方基本恢复了交战前的态势。苏军随即向德军南方集团军群发起大规模反攻，并于 8 月 23 日收复了哈尔科夫，至此，库尔斯克大会战胜利结束。

库尔斯克战役是德国武装部队在东线的最后一次战略进攻，作为主动进攻的一方，德军在兵力兵器数量上却处于全面的劣势，其之所以能够将攻势维持十余天，除了依靠兵力机动获得局部优势以及兵员素质外，基本都是指望其装甲部队和空军。作为代价，德国的装甲部队在库尔斯克战役中遭到了巨大损失，这些惨重的损失，使德军在苏德战场上完全转入了战略防御。

在库尔斯克会战中，德军损失官兵 50 余万人，坦克 1500 辆、飞机 3800 余架、火炮 3000 门，完全丧失了战略进攻的能力，战略主动权从此转入到苏军的手中。斯大林在评价库尔斯克大会战的意义时说："如果说斯大林格勒会战预示着德国法西斯的衰落，那么库尔斯克会战则使它面临灭顶之灾。"

耀眼的桂冠
攻打柏林

1945 年，盟军在欧洲战场实施了全面的战略反攻，德军在东西两线战场都遭受到盟军优势兵力的沉重打击。东线的苏军前出到奥得河和尼斯河，攻占了维也纳，从东、南两面包围了柏林，距柏林最近距离仅有 60 公里，柏林这个纳粹德国的权力中心已经直接暴露在苏军的威胁之下。在西线战场，美英盟军进抵易北河，并向汉堡、莱比锡和布拉格方向发展攻势，距柏林也只有 100 多公里。此时的柏林已经成了一个在风雨飘摇中的"孤岛"，躲在柏林的第三帝国即将被复仇的烈焰吞没。

虽然德国已完全失去了取胜的希望，但希特勒仍然决心把战争进行到底，德军统帅部在柏林部署了 1 万多门火炮、1600 辆坦克、3400 多架飞机和 100 多万军队，此外，在柏林市内还有 20 多万人的守备队和大量由老人和少年组成的"国民突击队"。

柏林是德国战争机器的心脏，只要它还在跳动，战争就不可能结束，自从失掉东普鲁士后，希特勒便一直坐镇柏林。在苏军进攻柏林前，希特勒一方面拼命组建新的军队，另一方面全力加强柏林的防御工事，企图把柏林变成一座坚不可摧的堡垒。

攻克柏林这个德国最后的堡垒，无疑将是反法西斯战争中无可替代的荣誉和功勋，也会给占领它的国家带来巨大的政治利益。在欧洲反法西斯战场上付出代价最为惨重的苏联，对柏林是志在必得，而英国首相丘吉尔出于战后对抗苏联的需要，也强烈要求由美英军队占领柏林。但欧洲盟军总司令艾森豪威尔考虑到进攻柏林将会付出巨大的伤亡，决定遵守与苏联已经达成的协议，将柏林划入了苏军的作战区域，于是欧洲战场上最后决战的重任就落到了苏军肩上。

相对于空前强大的苏军，德军只能指望坚固的阵地。为了坚守柏林，德军在柏林外围的奥得河与尼斯河地区构筑了三道防御地带，在柏林市区沿环城铁路构筑了城防工事，又在市内设置了大量的街垒，每一幢临街房屋的窗户上都修筑了射击孔，整个柏林城就像一座巨型的掩体。希特勒声称："我们在任何情况下都要战斗下去，正如腓特烈大帝所说，要一直打到精疲力竭不能再战为止。"

当时距离柏林最近的是苏联白俄罗斯第一方面军，大战前，斯大林调朱可夫接任了白俄罗斯第一方面军司令的职务，意图把攻占柏林的荣誉留给苏军统帅中最有声望的朱可夫。由于德军在柏林集结了百万重兵，因此斯大林又让由科涅夫指挥的乌克兰第一方面军也加入柏林方向的作战，以配合朱可夫的白俄罗斯第一方面军。这两支苏军部队共有260万人，配备了8000架飞机、4万多门火炮和6000多辆坦克。

4月16日凌晨5时，朱可夫下达了攻击命令，柏林外围攻坚战打响了。苏军的炮弹呼啸着倾泻到德军在奥得河畔的防御阵地上，轰鸣的轰炸机也向德军头顶投掷下大量炸弹，整个大地都在可怕地颤抖，在柏林居民的远眺中，奥得河畔成了一个正在喷发的巨大火山口。20分钟后，160多台探照灯突然全部亮了起来，刺眼的白光一齐射向德军的阵地，苏军的总攻开始了。

开始进攻的最初半个小时，德军几乎没有还击，其观察所和指挥所以及发射阵地均被苏军炮兵和航空兵压制，只有隐蔽在掩体内少数未被摧毁的机枪和火炮能进行微弱的抵抗。苏军很快就突破了德军在柏林外围的第一道防御地带，与此同时，南面科涅夫的乌克兰第一方面军也在尼斯河畔发起了进攻，并迅速渡过了尼斯河。天亮后，向德军第二防御地带发起冲击的白俄罗斯第一方面军在泽劳高地遭遇到德军的顽固抵抗，德军凭借有利地形，扼守着每一条战壕、每一个散兵坑，给予苏军很大的杀伤。

描绘苏军攻克柏林场景的美术作品

泽劳高地是德军第二防御地带的主要支撑点，被称为"柏林之锁"，那里山势陡峭，下面还环绕着一条名叫哈乌普特的运河，高涨的河水阻挡住了苏军的坦克。朱可夫显然低估了泽劳高地上的德军，以为在行进间就可以突破泽劳高地，但德军在伪装良好的坦克和火炮的支持下，阻止了白俄罗斯第一方面军前进的脚步，也打碎了朱可夫独占柏林的念头。

当朱可夫的部队在泽劳高地受阻时，南面科涅夫的乌克兰第一方面军已经突破了德军在尼斯河的防御地带，尔后长驱直入，由于没有地形作梗，科涅夫的部队进展十分顺利。鉴于朱可夫的部队身陷泽劳高地的苦斗，急不可耐的斯大林调整了原战役计划，命令科涅夫手下的两个坦克集团军转向柏林，与朱可夫共同完成攻克柏林的任务。号称苏联陆军"攻击之王"的科涅夫马上命令他的两个坦克集团军司令："脱离方面军的主力部队，不要顾及后方，大胆向战役纵深挺进。"两个坦克集团军接令后，立即风驰电掣地从

一名德国反坦克士兵躲在废墟中，等待苏联坦克的到来。

南面杀向柏林，到 4 月 20 日夜间，这两个坦克集团军已经突进到柏林市南郊。

4 月 17 日，了解到科涅夫的乌克兰第一方面军顺利进展的情况后，心急如焚的朱可夫集中了方面军所有炮火，以近千辆坦克排成一列纵队向前推进。此时防守在高地上的德军已是伤痕累累，最终经受不住苏军狂潮般的冲击，开始向柏林市区退却，4 月 18 日，朱可夫指挥下的苏军终于攻占了泽劳高地，开始向柏林市区挺进。

希特勒直到这时还没有绝望，18 日亲自下令给党卫军的菲里克斯·施坦因纳将军，叫他向柏林南郊的苏联乌克兰第一方面军发动全面反攻，柏林地区的所有空军部队也将全部投入战斗。然而施坦因纳并没有发起反攻，他很明白，凭自己手中那几个七拼八凑、残缺不全的师去反击苏联强大的坦克集团军，无疑是以卵击石。

20 日，朱可夫的先头部队抵达柏林近郊，柏林市区已处在苏军远程大炮的射程之内，苏军首次向柏林城展开了轰击。鉴于苏军已兵临柏林城下，希特勒决定将德军统帅部撤离柏林，而他本人则留下来"与柏林共存亡"。当天下午，希特勒在他的生日宴会后检阅了由少年组成的青年冲锋队，很难想象他当时是什么样的心情。

吸取了斯大林格勒战役经验的德军这时只能希望在城市的瓦砾堆中拖住苏军前进的脚步，柏林城防司令部要求居民要做好逐屋战斗和激烈巷战的准备。按照德军的计划，巷战将在地面和地下同时进行，为此德军在地下铁道、地下水道网中都建立了防御工事。

21 日，对柏林的总攻开始了，数千架苏军飞机投下了成千上万吨的炸弹和汽油

弹，数万门各种火炮也集中射击，柏林瞬间成了一个浓烟滚滚的世界。朱可夫和科涅夫的两个方面军从四个方向冲向柏林，以多路向心突击战术，强攻柏林市区。进入城中的苏军遭到了德军激烈的抵抗，德军虽然身陷四面楚歌境地，但仍然逐个房间、逐个地下室、逐个楼层地顽固抗击。

坚固的楼房、隐蔽的地下室、地下铁道、排水沟等，都为德军提供了发射火力的支撑点。苏军不得不逐栋楼房争夺，逐条街道攻取，每前进一步都要付出很大的代价。

因在泽劳高地前的停滞而受到斯大林严厉指责的朱可夫，在急于建功思想的支配下，命令坦克部队仓促进入柏林以分割柏林守军。由于街道上瓦砾遍地，巷战中的苏军坦克几乎只能以一路纵队行进，在野战中所向披靡的苏军 IS-2 坦克和 T-34/85 坦克，在城市作战中暴露出了巨大缺陷，由于视野受限，根本发现不了什么目标。

德国人潜伏在建筑物的废墟中，静静地等着他们的猎物进入陷阱。等苏军坦克进入后，无数的长柄火箭弹、燃烧瓶和 88 毫米反坦克炮弹就会从瓦砾堆和建筑物内飞出，迎接这些不速之客。那些没有战斗经验的"国民突击队"和由少年组成的"希特勒青年团"，正适合在这种几乎不需要瞄准的距离上给苏军以猝然一击。

遭受了当头一棒的朱可夫冷静了下来，这位优秀的统帅立即指示部队改变战术，稳扎稳打，一口一口地啃德国人的阵地。苏军使出了全部本事，从反坦克炮到大威力要塞炮都被用来进行直瞄射击，在苏军重炮近距离的直接轰击下，许多的德军士兵连同建筑物一齐飞上了天空。

此时的希特勒仍在幻想德国的第九集团军和第十二集团军前来解围，直到 27 日，苏军已突入到柏林的市中心，凯特尔才给身在总理府地下室的希特勒发来一封电报，

苏军攻陷德国国会大厦后尽情地欢呼着。

告诉他德第十二集团军因受到美军的牵制和苏军的阻击而无力向柏林前进，而德第九集团军现在已被苏军分割包围而自身难保，希特勒最后的一线希望彻底破灭了。柏林守备司令魏德林向希特勒报告说，守军的粮食和药品几乎告罄，而弹药也仅够维持两昼夜了，提议立即从首都突围，并保证"元首安全撤离柏林"。但意识到彻底输掉了这场战争的希特勒拒绝离开柏林，他告诉魏德林，即使逃出柏林，也不过是从一个"大锅"跳到另一个"大锅"，作为德国国家元首，希特勒宁可在他的总理府去迎接最后的时刻。

28 日，苏军逼进了柏林的蒂尔花园区，这是柏林守军的最后一处支撑点，总理府和国会大厦等第三帝国的权力机关都在这个地方，因此，这里也部署着党卫军最精锐的部队。在希特勒享用最后一顿午餐的时候，苏军开始了夺取国会大厦的战斗。大厦内的德军大约有2000余人，这些负隅顽抗的德军进行着绝望却又最顽强的抵抗，双方都拼红了眼，战斗异常激烈，苏军每前进一步都要付出惨重的代价。

29 日凌晨，希特勒与等了他12年的爱娃·布劳恩举行婚礼，婚礼之后，希特勒口述了他的遗嘱，指定海军元帅邓尼茨为他的接班人，30 日下午，希特勒与结婚才一天的妻子在总理府的地下室中自杀，戈培尔等人将希特勒和爱娃的遗体抬到总理府花园的一个弹坑里，浇上汽油火化。当日晚，靠着源源不断涌进德国国会大厦的强大兵力，苏军最终粉碎了大厦守敌的抵抗，将胜利的旗帜插上了德国国会大厦主楼的圆顶。

5 月 1 日，德国陆军总参谋长克莱勃斯打着白旗钻出帝国办公厅的地下掩蔽部，前往苏军指挥部谈判，朱可夫根据斯大林的指示，向克莱勃斯发出最后通牒：德军必须无条件投降，否则苏军将对德军实施最后强攻。5 月 2 日，德军柏林城防司令官魏德林签署了投降令，至此，苏德战争最后一次决战——柏林会战结束。

柏林战役是苏联红军对德国法西斯军队的最后一战，也是第二次世界大战中欧洲战场上的最后一场大规模城市攻坚战役。一星期后，德国分别与英、美和苏联谈判签约，宣布无条件投降。战后艾森豪威尔说，他之所以将柏林让给苏军，是因为他知道柏

希特勒与爱娃·布劳恩在一起。爱娃从不出席纳粹的大集会，也很少与希特勒公开露面，直到1945年4月29日，她才和希特勒在地堡里举行了简单的结婚仪式，然后与希特勒双双自杀身亡。

林一役将使盟军付出 10 万士兵的生命。实际上，从柏林战役打响到结束，在仅仅 18 天的战斗中，有 30 万苏军官兵在胜利前夕倒在了攻克柏林的道路上。

关东军的末日

远东战役

面对着远东巨大的利益，依据《雅尔塔会议协定》，欧洲战事结束后，苏军开始腾出手来对付日本关东军。1945 年 8 月 8 日，苏联向日本宣战，发起了远东战役，这是第二次世界大战的最后一个战役。

华西列夫斯基元帅指挥的 160 万苏军利用夜幕的掩护，悄悄在中苏边境展开。9 日凌晨，苏军突然从三个方向同时向中国东北的日本关东军发起了强大的突击行动。拂晓，苏军几乎在所有方向上跨过了国界，强渡了额尔古纳河、黑龙江和乌苏里江，分别从后贝加尔、黑龙江沿岸和滨海地区进入了中国东北境内，在 5000 公里的正面战场上展开了强有力的攻击。与关东军相比，苏军在人数和兵器上都占有压倒性优势。

尽管关东军早有对苏作战的准备，甚至一度还拉出要与苏军决战的架势，但由于关东军预计的决战时刻是 1946 年，所以他们不仅未能侦察到苏军的实力，甚至连苏联正式对日宣战的消息，也没能提前得到。在苏军的强大攻势下，关东军精心布设的防线很快就土崩瓦解，关东军总司令部慌忙放弃长春，退守通化，并指令伪"满洲国"皇帝溥仪随总司令部迁往通化，企图在通化与苏军决战。

但此时的关东军早已丧失了斗志，纷纷逃命，原来设想的大决战化为一场追逃游戏。苏军各个方面军的行动都进展顺利，特别是由克拉夫钦科上将指挥的近卫坦克第六集团军在大兴安岭的突击行动收到了奇效，不到一周时间，已前突到东北中部地区。

苏联红军远东总司令华西列夫斯基

8 月 10 日，日本大本营下达命令，指示关东军在万不得已的情况下，可以放弃中国东北，退守朝鲜，但长期以日军"王牌"自居的关东军为了维护自己"皇军之花"的脸面，仍然负隅顽抗，不肯投降。8 月 15 日，日本天皇裕仁宣布投降，骄横的关东军借口没有收到日军大本营的停战命令，仍然继续抵抗。到 17 日，除海拉尔、虎头和东宁等少数筑垒地域的残余日军仍在顽抗外，关东军实际上已经完全丧失了抵抗能力。

为了加快战役进程，苏军从苏德战场调来了由老兵组

发起远东战役的宣传画《目标，日本！》

成的志愿伞兵部队，把机降和伞降用到了远东战场。苏军志愿伞兵部队在飞机的掩护下，突袭敌后机场。9月19日，他们刚刚占领沈阳机场，一架不明白机场发生了什么事情的日本飞机按正常情况降落，这架飞机中坐的是伪"满洲国"的傀儡皇帝溥仪，结果这位皇帝就这样成了苏军的俘虏。

眼看败局已定，关东军最后一任总司令山田乙三终于向苏军提出了停战谈判的请求，8月19日中午，苏军的阿尔捷缅科上校率5名军官、6名士兵组成的使团，在9架歼击机的护航下，到达长春机场与日军进行谈判。迫于压力，山田乙三向苏军代表交出了象征指挥权的军刀，宣布自己和部属成为苏军俘虏。至此，盘踞中国东北40年之久的"皇军之花"寿终正寝了。8月22日，苏联空降部队在旅顺口机场实施机降，第二天，苏军坦克开进了旅顺港口。

此次战役中，关东军损失约68万人，其中8.4万人被击毙，59.2万人投降，而苏军仅伤亡3.3万人。苏军以这么小的代价就消灭了在日军中号称最具有战斗力的百万关东军，其实也在情理之中，因为当苏联对日宣战时，关东军早已是个空架子了。作为日本战略总预备队的关东军，鼎盛时期总兵力超过100万人，训练和装备都是日军中最精良的，从1943年下半年起，为挽回太平洋战场的颓势，日本大本营开始陆续从关东军抽调兵力增援太平洋战场，指望这支"精锐之师"能够挽救失败的命运。可是，关东军没能扭转太平洋战争的败局，只是白白充当了对美作战的炮灰。

美军攻占冲绳岛后对日本本土开始空袭，日本不得不集中兵力准备进行本土决战，为此将关东军储备的大批战

苏联红军从坦克上跳下来，杀向敌军。

略物资以及人员调回国内。而新补充给关东军的大多是从国内和朝鲜等地强征入伍的部队，作为临时兵力的补充。经过迅速补充，关东军兵力一举达到24个师团，约70万人，但这只是一种表面的膨胀。实际上远东战役时，关东军70%的师团为当年新编，加上日本在各个战场连遭惨败，士气低落，关东军往日的威风早已不复存在，已是一个名副其实的纸老虎，苏军只不过是来捡个便宜而已。

战后，余下的关东军官兵作为俘虏被送到西伯利亚从事强制劳动。通过远东战役，苏军将中国东北的所有物资掳掠一空。苏联以极小的代价获取了极大的利益，这也是斯大林为什么急于出兵远东的原因之一。

拿下"东方马其诺防线"
虎头要塞攻坚战

虎头要塞位于黑龙江省虎林市虎头镇，南起边连子山，北至虎北山，正面宽12公里，纵深6公里。主阵地猛虎山由中猛虎山、东猛虎山、西猛虎山三个丘陵组成，周围是沼泽地带，形成难以通行的天然屏障。其牢固程度、完备程度、现代化程度堪称"二战"之最，号称"东方马其诺防线"，被公认为侵华日军在亚洲最大的军事要塞之一。

"九·一八"事变后的第二年，关东军即拟订了侵略矛头直指苏联的《对苏攻势作战计划》，日军东北边境要塞就是这个计划的一部分。按照对苏作战计划，日军在此驻扎重兵，秘密修建地下要塞，以作为进攻苏联的战略基地。

手持冲锋枪的苏联红军

为了将它建成"北满第一永久要塞"，日军耗资数亿，强征中国劳工十多万，用时十多年，建成了庞大的防御体系。在这十多年中，数以万计的中国人被秘密押到这里充当劳工，当年修筑要塞的劳工被秘密杀害的传说在民间流传了半个多世纪，但一直没有见证人和史料记载。

当时，日本关东军认为虎头要塞之坚固、守备兵力与火力配备之雄厚，远胜法国的马其诺要塞，是可坚持六个月不怕围困的坚固要塞，甚至狂妄地宣称："当日、苏爆发战争时，只要在虎头坚持三天，即可打赢日苏战争。"多年来，史学家们习惯于将第二次世界大战结束的时间定在日本天皇无条件投降的那一天，即 1945 年 8 月 15 日，而后人研究发现，1945 年 8 月 30 日才是战争真正结束

虎头要塞内部场景

的时间，因为在此之前的数天内，发生了一场规模宏大、场面壮烈的虎头要塞争夺战，这场争夺战的导火索是当地一个农民无意中点燃的。

1945 年 8 月 9 日，从凌晨 1 时开始，在大炮和飞机的掩护下，苏联红军第三十五集团军向虎头要塞发动了猛烈的进攻，使日军防御体系支离破碎，各自为战。由于苏军战前侦察情报工作不细，投入战斗仓促，加之对我国境内的地形不熟，南路苏军本来是向勋山和胜山要塞攻击的，由于驻守要塞的日本关东军第 783 国境守备大队与后方失去了通讯联系而没有与苏军交火，因此苏军没有发现这一部分日军，直接向中国境内追击日军而去，这使得黑龙江东宁境内的日军 783 守备大队近 2000 人得以隐蔽下来。

1945 年 8 月 11 日，当地人称"张大胆"的村民去战场捡破烂，他拿着根木棍到处挑来戳去，寻找值钱的东西。在一片废弃的建筑中，他无意中挑开了一处日军伪装的枪眼兼通气孔，发现了一群手端刺刀的日本兵，吓得撒腿就跑，下山后向驻扎在石门子的苏军报告了这一情况，一位懂中国话的苏军军官向这位村民详细了解了情况。

8 月 12 日，苏军第一方面军后续集团的部队以及从老黑山追击日军的苏军某部，奉命围歼村民发现并报告的漏网日军要塞。日本关东军第 783 国境守备大队凭借着虎头要塞进行了殊死抵抗，战斗异常激烈和残酷。日军守备队虽不足 2000 人，但火力较强，在战斗的紧要关头，日军不惜一切代价组织敢死队与苏军血拼，给苏军造成了很大的伤亡。苏军没有预料到工事严重毁坏、弹药不足的日军仍有如此顽固的抵抗力。

8月15日中午，日军官兵收听到了日本天皇宣布无条件投降的"玉音广播"，但是守备司令官木正大尉拒不相信："关掉收音机！哪里是陛下的广播？分明是削弱友军战斗力的谋略性广播！"他的话给司令部定了调，将虎头要塞的日军推向了死亡的深渊。

苏军飞机向日军阵地散发日本天皇的投降诏书，但要塞的日军认为这是苏军在欺骗他们，继续抗击苏军，苏军用汽车运来了大量毒气筒和鼓风机，利用地下工事露在地表的换气孔向洞中吹毒气，龟缩在洞中的日军，不少人因中毒窒息而死，少数头戴防毒面具的日军士兵苟延残喘地死守在洞口，这一天是日军损失最惨重的一天。

8月17日，日本关东军司令部通告关东军全部向苏军投降，但在虎头要塞，激烈的战斗并没停止。苏军出动了多辆中型战车、自行火炮、火箭炮继续扫荡日军，苏军逼近要塞洞口，直接用火炮轰击地下要塞中的残敌。战斗一直持续到8月26日，负隅顽抗的日军全军覆灭，2000多名日军官兵及开拓民全部葬身于虎头要塞中。

8月30日，胜洪山顶最高处挂起了白旗，第二次世界大战的最后一场战斗结束了，虎头守备队仅剩的50多名日军官兵被苏军俘虏。号称"东方马其诺防线"的日军要塞，并没有挽救侵略者失败的命运，相反却成了埋葬他们的坟墓！但苏联红军也付出了沉重的代价，阵亡了1000多名战士。

这场战斗发生在日本宣布投降前后，本是可以避免的，如苏军用围而不攻战术来消磨日军斗志，是可以不战而屈人之兵的，但苏军选择了强攻的作战方式，使不知日本已投降真相的守军只好拼命抵抗，参加虎头要塞攻坚战的苏军为此付出了1000多名官兵的生命。这场惨烈的要塞攻坚战，使第二次世界大战的结束时间比日本宣布无条件投降整整迟了11天。因此许多外国学者认为，虎头要塞是第二次世界大战的最后激战地。

太平洋战场经典战役

"战术上的成功，战略上的失败"
偷袭珍珠港

日本在亚太地区的扩张使美日矛盾迅速激化，1940年春夏之际，纳粹德国以"闪电战"横扫西欧，英军退守英伦三岛，日本军方的"南进"派认为这是日本占领太平洋诸岛，攫取战略资源的大好时机。日本决定在美国准备就绪之前，发动突然袭击，取得战争的主动权，袭击的目标就选定了位于夏威夷群岛的美国太平洋舰队基地珍珠港。

珍珠港距日本约3500多海里，距美国本土约2000海里，是美国太平洋舰队最重要的基地。日本联合舰队司令官山本五十六认为，美国太平洋舰队在珍珠港的主力对日本"南进"计划威胁最大，只有消灭了美国太平洋舰队，才可以放心大胆地南进。为了去掉后顾之忧，1941年2月，山本五十六制订了一个偷袭珍珠港的"Z作战行动"。

"Z作战行动"是个风险极大的计划，其成功完全有赖于两个靠不住的假设：一是在袭击时，美国太平洋舰队正好停泊在珍珠港内，二是一支大型的航母舰队在渡过半个太平洋时不被发现。胜算

遭袭前的珍珠港

山本五十六正在研究作战部署。

的概率很小，只有赌徒才会去冒这个险。可山本五十六恰恰是赌博高手，他决心要大赌一场："要么大获全胜，要么输个精光。假如我们袭击珍珠港失败了，这仗就干脆不打了。"

山本五十六的"Z作战行动"一出台就受到日本海军界的质疑，以海军中将南云忠一为代表的许多将领都反对这个靠不住的计划，但山本以辞职相要挟。日本军界为了贯彻"南进"政策，最终批准了这个计划。于是山本五十六选择了与珍珠港相似的鹿儿岛湾，在那里开始了充分的准备和严格的模拟训练。

1941年11月17日，代号为"机动部队"的特混舰队在千岛群岛南端的择捉岛集结，这是一支庞大的舰队，包括6艘航空母舰、2艘战列舰、3艘巡洋舰和9艘驱逐舰，还有一些辅助舰船。11月24日，根据山本五十六的指令，参战舰船集结完毕并做好远航的最后准备。11月26日清晨6时，这支由日本海军中将南云忠一指挥的特混舰队起锚出港，由3艘潜艇为先导，悄悄地航行在波涛汹涌的北太平洋，向夏威夷群岛进发。

这支特混舰队沿着预定的航线向夏威夷迂回前进，以避开美国的巡逻飞机和过往的商船。航行途中，整个舰队一直保持着无线电静默，只收不发。按计划，如果舰队在航行的过程中一旦被发现，就立即取消这次作战行动。南云忠一的这次航行顺利得出人意料，似乎老天也在帮他的忙，连日来海面上浓云密布，如同一个天然的帷幕将庞大舰队的行动遮蔽了起来。

夏威夷时间12月7日黎明，日本特混舰队到达了珍珠港以北约200海里处，南云忠一这时才把"Z作战行动"向全体官兵传达，随即全员做好了战斗准备。航空母舰开始转变航向，朝北逆风行驶，南云忠一的旗舰"赤城"号上升起了"Z"字旗，担任第一拨攻击任务的190架飞机全部飞离甲板，在渊田美津雄的率领下扑向珍珠港。

这天正是星期日，太阳尚未升起，珍珠港中大部分美军士兵都还处于休息状态。在雷达站值班的两位雷达兵在雷达屏幕上发现有一大群飞机从北方向基地接近后，赶紧联络基地的防空中心，但在报告中他们并没有说明这个机群的规模，防空中心值班的泰勒中尉回答说，他们看到的应该是从美国加州飞来的B-17轰炸机编队。由于当时的美国正处在和平状态中，根本没有人想到会受到攻击，珍珠港美国海军的防空预警线就这样轻易被日军突破了。

当第一拨日本飞机飞临珍珠港上空时，只见下面整齐地排列着美军的水面舰船和作战飞机，但当天偷袭的主要目标是美国太平洋舰队的 3 艘航空母舰及 23 艘其他军舰，而其不在珍珠港内。日本飞机开始了攻击，由于美军还处于惊愕状态，几乎没有什么反击能力，日军机得以畅通无阻地分别执行自己的任务。

对日本的"零"式战斗机来说，他们的任务是摧毁美军的战斗机以保护自己的轰炸机，但因为空中没有美军的飞机，"零"式战斗机也转而加入了攻击地面机场的行动。7 时 40 分，第一拨攻击群发出了"虎、虎、虎"的信号，表示奇袭成功。8 时 30 分，日军第二拨攻击机群再次出现在珍珠港上空。

在日机第一拨攻击开始的最初几分钟内，珍珠港基地中几乎没人意识到发生了什么事情，惊慌失措的美军混乱不堪，由于是星期天，大部分官兵都不在自己的战斗岗位，岛上的高射炮直到 5 分钟后才开始零星射击，只有几架飞机起飞还击。随着日军第二攻击波 170 架飞机的再次攻击，仓促应战的美军损失惨重。这时从美国本土飞来的 B-17 轰炸机编队正好抵达珍珠港，由于长途飞行后油料不足，结果纷纷被击落或者被迫降。

8 时 50 分，正当日本第二拨攻击的飞机飞临珍珠港上空时，美国国务卿赫尔才接到日本野村大使向他递交的一份最后通牒，这份最后通牒原定是要在开战前半小时递交的，为的是避免"不宣而战"的恶名，然而鬼使神差，这份至关重要的最后通牒却迟到了一个半小时，使名正言顺的宣战变成了卑鄙无耻的偷袭。美国国务卿赫尔在接到这份最后通牒时愤怒地说："在我整整 50 年的公职生活中，从未见过这样一份充满卑鄙谎言的文件。"日本野村大使无言以对，狼狈退出门去。

日本偷袭珍珠港的场景

日本的偷袭使得美军在珍珠港的太平洋主力舰队遭到毁灭性的打击。

正是由于在递交正式宣战文件之前日本就发动了进攻，激起了美国举国上下无比的愤慨，山本五十六在接到胜利的电文后，丝毫没有获胜的喜悦，只是对前来祝贺的部属淡淡地说："我们只不过唤醒了一个沉睡的巨人。"

珍珠港空袭持续了近 2 个小时，日军获得了决定性胜利。在攻击中，珍珠港内 97 艘船只中有 40 余艘被击沉，其中战列舰 8 艘、巡洋舰 3 艘、驱逐舰 3 艘，还有一些其他辅助性船只，合计吨位达 30 多万。美军在珍珠港的 390 架飞机被摧毁了 260 多架，另有 4000 多名美国官兵伤亡。而日本只损失了 29 架飞机和 5 艘小型潜艇，阵亡 65 人。

上午 10 时，完成了袭击任务的日本飞机全部返回了母舰，渊田美津雄要求南云忠一发起第三波攻击，以摧毁珍珠港的船坞和油库，这两处对美军重建珍珠港基地极为重要，但南云忠一没有同意，他认为此战的基本目的已经达到，此时美国的航母还不知在何处，如果耽搁下去情况将变幻莫测，于是下令特混舰队返航。在美国人还处在目瞪口呆之时，日本舰队迅速溜走了。

日本海军特混舰队长途奔袭，以 360 架舰载机偷袭了美军太平洋舰队基地珍珠港，给美国海军太平洋舰队以毁灭性的打击。这一事件震惊了整个美国，第二天美国总统罗斯福发表了著名的演说："昨天，1941 年 12 月 7 日，美国遭到了日本蓄意的攻击，这个日子将永远是我们的国耻日！"当天，美国对日宣战。

从军事上看，日本对珍珠港的攻击行动无疑是成功的，因为此后的 6 个月中，美国海军在太平洋战场上无足轻重，日本海军得以在东南亚地区为所欲为。然而在政治上，却是日本的一个极大失败，其直接结果就是将实力雄厚的美国卷入了第二次世界大战，最终导致了轴心国的覆灭。

英国首相丘吉尔在得知日本偷袭珍珠港的消息后第一句话就是"好了！我们总算赢了"。当初为了把美国拖进战争，他费尽心机，也只是搞到一个《租借法》，想不到日本人帮了他大忙——珍珠港事件使美国人终于找到了参战的借口！

·

"远东之盾"与"大和之矛"
日英新加坡海战

1941年12月10日，88架日本战机仅用2小时，就将英国以"威尔士亲王"号和"反击"号战列舰为支柱的"Z舰队"击沉；1942年4月5日，重新组建的英国"Z舰队"再次被日本320架战机击沉。这为日军控制东南亚创造了有利条件。

"威尔士亲王"号战列舰是开战前英国最先进的战列舰，建于1937年，同级别舰共5艘，分别为"乔治五世"号、"威尔士亲王"号、"约克公爵"号、"安森"号以及"豪"号，"威尔士亲王"号在太平洋战争的第三天就被日军飞机击沉，是该级别中唯一被击沉的一艘。

马来半岛为太平洋和印度洋的分界线，被称为"远东直布罗陀"的新加坡更是扼守着太平洋与印度洋之间航运要道马六甲海峡的出入口，也是阻挡日军夺取荷属东印度群岛石油的天然屏障。英国在新加坡经营多年，其章宜海军基地规模不凡。但"二战"爆发后，英国已无余力顾及这块属地，在新加坡的部署降到了最低程度。

1941年下半年，德军转向东线进攻苏联，英国本土所受的压力逐渐减少，同时日本南下太平洋的意图日趋明显。为了维护英国在远东的利益，丘吉尔决心派出一支令人生畏的、快速的、高级别的战列舰和航空母舰特混舰队前往新加坡，以瓦解日本海军的活动。丘吉尔不顾海军部的反对，派遣"无敌"号航母、"威尔士亲王"号战列舰、"反击"号战列巡洋舰和护航舰直奔远东。

12月4日，英舰队抵达新加坡，12月8日，日军偷袭珍珠港的同时，其小泽舰队掩护日本登陆舰队准备在马来半岛登陆。英国远东舰队司令菲利普斯中将决定由"威尔士亲王"号、"反击"号和4艘驱逐舰组成"Z舰队"截击日本登陆部队。此时的"Z舰队"处于日本海军陆基航空兵的攻击范围内，又没有空中掩护和支援，但菲利普斯对自己这支舰队有信心，因为还从来没有像"威尔士亲王"号这样强大的战列舰被飞机打败过的先例。

日军对英国"Z舰队"的到来早有准备，驻越南西贡机场的第二十二岸基航空部队（有150架

马来亚战役中被摧毁的英国皇家空军战斗机

盟军战俘在爪哇为日本人修桥铺路。

"97"式攻击机和40架"零"式战斗机）早已做好战斗准备。12月8日，从西贡起飞的日军航空兵多次空袭马来半岛尚未被日军占领的机场和新加坡航空基地，使英军的260架飞机损失殆尽。当天下午，菲利普斯在没有空中掩护、敌情不明的情况下率领"Z舰队"冒险出航。

10日，"Z舰队"被日机发现，由于没有战斗机掩护，英舰处于被动挨打的境地，"反击"号和"威尔士亲王"号多处被炸弹和鱼雷击中，相继沉没，850名官兵葬身海底。从此，日军夺得了马来海域的制海权和制空权，为日军全面占领马来西亚、新加坡等国提供了有利条件，英国海军对日军在马来半岛作战的行动不再构成威胁。消息传到英国，丘吉尔哀叹这是他一生中最沉重和最痛苦的打击。

此战显示了航空兵在海战中的巨大威力，表明战列舰称霸海洋的时代行将结束，水面舰艇编队没有空中掩护已难以在海战中夺取胜利。

"Z舰队"的覆灭，使英美两国在一段时间内失去了在太平洋远东地区的制海权。

"二战"中美军的最大投降行动
日美巴丹岛战役

1941年12月8日，就在珍珠港事件发生后的10个小时，部署在菲律宾克拉克机场的美国远东空军也遭到了同样的命运。日军飞机连续对马尼拉附近的美军克拉克空军基地进行了狂轰滥炸，将机场上整齐排放的20架B-17飞机以及60架P-40飞机炸得支离破碎。短短的数分钟，100余架美机就轻而易举地被击毁了，美军亚洲舰队不得不仓皇南下，逃往爪哇海。

菲律宾北望中国台湾，南临荷属东印度，扼太平洋、南海和印度洋的交通要冲，战略地位十分重要。美国在菲律宾的克拉克和甲米地建有亚洲最大的空军和海军基地，构成了日军南进的障碍。为了控制东南亚海上交通线，日军于12月10日起，分别在菲律宾的阿帕里、维甘和黎牙实比登陆，向菲律宾首府马尼拉方向挺进。美菲联军根本挡不住日军的进攻，麦克阿瑟手上既无空军也无海军，只好放弃拒敌于海边的如意算盘，撤到马尼拉附近的巴丹半岛，重新部署了防线。

巴丹半岛是一个只有 25 英里长、20 英里宽的小半岛，麦克阿瑟将 9 万多美菲联军集中在这里，准备同日军展开持久战。1 月 10 日，日军开始进攻巴丹，指挥官本间雅晴原以为巴丹半岛最多只有 2.6 万名美菲联军，炮声一响，他们一定会拔脚就跑。可是战斗打响之后，美菲联军不但没有跑，反而向日军猛扑过去，只用了 48 小时，就把担任主攻的日军第六十五旅团歼灭了大半，本间雅晴不得不下令停止对巴丹的进攻。

由于美菲士兵在之前的撤退过程中，丢掉了大部分军需给养，很快就出现了给养不足，并且很多人患上了疟疾，美军指挥官温莱特将军对此写道："持续的饥饿，夜以继日的热蒸汽，令人望而生畏的疟疾和伤病员不断的呻吟声残酷地折磨着我们这些人。"在这样的形势下，巴丹的陷落只是时间问题了。

罗斯福为保全面子，避免麦克阿瑟当日军的俘虏，便命令他把军队交给温莱特指挥，而让他到澳大利亚去担任新成立的西南太平洋地区盟军总司令。3 月 11 日晚，麦克阿瑟携夫人和 4 岁的儿子，乘着巴尔克利上尉的鱼雷艇悄悄地离开了科雷吉多尔。13 日天刚亮的时候，在棉兰老岛北岸登陆的麦克阿瑟脸色苍白，眼圈发黑，他对巴尔克利说："你们把我从虎口中救了出来，我是永远不会忘记的。"并表示要给送他的人申请银星勋章。东条英机得知麦克阿瑟逃跑的消息大为恼火，他本来打算生擒麦克阿瑟，让他到东京游街的，只可惜麦克阿瑟跑得太快。

4 月 3 日，日军增援两个师团到达菲律宾，向巴丹守军发动了最后的总攻。远在澳大利亚的麦克阿瑟向温莱特下达了全线反攻的命令，但温莱特没有办法执行他这种异想天开的命令，前线已经彻底崩溃。在日军的强大攻势下，只有少数官兵撤

日军抢占位于菲律宾马尼拉湾的战略要地科雷吉多尔岛。

手持烟斗的麦克阿瑟

退到科雷吉多尔岛。数日后，巴丹守军司令爱德华·金少将率领7万余人的巴丹守军投降——这是美军历史上缴械投降的最庞大的一支队伍——巴丹半岛陷落。

巴丹守军的投降，震惊了华盛顿，考虑到弹尽粮绝的实际处境，当天，罗斯福总统亲自给坚守科雷吉多尔岛的温莱特发布新的指令，改变了以前战斗到底决不投降的命令，授权温莱特可根据实际状况，自行做出决定。

本间雅晴决心给菲律宾战役画上一个完美的句号，他动用100门大炮包围了小小的科雷吉多尔岛，连续炮击达三个星期之久，经过炮击和轰炸，日军摧毁了岛上的美军炮兵阵地，炸毁了供水设施。5月5日，温莱特向华盛顿发出了最后一封电报："请告诉全国，我的部队和我本人已经完成了所有人类能够做的一切，我们捍卫了美利坚合众国和其军队的优秀传统……我带着深深的遗憾和对我顽强的军队的无限自豪去见日军指挥官了……再见了，总统先生！"

在整个巴丹战役中，美军投降人数约有8万人。美军在菲律宾的惨败，成了麦克阿瑟刻骨铭心的奇耻大辱，他发誓要报仇雪恨。在离开菲律宾时他留下一句话："我还要回来！"他的这个愿望两年后实现了。1944年10月20日，麦克阿瑟率部在莱特岛登陆之后，在菲律宾总统的陪同下，他站立在雨中大声发表了演讲："菲律宾人民，我，美国陆军五星上将道格拉斯·麦克阿瑟回来了！"

"复仇天火"
杜立特空袭

1942年4月18日，日本东京正在进行一场防空演习，忽然有几架飞机出现在演习的上空，市民们万万没有想到，那是真正的美国轰炸机！当一连串的炸弹从天而降，在城市中炸响时，东京的防空部队尚未从惊愕中缓过神来。在日本人心中，凭着皇军在亚太地区首屈一指的海空军力量，不可能有任何一个敌对国家能对日本本土发动攻击，这突如其来的轰炸，让整个大日本帝国都为之一震！

自珍珠港事件后，罗斯福一直敦促美军寻找轰炸东京的办法，太平洋战场的一片溃败，这种需求就更加迫切，他急需用这种办法来报复日本和振奋士气。海军参谋部想出一个方案：从一艘航母上出动陆基轰炸机进行轰炸。航空母舰可以将飞机载到靠近日本海，但中型轰炸机无法在航母上降落，完成轰炸任务的飞机要飞往中国大陆。

陆军的飞机是双引擎的，航程远远大于海军的单引擎飞机，这样就可以保证美军的航母待在安全区域。让陆军的飞机在航空母舰上起降，这是从未遇到过的难题。因为这需要改装飞机、重新训练飞行员，但美国太平洋舰队总司令尼米兹批准了这个作战方案。

这个计划选中了B-25轰炸机和最新服役的航母"大黄蜂"号，并由当年的飞行速度世界纪录保持者詹姆斯·杜立特中校领导完成，所以又称"杜立特空袭"。为此对B-25轰炸机进行了改装，拆掉了一切不必要的设备，增大了油箱。

4月2日，"大黄蜂"号在6艘舰只的护航下，载着16架B-25轰炸机，劈波斩浪，在阴沉的海面上向着日本九州海岸以西400英里的海域进发。当队员们得知了这次任务的目标后，全体欢声雷动。4月17日下午，这支特遣舰队离起飞点只有24小时的路程，仍未被敌人发现，"大黄蜂"号上的甲板人员对B-25轰炸机做了最后检查，每架飞机携带4枚600磅的炸弹，炸弹上写着："我们不想燃烧世界，只想燃烧东京。"

4月18日上午8时，"大黄蜂"号掉头迎风，杜立特握了一下舰长米切尔上校的手，然后对他的同伴喊道："伙计们，就这么着，一起出发吧！"16架B-25轰炸机从"大黄蜂"号航空母舰上腾空而起，向日本列岛飞去。

尼米兹本来以为这是一次能和偷袭珍珠港相媲美的突袭行动，但是在距离日本列岛660海里的海域，一艘装载有无线电装置的日本渔船发现了这些B-25轰炸机，并向东京发布了无线电预警，美军驱逐舰迅速赶到，炸沉了这艘泄密的渔船，但秘密已经泄露了。还好目标在即，保密已经不再重要。

抵达日本列岛上空时，只有2架轰炸机还能找到预定的飞行路径，另外14架全部迷航了，指挥官只好命令他们尽量飞到日本上空，找个目标把炸弹扔下去算了。就这样，16架远道而来的轰炸机毫无秩序地从不同方向进入日本领空，然后胡乱地投弹。接二连三地出现和混乱不堪地轰炸，却意外成了杰出的战术，因为日军无法判断这些飞机从哪里来、还有多少、接下来到哪里去。空军想升空拦截，都不知道向何处去拦。

当第一批轰炸机掠过东京上空的时候，日本人还挥着手，以为是日本空军在做逼真的表演，只有当爆炸震撼着首都，浓烟升起时，才知道这是真正的轰炸。

美太平洋舰队司令尼米兹

美机空袭日本的消息轰动了整个世界，给日本军国主义者当头一棒，也给反法西斯主义者国家以信心。杜立特也因为此战而名扬四海。

很快，东京电台广播说，轰炸造成了3000人死亡，但是日本军方迅速更正了广播，他们修正说，有9架美军飞机被击落，胆小怕死的敌机只是在郊区胡乱轰炸，重要的军事单位毫发无损。

日本军方的说法并不是事实，虽然日军的高射炮发挥了作用，但是这16架飞机依然把炸弹全部扔到了日本的国土上，随后都安全离开了日本领空。其中1架受伤飞往海参崴，被苏联扣留，其余15架飞机均飞往中国湖南株洲机场。由于缺油，飞机并没有到达目的地，15架飞机散落在中国浙江和江苏，75名机组人员中，3人在飞机迫降时遇难，8人跳伞在日本占领区被日本俘虏。杜立特的降落伞落在农田里，被中国农民救起，他与其余63名机组人员均被中国军民护送到后方。

"杜立特空袭"是一次并不成功的空袭，其象征意义远远大于轰炸效果，但这次空袭大大震动了日本朝野，使其认识到日本本土再也不是歌舞升平的乐土了，第二天，就有500架战机从太平洋战场返回日本列岛保卫本土领空。同一天，日本海军大将山本五十六公开向天皇谢罪，为了防止再让日本本土遭到空袭，山本五十六决定发动一次战役，也就是后来导致了日本海军惨败的中途岛海战。在战争中，一些并不成功的事件有时候往往带来意想不到的成功结果，"杜立特空袭"有幸就是其中之一。

海战史上首次航母对决
珊瑚海海战

1942年初，日本联合舰队还沉浸在胜利之中，在日本看来，美国的经济潜力虽大，但转入战时状态还需要一个过程，预计美国1943年夏季才可能组织反攻，而日本完全有时间进一步推进战线，扩大防御圈，控制澳大利亚就是这一战略的反映。

日军占领东南亚后，决定向西南太平洋推进，夺取新几内亚岛的莫尔兹比港和所罗门群岛的图拉吉岛，以掌握该地区的制海制空权，切断美国通往澳大利亚的海上交通线。1942年2月，日军占领了澳大利亚东北的俾斯麦群岛的拉包尔基地，3月占领了新几内亚的莱城、萨拉莫阿。按计划应对图拉吉和新几内亚的莫尔兹比港实施登陆。由于美军航母的活动，这一计划被推迟了。直到4月底，日军第五航空战队和第五巡洋舰队从印度洋归来，进攻图拉吉和莫尔兹比港的计划才随即开始。

5月，日本第四舰队司令井上成美派高木武雄率领"翔鹤"号和"瑞鹤"号航空母舰及重巡洋舰3艘、驱逐舰6艘从特鲁克岛出发，南云忠一率"祥凤"号轻型航空母舰和重巡洋舰4艘、驱逐舰1艘从拉包尔启航，掩护登陆船队驶向目标。

通过破译密码，美方已知日军即将对莫尔兹比港实施登陆，并基本掌握了日方投入的兵力。此时美军可供使用的是第八特混舰队"莱克星顿"号和第十七特混舰队"约克城"号航母，另有8艘巡洋舰和13艘驱逐舰，由弗莱彻统一指挥。两支舰队先于日机动编队，于5月1日进驻珊瑚海。

5月6日，日本"翔鹤"号和"瑞鹤"号派出舰载机搜索美军，舰载机发现并击沉油船和驱逐舰各一艘。同时，95架美舰载机攻击了日军登陆船队和护航编队，经过半个小时的轮番进攻，"祥凤"号中了14颗炸弹和8枚鱼雷，井上成美下令弃舰。

5月7日，美日双方舰队进入相互攻击范围，但彼此没有发现对方，错过了先发制人的时机，下午日军再次派出舰载机搜索，暮色中，几架迷失方向的日本飞机甚至错误地试图在美航母"约克城"号上降落，由于识别信号不对，被美军高射炮击落1架，另外几架慌忙逃入夜幕中。

5月8日，双方搜索飞机几乎同时发现目标。8时20分，美军侦察机发回报告："敌人的航空母舰特遣舰队在'莱克星顿'号东北约180海里的海面上，以每小时26海里的速度向南行驶。"几分钟以后，美国航空母舰的无线电台收到了日本人兴高采烈的报告，显然他们也被日军发现了。

当日上午，双方航母编队在200海里距离上出动舰载机群展开激战。美军出动飞机约80架次，对高木舰队发动攻击。"瑞鹤"号航空母舰逃进雷雨区，免遭袭击；"翔鹤"号航空母舰被两颗炸弹击中，失去作战能力。日军出动飞机约95架次，对美舰发动攻击。"莱克星顿"号航母被两枚鱼雷击中，发生爆炸而沉没，已经降落到该舰的38架飞机也随之沉入大海；"约克城"号航母也被击伤。这场遭遇战只持续了15分钟，日本战机飞走的时候，兴高采烈地报告他们替"祥凤"号报了仇，毫不含

美B-17轰炸机在所罗门岛上空执行作战任务。

在所罗门海战中，一艘美军战舰被日军鱼雷击中，爆炸起火。

糊地击沉了2艘美国航母。

此时"约克城"号虽然尚有轰炸机和鱼雷机29架、战斗机14架，但已入夜，弗莱彻无意再战，遂率队撤离战场。在这一天的战斗中，美国损失飞机约70架，日本损失飞机约上百架。

此次海战是航母舰队与舰载机首次交锋，也是日本海军在太平洋战争中第一次受挫。从战术得失来看，日本海军取得了珊瑚海海战的战术上的胜利，但日本海军由于损失的飞机和飞行员无法立即得到补充，被迫中止了对莫尔兹比港的进攻。

日本第五航空战队的两艘航母原本要参加中途岛计划，由于"翔鹤"号受损、"瑞鹤"号严重减员，削弱了日军在即将展开的中途岛海战中的实力，否则在中途岛之战中美日航母的比例将是4：6，而不是3：4，而这种差别绝对是非常重要的。

决定日本命运的五分钟
中途岛战役

中途岛属波利尼西亚群岛，位于太平洋中部，檀香山西北2200公里，为珊瑚环礁，周长24公里，环抱东岛和桑德岛，陆地面积5平方公里。该岛距美国旧金山和日本横滨均为2700海里，处于亚洲和北美之间的太平洋航线的中点，故名中途岛。中途岛是美军在夏威夷的门户和前哨阵地，中途岛一旦失守，美太平洋舰队的大本营珍珠港也将唇亡齿寒。

1942年4月"杜立特空袭"后，日本认为威胁来自中途岛，山本五十六遂决心实施中途岛战役，企图夺取中途岛。这不仅能报美军空袭东京的一箭之仇，还能打开夏威夷群岛的大门，防止美军从夏威夷方面攻击日本本土。更重要的是，山本想借此机会，将美国太平洋舰队残余的军舰引到中途岛一举歼灭。为达到这个目的，日本海军几乎倾巢而出，投入大半兵力，是日本海军在"二战"中规模最大的战略进攻。

然而山本不知道的是，美太平洋舰队司令尼米兹早从破译的日军电报中掌握了他进攻中途岛的企图，并已做好了充分的准备，不仅加强了岛上的防御力量，还准备了以3艘"约克城"级航空母舰为主力，再加上约50艘舰艇的舰队，埋伏在中途岛东北方向，准备攻击前往中途岛的日本舰队。与此同时，19艘潜艇部署在中途岛附近海域，监视日舰行动。网撒下了，就等着山本五十六这个猎物上门了。

6月4日凌晨6时，南云忠一舰队的110架战斗机发起了空袭中途岛的第一次攻击。南云在飞机起飞时，并不知道美国航母就在他的翼侧。日军以损失6架战机的很小代价完成了第一次攻击，中途岛损失惨重，机场、油库均遭毁坏，并有16架美军战机被击落。8时，日侦察机报告发现美军5艘巡洋舰和5艘驱逐舰，南云的参谋长主张第二拨攻击中途岛，回头再来对付这10艘军舰组成的普通舰队，然而几分钟之后，日侦察机又发回一份语意模糊的电文："敌舰似乎由一艘航空母舰殿后。"

确认美方航空母舰阵容之后，南云忠一处于进退维谷的境地。山口多闻向南云忠一建议"立即命令攻击部队起飞"，可此时空袭中途岛的第一攻击波机群返航正飞抵日本舰队的上空，第二批突击飞机换装鱼雷还没有完成，如果马上发动进攻，那么油箱空空的第一拨攻击机群会掉进海里。南云忠一权衡再三，决定把攻击时间推迟，先收回空袭中途岛和拦截美军轰炸机的飞机，然后再攻击美航母编队。但这需要一个小时的时间，美军飞机完全可能利用这段时间发起对南云舰队的袭击，如果美机恰巧在日军为飞机补充弹药和油料之时进行轰炸，日舰将面临致命的打击，这是一种危险的方案。但南云忠一不愿意让自己的飞机掉入海中，希望尽可能减少损失。他是在赌博，他不太相信美国舰队会抓住这个稍纵即逝的战机。

战局就在这短短的1小时内急转直下，幸运女神助了处于劣势的美国人一臂之力，美军终于抓住了这个千载难逢的战机。8点左右，一队由16架鱼雷机组成的编队，独自向北搜索，终于发现了南云编队，不幸的是，这组美机燃油耗尽，而且无战斗机掩护，在勇敢地冲向目标的英雄壮举中，被日"零"式战机和高射炮纷纷击落。与此同时，由"企业"号起飞的15架鱼雷机和由"约克城"号上起飞的14架鱼雷机在袭击日舰"苍龙"号和"飞龙"号的战斗中，所投鱼雷竟无一命中。

就在美军败局将定的时刻，却出现了戏剧性的转折，从"企业"号上起飞的34架"无畏"式轰炸机，在预定海域没有发现目标，搜索了1个小时也一无所获，由于燃料不足，

图为"约克城号"航空母舰，该航母在中途岛海战中被日机击沉。

中途岛海战的失利，使日本将战争的主动权拱手相让。

正准备返航时，却意外发现了一艘日军驱逐舰，美机飞行员认为，这艘驱逐舰或许能够帮助他们找到日航空母舰，于是他们紧随日舰而行，果然发现了由4艘航空母舰组成的南云舰队。34架"无畏"式轰炸机立即分别对"赤城"号和"加贺"号航母展开攻击。18架从"约克城"号航母上起飞的"无畏"式轰炸机接踵而来，攻击了"苍龙"号航母。此时日舰正处于极易受攻的境地，甲板上到处是鱼雷、炸弹以及刚加好油的飞机，而且保护航母的战机正在四处追杀美军鱼雷轰炸机，这正是美军求之不得的有利时机。

南云忠一的一念之差，终于招致了日本海军350年来最大的悲剧：就在第一架日本战斗机将要飞离飞行甲板时，美机的攻击已从天而降，一切都是那么巧合，日军航母上堆满的易燃易爆物品只要沾上一点火星，就足以把这个钢铁巨物送入海底。美机犹如大发横财一般痛快淋漓地轮番投弹。顷刻之间，日舰火光冲天，烈焰升腾，日军的3艘航空母舰刹那间变成了3团火球，惊人的爆炸声此起彼伏，转眼之间日本失去了3艘航母，威武一时的南云舰队只剩下"飞龙"号航母独撑危局了。

日本航母编队遭受到毁灭性打击，令"飞龙"号的司令官山口多闻怒不可遏，他在接替了南云忠一的空中作战指挥权之后，毫不犹豫地对美航母舰队发动了反击。"飞龙"号发动两次进攻后，舰员们疲惫不堪，战斗力大减，但山口仍决定黄昏时再次出击，给美舰队以最后的致命一击。正在这时，一队美军轰炸机突然冲向"飞龙"号，一连串炸弹呼啸而下，4弹命中目标。在尚未对美舰造成致命一击之前，"飞龙"号先遭毁灭，沉入海底。

"飞龙"号的沉没，标志着的南云舰队的彻底失败。远在300海里外的"大和"号战舰上的山本五十六眼见大势已去，痛苦地向日本舰队发出了承认失败的电文，撤销了中途岛作战计划，失去了空中掩护的日本舰队狼狈撤回。

中途岛海战改变了太平洋地区日美的实力对比，日军仅剩重型航母1艘、轻型航母4艘，更重要的是，在这次战斗中，日军损失了大量有经验的优秀飞行员，从此日本在太平洋战场丧失战略主动权，这场海战可说是太平洋战区的转折点。

日本人把自己给骗了
搏杀瓜岛

　　瓜岛，是瓜达尔卡纳尔岛的简称，它位于所罗门群岛的东南端，长 150 公里，宽 40 公里，是所罗门群岛中一个较大的岛屿，岛上地势崎岖，森林密布，无人居住。太平洋战争爆发后，瓜岛被日军占领。

　　日军在中途岛惨败后，将进攻目标转向南太平洋，计划夺取所罗门群岛，并要把瓜岛建成南太平洋上不沉的航空母舰。1942 年 5 月，日军开始在岛上修建机场，至 8 月初，瓜岛机场已基本建成，辅助设施也大体完工。此时，瓜岛上有日军工兵 2800 人，警备部队 260 人，共约 3000 余人。

　　美军在无意中发现了瓜岛日军正在修建中的机场，决计攻占它。8 月 7 日，美军 3 艘巡洋舰和 4 艘驱逐舰开始向岛上炮击，美海军陆战队随后登陆，未遇抵抗就登上了瓜岛。机场的日本工兵仓促逃入丛林中，美军未经战斗就夺占了机场。为纪念在中途岛战死的特级飞行英雄亨德森中校，美军将瓜岛机场命名为"亨德森"机场。接下来的日子，日美双方在这个荒无人烟的小岛上展开了最为惨烈的争夺战。

　　起初日军对占领瓜岛的美军并没太在意，认为不过是小股美军所为，但经过两次支队级的进攻失败后，日军开始意识到事态的严重性了，派出了精锐的仙台师团，在瓜岛北岸登陆，这时美军利用"亨德森"机场，已经控制了整个瓜岛的制空权和制海权，日军只能趁着夜色穿越丛林逼近美军，试图攻击和夺占"亨德森"机场。

　　8 月 26 日，日军为夺回机场发动了自杀性的进攻，但收获的只是尸体。日军伤亡不断增加，物资开始匮乏，绝望的日本陆军开始向海军求援。日本海军计划用登陆艇、驱逐舰和潜艇趁着夜色为瓜岛上的日军输送人员和物资，把这一计划称为"东京快车"，希望能用新增的日军压倒美军。

　　为此，日美双方在 6 个月的时间里，进行过大小海战 30 余次，美国海军沉没航空母舰 2 艘、巡洋舰 8 艘、驱逐舰 14 艘，伤亡约 7000 人；日本海军沉没航空母舰 1 艘、战列

瓜岛尽管并不大，但无论对美还是对日，都具有重要的战略价值，两军反复争夺，最终美军凭借强大的火力和补给夺得此岛。

美军在瓜岛搜寻残敌。

舰 2 艘、巡洋舰 5 艘、驱逐舰 11 艘、潜艇 6 艘，伤亡 2.6 万人。

瓜岛争夺战起初从一个不起眼的小机场的争夺开始，直到双方不断往里面投入，最后发展成为双方的海、陆、空大战，实在是双方始料不及的，日本在一个本来计划中没有的地方耗尽了自己的能力，更是它万万没想到的。

瓜岛惨败使山本五十六决定不再冒险将主力舰投入瓜岛战役，停止了增援瓜岛，岛上日军的生存变得越来越困难。1943 年 1 月 4 日，日军大本营不得不下达了从瓜岛撤退的"K 号作战"命令，日军以联合舰队转移美军的注意力，用 22 艘驱逐舰经过 3 个夜晚的快速撤运，将 1.3 万名饿得半死的幸存者撤出了瓜岛。历时半年的瓜岛争夺战就此结束。

这次瓜岛大战，是日本陆海军协同作战的第一次大败北，也是盟军在南太平洋诸岛登陆作战的首次告捷。日军不仅海、空军损失惨重，大批训练有素的飞行员的损失，更是日军难以弥补的。

瓜岛距离日本本土 3000 海里，无论是舰艇部队和航空部队的作战能力，还是后勤运输所需的船舶，都是日本力不从心的。自中途岛战役失败后，日军未及时收缩战线，转入战略防御，仍然继续向所罗门群岛发动进攻，显然是不自量力的蛮干。所以说，日军战略企图与军事实力之间不可解决的矛盾，是导致日军瓜岛战役失败的根本原因。

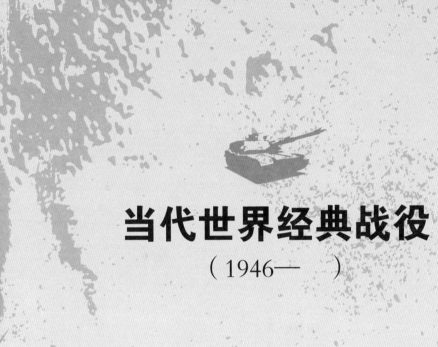

当代世界经典战役

（1946—　）

中东战争经典战役

"迷雾计划"
西奈战役

苏伊士运河是埃及境内的一条国际通航运河，该运河北起塞得港，南至苏伊士城，长 190 多公里。它沟通了红海与地中海，使大西洋经地中海和苏伊士运河与印度洋连接起来，是一条具有重要经济意义和战略意义的国际航运水道。苏伊士运河开通以来，一直为英、法两国所控制，英、法把持的苏伊士运河公司每年攫取巨额利润，成了埃及的"国中之国"。1956 年 7 月，埃及总统纳赛尔宣布将苏伊士运河公司收归国有。

英、法两国当然不甘心丧失苏伊士运河的控制权，于是暗中与以色列达成协议，挑起对埃及的战争，在这场战争中，充当先锋的以色列把进攻矛头对准了原属埃及领土的西奈半岛。

西奈半岛的战略地位十分重要，它东临以色列，西靠苏伊士运河，不仅是埃及防御以色列的重要门户，也是埃及进攻以色列重要的前沿阵地。

1955 年底，以色列曾制订过一个进攻西奈半岛的作战方案，但埃及军队在苏联的援助之下，作战能力已大为提高。当时以军有 10 万人、坦克 500 辆、作战飞机 160 架，而埃及兵力约 16 万人、坦克 500 多辆、作战飞机 280 架，以色列要想依靠自己独立攻占西奈半岛绝非易事，因此未敢轻举妄动，现在抓住这个"天赐"良机，以色列决定，借用英法的配合，入侵西奈半岛。

1956 年 10 月 29 日，以军对西奈半岛发动了突然袭

以色列扩张地图

击。由沙龙上校指挥的以军第202伞兵旅突然越过埃以边境，进入西奈半岛。当日午夜，以军第二步兵旅又从尼扎纳以南地区突入了西奈半岛。10月30日，以军的正面进攻遭到了埃及军队的顽强抵抗，以军第七旅奉命采取迂回战术，于31日拂晓越过埃军防守薄弱的达卡山口，进逼阿布奥格拉和鲁阿法水坝。为配合以军第七旅的行动，以军第十步兵旅提前于30日下午行动，由东向西正面进攻。

1956年10月29日，以色列军队入侵西奈半岛，11月2日穿过西奈半岛占领加沙。图为以色列军队聚集在一辆缴获的埃及汽车周围欢呼。

由于埃及的防御重点是尼罗河三角洲及运河地区，所以在西奈半岛仅有3万人左右，兵力要远逊于以色列军队。埃军司令部接到前线报告后，当日命令埃及第四装甲师的主力和两个国民警卫旅渡过运河，投入到西奈半岛。这时以军以第七旅对阿布奥格拉发起进攻，遭到埃及军队反坦克火炮的袭击，损失不小。埃军凭借30多个反坦克掩体组成的防御工事进行顽强抵抗，但未能抵挡以军的推进，以军于当夜占领该地，尔后转入防御。

在乌姆卡夫特，以色列的总参谋长达扬亲自督促以军第十步兵旅进攻，但屡屡受挫，旅长古迪尔被撤换，第三十七机械化旅旅长戈林达阵亡，以军总参谋部不得不命令停止进攻乌姆卡夫特阵地。

正当大批埃及军队由运河开进西奈半岛，准备对以色列军队大规模反击的时候，10月30日，英、法要求埃以双方的军队在12个小时内从运河区撤出，否则将派兵干涉，英、法的要求自然遭到了埃及方面的拒绝，按照以色列和英、法的约定，英、法空军在10月31日的凌晨，也就是英、法给埃及和以色列两国的最后通牒期限届满以后，立即轰炸埃及机场。

由于当时有17架美国运输机正在埃及的西开罗机场等待撤退的美国人，英、法空军误以为西开罗机场就是开罗机场，等到英、法空军弄明白这是两个不同的机场后，才出动大批轰炸机去空袭，因此比预定的时间推迟了1个多小时。

31日下午，英、法出动大批飞机轰炸了埃及机场，埃及的各个军用机场成了一片火海，埃及总统纳赛尔这时才恍然大悟，知道他们真正的作战对手是英、法两国，而不是以色列。为防止英、法军队在苏伊士运河实施登陆作战，并使西奈半岛的埃军避免受到夹击的危险，纳赛尔命令增援部队停止进入西奈半岛，而在西奈的守军也迅速撤离到运河区。

得到消息的以色列大喜过望，立即命令沙龙和瓦莱齐率领两路以军，向西奈半岛全速挺进。由于埃及军队为了预防英、法联军进犯苏伊士运河区，驻守西奈半岛的力量已经被大大削弱，致使以军进展顺利。西奈半岛战场的形势发生逆转，埃及在西奈的守军很快变成大撤退，11月5日，以色列军队占领了整个西奈半岛。

以色列借英、法两国的配合，实现了对西奈半岛的军事占领。在短短6天的西奈战役中，以军消灭了埃及2个步兵师和1个装甲旅，埃军阵亡4000余人，被俘6000余人，以色列伤亡不到600人。可以说，以色列取得了这场战役的胜利。

相比于以色列的胜利，英、法联军却是毫无收获，埃军同英、法军队的战斗主要在塞得港进行。11月5日拂晓，英、法向塞得港空投了约700伞兵，并占领了加密尔机场，接着，2万多名英、法海军陆战队在塞得港附近登陆，企图一举占领运河区，但遭到埃及军队强有力的抵抗，英、法海军陆战队处处受阻，毫无进展，一直到11月6日停火时，英、法联军也未能占领塞得港。

英、法两国对埃及的入侵行为，触犯了美、苏两个大国在中东的利益，11月5日，苏联建议与美国共同出兵"制止"这场侵略，并向英、法发出最后通牒，声称"决心使用武力"恢复和平。在美、苏两个超级大国的压力下，英、法两国只好屈服。11月6日，英、法政府宣布停火，以色列也同时宣布停火。一个月后，英、法从埃及撤军，在埃及应允以色列拥有蒂朗海峡水面航行和空中飞行权后，以军于第二年3月从西奈半岛撤出全部军队。

在这场战役中，埃及取得收回苏伊士运河主权斗争的胜利，以色列被封锁的蒂朗海峡解禁了，可以说各有所得。

萨达姆核梦想的破灭
巴比伦行动

20世纪60年代，伊拉克开始了它的核研制计划，1979年，在法国的协助下，伊拉克在首都巴格达东南40公里处的奥西拉克建造一座70兆瓦的轻水式核反应堆和一座小型试验性质的反应炉。虽然伊拉克一再指出他们只会把核能用于和平用途，但法国在与伊拉克签署的协议当中同意供应高纯度、武器级别的浓缩铀原料，这使得以色列无法保证伊拉克不会把这座核反应堆用作军事用途，以色列专家担心，伊拉克会利用这个核反应堆生产可制造核武器的钚。

以色列首先通过外交渠道，要求法国和意大利等相关国家停止对伊拉克提供核反应堆技术，但没有成功，外交努力失败后，以色列总理贝京决定，在伊拉克正式启用奥西拉克核反应堆前对它实施一次"外科手术式"打击，彻底摧毁伊拉克的核反应设施。

以色列伞兵使用的MIA卡宾枪

一个代号为"巴比伦行动"、旨在摧毁奥西拉克核反应设施的计划就此诞生了。在该计划中，以色列空军将出动 8 架 F-16 战斗轰炸机，在 6 架 F-15 战斗机的掩护下，选择一个适当的时机，对奥西拉克的核反应设施发动一次突然袭击，消除伊拉克潜在的核威胁。在这次突然袭击中肩负重任的 F-16 的作战半径超过 1000 公里，可以携带空对空导弹、空对地导弹和激光制导炸弹等多种武器，奥西拉克反应堆正好处在它的攻击范围之内。

1981 年，两伊战火正愈演愈烈，伊拉克总统萨达姆的全部心思都用在了对伊朗的作战中，不想"螳螂捕蝉，黄雀在后"，他的另一个对手以色列已经在暗中瞄准了他的核反应设施。为实施这次"外科手术式"的军事行动，以色列进行了周密的计划和严格的训练，抽调了以色列空军最先进的飞机和 20 多名第一流的飞行员，组成了行动突击队。以色列对这些飞行员进行了难度较大的密集编队和长时间超低空飞行的极限训练，为了确保突击能达到准确无误，以色列在与埃及接壤的奈格夫沙漠中建造了一个与奥西拉克核反应堆一模一样的模型，反复进行了模拟轰炸，以确保万无一失。

以色列空军认为，使用激光制导炸弹的精度虽然高，但照射时间过长，这将导致载机危险系数增大，而以色列的飞行员经过模拟训练，已经能够保证把无激光制导的 MK-84 炸弹投中目标。MK-84 重达 900 公斤，高速落下时的冲击力完全可以击穿伊拉克核反应堆的混凝土外壳，而延时引信保证炸弹能够在核反应设施内部爆炸，从而彻底摧毁目标。

为了这次行动，以色列空军还多次派飞机飞抵伊拉克的西部和南部上空执行侦察任务，以测试约旦、沙特阿拉伯和伊拉克早期预警雷达网的"漏洞"，通过反复侦察发现，伊拉克预警雷达网发现目标以后，必须逐层上报和逐层下达指令，这期间至少要有约 3 分钟的延迟可以利用。

根据以色列情报部门的报告，伊拉克计划在 1981 年 7 月 14 日的国庆节当天启动奥西拉克核反应堆，核反应堆一旦装料启动，轰炸势必会造成核污染，时间紧迫，以色列总理贝京绕开了内阁，把袭击时间定在了 6 月 7 日。因为 6 月 7 日是星期天，伊拉克的守卫部队比较松懈，而在奥西拉克核反应堆基地工作的140名法国技术员和60名意大利技术员也会离开基地休息。

6月7日下午，以色列当地时间15时，由6架F-15战斗机和8架F-16轰炸机组成的突击队从西奈半岛的埃齐翁空军基地拔地而起，冲上了天空。此时，在以色列总参谋部值班军官对面的计算机屏幕上，显示的是代号"巴比伦行动"的军事演习。

在这次行动中，以色列战机采用了高难度的密集编队和超低空飞行，飞行线路是绕道沙漠无人区，为了避免在飞行中暴露目标，所有飞机都保持了无线电静默，同时还有一架电子干扰机尾随，负责干扰沿途国家的雷达。

涂着约旦空军标记的以色列飞机沿着沙特阿拉伯与约旦边境的起伏地形，做着世界飞行史上罕见的远达1000多公里的长距离超低空飞行，以每小时1000公里以上的速度，朝着幼发拉底河和底格里斯河之间的目标奥西拉克核反应堆飞去。当时在亚喀巴湾游船上的约旦国王侯赛因惊讶地看到了机群从他头上仅仅800多米的高度掠过，朝东直飞而去。虽然机群有约旦空军的涂装，但飞行员出身的侯赛因一下子就认出了这是以色列的机群，并指示通知萨达姆提高戒备，可是正忙于指挥同伊朗作战的萨达姆根本没想到以色列会对伊拉克有所行动，所以并未重视侯赛因国王发来的警告。

美国F-15E双座战斗轰炸机

17时40分，超低空飞行的以色列机群成功躲过了所有雷达，顺利进入了巴格达地区，扑向了奥西拉克核反应堆基地。编队机长拉兹打破了无线电静默，发出了"准备投弹"命令，随即以色列F-16轰炸机的第一波次编队以5秒的间隔，一架接一架地投掷了炸弹，一枚枚空对地导弹、激光制导炸弹和MK-84炸弹从天而降，奥西拉克核反应堆基地立即处于一片火海之中。以色列飞机轰炸的精确度令人目瞪口呆，第一拨投放下来的MK-84炸弹准确地命中了目标，穿透了核反应堆基地混凝土结构的圆形屋顶，其余跟进的飞机将炸弹投进了被炸开的缺口，核反应堆被炸得七零八落。整个袭击仅用了3分钟，伊拉克这座生产能力为70兆瓦、价值50多亿美元的核反应堆基地被夷为平地，成了一片废墟。

其实伊拉克在奥西拉克核反应堆基地的周边部署了较强的防空火力，其中包括3个萨姆导弹连和4个自行高炮连，但在空袭的当天，伊拉克西部防空司令正在巴格达度假，在毫无戒备的情况下，伊拉克那些防空火力没能发挥任何作用，虽然苏制的六管速射高防炮开始了还击，但由于以色列的机群从西而来又向西逃窜，高射炮手面朝着太阳，根本无法看清目标，结果一架飞机也未击中。在整个空袭过程中，地面的萨姆导弹毫无反应，伊拉克空军也没来得及出动一架飞机进行拦截，眼睁睁地看着以色列飞机在奥西拉克核反应堆基地的上空如入无人之境。

1小时后，完成空袭行动的以色列机群给伊拉克人留下了一堆废墟后，无一损失地开始返航，以色列军方蓄谋已久的"巴比伦行动"取得了完全的成功。这次"外科手术式"的打击彻底摧毁了伊拉克的核能力，几天后，法国的工程人员离开巴格达返回了巴黎，虽然法国答应帮助伊拉克重建核反应堆，然而并无实质性的行动。1984年，法国正式终止了与伊拉克的合约，萨达姆想要在中东地区成为核国家的梦想就此灰飞烟灭。

此次精心策划的空袭，保密措施极其严格，连突击编队的成员也只是在前一天才得知具体行动内容的，当以色列总理宣布以色列飞机正飞往伊拉克轰炸伊拉克原子反应堆时，以色列的内阁成员亦为之震惊。西方媒体对以色列的这次空袭评论道："以色列人搞掉了萨达姆总统的杀手锏。"

以色列这次成功的空袭行动在相当长的时间内成为世界各国空军教科书上的经典战例。

当代其他经典战役

英阿马岛之战

号称"南大西洋门户"的马尔维纳斯群岛是连接大西洋和太平洋的重要海上通道，英国人把它称为福克兰群岛。马岛由300多个岛礁组成，总面积约1.4万平方公里，人口3000多，首府斯坦利港，距阿根廷大陆南部海岸最近处600多公里，距英国本土约1.2万多公里。

1770年，西班牙曾占领该岛，将其称为"马尔维纳斯群岛"，1816年，阿根廷摆脱西班牙的统治独立后，从西班牙手中接管了马岛，同时也宣布了对马岛的继承权，将马岛定为阿根廷的第24个省。但英国以该岛是英国人最早发现为由，在1832年出兵占领了马岛。为了显示主权，英国人在岛上设置了总督府及其他行政机构，并向该岛移民，马岛自此沦为英国的殖民地。从此以后，英阿两国围绕马岛的主权问题争执不断，但当时的英国是世界上的海洋霸主，实力弱小的阿根廷只能是提提抗议而已，就这样，马岛被英国占领长达160年之久。

长久以来，阿根廷一直要求收回被英国武力夺走的马岛，并在1935年发行了一枚地图邮票，表明马岛的主权仍然属于阿根廷。但英国也于1946年发行了一枚福克兰群岛地图邮票，以此表明英国要长期占有马岛的决心。在两国外交谈判毫无结果、解决马岛问题遥遥无期的情况下，阿根廷方面已无等待的耐心了。1981年底，军人出身的阿根廷陆军总司令加尔铁里成为阿根廷新任总统后不久，便制定了一个使用武力收复马岛的"罗萨里奥行动"计划。

1982年3月31日晚，一支阿根廷舰队全速驶向马岛，这支舰队以2艘导弹驱逐舰为主，包括一个第二次世界大战时服役的"弗莱彻"级驱逐舰分舰队、1艘坦克登陆艇、2艘小型货船及几艘布雷舰。舰队还载有900名阿根廷海军陆战队员。"罗萨里奥行动"开始了。

4月2日拂晓，经过精心策划的阿军以恢复主权为名在马岛登陆，占领了机场和港口，迅速控制了全岛，随后向岛上源源不断地派出军队，最后达到1.4万人。驻守在马岛的300名英国守军只进行了象征性的抵抗后，即在总督雷克斯·亨特的率领下全部投降，投降后的英国人登上阿根廷早已为他们准备好的军用飞机，先到乌拉圭，再改乘飞机回国。第二天，阿军又在南乔治亚岛登陆，岛上英军也宣布投降，加尔铁里总统向全国发表公报，宣布阿根廷已收复马岛。

收复马岛的消息使阿根廷举国振奋，数十万人聚集在总统府前的"五月广场"，高唱国歌，欢庆胜利。全国十多个政党也一致表示支持政府的行动，加尔铁里总统的威望达到了顶峰。

就在马岛被阿根廷占领的当日，号称"铁娘子"的英国首相撒切尔夫人就立即做出决定，派出特混舰队前去以武力夺回马岛。在英国人的眼里，扼守大西洋和太平洋航道要冲的福克兰群岛"是整个太平洋的钥匙"，一旦巴拿马运河关闭，它将是保证两洋航线的重要基地，而且在福克兰群岛海域发现了石油，使得福克兰群岛更具有了不可抗拒的魅力，用一位英国议员的话来说就是："我们宁可失去五个北爱尔兰，也不愿失去一个福克兰！"

49岁的伍德沃德海军中将被任命为特混舰队司令，此人毕业于英国海军学院，担任过潜艇艇长、驱逐舰舰长、国防部海军作战计划处处长，机敏果断，有"海狼"之称。3天之后，以"竞技神"号和"无敌"号航空母舰为核心，共有38艘战舰、22架"鹞"式战斗机、64架各型直升机和4000名海军陆战队员组成的特混舰队便由朴茨茅斯启航，正在大西洋游弋的2艘英国核潜艇也全速赶往马岛，英国国防部称这是除两个超级大国以外最大的一支特混舰队。

在驶往战区的1.2万多公里的航程途中，英军征租和快速改装了近70艘英国商船，作为特混舰队的后勤支援力量，同时完成了制定作战方案和战术演练等一系列战前准备工作。英军反应之快，被英国首相称赞"将永垂英军历史"。

在这场持续两个多月的战争中，有254名英国人和712名阿根廷人丧生。图为阿根廷坦克兵正准备与他们的英国对手作战。

马岛之战中的阿根廷士兵

当"铁娘子"把全部赌注都押在马岛上，宣称"福克兰已经成了我的生命、我的血液"时，阿根廷总统加尔铁里却做梦也没想到英国人会为了一个荒芜的岛屿派遣如此庞大的特遣舰队，万里迢迢到南大西洋来，因而阿军并没有为即将来临的战斗做好充分的应战准备。

4月24日，英国舰队抵达马岛附近水域，击沉了阿军"圣菲"号潜艇，4月26日，英国特混舰队又攻下了南乔治亚岛，完成了对马岛周围200海里范围的海上和空中的封锁。5月2日，阿根廷海军的"贝尔格诺将军"号重巡洋舰在200海里禁区外被英国"征服者"号潜艇击沉。该舰被击沉，大大打击了阿军的士气，使得阿根廷海军主力撤离了马岛海域，在整个战争期间都龟缩于岛上，再未出战。5月3日，英军的"山猫"直升机在马岛以北海区，用"海上大鸥"空舰导弹又击沉和击伤阿军巡逻艇各1艘。

阿根廷海军力量薄弱，不足以与庞大的英国现代化舰队抗衡，对英舰队的攻击，只能依靠空军的力量。阿根廷空军拥有260余架各种作战飞机，其中有6架从法国购买的"超级军旗"式舰载攻击机，由于这种舰载攻击机上携带着一种威力巨大的法制"飞鱼"空对舰导弹，因而被人们称为"空中杀手"。

5月4日，一架阿根廷海上侦察机发现了在马岛以北海域英军特混舰队西侧约30公里处的"谢菲尔德"号驱逐舰，阿军的"超级军旗"战斗轰炸机立即携带两枚"飞鱼"导弹从基地起飞，利用超低空飞行躲过了"谢菲尔德"号的雷达警戒，在距离"谢菲尔德"号30公里处发射了两枚"飞鱼"导弹，其中一枚准确命中这艘当时英国皇家海军"最现代化的大型军舰"，爆炸引起大火，英舰官兵拼命抢救5个小时后，不得不弃舰逃生。造价高达2亿美元的"谢菲尔德"号被造价不过20万美元的"飞鱼"导弹击沉，这给了英军一个沉重的打击，"飞鱼"导弹也因此名声大振，价格猛涨。

在马岛战争开始的时候，阿根廷除了已经拥有6枚"飞鱼"导弹外，还向法国订购了9枚，但是随着战争的进展，法国政府应英国政府的要求，不再向阿根廷出售"飞鱼"导弹，此举使阿根廷空军陷入了困境。没有了"飞鱼"导弹，阿根廷空军也就没有了同英国对抗的资本，战场上的形势对阿根廷越来越不利。

5月21日夜，登陆战开始，英国特种部队搭乘直升飞机，在阿根廷马岛守军防御弱点范宁角着陆，迅速控制了范宁角。阿根廷守军除少数被俘外，其余逃走。接着英军主力在圣卡洛斯港登陆，夺占了几个高地后，英军在高地上配备了防空导弹系统,从而保障了整个登陆场的对空防御。当天,英军6000多人的两栖部队全部上岸,登陆场扩大到160平方公里。

为了反击英军的登陆,阿根廷空军当天出动了80多架次飞机对英舰队进行猛烈的空袭,击沉了英军"热心"号护卫舰并击伤4艘其他舰船,在随后的几天中,阿根廷空军平均每天出动约140架次的飞机,先后炸沉了英军"羚羊"号护卫舰、"考文垂"号导弹驱逐舰和"大西洋运送者"号大型运兵船,并重创4艘英国军舰,阿根廷航空兵的反击给英军造成了严重的损失。

尽管阿根廷空军英勇战斗,给予英军沉重打击,但由于飞机的性能不及英军,同时又得不到海陆军的有力支援,在数天的空战中,阿根廷空军也被击落飞机60余架,更为可叹的是,阿根廷空军由于技术落后,保养不当,致使许多已经命中英舰的炸弹因故障而没有爆炸,这大大影响了战役的进程——英军认为如果阿根廷空军投下的炸弹全都爆炸的话,英军的损失将达到无法坚持的程度。

从5月30日起,英舰队开始对马岛首府斯坦利港进行猛烈的炮击,同时"伊丽莎白女王二世"号运来的4000名英军也在斯坦利港北面登陆。英军兵分两路向斯坦利港推进,对斯坦利港形成了陆上包围,马岛争夺战进入了最后决战关头。一星期后,英军突破了阿军斯坦利港的第一道防线,并攻占了斯坦利港机场附近的高地,使机场置于英军炮火的控制之下,阿根廷守军完全失去了外援。

6月14日,英军继续进攻,阿根廷守军孤军奋战,损失惨重,不得不退入斯坦利港市区,英军集中所有的大炮猛烈轰击,阿军的大炮刚一还击,便被英军用炮瞄雷达和计算机火控系统指引的精确火力所消灭,猛烈的炮击整整持续了10个小时,几乎用完了英军所有的弹药。英军登陆部队司令穆尔向阿军马岛守军司令梅嫩德斯

发出了"无条件"投降的最后通牒,阿根廷统帅部眼见大势已去,为了减少损失,只好电告阿军马岛守军司令梅嫩德斯在不损害武装部队荣誉的情况下可以自由行动。

6月14日,梅嫩德斯在停火协议上签字,当晚斯坦利港内残余的8000多阿根廷士兵向英军投降,燃烧了74天的马岛战火到

英阿马岛之战中被击中起火的英国船"加勒哈德先生"号

有西方媒体评论说:"这是一场没有赢家只有输家的战争。"在这场血与火的较量中,英国用近千人的伤亡代价和27亿美元的巨额花费仅换来了名义上的胜利,而名义上的失败也没有使阿根廷人放弃争夺马岛主权的斗争,他们在战后把每年的6月10日定为"马岛主权日"。

此熄灭了。此役阿军伤亡 2600 余人，被俘 1.3 万人，被击沉舰艇 6 艘，击伤 6 艘。英军伤亡 1000 余人，被俘 300 多人，损失飞机 38 架，被击沉舰船 6 艘，击伤战舰 19 艘。

英阿马岛之战规模虽然不大，持续时间也不长，但它却是"二战"之后第一场真正意义上的海战和岛屿登陆战，作战的双方均使用了最先进的武器，特别是现代化电子制导导弹在战斗中成了主角，因而这场战争被称为"世界上第一场涉及空间时代的导弹及其复杂的电子系统的大海战"。精确制导武器的使用给海战带来了巨大的变化，相对于那些大型军舰来说，价格低廉但威力巨大的精确制导武器可以在看不见的距离上对敌方目标实施准确的攻击，使海战的对抗形式变得更加丰富了，过去那种以军舰的吨位和火力大小作为衡量实力强弱的观念已经动摇，而海战中的防空和反潜则变得更加突出和激烈。

美国人的"正义行动"
美军入侵巴拿马

相比于美国来说，巴拿马实在是小得微不足道，然而它所处的地理位置却至关重要——处在连接南美洲和北美洲的巴拿马地峡上，横穿境内的巴拿马运河是沟通大西洋和太平洋的重要航道，这条运河可以使两洋沿岸的航程缩短 1 万多公里，在战略上对美国有着极其重要的意义。

巴拿马运河问题是美国和巴拿马之间由来已久的主要矛盾，1903 年，美国政府与巴拿马签订了不平等条约，美国以一次付给 1000 万美元和每年交付 25 万美元租金的低价，攫取了巴拿马运河的开凿权和对运河区的永久租借权。巴拿马运河开通后，美国把运河区变成了国中之国，由美国政府任命总督，升美国国旗，实行美国法律，美国每年从巴拿马运河可以获得上亿美元的通行税。

20 世纪 70 年代，迫于巴拿马人民的强烈要求及世界舆论的压力，美国卡特政府在 1977 年与巴拿马总统托里芬斯签订了《关于巴拿马运河永久中立和运河营运条约》，答应从 1990 年起，将运河逐步交还给巴拿马管理，至 2000 年撤走美军，将运河主权全部归还巴拿马。

1988 年，巴拿马国防军司令曼努埃尔·诺列加登上了巴拿马总统的宝座，这位具有印第安和哥伦比亚混合血统的铁腕人物，奉行民族主义方针，坚决要求履行新运河条约，为收复运河主权同美国进行了坚决的斗争。为了向诺列加施压，美国对巴拿马实施了经济制裁，使巴拿马的经济陷入瘫痪状态，全国失业率大升，每天依靠教会救济过日子的穷人增加到 8 万人，整个国家处于动荡之中。

布什政府期间，为了除掉在运河主权问题上态度强硬的诺列加，延续美国对巴拿马运河的控制，曾先后三次策动旨在推翻诺列加的军事政变，但都以失败告终。1989 年 10 月，美国再次策动巴拿马国防军发动兵变，失败后，美军立即向运河区增调 6000 名士兵和大量的飞机坦克，使运河区美军总兵力达 1.4 万人，并在运河区频繁进行军事演习，导致美巴关系急剧恶化。12 月 15 日，诺列加宣布巴拿马与美国进入"战争状态"。

诺列加的宣布正合布什政府的心意，为了缓解巴拿马军事政变给美国政府造成的巨大压力，美国早就想对这个桀骜不驯的小国动一次"大手术"，布什政府决定以贩毒和破坏"民主"为借口，由美军直接对巴拿马武装入侵。与美军相比，巴拿马军队明显处于劣势。当时，巴拿马共有 200 万人口，正规军不到 6000 人，再加上准军事组织的民兵，也不过 1.4 万人，其装备更是不值一提。

12 月 16 日晚，4 名美国军人乘车经过巴拿马国防军司令部所在地时，向该司令部方向开枪射击，巴拿马士兵开枪还击，双方发生冲突，一名美海军陆战队的军官被打死，另一名受伤，这一流血事件为美国政府入侵巴拿马提供了借口。19 日，美国总统布什下令 2.8 万名美军对巴拿马展开代号为"正义行动"的军事入侵，以推翻诺列加的军事政权，布什总统声称，美军入侵巴拿马的目的是"为美国人创造安全的环境，确保巴拿马运河的完整，为自由选举的安达拉政府提供稳定的环境，把诺列加捉拿归案"。

20 日凌晨，几架从美国本土起飞的 F-117 隐形战斗轰炸机进入了巴拿马领空，向驻守在巴拿马城西的高炮阵地投掷了激光制导炸弹，随后，参战的美军突击队同时向巴军各军事要地发起了进攻。一时间，2 万多名美国陆战队员以及各种坦克、装甲车一齐涌进了这个只有200 万人口的中美洲小国。

美国空军轰炸机

战斗打响后，巴拿马政府通过电台呼吁全国军民拿起武器，坚决抵抗美军的入侵，当晚 8 时，诺列加也在广播中发表了简短讲话，要求全体巴拿马人"绝不后退一步"。美军在巴拿马城遇到了顽强抵抗，激战数小时后，巴拿马国防军的总部已被美军的坦克和火炮夷为平地，巴拿马国防军的抵抗基本结束。

在"正义行动"开始后仅十多个小时，美军就攻占了所有的预定目标，并切断了诺列加在空中和海上的逃路，然而诺列加却早已不知去向。当天下午，美国政府发言人称：美军已对巴拿马全境实行了有效控制，巴拿马国防军已被全部缴械，诺列加在逃，美国政府悬赏200万美元捉拿诺列加，并在巴拿马全境搜捕诺列加的支持者。

神秘消失的诺列加东躲西藏，逃过了美军的追捕，在他得知巴拿马国防军已向美军投降的消息后，向梵蒂冈驻巴拿马大使馆寻求"政治避难"，在电话里得到梵蒂冈驻巴拿马大使的安全保证后，诺列加开着一辆车溜进梵蒂冈大使馆。

诺列加躲进梵蒂冈大使馆的消息传出后，美军立即派出600多名士兵和十多辆装甲车包围了梵蒂冈大使馆，要求梵蒂冈大使交出诺列加。美军的要求被拒绝后，美国开始向罗马教皇施加压力，同时，美军特种作战部队在梵蒂冈使馆外架起高音喇叭，反复播放抨击诺列加的新闻和刺耳的摇滚音乐，其中一首的曲名即为无处可逃，对诺列加展开心理攻势。

1990年1月3日，梵蒂冈最终屈服于美国的压力，通知诺列加，要他必须在1月4日中午之前离开梵蒂冈大使馆向美军投降，否则便要请巴拿马新政府来人把他带走。山穷水尽的诺列加权衡再三，只好走出大使馆向美军投降。

在诺列加被抓之后的几天里，共有近千名诺列加政权成员和支持者陆续被美军抓获。同年，美国法庭判处诺列加因在美国贩毒罪被监禁19年，开创了一个国家以这种方式处理另一个国家元首的先例。诺列加刑满后还要引渡回国，以违反人权罪再受巴拿马司法部门的审判。

据有关组织估计，在美军入侵巴拿马这一事件过程中，无辜的巴拿马平民伤亡高达6000多人，另有2万多人流离失所。无论巴拿马人如何痛恨诺列加，但对于美国这种欺凌行为，巴拿马人民是永远不会忘却的。美国这种不顾国际法基本准则，公然对一个主权国家实施武装入侵的行径，也受到国际舆论的强烈谴责。

高科技武器的试验场
科索沃空袭战

科索沃位于南联盟塞尔维亚共和国西南部，面积1万平方公里，人口200余万，其中90%以上是阿尔巴尼亚族。在南斯拉夫联邦时期，科索沃是塞尔维亚共和国的一个自治省，南斯拉夫解体后，随着民族矛盾的不断激化，科索沃的独立运动日益高涨，并很快上升到武装冲突和内战的地步。

1996年，阿族激进分子成立了武装组织"科索沃解放军"，以暴力方式扰乱科索沃的正常秩序，以达到争取独立的目的。科索沃境内占少数的塞族百姓、商人等则成了"科索沃解放军"的敌对目标，受到歧视和威胁的塞族居民纷纷迁离科索沃。

塞尔维亚人焚烧带有纳粹标记的英国国旗，抗议北约的轰炸。

对于"科索沃解放军"的分裂活动，以米洛舍维奇为首的南联盟当局采取了强硬的镇压措施，派遣大批塞族军队进驻科索沃，试图消灭"科索沃解放军"。"科索沃解放军"与塞尔维亚军队展开了持续的武力战斗，战乱造成了科索沃大量平民的伤亡。

科索沃的阿族领导人以塞族的"镇压暴行"为借口，要求国际社会进行干预，以美国为首的北约组织便打着"维护人权"的旗号，堂而皇之地介入了南联盟与科索沃之间的纷争。1999年2月，在美国和北约的压力下，塞尔维亚和科索沃阿族代表在巴黎附近的朗布依埃举行了和平谈判。谈判的基础是美国草拟的方案，该方案的主要内容有："科索沃解放军"解除武装；南联盟军队撤出科索沃；科索沃享有高度自治，按当地居民人口比例组成新的警察部队维持治安，以公民咨询的方式决定科索沃的未来政治走向；北约向科索沃派遣多国部队保障协议实施；等等。这哪是什么谈判，明摆着是在支持科索沃独立。

视科索沃地区为塞尔维亚民族发源圣地的南联盟政府坚决反对以任何形式分裂肢解其国家，亦反对北约以任何形式干涉其内政和侵犯其国家主权。为此，塞尔维亚代表对北约军队进驻南联盟的自治省境内加以拒绝，认为这是北约在科索沃自治省实行军事占领，是侵犯南联盟主权的行为。

然而主持谈判的美国和北约蛮横表示，这个方案的基本内容不许改变，必须接受，否则拒绝的一方将受到惩罚。对于美国的这个"最后通牒"，米洛舍维奇在谈判中表示："在协议上签字就意味着科索沃自动独立，我担不起这种历史责任！你们实在要打，那就来吧！"

3月23日，"最后通牒"时效过后，美国克林顿政府宣告终止外交努力，开始对南联盟实施空中打击，南联盟的回应则是大举进军科索沃。3月24日，以美国为首的北约不顾世界各国人民的强烈反对，以维护人权为借口，绕开联合国，使用大量先进空袭武器，悍然对南联盟实施了代号为"联田力量"的大规模空袭，科索沃战争就此爆发。

这是一场毫无悬念的战争，北约集团占据着绝对的压倒优势。对于这场实力悬

北约依靠其强大的空中军事力量，对南联盟境内的军用、民用目标进行了野蛮轰炸。在长达78天的空袭行动中，北约战机在科索沃击中了南联盟军队约三分之一的武器和车辆，其中包括93辆坦克、153辆装甲车、339辆军用车辆、389门大炮和迫击炮。

殊的科索沃战争，美国和北约制定了"零伤亡"的空袭计划，试图以空袭达成战争目标。他们认为，可利用高技术武器，特别是先进的飞机和巡航导弹，从对手摸不着的地方打击对手，而不用再准备流血牺牲。英国报纸对此评论：北约军人第一次不再接受"准备牺牲"的战争动员，而是"准备杀人"。

空袭一开始，北约集中了近600架世界上最先进的作战飞机去对付南联盟空军不到300架过时的老旧飞机，后来更增加到1300架以上。无论在数量上还是在质量上，北约都占有着绝对的优势。这是一场所谓"第四代"航空兵器与"第二代"航空兵器的较量，美国空军最先进的B-2隐形战略轰炸机、B-1远程战略轰炸机以及F-117隐形战斗轰炸机全部投入战场，把科索沃变成了他们新式武器的实验场。

在对科索沃的空袭中，以美国为首的北约部队在使用太空武器方面也达到了空前的程度，他们动用了60多颗卫星直接参加了针对南联盟的军事行动，为其战斗行动提供信息保障。在60余颗太空卫星的支援和配合下，北约部队先后共出动飞机3.4万架次，投掷各类炸弹2400万枚，对南联盟境内2000多个军事和民用目标进行狂轰滥炸，使南联盟遭受了巨大的损失，也造成了许多无辜平民的伤亡。

面对北约的战争利器，弱小的南联盟军队在军事实力相差极为悬殊的情况下没有与之进行硬碰硬的较量，而是利用灵活机动的战略战术抗击北约的空袭，在战争爆发前他们就调整了防空部署，把数十个防空旅分散配置于各个战略要点上，利用当地多山的地势，形成了较为完整的防空体系，并在反空袭中首次击落了1架美国F-117隐形战斗机，打破了高技术武器不可战胜的神话。

这场以空袭与防空为主要作战样式的战役历时 78 天，是继海湾战争之后又一场大规模高科技局部战争。北约集团集中使用高新技术兵器，以空中打击为主，自始至终掌握了战争的主动权。在顽强抵抗了两个多月后，米洛舍维奇最终接受了北约开出的条件："科索沃解放军"解除武装，停止军事行动，南联盟则从科索沃撤军，同意联合国维和部队进驻科索沃并接受维和部队的监督。6 月 10 日，北约终于宣布暂停对南联盟的野蛮轰炸，南联盟军队开始撤出科索沃，科索沃战争宣告终止。

与海湾战争不同，北约这次战争行为并没有得到联合国安理会的授权，直接违反了《联合国宪章》，是对国际关系准则的粗暴践踏。以美国为首的北约打着维护人权的幌子，散布所谓"人权高于主权"的谬论，肆意干涉别国内政，把主权国家的内部事务国际化，导致被干涉国各种矛盾进一步复杂化，成了导致世界不安宁的一个重要根源。